教育部人文社会科学研究基金青年项目（12YJC751081）的阶段性成果、
中国社会科学院重大项目
“中华文明探源的神话学研究”（YZDA）子课题。

神话学文明起源路径研究

SHEN HUA XUE WEN MING QI YUAN LU JING YAN JIU

王倩◎著

中国社会科学出版社

图书在版编目(CIP)数据

神话学文明起源路径研究/王倩著. —北京：中国社会科学出版社，2015.3

ISBN 978-7-5161-5529-5

Ⅰ.①神… Ⅱ.①王… Ⅲ.①神话—研究—中国 Ⅳ.①B932.2

中国版本图书馆CIP数据核字(2015)第026847号

出 版 人　赵剑英
责任编辑　郭晓鸿
特约编辑　王　彬
责任校对　王立峰
责任印制　戴　宽

出　　版　中国社会科学出版社
社　　址　北京鼓楼西大街甲158号（邮编100720）
网　　址　http://www.csspw.cn
　　　　　中文域名:中国社科网　　010-64070619
发 行 部　010-84083685
门 市 部　010-84029450
经　　销　新华书店及其他书店

印　　刷　北京君升印刷有限公司
装　　订　廊坊市广阳区广增装订厂
版　　次　2015年3月第1版
印　　次　2015年3月第1次印刷

开　　本　710×1000　1/16
印　　张　27.25
插　　页　2
字　　数　419千字
定　　价　86.00元

目　录

导论 …………………………………………………………………… (1)
　第一节　神话学文明起源研究的当代性 ……………………………… (1)
　　一　现代性危机与文明探源 ……………………………………… (1)
　　二　中华文明探源的疑难问题 …………………………………… (3)
　　三　神话学的研究实绩 …………………………………………… (6)
　第二节　国内外研究现状及研究思路 ………………………………… (11)
　　一　研究对象及意义 ……………………………………………… (11)
　　二　研究现状 ……………………………………………………… (13)
　　三　研究思路 ……………………………………………………… (21)

第一章　神话图像阐释的规约 ………………………………………… (26)
　第一节　神话学图像研究的核心问题 ………………………………… (27)
　　一　神话图像阐释的方法与目标 ………………………………… (27)
　　二　图像与文本 …………………………………………………… (29)
　　三　意义与情境 …………………………………………………… (32)
　　四　意义与图像序列 ……………………………………………… (36)
　第二节　神话图像的分类与阐释 ……………………………………… (38)
　　一　神话学图像分类的范畴 ……………………………………… (38)
　　二　多重辨识途径 ………………………………………………… (39)
　　三　阐释的原则 …………………………………………………… (43)
　　四　阐释的类型 …………………………………………………… (45)

第三节　神圣的图像:图像意义的阐释 ………………………………… (50)
一　意义的内涵 ……………………………………………………… (50)
二　神话的神圣性 …………………………………………………… (52)
三　神话图像的属性 ………………………………………………… (55)
四　神圣的身体 ……………………………………………………… (57)
第四节　作为图像的神话:神话范畴的另一种反思 ……………… (63)
一　神话范畴中图像要素的缺失 …………………………………… (63)
二　图像神话的双重性质 …………………………………………… (64)
三　神话的存在样态 ………………………………………………… (69)
四　小结 ……………………………………………………………… (73)

第二章　神话图像与王权象征 ………………………………………… (75)
第一节　图像与权力建构 …………………………………………… (76)
一　图像的内涵 ……………………………………………………… (76)
二　图像与财富 ……………………………………………………… (77)
三　图像与王权象征 ………………………………………………… (82)
四　图像的双重属性 ………………………………………………… (85)
五　余论 ……………………………………………………………… (86)
第二节　神话图像与意识形态 ……………………………………… (87)
一　神话的意识形态建构功能 ……………………………………… (87)
二　神话图像的象征性:意义与功能 ……………………………… (89)
三　神话场景与历史隐喻 …………………………………………… (94)
四　神话图像与国家意识形态 ……………………………………… (99)
第三节　文明探源"女神"转向与"女神文明" …………………… (108)
一　"女神"转向的内涵 …………………………………………… (108)
二　女神的化身:符号与图像 ……………………………………… (109)
三　女神形象的演化 ………………………………………………… (114)
四　"女神文明"及其批评 ………………………………………… (118)
第四节　神话学艺术起源研究新探 ………………………………… (124)
一　艺术起源命题反思 ……………………………………………… (124)

二　神话学艺术探源的逻辑起点 …………………………………………（128）
三　神话学的认知取向：命题的框架 ……………………………………（137）
四　神话学认知阐释的价值 ……………………………………………（150）

第三章　神话与王权 ……………………………………………………（152）
第一节　比较神话学关于国王属性的探讨 ……………………………（152）
一　王权概念的界定 ……………………………………………………（152）
二　国王的本性 …………………………………………………………（153）
三　国王的职能 …………………………………………………………（158）
第二节　王权仪式的神话原型 …………………………………………（165）
一　仪式的内涵 …………………………………………………………（165）
二　王权仪式时间：神话创世时间的再现 ……………………………（166）
三　王权仪式空间：神话宇宙模式的象征 ……………………………（171）
第三节　族谱叙述的神话化 ……………………………………………（178）
一　族谱研究的史学取向 ………………………………………………（178）
二　族谱时间链的神话建构 ……………………………………………（180）
三　土地谱系的神话叙述 ………………………………………………（188）
四　谱系表述的神话诉求 ………………………………………………（196）
第四节　古希腊人的神话观
——论秘索思与逻各斯 …………………………………………（201）
一　近期研究述评 ………………………………………………………（201）
二　神话与逻各斯的现代内涵 …………………………………………（204）
三　赫西俄德的秘索思与逻各斯 ………………………………………（206）
四　荷马的秘索思与逻各斯 ……………………………………………（212）
五　小结 …………………………………………………………………（218）

第四章　神话与城邦 ……………………………………………………（220）
第一节　圣俗一体
——论荷马史诗中的城邦 …………………………………………（220）
一　城邦概念的界定 ……………………………………………………（220）

二　诸神之城：作为圣地的城邦 …………………………………………（224）
三　人类居所：作为世俗中心的城邦 ……………………………………（235）
四　结语 ……………………………………………………………………（247）
第二节　神话学神庙起源研究的人类学转向 ……………………………（248）
一　神话学的人类学转向 …………………………………………………（248）
二　神庙空间的神话起源 …………………………………………………（255）
三　神庙仪式结构的神话宇宙论象征 ……………………………………（266）
四　小结 ……………………………………………………………………（275）
第三节　英雄与神谕：希腊土地制度起源研究的两种模式 ………（276）
一　问题的提出 ……………………………………………………………（276）
二　英雄模式 ………………………………………………………………（279）
三　神谕模式 ………………………………………………………………（288）
四　小结 ……………………………………………………………………（298）

第五章　余论 ……………………………………………………………（300）
第一节　比较神话学文明探源证据法及可能性意义 ……………………（300）
一　四重证据法 ……………………………………………………………（300）
二　比较神话学文明探源证据及其关联 …………………………………（307）
三　神话学文明探源证据演进历史轨迹 …………………………………（312）
四　神话学文明探源证据法的可能性意义 ………………………………（317）
第二节　回归秘索思：神话学文明探源范式反思 ………………………（321）
一　神话学文明探源的核心问题 …………………………………………（321）
二　古典模式 ………………………………………………………………（322）
三　神话历史的内涵 ………………………………………………………（326）
四　神话历史模式 …………………………………………………………（331）
五　余论 ……………………………………………………………………（338）
第三节　地中海文明共同体概念的界定及其意义 ………………………（339）
一　学术谱系 ………………………………………………………………（339）
二　作为概念与场域的地中海文明共同体 ………………………………（344）
三　作为实体的地中海文明共同体 ………………………………………（347）

四　地中海文明共同体的公共性 …………………………… (350)

第六章　神话图像与地中海文明 …………………………… (354)
第一节　阐释与重构:原型批评在当代中国 …………………… (355)
一　原型批评在当代中国扎根条件 ………………………… (355)
二　阐释:原型批评的本土化实践 ………………………… (356)
三　重构:原型批评的理论化改造 ………………………… (360)
四　原型批评的误区与突破 ……………………………… (363)
五　结语 ……………………………………………………… (366)
第二节　米诺王权与太阳女神 ………………………………… (367)
一　年表 ……………………………………………………… (370)
二　历史草图 ………………………………………………… (371)
三　一种视角 ………………………………………………… (378)
四　物质嗜好:米诺与迈锡尼金戒指 ……………………… (379)
五　如何理解神话 …………………………………………… (382)
六　书面资料与王室资料库 ………………………………… (383)
第三节　作为大祭司的国王与王后 …………………………… (384)
一　进入与退出圣礼 ………………………………………… (389)
二　神圣性能否在米诺时代的克里特图像中体现 ………… (392)
三　特里亚达石棺上献祭的国王与王后 …………………… (396)
四　国王及其祖先 …………………………………………… (403)
五　近东和埃及的王后及其祭祀功能 ……………………… (406)
六　国王的职责与烦恼 ……………………………………… (408)

参考文献 ……………………………………………………… (411)
致谢 …………………………………………………………… (426)

导论

第一节　神话学文明起源研究的当代性

一　现代性危机与文明探源

自工业革命以来，人类社会步入快速发展的现代社会。但工业文明是一把双刃剑，它使人类在享受物质繁荣之便的同时，遭遇到重重危机：精神异化，环境恶化，能源危机，物种灭绝，种族屠杀，文化冲突，等等。人类社会在短短几百年现代化进程中所遭遇的灾难，比有史以来的任何社会阶段都要频繁。远的姑且不说，仅以近一两个世纪的历史为例。在过去的一百年间，人们经历了两次惨烈的世界大战，其间伴随着惨绝人寰的种族歧视与文化冲突——纳粹在德国疯狂屠杀犹太人，日本帝国主义在中国的种种暴行令人发指。环境的急剧恶化，导致了频繁的自然灾害——海啸、地震、火山爆发、气候变暖——还有诸多物种的频频灭绝。与此相伴随的是人类自身出现的一些病变，譬如，艾滋病、非典型肺炎（SARS）、甲型流感（H1N1），等等。所有这一切促使现代人反思自己走过的工业化道路，进而思考这样一些问题：现有的工业文明模式是不是最为合理的？如何摆脱现有文明模式的桎梏而走向更为合理的发展道路？人类该何去何从？

“从更深广的背景来看，现代性的危机之终极根源是文明本身的危机，是人类自5000年前迈入文明门槛以来渐进积累的症结在人口与环境资源的矛盾空前激化情况下的大发作。”[①] 当经历了种种危机之后，现代人开始觉悟并有所行动：回顾文明的历史形态，寻找文明的源头，借此寻找诊治现代文明病的良方。此种探寻现代性危机根源的全球性诉求表现在文化领域，便演变为普遍性“文化寻根”浪潮，自然，这种寻根的表现有多种形式，譬如新时代运动、异教主义、“东方转向”、“原始主义”等。以原始主义为例，它“是一种世界性文化思潮。它是以推崇原始状态下的本真、批评文明带来的痼疾为其特征的。在现代社会，人们普遍信仰进化论的社会观，认为历史是沿着直线发展的。从原始的采集—狩猎社会到农业社会再到工业社会，每一个历史阶段的跨越都意味着一次进步。在这种世界观的支配下，‘原始’不啻是‘野蛮’与‘愚昧’的同义词。然而，原始主义却从截然不同的思路进行文化反省，力图证明人类在得到的同时也失去了什么，每一次进步的同时也隐伏着更大的危险；因此，原始阶段并非一片混沌与黑暗，相反，返璞归真倒是补救现代文明种种缺陷的良方。”[②]

不论是文明探源抑或“文化寻根”，还是其种种表现，其根本意旨是对现代工业文明的反思与批评。也就是说，回顾文明形态之根源，乃是为了摆脱现代文明自身具有的种种危机。因此，文明探源问题就被提到了学术探讨日程之上。以中国文明探源过程为例，介入这一课题的学科可谓蔚为大观：生物学、地理学、植物学、考古学、历史学、人类学等等，但这并不意味着文明起源研究就不存在疑难问题。实际上，尽管文明探源涉及了众多学科，但依然有很多疑难问题没有取得实质性突破，或者说还有一些问题或现象并没有得到充分阐释，致使多数研究者基于现象之上分析问题，得出的结论难具普适性。那么，就中国学术界而言，中华文明探源工程尚存在哪些疑难问题？中华文明起源研究还有哪些问题没有得到充分解释？这是一个具有挑战性的问题，需要在理论上加以阐释。

---

① 叶舒宪：《现代性危机与文化寻根》，山东教育出版社 2009 年版，第 1 页。

② 方克强：《文学人类学批评》，上海社会科学院出版社 1992 年版，第 19 页。

二　中华文明探源的疑难问题

现代人关于时间的感知是线性的，这种非循环的视角将时间视为一条直线，过去、现在与未来均在这条直线上。“在这条直线上我们的目光投向了前方。在我们的前面是未来，在我们的后面是过去。在这条直线上我们可以用加点的方式来清楚明白地给所有的时态进行界定：现在时是我们落脚的点；将来时是我们前面任何的一点，在此之间还有将来完成时；在我们身后是完成时，再后面是未完成时，更远的后面是过去完成时。”① 这样，现在与过去之间就存在一条不可跨越的鸿沟，它导致了二者之间的断裂。或者可以这样说，作为时间直线上一点的过去已经随着时间的直线运动而被抛到身后，因而，“我们无法触摸到、观察到或者感觉到过去，过去已经完全逝去。”② 在这个意义上，我们永远都不可能回到过去，更无法还原历史。我们只拥有历史的痕迹、历史制造的记忆。

但这并不意味着我们无法追溯历史，无法探讨文明起源问题。事实上，历史留下了大量的痕迹，其中包括文字、实物、图像、仪式、语言、风俗、口头传统、文献、故事、传说、技术等。它们是人类弥补过去与现在断裂之处的主要途径，也是文明起源研究的主要证据。借用中国学界人文阐释的证据法术语，可以将上述这几类路径统称为四重证据。③ 就这一点而言，应该说中华文明起源研究拥有四重证据并用的立体阐释模式。关于这一点，只要读读以下一些学者的论著就大致可以明白，诸如李济、顾颉刚、张光直、夏鼐、李学勤、苏秉琦，等等。本质上讲，这些学者为历史学者兼考古学者，具有极为深厚的治学功底，不过这并不能掩盖文明起源研究中存在的一些问题。就四重证据的阐释而言，中华文明探源的明显

---

① ［挪威］托利弗·伯曼：《希伯来语希腊思想比较》，吴勇立译，上海书店出版社 2007 年版，第 163 页。

② ［英］马修·约翰逊：《考古学理论导论》，魏峻译，岳麓书社 2005 年版，第 14 页。

③ 一重证据指的是传世文献，诸如《二十四史》、《四库全书》之类的书写文本；二重证据指的是出土文献，即考古学发掘出来的一些文献，比如甲骨文、金文、简帛书等；三重证据指的是口头传统、仪式、表演、与非物质文化遗产相关的一些证据，它们具有悠久的历史；四重证据是实物与图像，这是具有物质性文化文本意味的证据，在四重证据中具有举足轻重的地位。

存在两种不足：第一，实物与图像阐释不到位，导致一些考古发现的器物与图像意义无法得到合理阐释；第二，文献留存的疑难问题得不到实物的有效印证，一些文献中的记载难以考证。上述这两个方面的问题较为抽象，下文举例加以说明。

从根本上说，中华文明探源工作主要依靠考古发掘而进行，借助于考古学者的发掘，一些重大的史前文明遗址得以呈现——半坡遗址、二里头遗址、陶寺文明、红山遗址、凌家滩遗址、三星堆遗址、金沙遗址、良渚遗址等等。“但是，不同于民族学家、地理学家、社会学家、政治学家和经济学家，考古学家不能直接观察研究对象的行为，也不同于历史学家，大多数考古学家无法接触研究对象记录在文本中的思想。考古学家必须从人类制造和使用以及给予环境以物质性影响的物质遗存中了解人类的行为和想法。考古学资料的阐释依靠对人类现在行为的理解，特别是对这些行为如何从物质文化中反映出来的理解。考古学家必须运用一些通用法则，以便将对现代地质学和生物学过程的理解运用于分析这些过程如何改变考古学资料。然而如何合理地、全面地在资料中衍生出对过去人类行为的理解依然是一个见仁见智的问题。”① 考古学要解决的是文物的物质性问题，而其依据则是现有的知识形态与范围，也就是利用已知的知识来阐释出土的史前器物，并且侧重于物质属性的考察。尽管考古学拥有大量的器物，但这些东西的制造者与使用者已经死去，无法亲口讲述它们的内涵，考古学家们只能利用现有的知识建构这些物件的意义。考古学是为历史学和其他人文学科服务的一门学科，它使历史研究的时间跨度回溯到史前时代。但从技术层面讲，一位考古学家所做的，就是按照考古学的技术规范发掘一个遗址，对发掘的过程、各文化层之间的相互关系、出土器物的准确位置等，做出详细记录，写出考古报告，他的任务就圆满完成了，至于对这些考古实物怎样解释，就要留给史前史学者，或体质人类学家和文化人类学家去分析研究。很多考古学家不甘心充当这种纯技术角色，因而也来解释和分析考古实物，这时他已扮演史前史学家和文

① [加] 布鲁斯·崔格尔：《考古学思想史》，徐坚译，岳麓书社 2008 年版，第 15 页。

化学者的角色了。

因此，当考古学者面对三星堆出土的大量器物及其图像，尤其那些神秘的眼睛符号时，现有的考古学知识显得非常有限。面对这些眼睛图像，历史学者则难以根据史学记载去给出较为合理的阐释。因为中国的史书中根本就没有三星堆文明的记载，更缺乏关于那些眼睛符号结构性意义的史料。更为重要的是，这些眼睛符号是一种神话符号，具有虚构性，超出了史学研究的范畴。当然，这样的疑难问题不止一个，类似的例子很多，饕餮纹的意义也是如此。自新石器时代晚期，中国的考古器物上就出现了大量的兽面纹，其中尤以神兽吞噬人首为突出特征，该纹饰在良渚文化玉器、夏商两代的青铜器物上先后出现，一直延续到明清的陶瓷器物上。史学工作者根据宋人邵博《闻见后录》卷二六中关于神兽饕餮食人的记载，将此纹样命名为“饕餮纹”，而“饕餮”自然就成为一种凶猛可怕的怪物。尽管史学界与考古学界给出了各种不同的解释，但这些解读却很难回答这样一些问题：古人为何要将此种凶猛怪物刻画在神圣的祭祀器物上？若饕餮是一种凶猛之怪兽，为何夏代的一些器物上被饕餮吞噬的人看似非常温顺安详而非恐惧不安？那些刻有饕餮符号的器物具有何种功用？因此，尽管我们拥有大量的考古实物与图像，但很多关于它们意义的解读却缺乏足够的说服力。由于神话学的缺席，致使一些考古实物与图像的意义的解释难以落实到文化语境之中，中华文明起源研究在实物解读方面缺乏人文阐释的张力。

就研究传统而言，历史学家通常是以历史书面文献为史料的，研究历史时期的各种历史和文化现象，但考古学出现后，又提供了新的史料，即实物的史料，包括铭文和各种造型艺术等，因而历史学家的史料更加丰富了，即便是研究历史时期的历史内容，如汉代历史，一个汉墓的出土，大量实物和图像的证据，会极大地丰富史料，弥补书面文献的不足。同时，考古还使很多史前文物出土，这就使历史学家也有可能研究有文字记载以前的“历史”了。不过，多数历史学者容易犯下的一个错误就是，以文字资料来验证考古实物，从文献中寻找实物与图像的意义。当从文字中无法获取相关的图像信息时，历史学者就难以确定其确切意义。更为重要的是，在将历史上溯到史前时代时，历史学者遭遇到了文献证据不足的困难，诸多问题的探讨因而无法展开，使得历史文献中一些疑难问题无从解决。比如，黄帝为何号称有熊氏？大禹治水时所走的禹步到底是一种什么样的步伐？为什么历代帝王族谱中总存在母亲感神生子的叙述？这些历史文献中的疑问单凭历史学的知识往往难以解答，因为这些内容与神话叙述密切相关。国外神话学的研究表明，这类现象的背后是隐藏在人类无意识中的神话思维，后者具有建构意识形态的作用。以族谱中的感生故事为例，这类叙述为神话叙述，表明了神话关于王权的认知——王权与神权相关，帝王与神明相连。① 倘若以此为线索，中国的族谱叙述就会得到较为合理的阐释，而已经超出了史学的研究范畴，是神话学研究者的任务。这样看来，神话学加入文明起源研究，将有助于阐释某些历史文献中遗留的疑难问题或者被遮蔽、妖魔化的历史现象，还原一个久已被遗忘的历史本相。

正如前文所述，文明起源研究要面对的资料极为丰富：历史文献、考古实物、图像资料、遗址、文字、仪式、故事、传说等等。这就需要考古学者的实地考古发掘、历史学者对历史文献的梳理，同时也需要人类学、民俗学、神话学研究者的合理阐释。那么，作为具有跨学科属性的神话学，它是否具有介入文明探源工作的学科优势？这是一个需要在理论上加以论证的问题。

三　神话学的研究实绩

首先，具有跨学科属性的神话学具有多重证据并用的治学传统，其研究方法也非常丰富。神话学诞生于18世纪后期，它是在比较语言学的基础上兴起的一门学科。早在19世纪末叶，以麦克斯·缪勒（Max Muller）为代表的语言学派，利用语言学成果探讨古代印欧文明与希腊

---

① Robert Parker. “Myths of Early Athens”, *Interpretations of Greek Mythology*. Edited by Jan Bremmer, London: Routledge, 1988, pp. 187—214; Nicole Loraux. *Born of the Earth: Myth and Politics in Athens*. Ithaca and London: Cornell University Press, 2000, pp. 29—35; John M. Wickersham. “Myth and Identity in the Archaic Polis”, *Myth and the Polis*. Edited by Dora C. Pozzi and John M. Wickersham, Ithaca and London: Cornell University Press, 1991, pp. 16—30.

文明之间的源流关系。后来，经过了人类学派，诸如詹姆斯·乔治·弗雷泽（James George Frazer）等人的改造，神话学开始侧重于考察神话与仪式之间的关系，由此颠覆了神话学旧有的研究模式；到了“新”神话学者乔治·杜梅齐尔（Georges Dumézil）那里，神话学吸取了社会学的研究方法，重点发掘古印欧文明的社会机制。比较神话学派的突出特征是古代印欧语言的比较，麦克斯·缪勒和乔治·杜梅齐尔都是如此，只是后者不仅比较语言，还力图通过语言比较发现印欧社会的普遍结构和文化特征。从神话学的发展历程来看，它汲取了比较语言学、人类学、比较宗教学、社会学各个学科的知识，以跨学科的宏大视角来关注研究对象。

譬如，乔治·杜梅齐尔利用语言学知识，通过神话来考察史前印欧人的社会机制与结构。他通过语言学研究发现，印欧神话中的社会阶层，按照其地位高低，可以分为三类：僧侣、武士与平民，神话中这三个阶层反映了印欧人社会中三个社会阶层，也就是第一职能、第二职能与第三职能。古代印度、欧洲及印欧社会的其他地方，都存在这种三分法式的社会职能，这三个职能分别涉及了三个领域：神圣、体力与丰产。最为重要的僧侣阶层负责维系神秘宗教、律法，以及制度统治，武士阶层则向社会提供武力，平民阶层处于印欧社会最底层，向整个社会负责提供生存物质，包括社会的生产物质、动植物的生产与活动等。杜梅齐尔指出，三分法的社会职能不仅仅限于史前社会，它已经成为一种结构性的社会意识形态，保存在印欧人的记忆中。① 乔治·杜梅齐尔本人一再强调，其方法仅仅适用于古代印欧社会，他只是陈述了印欧社会结构的一个显而易见的事实，依靠的材料也主要是文字材料，不外乎是《吠陀》、《阿维斯陀》和荷马史诗，其功劳只是将其公式化了。事实上，这种三个功能的假说并不适用于所有的神话，仅仅适用于印欧神话及印欧社会。事实上，只有古印度的例子似乎最贴切，而作为印欧社会一员的古希腊社会，祭司的力量很有限，武士和平民则是趋同的（兵民一体），这本身就不符合杜梅齐尔的三

① ［法］乔治·杜梅齐尔：《神话与史诗》，孟华译，北京大学出版社2005年版，第106页。

分模式。其他的非印欧社会，也常常呈现这种三分结构，或者不呈现。但是我们却无法否认，从柏拉图到黑格尔，欧洲人确实存在三分法的思维习惯，甚至阿兰·邓迪斯在美国的当代文化中发现了三分法的结构。①

其次，借助于比较图像学的研究方法，神话学能够利用古代神话与民间故事，同时结合民间遗留的仪式与风俗，合理阐释史前艺术与图像。在阐释实物与图像的过程中，比较神话学已经形成了一套较为系统的阐释模式与理论框架。比较神话学研究者强调，在面对实物与图像时，一定要在情境性原则下阐释其结构性意义与功能性意义。在解读过程中，要将神话图像与历史场景联系起来，并注意神话图像与意识形态建构之间的共生关系。② 需要加以说明的是，神话、民间故事与风俗礼仪，这些不同于历史时期文明时代文献记载的东西。但就像历史学家依赖的文献史料一样，它们同样具有叙述历史的作用。当然，民俗学家、神话学家在面对直接面对史前图像资料时，不少人也是单靠直觉和灵感去还原其意义的。不过，不同于历史学者，神话学研究者能够通过图像，尤其是史前图像，意识到其背后的神话叙述意图，给出较为合理的解释。不妨举一个例子，埃及的棺木与神庙壁画上经常绘有一些神秘的图像与符号，譬如眼睛、甲虫、狒狒、太阳、月亮、树、圆柱、水，等等。任何一位埃及学者都

---

① Alan Dundes. *Every Man His Way*: *Readings in Cultural Anthropology*. Alan Dundes ed. (Prentice Hall Anthropology Series.) Englewood Cliffs, New Jersey: Prentice - Hall, Inc., 1968. pp. 401—423.

② Lana Troy. *Patterns of Queenship in Ancient Egyptian Myth and History*. Uppsala: Acta Universitatis Upsaliensis, 1986; J. Faris. "From Form to Content in the Structural Study of Aesthetic Systems", D. Washburn (ed). *Structure and Cognition in Art*. Cambridge: Cambridge University Press, 1983; Jenifer Neils. "Myth and Greek Art: Creating a Visual Language", *A Cambridge Company to Greek Mythology*. Edited by Roger D. Woodard, Cambridge: Cambridge Press, 2007, pp. 286—304; Zainab Bahrani. "Race and Ethnicity in Mesopotamian Antiquity," *World Archaeology*. 2006, Vol. 38 (1): 48—59; Christiane Sourvinou - Inwood. "Myths in Images: Theseus and Medea as a Case Study", Lowell Edmunds, ed. *Approaches to Greek Myth*. Cambridge, UK: Cambridge University Press, 2003, pp. 393—445; Marjatta Nielsen. "Greek Myth - Etruscan Symbol", *Myth and Symbol I*: *Symbolic Phenomena in Ancient Greek Culture*. Synnøve des Bouvrie edited. Bergen: Norwegian Institute at Athens, 2002, pp. 171—198; Synnøve des Bouvrie. "The Symbol of the Warrior in Greek Tragedy?" *Myth and Symbol I*: *Symbolic Phenomena in Ancient Greek Culture*. Ibid., pp. 287—311.

深知其象征意义，不会无知到仅仅视其为简单的艺术图像。或者说，每一位现代从事埃及考古的工作者，都是一位埃及学者，都了解那些符号是神圣的，但可能有各种不同的理解。神话学者 R. T. 朗德尔克拉克（R. T. Rundle Clark）指出，埃及艺术几乎全是象征主义的，每一种艺术图案与符号都与埃及的神话、宗教密切相关，其背后有着深远的神话传统。在埃及，神话有着两种用途：其一，催生了法老王权的到来；其二，提供了描述意识发展与起源的一套模式。[①] 上述各种艺术符号与图案，都表述了埃及的神话与宗教思想。

姑且以眼睛符号为例。这是一种随处可见但又比较特殊的符号。考古学者 O. G. S. 克劳福德（O. G. S. Crawford）认为，遍布近东、地中海、欧洲西部的那些具有巨大眼睛的女神雕像代表的是狩猎时代人类膜拜的女神的丰产，女神巨大的眼睛是其神圣性的标志，这些眼睛女神的符号源于近东，然后向地中海、欧洲西部传播。[②] 但这种说法缺乏足够的证据，争议颇大。另外一位学者马丽加·金芭塔丝（Marija Gimbutas）认为，实际上，旧石器时代就已经出现了眼睛的符号，一直延续到前陶器时期与新石器时代。这些眼睛符号一般与鸟女神、蛇纹、太阳纹等符号联系在一起，象征女神维系生命的神圣能源所在。女神巨大的眼睛符号标志着女神无所不在的洞察力。眼睛符号与女神创造与维系生命的其他功能性符号——嘴巴、乳房、阴户、子宫等符号联系在一起，成为女神抚育生命的象征性标志。[③] 但马丽加·金芭塔丝与 O. G. S. 克劳福德一样，均脱离了符号自身的生成语境，由此引起了诸多争议。学者 R. T. 朗德尔克拉克指出，要破译这些神秘的眼睛符号，必须将其放入具体的文化语境中，不可以偏概全。他指出，埃及艺术品中随处可见的眼睛图案与世界各地的研究符号均不一样，有着自己独特的文化意味。在埃及，眼睛是埃及的“神圣之眼”，表述的是埃及神话中的大女神（Great Goddess）

---

① R. T. Rundle Clark. *Myth and Symbol in Ancient Egypt*. London：Thames and Hudson，1978，pp. 27—33.

② O. G. S. Crawford. *The Eye Goddess*. London：Phoenix House Ltd，1957.

③ Marija Gimbutas. *The Language of the Goddess*. London：Thames and Hudson，1989，pp. 51—61.

无比伟大的能力与荣耀。这只眼睛最初是天空之神的眼睛，到了后来就转换为火焰、眼镜蛇与王冠等符号，其中的等式就是：眼睛＝火焰＝毁灭之神＝眼镜蛇＝王冠。[①] 克拉克利用神话对埃及艺术品中符号的阐释表明，神话是埃及艺术思想的源头，同时又催生了埃及的意识形态。

最后，借助于神话资料，比较神话学能够破译神话故事中隐藏的文化编码，还原其本原意义。这样说来不免有些抽象，以下举例说明。一般认为，王权是文明的重要组成部分。有关国王产生于原始末期军事民主制时期的部落军事首长的观点，久已有之，这方面的研究主要是文化人类学的贡献，大量有关近代未开化和半开化民族的民族志材料也都提供了这方面的证据。这种部落社会的“国王”（酋长）享有军事指挥权，同时兼任大祭司，但民事权力有限，同时受到部落议事会和民众大会的制约。这种观点已被历史学界所接受，但对具体形成机制、职能和演变方式尚存争鸣。学者亨利·富兰克弗特（Henri Frankfort）利用埃及神话、图像与文献资料的探索表明，埃及国王是神明世界不可缺少的一个部分，并且是整个人类社会具有象征意义的代表。埃及王权的生成基础是孟菲斯神学，而其最为古老的源头，则是埃及的创世神话。也即是说，埃及的神话与埃及王权、国家是相互催生的。[②] 此时，神话学成为探讨政治文明的一把利器，而神话学的阐释模式，同时更新了文明起源研究中固有的模式，补充了那种单独从文明的物质性要素层面来探讨人类文明的源泉模式，比如，城邦的建造，王宫的布局，武器的锻造，等等。

但上述这些神话学在文明探源方面所取得的丰富成果迄今依然难以为国内学界所了解，由此造成了国内神话学家在“中华文明探源”工程中神话学的缺席，史学界与考古学家的一些疑难问题因此而无从得到神话学阐释的支持。这种现状的另外一种结果就是，早期的一些神话研究者对中华文明起源研究的理论与方法明显滞后，基本与国外神话学隔离，尚未形成一定的声势，自语式的探索依然停留在既有的研究范式上，方法论意义上

---

① R. T. Rundle Clark. *Myth and Symbol in Ancient Egypt*. Ibid，1978，pp. 218—235.

② Henri Frankfort. *Kingship and the Gods：A Study of Ancient Near Eastern Religion as the Integration of Society*. Chicago：University of Chicago Press，1978，pp. 35—48.

的革新由此势在必行。关于中国神话学早期在文明探源方面的局限性，叶舒宪先生已有所阐释[①]，笔者在此不赘述。

从文明探源的性质来看，其探讨并非为证据的罗列与收集，而是对文明发生内在机制的探讨，属于哲学层面对现代性危机的反思，其中涉及对文明属性的再界定、文明运作机制的思维模式，等等。这种具有反省意味的探讨，注定要用一种跨学科的宏大视野对其总体审视，同时突破现将文明界定为主要依据物质性层面要素内容的固有思维模式，同时突破主要依据为标准界定文明的传统思维模式。在做此种举措时，就关涉到了史前时代图像与符号的再阐释，以及辨别文字书写的真伪问题。这一跨学科诉求将神话学推上了世界文明探源的前沿，促使它与众多人文科学，譬如，史学、考古学等学科一起协作互动。从这一现状而言，比较神话学在文明探源工程中的出现是历史的必然要求，也是比较神话学自身取得的丰富成果所致，同时与其超学科的特性密不可分。因此，可以这么断言，比较神话学在世界文明起源研究中所扮演的重要角色，是一种历史的必然性，同时也是比较神话学自身发展的使命。就在对文明发生机制起源的探讨中，比较神话学对文明做了另一种反思，它所提供的研究范式与思维视角，将会对整个人文科学研究模式的突破起到一种推进性作用，从而唤起破学科范式之呼声。另一方面，比较神话学对于文明发生内在机制的探讨，将扩展神话自身的定义，使得现代学科划分体制下对神话的界定进一步更新，还原神话的文化整合特性，恢复其作为文化基因与编码的原初功能。

第二节　国内外研究现状及研究思路

一　研究对象及意义

本书研究对象为20世纪以来英文学界神话学关于世界古代文明起源的

① 叶舒宪：《中华文明探源的比较神话学视角》，《江西社会科学》2009年第6期。

成果，主要包括关于古代希腊文明、古埃及文明、美索不达米亚文明、古代印度文明的起源研究，重点是英语学界关于文明诸要素发生机制证据法的探讨。论文旨在系统梳理20世纪以来国际上的相关学术成果，尤其注重总结20世纪神话学在文明起源研究中的独到贡献，阐明比较神话学的探讨如何为文明探源研究开辟出新的角度，由此提供出多维的和比较对照的视野。

本书研究的学术理论意义与价值体现在以下几点：

第一，国外比较神话学自身的跨学科属性在世界文明起源研究中发挥了重要作用，已形成各种不同的探讨模式，比如，马丽加·金芭塔丝神话考古学的模式、乔治·杜梅齐尔及其弟子的语言学模式以及南诺·马瑞纳托斯的神话图像模式，等等。这些理论模式尚未得到及时梳理，致使其阐释模式与主张难以产生较为广泛的学术影响。本书介绍并归纳比较神话学在文明探源中所出现的这些研究模式，强调其跨学科研究所取得的成就，为文明起源的跨学科阐释提供理论补充。

第二，对于神话学而言，本课题的研究将会进一步推进中国神话学关于神话理论与研究范式的建设，同时拓宽神话的概念，将神话从文学的学科属性中解放出来，还原神话为文化编码的本来面目，使得神话学摆脱前学科的现状。“神话”一词从古希腊到今天，就是一个独立的术语，从来就不隶属于任何一种学科，神话就是神话，神话学与文学、艺术、宗教、历史等处于同一地位，甚至因其学科的超越性，包含了诸多人文科学的某些层面。但在现代中国学术界，神话却处于一种极其被动的局面，被划归在文学之下。叶舒宪先生在相关论文中指出，[①] 造成这种现象的原因很多，主要是中国学术界在引入“神话”这个外来术语时，一些学者自身的知识背景所造成的。自1903年开始，国内才开始出现“神话”这个概念，而将神话学较早介绍到中国来的，乃是一批文学家，诸如周作人、茅盾、鲁迅等。可惜的是，这些早期的学者们并没有进行过多少人类学田野考察工作，仅仅借用了一些人类学的观点从事文学式的神话研究与写作，以至于

① 叶舒宪：《物的叙事：中华文明探源的四重证据法》，《兰州大学学报》2010年第6期；叶舒宪：《中华文明探源的比较神话学视角》，《江西社会科学》2009年第6期。

很多人将神话划为文学的一个种类。另一个方面，“五四”运动之后，中国开始引入国外的一套学科教育机制，丢弃了中国古代文史哲不分家的传统，在这样一种现代学科严格划分的时代背景之下，神话无所依附，最后被划归到文学门下。但是，从神话的本原意义来看，神话的概念与范畴均远远大于文学，并非文学所能涵盖，并非神话属于文学，而是文学依附于神话。

第三，促进多学科理论建设的互动。比较神话学是一门具有跨越学科属性的科学，它探讨的一些问题同时涉及相关学科的理论与知识。通过论文写作，旨在为神话学、文学人类学、文艺学，以及宗教学等相关学科的理论建设做出类似于资料库与理论补充的工作。

二 研究现状

19 世纪以来，比较神话学从看似固步自封的神话——自然主义教条过渡到雄心勃勃的理论革新，在法语与德语世界尤其如此。由此而产生的一种结果就是，出现了各种神话理论的归纳，这样的工作在 20 世纪 30 年代就已经开始了。到了 21 世纪，面对神话理论的异常繁荣，神话理论工作者不得不再次审视神话学走过的数百年历史，以期反观神话学自身面临的诸多问题，同时展望神话学的未来。关于文明起源研究成果梳理却较为少见，不过这并不妨碍对其做简略梳理。

总体来说，国外比较神话学文明起源研究基本可划分为两类：一类是文明形态的起源研究，另一类为文明要素发生机制研究。文明形态的起源研究主要考察某种文明样态的时间与空间起源，比如，以马丁·伯纳尔（Martin Bernal）为首的非洲中心主义者，在论著《黑色雅典娜》中断言，希腊文明源自古代埃及，其时间可以上溯到克里特时代，即公元前 2000 年左右。[①] 当然，并不是所有的学者都赞同这种观点，以玛丽·R. 莱夫科维茨（Mary R. Lefkowitz）为首的部分学者就坚决反对这种说法，提倡欧洲中心文明论。这些学者认为，欧洲文明的源头不是非洲，也不是西亚，而

① Martin Bernal. *Black Athena: The Afronasiatic Roots of Classical Civilization*. London: Free Association Books, 1987, introduction.

是欧洲自身。希腊文明的发源地在本土，而不是欧洲之外。① 马丽加·金芭塔丝则认为，文明起源不应该拘泥于一时一地，而应该从文化类型来划分，强调文明的精神内涵与意味，同时关注地中海文明共同体的范围。她指出，世界上最早的文明不是古代埃及文明，也不是古代苏美尔文明，而是“女神文明”。自然，“女神文明”的概念仅限于公元前7000年到公元前5000年的古欧洲，即地中海沿岸地区。②

抽象的文明起源问题属于哲学问题，基本上寻求不到确切的答案。文明起源研究的关键是如何理解文明概念及其界定问题。事实上，如果将文明当做一种从原始状态向文明状态转换的过程，一种动态的进程，那么文明起源问题就转换为文明形态的动力机制问题。就形态而言，文明起源问题就尝试着可以探讨这样一些问题：什么时候出现了文明？文明的形态是如何逐渐建立起来的？人类历史上文明形态的内涵一致性是何时出现的？就原动力而言，文明起源研究还可以探讨如下话题：文明的出现是否为一个逐渐转换的过程？较早出现的文明要素是如何影响后来的文明要素的？文明形态的内在一致性是如何发生并形成的？所有这些问题需要研究者做出相关的回应。若将这些话题落实到具体的文明形态，美国学者亨利·富兰克弗特的论著《近东文明的起源》③ 便是这方面的研究的典型。

亨利·富兰克弗特在《近东文明的起源》一书中指出，文明起源不能探讨空洞的哲学起源问题，必须将文明起源视为文明形态的起源研究，只有这样才能避免起源无解的困境。就文明发生的形态而言，地中海地区文明具有某种内在的一致性，这种一致性可以用文明整体性来称呼。值得注意的是，亨利·富兰克弗特较早地看到了古代埃及与美索不达米亚文明的共性，同时观察到了美索不达米亚文明对埃及文明的影响，也觉察到神谕

---

① Mary R. Lefkowitz. *Not out of Africa: How Afrocentrism Becoam an Excuse to Teach Myth as History*. New York: Basic Book, 1996.

② Marija Gimbutas. *The Language of the Goddess*. London: Thames and Hudson, 1989; Marija Gimbutas. *The Civilization of the Goddess: The World of Old Europe*. San Francisco: Harper & Row, 1991.

③ 中译本参见［美］亨利·富兰克弗特《近东文明的起源》，子林译，上海人民出版社2009年版。

对王权机制生成的操控性作用。从神话叙述学的视角而言，神明及神谕并不能等同于神话，但神明介入王权建构，这种叙述模式基本上是神话叙述，充分彰显了神话在文明要素生成过程中的功效。

不难看出，上述研究类型关注的焦点是某种具体形态文明在地缘与时间层面的起源，属于文明形态构成要素起源研究。这种研究使用的证据各有不同，但都没有摆脱起源的物质论色彩。一个突出的问题就是，当我们确定了某种文明的时间与空间源头之后，这又能说明什么？确定某种文明形态的源头又能得出何种具有启发性的结论？源头的问题不是一个简单的结果，起源更应该是一种过程，一种寻找文明共性与个性的动态过程。不过迄今为止，我们在这类起源研究中尚没有看到这方面的探讨，也是神话学发展过程中一个急需解决的问题。

德国学者沃尔特·伯克特（Walter Burkert）在其一系列论著中指出①，从文明构成要素，譬如文字、经济、技术等方面的起源来看，希腊文明的发源地无疑在古代埃及与两河流域，但青出于蓝而胜于蓝，希腊人后来创造了辉煌的希腊文明，希腊文明因而具有一定的本土性与自足性。从证据学视角来看，沃尔特·伯克特的资料主要以文献为主，同时还使用了少量的图像资料，其阐释效力自然受到了一定的限制。沃尔特·伯克特一方面承认希腊文明在早期曾经从埃及与苏美尔等文明中汲取了营养；另一方面，他又强调希腊文明的独特性，即希腊文明后来居上，最终超越了前二者，创造出具有希腊本土特色的文明类型。值得注意的是，沃尔特·伯克特敏锐地看到了希腊文明的自足性与独特性，并没有像马丁·伯纳尔那样一味强调异国文明对希腊本土文明的影响。文明起源研究不是一种静止的因素考察，而是文明要素发生的动态生成过程。关于这一点，沃尔特·伯克特看得非常清楚，但他并没有将这种互动与影响看做一种平等互利的过程，相反，倒是偏向于阐释接受方对外来文明的改造与吸收。

---

① Walter Burkert. *The Orientalizing Revolution*：*Near Eastern Influence on Greek Culture in the Early Archaic Age*. Cambridge：Harvard University Press，1992；Walter Burkert. *Babylon*，*Memphis*，*Persepolis*：*Eastern Contexts of Greek Culture*. Cambridge：Harvard University Press，2004.

随着考古学与神话学理论的不断发展，越来越多的学者采用考古学与图像资料重新看待文明起源问题，尤其是地中海沿岸文明起源的共性问题。南诺·马瑞纳托斯在其新近出版的论著《米诺王权与太阳女神》一书中指出[①]，文明起源问题不应该以地域为中心，而应该整体考虑“地中海文明共同体”这样的概念与文明类型，将整个地中海地区文明纳入其中考察，重点是文明的某些共性。因此，她使用“近东文化共同体”这个概念来描述地中海沿岸文明的共性，并使用考古实物与神话图像、文字记载考察米诺文明与近东文明之间的一些共同性。南诺·马瑞纳托斯断言，米诺文明是地中海文明的一个组成部分，地中海沿岸文明是一个不可分割的有机整体。需要指出的是，南诺·马瑞纳托斯这种整体性文明观点与阐释模式是对文明起源研究模式的一种革新与挑战，各种证据的使用使得其观点具有十足的阐释效力，这也是国内学界需要借鉴的。但她像伯克特等学者一样，骨子里依然是一位地道的欧洲人，具有非常浓郁的欧洲中心主义情结，在研究文明起源问题时，带有明显的欧洲中心论色彩，这一点可从其论著的副标题“近东文化共同体”一词看出。当然，这不是南诺·马瑞纳托斯本人的过错，而是欧洲的学术传统造成的。关于这一点，已经是学术界的共识，笔者不再赘言。[②]

另一类为文明要素发生机制研究，即探讨文明进程中各类要素的发生，比如王权、王权象征符号、城邦、文字的发生机制等。需要加以说明的是，神话学文明构成要素的研究路径源自考古学与史学，但神话学有着极为鲜明的学科特征。这方面的成果颇为丰富，其中尤以法国神话学者克劳德·卡莱默（Claude Calame）为代表。克劳德·卡莱默在其论著《古希腊神话与历史——殖民地的象征性创建》一书中指出[③]，希腊早期城邦与殖民地创建的叙述完全是由神话建构的，希腊每一座城邦与海外殖民地

① Nanno Marinatos. *Minoan Kingship and the Solar Goddess: A Near Eastern Koine*. Urbana: University of Illinois Press, 2010.

② 参见王倩《20世纪希腊神话研究史略》，陕西师范大学出版总社有限公司2011年版，第84、147页。

③ Claude Calame. *Myth and History in Ancient Greece: The Symbolic Creation of a Colony*. Princeton: Princeton University Press, 2003.

开拓均由神谕所授，在创建过程，神明均加入其中。从这个角度而言，希腊古代城邦与殖民地均源自神话。当然，支撑卡莱默观点的论据主要是文献，由此可说，他的研究模式仅仅是一种程式化的文本研究，其阐释效果尚待进一步检验。

在众多的研究论著中，多拉·鲍兹（Dora C. Pozzi）主编的《神话与城邦》[①] 以其系统性与创新性而在神话学文明起源研究中占据了一席之地。在这部论文集中，学者们探讨了城邦正义的神话模式，城邦创建的神话叙述模式，以及城邦正义的神话起源，等等。一种普遍的看法就是，作为政治机制的城邦，其众多内容均源自神话及其叙述模式。这部论文集论述的问题均围绕希腊神话与城邦之间的关系而展开，而对埃及神话与城邦、苏美尔神话与城邦，乃至于中国神话与城邦之间关联的阐释，均未论及。从这个层面来看，所谓城邦与神话之间关系的一些结论，并不具有普适性。城邦是地中海沿岸一种特殊而又普遍的现象，缺少了希腊以外的其他地区的城邦，任何关于城邦与神话关系的探讨都具有一定的限制性。

文明的构成要素有很多，其中较为重要的是王权。关于王权的探讨一直是学术界的经年不衰的话题，其研究成果也非常丰富。早在1958年，学者胡克（Hooke，S. H）就组织并编著了一本具有长足影响力的论文集《神话、仪式与王权》[②]，在这部论文集中，神话学者从各个视角出发探讨了神话、仪式与王权之间的关联，并就文明起源达成了一种共识：王权书写的模式源自神话与仪式叙述，二者是王权的叙述性源头。但这种仪式仅仅是一种王权仪式，与人类学意义上的仪式相去甚远，只限于文献记载中的王权仪式，并不是人类学意义上那种人类学田野考察所观察的仪式。关于王权的探讨很多，其中的一种观点认为，王权机制不只包括国王，还应该包括王后的权力。学者拉纳·特洛伊（Lana Troy）在其论著《古埃及王神话与历史中的王后制》[③] 中指出，埃及的王权除了国王的权力，还包

---

① Dora C. Pozzi and John M. Wickersham. *Myth and the Polis*. Ithaca and London：Cornell University Press，1991.

② Hooke，S. H eds. *Myth，Ritual，and Kingship*. Oxford：Oxford University Press，1958.

③ Lana Troy. *Patterns of Queenship in Ancient Egyptian Myth and History*. Uppsala：Acta Universitatis Upsaliensis，1986.

括了王后的权力。王后制度的形成直接源自神话叙述模式。特洛伊依据的主要证据是神话图像与神话文本，并不包括人类学意义上的仪式。但就王权理念而言，特洛伊的论著上是对王权概念与范畴的一种补充与更新，但他并没有就埃及王权理念神话基础做证据学与方法论阐释。

当论及王权与神话之间的关联时，就会涉及王权与神明这个话题，美国学者亨利·富兰克弗特的论著《王权与神祇》为这方面研究的典范。① 就文明形态而言，亨利·富兰克弗特在这部论著中仅论及了两种文明——埃及文明与美索不达米亚文明。他为此而得出的中心观点是："尽管埃及和美索不达米亚文明看上去很相似，但却存在根本而深刻的相异性；被古代人视为是所有文明生活之基础的王权机制，却在两块土地上受到了完全不同的感悟。在埃及，所有人当中只有国王是神的后裔，他的加冕典礼是一次神的显灵。然而，在美索不达米亚，国王是凡人，是一个'伟大的人'，后者是对苏美尔语中国王一词——卢伽尔（lugal）的直译，国王的加冕典礼有时被看做是神化活动，即一次圣化仪式，但是，这并未使他成为神的化身。"② 富兰克弗特提出的关于埃及王权与美索不达米亚王权相异性的理论影响到了后来学者的研究，同时对文明起源研究的某些问题，比如，弗雷泽笔下的国王神化概念进行了反驳，对文明起源研究做出了颇富启发性的贡献与建树。

长久以来，王权被界定为一种抽象的政治机制，在文字书写社会占有极为重要的地位。但一种事实就是，文明起源研究往往要面对无文字书写的社会，此时，关于王权的生成问题就难以借助于文献而进行，只能凭借少量的出土的考古实物与图像而进行。一种普遍的情况就是，尽管考古学者拥有大量的考古实物与图像，但关于这些器物上图像的阐释却需要借助于神话学来进行。另一方面，这方面的阐释工作需要一种较为成熟的理论架构。从这个维度而言，学者约翰·贝恩斯（John Baines）

① 中译本参见［美］亨利·富兰克弗特《王权与神祇（上、下）》，郭子林、李岩、李凤伟译，上海三联书店 2007 年版。

② S.N. 克莱麦尔：《菲尼克斯版本前言》，［美］亨利·富兰克弗特：《王权与神祇（上）》，郭子林、李岩、李凤伟译，上海三联书店 2007 年版，第 1 页。

与诺曼·叶斐（Norman Yoffee）所倡导的高端文化理论具有一种理论参照的功能。约翰·贝恩斯与诺曼·叶斐指出，在古代国家，尤其是古代埃及与美索不达米亚，其文化基本属于高端文化类型。在这些早期文明社会中，权力建构是依附于财富与财富的象征物而被建构起来的。作为财富象征的神话图像具有一种将财富符号化并权力化的作用。神话图像参与了统治者与社会精英身份地位建构的过程，神话图像不仅仅指财富与权力，还是二者的象征。[①] 高端文化理论具有一定的影响力，但它仅针对埃及文明与美索不达米亚文明提出。这种理论能否应用在中国文明起源研究中？能否充分阐释中国早期文明形成过程发生的各种情况？所有这些问题都尚待探讨。

较之于国外，国内学者较少关注神话学文明起源这一主题，研究成果较为少见，只有以叶舒宪为首的部分学者运用国外比较神话学理论尝试性地探讨中国本土文明发生的机制问题。从《江西社会科学》（《江西社会科学》2009年第6期）及《民族艺术》开设的“神话与图像”专栏的系列研究成果来看，叶舒宪及其追随者主要倡导文明起源的跨学科范式，尤其强调文明发生机制的“四重证据法”。另外，叶氏利用神话学相关资料，对中国古代文明要素的机制进行了溯源，比如，在《容成氏夏禹建鼓神话通释——五论“四重证据法”的知识考古范式》[②] 一文中，叶氏认为，夏代的礼乐制度源自大禹神话，神话叙述为夏代的礼乐文明奠定了话语基础。除此之外，叶先生的《熊图腾》与《河西走廊》二书[③]较为系统地对中华文明起源做了神话学的阐释。

在叶氏之前，已经有部分学者在从事这样的工作，不过并没有明确提出神话学文起源的图像阐释路径这种说法。较早提倡将神话图像纳入文明

---

① John Baines and Norman Yoffee. “Order, Legitimacy, and Wealth in Ancient Egypt and Mesopotamia”, *Archaic States*. Gary M. Feinman and Joyce Marcus, Santa Fe, eds., New Mexico: School of American Research Press, 1998, p. 235.

② 叶舒宪：《容成氏夏禹建鼓神话通释——五论“四重证据法”知识考古范式》，《民族艺术》2009年第1期。

③ 叶舒宪：《熊图腾：中华神话祖先探源》，上海文艺出版总社、上海锦绣文章出版社2007年版；叶舒宪：《河西走廊：西部神话与华夏源流》，云南教育出版社2008年版。

要素，尤其是权力象征系统之中的，是学者张光直。张光直先生在相关论著中指出[①]，对于中国早期文明而言，神话图像扮演了王权与财富象征的角色，可以将神话图像，尤其是动物纹样作为中国早期王权的主要象征符号加以研究。后来的一些神话学研究者，比如萧兵先生，倡导将神话图像作为神话研究的重要手段，并提出了以"神话读神画，以神画解神话"的神话与神画互释互动的阐释模式。[②] 很明显，这里的神画就是神话图像。只不过因英文阅读视野有限，萧兵先生在倡导神画与神话互动阐释的研究模式时，并没有从理论层面对二者在文明起源研究中的阐释功效做理论剖析。

并非只有萧兵有这种学术倾向，另外一名神话研究者陆思贤也存在类似的研究特点。陆思贤在《神话考古》[③] 一书中具体探讨了各类神话图像与氏族部落首领、部落冲突与历法、天文之间的关联。但其阐释拘囿于文字与神话图像的对应关系，缺乏理论深度，并未形成一套有效的神话考古阐释模式。

美籍学者巫鸿利用神话出土资料研究汉代神话建构的同时，提出了神话图像阐释的一些规约问题。巫鸿在《武梁祠》一书中系统考察了山东嘉祥县武梁祠的画像及其结构，指出了神话图像在君权思想建构方面的特色及其发挥的作用。他指出，武梁祠的屋顶与石山墙所装饰的图像表达了汉代线性的历史观，而墙壁画像上的中心楼阁与相关场面象征了汉代抽象的"君权"理念。[④] 在阐释图像意义的过程中，巫鸿的解读涉及了图像阐释的整体性规约与情境性原则，比如，他将武梁祠的壁画图像意义解读的顺序分割为从上层开始，从右壁、后壁到左壁，再到右边起首，然后从第二层

① 张光直：《中国青铜时代》，生活·读书·新知三联书店 1983 年版，第 321—324 页；张光直：《中国青铜时代（二集）》，生活·读书·新知三联书店 1990 年版，第 113—114 页；张光直：《青铜挥麈》，上海文艺出版社 2000 年版，第 260—262、290 页；张光直：《美术、神话与祭祀》，郭净译，辽宁教育出版社 2002 年版，第 44—60 页；张光直：《商文明》，张良红、岳红彬、丁晓雷译，辽宁教育出版社 2002 年版，第 194—199 页。

② 萧兵：《图像的威力：由神话读神画，以神画解神话》，《长江大学学报》2006 年第 1 期。

③ 陆思贤：《神话考古》，文物出版社 1995 年版。

④ [美] 巫鸿：《武梁祠：中国古代画像艺术的思想性》，柳扬、岑河译，生活·读书·新知三联书店 2006 年版，第 161—231 页。

开始，这样的阐释就是神话图像研究强调的整体性规约；而他将拜谒场景与君权概念联系起来的做法，实则神话图像阐释情境性原则的体现。需要指出的是，巫鸿并没有刻意强调神话图像阐释的相关理论，而是将国外神话图像的理论应用在中国本土文明起源的阐释上，这是非常可贵的。

除了这些学者的研究之外，笔者还零星发表了一些相关的论文，其中包括神话图像与权力建构，神话学图像阐释原则与规约方面的综述性文章。[①] 但这些论文均未对神话学图像阐释介绍与梳理，也未对文明起源的路径与方法论做系统梳理与阐释。理论是对现象的提升与总结，就这一点而言，中国神话学迫切需要引进国外神话学文明探源的理论模式与方法论体系。

从国内外研究现状来看，神话学文明起源研究存在明显的不足：拘囿于某种文明形态的时间与空间起源，一些问题的探讨尚未系统化与理论化，譬如，王权机制与神话之间的关系，文字与神话之间的关系，城邦空间与神话宇宙观之间的关系，等等。这样，就出现了神话理论的梳理异常繁荣，而神话学文明探讨的总结非常冷清的状态。这种研究的繁荣与梳理的冷清之间的反差一方面使神话学文明探源研究范式缺乏理论深度，另一方面则使得神话学理论体系架构不够完善。

三 研究思路

就理论体系而言，在长达近两百年的发展历史中，比较神话学已形成了一套有机的阐释架构，该体系内包含了各种理论与方法，[②] 比较神话学关于文明起源的研究自然也涉及上述诸理论流派。倘若研究方法为起点，梳理比较神话学文明探源的研究成果，则会流于方法论辨析而疏于文明诸要素与神话各元素对应关系的探讨。更为重要的是，这种探讨方式难以体现比较神话学在文明起源研究中的学科优势。当下的学界已是地球村，人

① 王倩：《图像与权力建构》，《采风论坛》2010 年第 11 期；王倩：《神话图像阐释：一个不断建构的过程》，《中国社会科学报》2010 年 8 月 12 日跨学科版；王倩：《作为图像的神话——兼论神话的范畴》，《民族文学研究》2011 年第 2 期。

② 参见王倩《20 世纪希腊神话研究史略》，陕西师范大学出版总社有限公司 2011 年版。

文学科的理论已趋于一体化，各种研究方法并无本质性的疆界，同一种理论可以同时在各个领域使用。神话图像阐释可以使用结构主义理论，考古学同样能够利用结构主义思想解读实物的意义，而文学研究也可以将结构主义应用在文学文本的解读中。

文明起源研究是一个经久不衰的话题，比较神话学视域中的文明探源成果也非常丰富，要在有限的篇幅内系统梳理这方面的成果，并不是一件轻松的事情。具体来说就是，这种视角既能够体现比较神话学自身的学科特征，又能够兼顾文明起源研究的共同话题。一种较为有效的方法就是，以现有文明的构成要素为主要线索，系统梳理比较神话学自20世纪以来的相关研究成果，分别阐释了神话与它们之间的关联。

根据文明起源研究的相关理论，文明更多地与物质和技术相关，文明发生要素因而包括了金属、技术、文字、王权、城邦、仪式，等等。本书在探讨中并没有全面探讨上述文明诸要素的诞生与神话之间的关系，而是选取了王权象征物、王权、城邦这三个因素作为重点阐释的内容。特别需要加以说明的是，王权是文明构成要素的核心部分，它有着极为特殊的双重属性。一方面，王权是一种政治机制，它的诞生标志着社会秩序的形成，也是人类步入等级社会的开始；另一方面，王权又是一种理念，它必须借助外在符号才能充分表现其存在。在探讨史前无文字社会的文明起源时，王权的象征物尤为重要，因为它以一种可视化的形式表现了权力的存在。另外，城邦是一种实体与理念的共同体，作为实体的城邦，既包括世俗的王宫建筑，也包括神圣的宗庙、神殿，以及属于死者世界的墓穴、陵寝等等；作为理念共同体的城邦，包含了城邦正义、土地制度、经济制度、道德等。

在具体章节中，本书第一章探讨神话图像阐释的规约问题，其中包括神话学图像研究的核心问题、神话学图像阐释的基本原则、神话图像的分类规约。第二章探讨神话图像与王权象征之间的关系，强调神话图像在建构权力过程中发挥的功用，以及在塑造意识形态方面所具有的优势。从相关的研究中可以明确看出，王权理念的象征，以及意识形态的发生，二者皆须借助神话图像而进行。通过图像叙述，神话图像得以进入历史，参与并建构了社会等级秩序。另外，本章还探讨了神话图像与意识形态建构问题、神话图像与权力象征之间的关系，等等。因国内学者不大了解比较神话学图像研究的理论模式，本章重点阐释其图像研究的方法论问题，尤其是神话学图像阐释的情境性原则。本书将会界定情境性原则的具体要求，并指出其确切的内涵。除此之外，本章还会具体探讨文明起源研究的新近话题，尤其是神话图像在权力与意识形态建构中的功能。

国外多数学者的研究表明，在古代埃及、美索不达米亚、克里特等地中海沿岸，以及东亚、南亚地区，国家权力机制多半以神权政治的形式出现。而神话图像，尤其是神话形象，其中包括神明、英雄与动物，在建构个人身份、社会地位方面具有异常神奇的功效。神话图像还成为社会财富的象征，参与了社会经济与物质生产过程。另外，神话图像还成为意识形态的一个部分，并且建构了意识形态体系。古代的很多认知体系，比如方位感、时空感、王权理念、伦理观、正义观、道德观等，都借助于神话图像叙述而进行建构。神话图像参与了权力、等级、秩序、理念与意识形态的建构，并成为其中的一个组成部分。① 而上述这些因素，都是文明的主要构成部分，体现了人类社会从初级状态向复杂社会转换的主要特征。

关于文明的早期性质与形态，最为重要的话题就是关于“女神文明”的争鸣。马丽加·金芭塔丝倡导的“女神文明”观点在考古学、历史学、神话学、宗教学等各个学科产生了极大反响。面对“女神文明”这一概念与假说，学界褒贬不一，马丽加·金芭塔丝的批评者与追随者也各有不同。尽管“女神文明”这一假说具有极大的争议，但它提出的关于地中海史前文明共同体，“女神文明”的内涵，以及对现有文明理念的批评与再界定，所有这一切都具有很大的学术价值。因此，本书第一章将列出一节阐释关于“女神文明”的相关概念与批评意见。

作为政治制度的王权，它包含了各个方面的内容：王制、兵制、官制、礼制、赋税、徭役、族制，等等。第三章重点阐释王权两个层面的内涵——国王与王权仪式。通过比较神话学关于国王属性与王权仪式原型的

① 相关探讨及文献参见本书第一章相关内容，此处不赘言。

探讨，强调了神话思维对王权仪式的整合功能。值得注意的是，神话思维对礼制的塑造作用是通过王权仪式得以进行的。神话通过仪式叙述而进入王权机制，神话叙述因王权仪式而得以彰显塑造历史的威力。另外，人类学仪式所提供给视野与资料使得文明起源研究关于王权仪式的阐释取得了突破性进展。关于王权仪式的时间、空间、结构等各个方面的神话原型，国外学者早在20世纪20年代就已经展开了充分的探讨，但国内学界尚不多见这样的研究范式。这方面的介绍要侧重于神话自身的建构功能，以及王权仪式与神话原型之间的象征性对应关系。至于具体的方法论架构，本书并未展开深入阐释。仪式本身已经成为王权系统的一个有机组成部分，单纯的方法论阐释已经不能充分体现研究者在视野与理论体系等方面的创新。需要加以强调的是，国外学者关于王权仪式与神话之间源流关系的探讨上，局限于古代埃及与美索不达米亚，本书在具体探讨中将其与中国的王权仪式联系起来，并补充了中国学者的相关研究成果。这样，关于神授王权的理念与模式，以及该政治机制的内在一致性，就较为明晰地展现在读者面前。

作为王权书写的主要载体，族谱在文明起源研究中占据了极为重要的地位，它成为神话学及史学工作者重点关注的对象之一。第三章重点阐释了族谱研究的主要内容与动向，并就族谱叙述的时间与空间的神话学做了较为深入的阐释。需要指出的是，族谱叙述与书写的神话学不只是地中海沿岸文明一种独特的现象，而且是世界各地文明进程中存在的普遍性特征，中国古代文明社会这样的现象尤其普遍。那么，为何会出现这种普遍现象？造成这种现象的深层原因是什么？中国的族谱叙述与国外族谱叙述在叙述方式与风格上存在何种共性与差异？这些问题尚待进一步探讨。

长久以来，学界关于神话与历史之间关系的认识一直存在分歧，而争论的焦点在于神话的虚构性与历史的真实性之间。若将这些问题术语化，那么就体现在秘索思与逻各斯之间的争鸣上。尽管自柏拉图以来的学者一直在探讨二者之间的关系，但基本上都脱离了语境。第三章中首先探讨了赫西俄德神话与荷马神话中秘索思与逻各斯的内涵与关系，指出二者在具体文本中的意义。作为真实性话语的秘索思与逻各斯，该内涵仅仅限于荷马时代的文本，并不能代表荷马之前或荷马之后的希腊社会，这是本书在余论中需要特别加以强调的地方。

第四章梳理了研究者关于神话与城邦起源之间的关系的探讨，在具体内容上包括城邦的属性、神庙的起源以及土地制度的神话起源。就城邦的概念而言，城邦还应该包括城邦正义、宗教体系、道德伦理，等等。但因笔者所掌握的资料有限，这些层面的相关成果暂未列入考察范畴。需要指出的是，除了相关的研究介绍之外，笔者还阐释了荷马史诗中城邦的属性，以此突出古代希腊城邦在既定历史语境中的地位。

余论部分是对一些问题的思考，主要探讨了神话学探源的模式、神话的范畴与概念，神话学艺术起源的研究路径，神话学文明起源研究路径的发展与历史轨迹，以及对国内学界的价值与意义。在探讨这些问题的过程中，笔者始终关注的一个问题是：神话究竟如何进入历史？笔者首先从神话学文明起源研究的视角对神话进入历史的路径进行了分析，将其与神话历史这一概念进行了比较，以突出神话学文明探源模式的重要性。另外，余论部分还对神话的范畴、概念、属性等进行了辨析，特别提出了作为图像的神话这一概念的内涵，在此基础上将神以存在形式为载体划分为口传神话、仪式神话、图像神话、文本神话这四种形式。

因篇幅与写作框架限制，一些问题的探讨未能充分展开，附录部分收入了关于文明起源研究的一些新近译文，主要是关于王权、城邦与神话之间关系探讨的相关内容。部分译文的介绍，以及国内研究者对于文明起源研究的相关阐释，直接展现国外神话学文明起源研究的成果，视野上能够充分体现神话学的跨学科特点与优势。

第一章 神话图像阐释的规约

四重证据法的倡导者叶舒宪先生将第四重证据视为人文社会科学研究走出单一文本阐释的主要路径。从叶氏近期的相关研究成果来看[①]，他倾向于将神话图像视为破译中国古代文化密码的主要工具，认为它们对于求证当时的信仰和神话观念具有叙事及暗示作用。[②] 叶氏甚至还设想在特定情境中，研究者可以利用物的叙事与图像叙述取代文字叙事。[③] 不过四重证据法理论体系尚待完善，第四重证据的相关阐释规约也没有出台，证据的间性问题依然需要进一步探讨。从叶氏的相关论文中可以看出，在阐释史前时代的相关问题时，他有重视实物和图像而忽视文本的倾向，这种厚此薄彼的行为遭到了部分年轻学者的批评。[④]

那么，在文明起源研究中，作为物的叙述与图像叙述的第四重证据究竟具有怎样的阐释效力呢？神话学在图像解读过程中是否已经生成一种行之有效的阐释模式？它是否具有普适性？这些问题都是本章将要探讨的主要内容，也是神话学文明起源研究需要解决的方法论问题。

---

① 叶舒宪：《玉石神话信仰与文明起源》，《政大中文学报》2011 年第 15 期；叶舒宪：《玉器时代的国际视野与文明起源研究》，《民族艺术》2011 年第 2 期；叶舒宪：《苏美尔青金石神话研究》，《中南民族大学学报》（人文社会科学版）2011 年第 4 期；叶舒宪：《女娲补天和玉石为大的神话观》，《民族艺术》2011 年第 1 期；叶舒宪：《西周神话“凤鸣岐山”及其图像叙事》，《民族艺术》2010 年第 4 期；叶舒宪：《物的叙事：中华文明探源的四重证据法》，《兰州大学学报》2010 年第 6 期；叶舒宪：《玉教与儒道思想的神话根源》，《民族艺术》2010 年第 3 期；叶舒宪：《虎食人卣与妇好足觥的图像叙事》，《民族艺术》2010 年第 2 期。

② 叶舒宪：《文学人类学教程》，中国社会科学出版社 2010 年版，第 368 页。

③ 同上。

④ 代云红：《“媒介场”视域中的多重证据法》，《江苏行政学院学报》2010 年第 6 期。

因为神话图像目前已成为神话学文明探源的主要资料与证据，神话图像阐释也占据神话学研究的主流地位，第一节梳理了神话图像研究的核心问题，并探讨了图像与文本之间的关系。第二节为全章重点，系统介绍了神话图像阐释的情境性与整体性原则，并对情境性的具体内涵做了深入论述。在探讨中，还就四重证据法的图像叙事原则与神话学图像阐释的情境性原则进行了相关比较，以期促进二者之间的互动。

神话图像的阐释原则与规约属于方法论体系，我们对神话图像自身的性质、功能与意义并不了解。因此，需要就神话学视角对神话加以重新思考并正确定位神话图像，第三节探讨神话图像的性质，第四节则对神话否认范畴进行了界定。通过相关考察，我们能够明白，在性质上，神话图像具有实在性与象征性双重属性，神话图像是神话的一种存在样态，它以可视化的形式讲述了史前的神话。

从比较神话学图像阐释的动向来看，叶舒宪先生提倡在面对无文字史前社会，利用实物与图像取代文献资料探讨文明起源的主张，并无强调第四重证据而轻视第一重证据的嫌疑，因为它是针对特定情境中的特殊问题而提出的，四重证据的立体阐释主张任何时候都不会改变，但在处理具体问题时，研究者需要变通，以一种灵活的态度对待四重证据。

第一节　神话学图像研究的核心问题

一　神话图像阐释的方法与目标

从方法论上讲，比较神话学图像阐释的出发点是：人类是一种文化动物，而图像则是人类思想和意识的产物，它表达了特定文化传统中人们对世界的认识与感知。作为神话的研究对象之一，神话图像在属性上有两种特征：其一，它是一种形态比较特殊的图像，反映了既定历史时期人们的思维与感知方式；其二，神话图像又是神话的一种样态，它以视觉符号的形式表现了神话故事情节。这样，神话图像便兼具图像与神话的双重属性。对它的阐释自然既要有别于一般的图像，又不同于文本形式的神话。那么，如何对待神话图像？这是神话图像阐释者首先要面对的问题。

早期的比较神话学主要从语义层面探讨神话，使用的材料也不外乎是传世文献与冲突文献两种。比如，19世纪中叶的神话学者麦克斯·缪勒，就采用希腊语和梵语对照的方法解读希腊神话与印度神话，以此探寻二者之间的内在联系。在将研究对象拓展到图像后，比较神话学在保持了语义比较传统方法的同时，吸收了认知人类学与阐释考古学的相关理论，形成了神话图像阐释的基本模式。国内学者叶舒宪先生将这种阐释模式冠以“比较图像学”之名。他指出，作为一种独立的神话研究模式，“比较图像学的方法特征有二，即横向比较与纵向比较。横向比较指的是不同文化的图像之间的比较，希望能够达到异中求同的‘打通’效果；或者从同中见异，从而更加明确地把握不同文化的艺术形象特色。纵向比较指的是某一个原型图像与其后代的各种变形图像之间关联的认识。这种原型与变体的关系有时是一目了然的，相似度十分明显，有时却是较为隐晦的，甚至在色彩、构图诸方面有相反的特征。”① 这种横向与纵向的比较类似于图像的共时性与历时性研究，前者侧重于探讨不同文化情境中图像的整体性特征，后者强调图像在同一文化或不同文化中的结构性变化。

不管是横向比较还是纵向比较，比较图像学的根本立足点是对神话图像做整体性的文化关照，试图在图像之后探寻文化发展的规律。确切地说，比较图像学的研究并非基于对文字资料与图像之间差异的比较上，也并非是探讨图像场景与现实之间的关系，而是考察神话图像本身的结构特征，继而探讨同一形象与各个形象之间的对应关系。也就是说，比较图像学“这种方法的目的并非是确定这些艺术品作者的意图，而是其意义生成过程”。② 在意义的所指上，图像与文本之间具有怎样的关系？这是神话图像阐释中经常出现的一个话题，这也是阐释者的基本立场所在。

---

① 叶舒宪：《千面女神》，上海社会科学院出版社2004年版，第5页。

② Lowell Edmunds. *Approaches to Greek Myth*. Baltimor：Johns Hopkins University Press，1990，p. 394.

二 图像与文本

图像与文本之间的关系并非只是现代神话学探讨的话题之一，它还是哲学、艺术史、史学与考古学共同探索的问题。尽管每一个学科对二者探讨的角度有所不同，但它们都围绕二者存在的本性而展开。以哲学为例，来看看古代哲学界对待二者的态度。古希腊哲学者柏拉图在其《理想国》中将床的画像视为理念之床低级、次要的模仿，它与神创之床的真理隔了两层。在柏拉图看来，画家所画之床远不及工匠制造之床真实，因为前者是对后者的摹仿。① 从柏拉图的观点中不难看出，他将图像表现存在的真实性置于实物之下，认为图像在表现事物的本相上是最为虚幻的，图像因而具有想象性与虚构性，远远没有作为事物本质存在的理念真实。这是哲学家的图像观，其意图是高举哲学家对知识掌握的权威性。作为图像创造者的画家以及擅长以文字创造意象的诗人，都被柏拉图驱赶到了理想国的边缘。

后现代主义的真理观颠覆了柏拉图这种哲学本体论的图像观。后现代主义者宣称，知识以多样性的方式而存在，文字书写的知识遮蔽了本体存在的这种特性。新史学理论因此而断言，历史如同存在一样，是建构出来的，它具有多幅面孔：图像的、口传的、文字书写的，等等，图像如同文本一样，在表现历史事件的真实性上具有同等效力。新史学的主将之一彼得·伯克（Peter Burke）甚至这样宣称："我们与图像面对面而立，将会使我们直面历史。在不同的时期，图像有各种用途，曾被视为膜拜的对象或宗教崇拜的手段，用来传递信息或赐予喜悦，从而使得它们得以见证过去各种形式的宗教、知识、信仰、快乐等。尽管文本也可以提供有价值的线索，但图像本身却是认识过去文化中的宗教和政治生活视觉表现之力量的最佳向导……图像如同文本和口述证词一样，也是历史证据的一种重要形式。"②，在表述历史本相时，图像与文本具有同等价值，是历史存在的一种表现形式。与此同时，后现代主义强调，书写文本的话语权力使得文字书写的历史具有片面性，它遮蔽了历史真相，从而使过去与现在之间具

---

① ［古希腊］柏拉图：《理想国》，郭斌和等译，商务印书馆 2002 年版，第 388—392 页。

② ［英］彼得·伯克：《图像证史》，杨豫译，北京大学出版社 2008 年版，第 9 页。

有了一种不可弥合的断裂。此时，作为过去直观性表现的图像则弥补了这种裂痕，以视觉符号的形式表述了另外一种历史存在。另外，图像在时间意义与本体论意义上均先于文本，并且没有固定的语法表述系统与结构，具有多义性与会意性，在表述历史存在时具有较大的弹性。更为重要的是，图像本身的属性使得它在对历史的解读上具有一种物质属性，突破了文本的话语权力对历史的有意识遮蔽，从而能够在物质性方面直接再现历史。需要指出的是，问题的探讨与学科自身的特性密不可分，这就导致了不同学科在探讨问题方式上的差异。在这方面，比较神话学的探讨方式有别于其他学科，它更多地具有认知上的本体论色彩。

20 世纪初，米诺文明的发现者亚瑟·J. 伊文思（Arthur. J. Evans）断言，克诺索斯宫殿中那些精美壁画中的双面斧、角状物、祭坛、树以及双手上举的女性形象，等等，这些符号与形象都是米诺女神的象征，它们以直观的方式表达了米诺人对于自然女神的极度崇拜。这些神圣的图像组成了米诺人的另外一种形态的神话，它们表述了米诺人的宗教意识。[①] 但这种说法仅仅是考古学者的一种推测，伊文思本人并没有给出更多的证据。1932 年，瑞典学者马丁·P. 尼尔森（Martin P. Nilsson）继而指出，就希腊神话而言，现有的书写神话最早见于荷马史诗，但图像形式的神话在荷马之前早就存在，它最早见于迈锡尼时代的考古遗物上，后者以图像的形式描述了文字叙述的希腊神话中的故事情节。希腊神话的最早形式是迈锡尼时代那些具有叙事意味的图像，它是一种物质性的存在，比文字表述的神话大约早了一千二百年。[②] 尼尔森的研究表明，以视觉符号为载体的图像神话出现的时间早于文本形式的神话。出于谨慎考虑，尼尔森并没有就此宣称这些图像是后世文本神话的源头，他仅仅指出，这些神话图像有可能源自一个更为久远的口头传统，从图像到文本，这个过程中间经历了极为复杂的变化。就神话样态而言，尼尔森的论述仅仅适用于希腊神话，并

① Arthur. J. Evans. "Mycenaean Tree and Pillar Cult and Its Mediterranean Relations", *The Journal of Hellenic Studies*. Vol. 21 (1901), pp. 99—204.

② Martin P. Nilsson. *The Mycenaean Origin of Greek Mythology*. Berkeley: University of California Press, 1932, pp. 26—34.

没有指向希腊以外的地域。后来的一些学者则将这种观点用在整个地中海地区，例如，学者米兰达·格林（Miranda Green）指出，从新石器时代到迈锡尼时代，整个地中海地区都存在图像形式的神话，它们以符号和图像的形式讲述了当时人们对太阳的崇拜。图像所讲述的内容一直在艺术世界延续，只不过到了文字书写时代，其内容就被改编了。尽管如此，我们却不能否认这样一种事实：图像神话所呈现的内容远比文字书写的神话要更为古老与丰富。① 不难看出，上述这些学者的考证基本停留在图像与文本神话的源流，并未对二者在表述世界的差异上做深入探讨。

一个令人疑惑的问题是，既然图像神话的产生时间要早于文本神话，那么这是否意味着二者所表述的内容具有某种关系？对于这一点，研究希腊瓶画的学者给出了各种不同的看法。学者托马斯·H. 卡彭特（Thomas H. Carpenter）对公元前700年到公元前323年间阿提卡瓶画的分析表明，二者之间并不存在内容上的关联。他指出："有时，瓶画表述的神话故事没有文字可依；有时，瓶画描述的神话故事与那些文字记载的故事有很大出入；有时，瓶画中的故事场景仅仅是文字故事的简略再现。"② 也就是说，这些瓶画中的场景是艺术家独立创作的视觉神话故事，它们表述的神话情节是独立的，与文字所表述的神话并没有什么直接的关系；并且，图像所描绘的内容要比文字叙述的神话故事丰富得多。这里连带出来的一个问题就是，是何种原因导致了这种差异？学者苏姗·伍德福德（Susan Woodford）认为，就希腊神话而言，口头传诵的神话应该是其最初形式，但这种样态的神话不可能保存下来，最后只能以图像和文本的面目而流传后世。"艺术家和作家的创作内容同出一源，他们是独立地从这些故事最后汲取灵感的。"③ 这种论调给人的感觉就是，似乎图像与文本所表述的神话故事是互不相干的。事实上，在神话形象的塑造上，图像与文本之间的关

---

① Mirand Green. *The Sun - Gods of Ancient Europe*. London: B. T. Batsford Ltd, 1991, pp. 137—138.

② Thomas H. Carpenter. *Art and Myth in Ancient Greece: A Handbook*. London: Thames and Hudson, 1991, p. 7.

③ ［英］苏姗·伍德福德：《古代艺术品的神话形象》，贾磊译，山东画报出版社2006年版，第11页。

系是极为复杂的，绝非表面看上去的那样。

学者卡尔·谢菲尔德（Karl Schefold）指出，在公元前6世纪的希腊世界，以图像形式出现的神话场景更多地源自早期的艺术表述传统，但其中同时融入了文本神话中的故事情节。口头传承、艺术的程式化传统，以及文本神话中的故事，三者共同创造了图像中的场景。[①] 这就意味着，文字出现之后，图像神话与文本神话之间的关系是极为复杂的，已经很难区分艺术品中的神话情节源自何处。但这并不意味着，艺术家在描绘神话形象时，采用的视角与文本神话创造者是相同的。实际上，从文字表述到艺术表现，诗人与艺术家的视角是迥然有别的。学者H. A. 夏皮罗（H. A. Shapiro）指出，就古风时代的希腊而言，艺术品中的神话更多地源自文学作品，但艺术家所展现的世界比诗人所叙述的世界要更为直观生动。图像中的神话具有双重内涵：一方面，艺术家按照艺术表现的传统风格塑造神话形象，另一方面，艺术家汲取了文学作品中神话故事的内容。此时，图像与文本在神话内容上便互为一体了，只不过在表述方式上有所差异而已。[②]

较之于考古学与史学，神话学对图像与文本的探讨是借助于神话的内容与形象而进行的，并没有将问题拓展到对本体论层面。不可否认的是，多半学者的话题依然停留在源与流的认识论层面，其间伴随着对二者叙述视角差异的探讨。不难看出，对图像的阐释是对其文化意义或思想性的一种探寻过程。但意义是具体的，与其生成语境密不可分，这是解读图像意义的前提。

三　意义与情境

早期具有跨文化研究倾向的神话学研究者，通常将其研究建立在确认文化相似性与共同性动因的基础之上。因此，他们将神话归纳为若干个类

---

① Karl Schefold. *Gods and Heroes in Later Archaic Greek Art*. Cambridge: Cambridge University Press, 1992, pp. 1—6.

② H. A. Shapiro. *Myth into Art*: *Poet and Painter in Classical Greece*. London and New York: Routledge, 1994, pp. 1—10.

型或情节单元，譬如，洪水神话，创世神话，英雄神话，等等，在此基础上再确认其共同特征。当然，这样的工作也常常假定文化差异的存在。但是，文化要素的差异性一面从来就没有成为探讨的焦点。学者们倾向于将神话从其文化情境中剥离出来，孤立地考察它们之间的相似性。比如，英国学者詹姆斯·乔治·弗雷泽在《金枝》中将世界各地神话中的共同性元素挑选出来，认为古罗马内米湖畔的古老风俗背后潜藏着一个死而复生的仪式性原型。就在这种比较分析的过程中，神话中那些具有共同性文化事项被并置，并被加以归类，置于某些标题之下，以此证明作者的某些观点。根本上说，这是基于现代人自身的历史语境而做出的一种猜测性行为。这样的比较方法在现代人类学研究中并不少见，人类学者埃文斯—普理查德（E. E. Evans - Prichard）曾经将这种比较模式称为“假如我是一匹马”式的主观臆想式研究，认为它差不多就是心理学家的“猎奇法”①。法国学者克劳德·卡莱默认为这种比较的方法具有一种文化教条主义的意味，归结于认识论的苍白。② 神话图像解读中同样存在这种共时性的文化比较方法，学者克里斯蒂安娜·索威诺·英伍德（Christiane Sourvinou - Inwood）对此持一种强烈的批判态度：“任何一种对古代形象的解读都是一种经验论的方法，其中都不可避免地带上了我们所处时代的一些假设性因素，所有这些都是由文化所决定的，这些被解读后的形象与原来的古代形象之间存在巨大差异，本质上是我们对古代形象的一种重构与侵犯。”③这种针对类似于文本阐释方面的“过度阐释”现象而提出的批评，值得研究者充分注意。

按照符号学关于图像的理解，符号的能指与所指之间具有一种任意性关系，因此，符号的意义并非是唯一的，而是具有多义性。要理解一

① ［英］E. E. 埃文斯—普理查德：《原始宗教理论》，孙尚扬译，商务印书馆 2001 年版，第 12 页。

② Claude Calame. *Myth and History in Ancient Greece*：*The Symbolic Creation of a Colony*. Princeton：Princeton University Press，2003，p. 1.

③ Christiane Sourvinou - Inwood. “Myths in Images：Theseus and Medea as a Case Study” in Lowell Edmunds（ed）. *Approaches to Greek Myth*. Baltimore：Johns Hopkins University Press，1990：395—445. p. 395.

个符号的确切意义，就必须将其置于上下文之中。这也是结构主义一向所强调的，只不过它更加注重意义与结构之间的互动，认为单独的一个符号没有任何意义，其意义存在于这个符号与其他符号之间的关系之中。意义是由文化系统所建构的，不存在孤立的意义，它是相互关联的。这样看来，神话图像的解读就必须结合其语境与结构，否则就无法确认其确切意义。

神话学者关注的核心问题是神话图像意义与其文化情境之间的互动，以及意义是如何产生并被保持的。与此相对应的一种观点是，神话图像的意义首先受制于其文化情境，并且，不同神话图像在意义上是相互关联的。这样说来不免有些抽象，以下举例加以说明。不少艺术家与神话学者都注意到，在公元前 5 世纪的雅典瓶画上，盛行一种图像模式：一位男青年，手持武器，追杀一位神色仓皇的女性。通常的解释是，这种图像的追逐者是男神或男英雄，而被追逐者则是人间美女，它表达了男性对于女性，尤其是男神对人间女性的色情追逐。苏珊·伍德福德（Susan Woodford）认为，这是一种模式化的求爱图类型，“陶瓶画家发明了求爱图这种固定模式。在这些求爱图中，凡人仓皇奔逃，神灵穷追不舍——追求者充满了热望和爱欲，他们伸出双手，试图捉住自己的爱人，仓皇而逃的被追者则表现出不情愿与惊恐。虽然这种模式缺乏细腻感，但效果却很明显。它极受欢迎，不但用来表现神灵向凡人求爱，而且还用来表现凡人竭力追求爱欲对象的形象。”[①] 学者托马斯·H. 卡朋特则进一步指出，希腊之所以盛行这种神话场景，是因为希腊瓶画具有固定的艺术表现模式，这些追杀的神话故事场景模式在公元前 5 世纪已经存在了几个世纪。[②]

但这种说法却难以解释，为何这种固定化的图像模式仅仅在公元前 5 世纪的雅典，而不是在其他地方盛行？为何这种追击的图像模式而不是其他类型的图像受到人们的欢迎？英伍德指出，这些图像描绘的根本

① ［英］苏珊·伍德福德：《古代艺术品的神话形象》，贾磊译，山东画报出版社 2006 年版，第 59—60 页。

② Thomas H. Carpenter. *Art and Myth in Ancient Greece*: *A Handbook*. Ibid，1991，p. 18.

就不是色情追逐内容，而是真实的追杀场景。图像中的部分场景表现了雅典英雄忒修斯（Theseus）追杀其继母美狄亚（Medea）的神话故事情节。至于雅典瓶画上为何突然盛行这些追杀的神话图像场景，则是与希波战争有关。在战争中取得了胜利的雅典人为了表达希腊人对波斯人的胜利，就在陶瓶与其他场合描绘了很多这类场景，诸如，希腊人与亚马逊人战斗，希腊人与肯陶洛斯人争斗，希腊人战胜特洛伊人，等等。实际上，“忒修斯战胜美狄亚的神话场景应该被视为一种象征性场景，它象征了希腊战胜波斯军队的历史事件。忒修斯追杀美狄亚的瓶画一旦被创造出来，在美狄亚与波斯人的侵略之间就具有了一种等同关系，它成为公元前5世纪的雅典人对神话场景理解的一个组成部分。并且，在这个时期，一系列类似的神话场景，比如，特洛伊战争，战胜亚马逊人的战斗，与妖怪塞特的战斗，这些都可以拿来作为希腊战胜波斯的神话模式的象征。对这些神话场景的阐释不仅仅类似于此时忒修斯追杀美狄亚的图像，它还承担了一种使得文化情境化的开创性任务，尤其是在推动将神话视为一种神话范式与当下事件的隐喻方面，首先是当下的核心事件，也就是波斯战争，然后是这类神话图像的阐释，对这类事件的象征与诠释——对成功驯化与征服那些未开化的野蛮人的感知。实际上，进一步地讲，在公元前5世纪后半叶这个特殊的语境下，任何忒修斯追杀女性场景的阐释都类似于忒修斯追杀美狄亚的神话场景，这些场景被视为希腊人击败波斯人的象征，除非还有其他的细节表明不是这个意思。”① 从这种论证中不难看出，多数学者强调将图像置于既定的历史与文化情境下进行解读，认为图像的意义最终要受制于其生成语境。

与此同时，另外一部分学者指出，这种论调并非具有普遍性，在某些情况下，不是语境创造了意义，而是意义创造了语境。学者卡罗琳·赫森布吕克·麦基翁（Carolyn Hessenbruch McKeon）指出，古代罗马的马赛克存在一种令人费解的现象：个体洗浴室地板的马赛克中镶嵌着美杜莎图像。麦科昂指出，罗马人之所以将美杜莎图像放置在浴室中，是因为海神

① Christiane Sourvinou－Inwood. “Myths in Images：Theseus and Medea as a Case Study”, Lowell Edmunds, ed., *Approaches to Greek Myth*. Ibid., pp. 414—415.

波塞冬（Poseidon）追求美杜莎，波塞冬为海神，此时美杜莎形象与水之间就有了一种内在的关联，将其形象置于洗浴室中也就具有一定的道理。[①] 麦科昂提供的例子说明，神话图像的空间情境在一定程度上受制于神话故事的情节，与神话自身的意义密不可分。确切地说，神话图像的意义与其情境之间并非是一种单纯的决定论关系，而是互动的。在特定语境下，神话图像的生成情境要取决于神话的故事情节。

四　意义与图像序列

在解读图像意义时，神话图像的文化与历史语境提供了具体操作的背景。但这仅为意义的理解创造了一种宏观的生成环境，意义的诠释还需要在图像自身的结构中得以实现。也就是说，神话图像的意义还要取决于图像自身的结构，这是解读图像时要考虑的另一个问题。

结构主义神话学宣称，单独的一则神话没有任何意义，其意义就存在于与其他神话的相互关系中。在整个神话结构中，所有神话的意义都是相关的，而所有的神话结构都是可以相互转换的。结构主义神话学者从文本视角来关心意义与结构之间的关系，并没有涉及图像。近期神话学出现了一种将意义与图像结构联系起来的研究趋向，这种阐释带有认知论的意味。其预设性前提是：神话图像是人类思想与理念的反映，对神话图像的解读可以揭示创造神话的思维模式与意识形态。

部分学者认为，神话图像是一种富有教化意味的视觉文本，其中的每一个场景都是意识形态的视觉性要素，它们的存在与其象征性意义密切相关。以此为基础，可以推演出这样一种认识：图像序列组成了意识形态的符号化文本，它们共同建构了既定文化的某些理念。在一种思想的统摄下，所有的图像序列在意义上都是相关的，它们发挥着相同的表述功能。学者们对希腊雕塑的解读尤其验证了这一观点，不妨看一看学者马瑞纳托斯研究的例子。

从事考古发掘的学者南诺·马瑞纳托斯指出，古代人非常崇拜英雄，强调男青年负有保卫国家的职责与义务。在这种价值观的操纵下，很多神

① Carolyn Hessenbruch McKeon. *Iconology of the Gorgon Medusa in Roman Mosaic*. Michigan: Michigan University, 1983, pp. 149—153.

话图像便具有了一种意义上的相关性，奥林匹亚出土的一批青铜盾牌上的神话场景就表明了这种情况。南诺·马瑞纳托斯指出，这些青铜盾牌上雕刻的场景大多是男性英雄的种种功绩：追击女性，战胜敌人，捕获动物，离别亲人奔赴战场。尽管画面的形象各异，但都以男英雄为中心。这是一种类型化的结构性场景，突出了英雄成为武士过程中的阶段性特征。在彰显英雄个人荣誉高于一切的意义层面上，所有的神话场景都是可以相互转换的，所有的结构在意义上都是相关的。英雄追捕女性的神话场景中，英雄抓住了女性的手臂，这种画面可以转换为女性抓住英雄的后背。这两种图像的结构所表述的意义是相互关联的，都表现了英雄作为战士的生命周期。只不过前者强调了英雄的勇猛，后者表现了家人对英雄离去的不舍情感。① 南诺·马瑞纳托斯的分析表明，在同一种意识形态操纵下，多个不同的神话场景可以相互转换，它们的意义总是相关的。这样看来，神话图像的场景就类似于神话故事群，尽管每一个情节单元并非相同，但所有的故事情节都与英雄相关，和整个神话所要表述的整体性意义相连。

另外一部分学者则断言，即使在不同的文化语境下，一种理念同样可以将不同的神话图像组合起来，表述对于某一类价值观的认同。考古学者马丽加·金芭塔丝（Marija Gimbutas）指出，旧石器时代与新石器时代出土的那些女性雕像与象征性符号，尽管出自不同的文化语境，但都表述了女神崇拜的宗教理念。尽管这些符号与图像有着不同的外在形式，出自不同的文化语境，但在表达同一种宗教观念的意义上是相关的。② 需要指出的是，这种论调带有一种先验论的意味，违背了图像阐释的情境性原则。其阐释效力到底有多大，还需要在具体研究中进一步验证。

神话图像阐释的终极目标并非是界定图像的具体意义，而是确定图像意义的建构过程，因为图像能指与所指之间关系的不确定使得图像自身具

① Nanno Marinatos. "The Life Cycle of the archaic Greek Warrior and Hero: The Interplay of Myth and Genre in Imagery", Bouvrie Synnøve des ed., *Myth and Symbol I*. Bergen: Norwegian Institute at Athens, 2002, pp. 153—169.

② Marija Gimbutas. *The Goddesses and Gods of Old Europe*, 6500—3500 *BC*: *Myths and Cult Images*. Berkeley: University of California Press, 1982, pp. 152—196.

有意义的含糊性。在方法论层面，更多的研究者借用了考古学与人类学关于人类认知的相关理论，从历时性与共时性两个层面来对神话图像进行比较分析，这种分析模式建立在对图像认知学层面的阐释上。

在由文本转向图像阐释的过程中，文本与图像之间的关系成为核心性话题之一，但基本停留在本体论意义层面，多数学者关注的是源流问题。不可否认的一点是，多数研究者将情境性原则放在了首位，也就是说，图像意义的阐释要受制于具体的文化情境，但这种原则并非是一种因果论的规约，而是具有互动性。更多的学者认识到，抛弃神话的文化语境进行的比较研究具有一种风险性。学者们达成的一种共识是，神话的意义一方面取决于神话的情境，另一方面依赖于神话的图像结构。不过，在意义的相关性方面，神话的图像结构是可以转换的。

表面看来，这些探讨属于神话图像阐释的核心话题，但事实上却与阐释的原则密切相关。文本与图像，以及意义与图像序列之间关系的探讨与相关性原则不可分割。相关性原则强调在诠释图像时，要将文本神话与图像序列纳入考察对象。将图像置于其生成语境之中进行解读的模式在倡导一种情境性原则。这两种原则实际上是考古学强调的规约，从中可以看出跨学科研究在方法论层面的互动。

第二节　神话图像的分类与阐释

一　神话学图像分类的范畴

神话图像的分类与阐释很少被认为是一个理论问题，因为大多数研究者的意图是揭示图像的意义。尽管如此，多数学者都相信，图像的意义与类型是密不可分的，并且，阐释者眼中的分类标准与制造者对图像的分类是各不相同的。

较之于考古学界的分类的两大学科——年代学与类型学，神话学关于图像的分类显得有些简单，因为不论对图像时间的断代还是图像类型的辨识，后者均未形成专门性知识。但这并不意味着神话图像的分类与阐释是无效的，事实上学者们在这方面做出了相当多的努力，并且达成了某些共识。一种普遍的看法是，神话图像的分类与阐释是理解其意义的基础，也是整个神话学解读图像的核心。[①] 另外，对图像阐释引入了神话研究的新话题：神话的物质性属性、形象的类别、物质性媒介，等等。所有这些都是以往神话学探讨所没有涉及的，属于一个全新的范畴。

需要提出的一个问题是：有没有一种普遍性的分类与阐释标准？这是个很吸引人的话题，但并没有肯定性的答案，因为图像类型的划分与意义的阐释依附于具体的文化情境。固定不变的分类模式是对文化差异的一种否定，也是反历史的研究方法，因而被大多数学者摒弃。不过这并不意味着神话图像分类原则的缺失，也不等于其意义阐释在文化层面上的断裂。需要指出的是，图像的分类与阐释是根据个人研究意图而产生的，具有主观性与随意性。另外，神话图像分类与阐释的标准是随时间而不断变化的，并没有固定不变的操作原则，所有的范式都是历史性的。

二　多重辨识途径

“德国社会学家马克斯·韦伯（Max Weber）将人类描述为‘意义的制造者’。对所有的人类社会来说，为环境赋予意义，赋予秩序、分类和调整，构成最基本的东西。”[②] 同样，当我们面对神话图像时，会不自觉地对其进行划分：媒介的质材、形状所属范畴、制造者的身份、生产时代，等等。在某些情况下，神话图像的一些形象会处于图像类型的边界之外，比如，魔鬼或妖怪之类的形象。此时，神话图像的分类就出现了类型划分的标准与边界性

① 这方面的见解主要是通过具体案例而体现出来的，参见如下学者的论著：Izak Cornelius. *The Many Faces of the Goddess*. Fribourg，Switzerland：Academic Press；Göttingen：Vandenhoeck & Ruprecht，2004；Ariel Golan. *Prehistoric Religion*：*Mythology*，*Symbolism*. Jerusalem：A. Golan，2003；Nanno Marinatos. *Minoan Religion*：*Ritual*，*Image*，*and Symbol*. South Carolina：University of South Carolina Press，1993；Nanno Marinatos. *The Goddess and the Warrior*：*The Naked Goddess and Mistress of Animals in Early Greek Religion*. London；New York：Routledge，2000；Peter J. Ucko. *Anthropomorphic Figurines of Predynastic Egypt and Neolithic Crete*. London，Andrew Szmidla，1968.

② ［英］菲奥纳·鲍伊：《宗教人类学导论》，金泽、何其敏译，中国人民大学出版社2004年版，第43页。

问题，即图像的间性问题。那么，在对神话图像进行类型的划分时，我们应该遵循何种原则？如何进行操纵？这是图像分类无法绕开的一个话题。

当学者们面对众多神话形象时，一种普遍的做法是，他们往往会根据神话故事中的形象类型对图像进行分类，例如，女神、男神、祭司、国王、英雄、妖魔，等等。这样的例子比比皆是，这里就不一一列出。这种分类似乎具有一种普遍性，因为世界各地的神话故事中都具有这类形象。其优点就是，任何人都可以进行操作，无须具备图像方面的专业知识。但这种分类法无法反映各种文化中神话形象的差异性，缺乏精确性，更无法反映图像内部的形式特征。很多时候，这种归类与图像的制造者和使用者眼中的图像类型是不相关或甚至是矛盾的，多数为出于阐释者的研究需求而进行的一种重构性行为。

自然，这种粗略的分类方法无法满足神话图像的深入研究需要，当学者们遭遇到同一类形象的复杂类别时，就必须进行进一步的细分。此时就要解决这样的问题：根据什么原则来进行同类图像的内部归类？当然，任何问题的探讨必须借助于具体的语境而展开，姑且以女神形象的辨识为例，我们来看一看解决的途径。

就学术背景而言，早期从事女神形象的研究者大多为考古学者，受考古学界类型学理论的影响，他们倾向于将器物的分类原则应用于神话学领域，从图像自身的特性出发来判断女神的类别，譬如，伊文思就根据米诺女神身边陪伴物的不同而将其划分为蛇女神、鸽女神、动物女主人、植物女神，等等。甚至还有学者根据女神的祭品，女神的神庙来辨别其身份。[①]这类辨识女神身份的方法一般具有很大的随意性，仅仅是出于个人观察角度或动机的不同而进行归纳，图像各种外在的特性都可以成为划分女神形象种类的标准，甚至在一项分类中具有多重判断准则。女神形象的分类是基于观察者自身的研究意图，其客观标准是无法保证的。

“随着时代的推移，新的分类方法伴随着新的问题的提出而产生，老的分类方法也不断得到完善或修正。”[②] 考古学者马丽加·金芭塔丝宣称，

① Rodney Castleden. *The Knossos Labyrinth*. London and New York: Routledge, 1990.

② ［加］布鲁斯·崔格尔：《考古学思想史》，徐坚译，岳麓书社 2008 年版，第 322 页。

尽管史前时代古欧洲的大女神（Great Goddess）有多种面孔，但事实上，大女神的形象实际只有三类：创造女神、抚育女神、死亡与再生女神。[①] 辨别的方法也很简单，那就是根据大女神形象的象征性意义来划分。各种形象各异的大女神形象在象征上具有三种基本含义：创造、抚育生命，负责生命的死亡与再生。因而，可以根据这种女神形象的象征性对其进行识别。[②] 很难说这种识别女神形象的方法具有纯粹的客观性，因为金芭塔丝将所有形象都从其情境中剥离了出来，在跨文化的视角下探求其象征性意义，事实上，象征是一种文化的衍生物，大多数情况下并不具备普遍公认的意义，因为符号的能指与所指之间存在任意性，只有在具体的情境下，象征才具有确切的意义。但是，结构性意义就不一样了，它是基于图像自身所表述的内在结构性情境而生成的。

另一位考古学者南诺·马瑞纳托斯指出，女神形象的辨识与分类应该以其结构性功能为基础，而不是以图像的象征性意义来划分。倘若落实到研究个案上，就可以这样认为：按照米诺女神形象自身的结构性表述，米诺女神的形象一般与植物、动物联系在一起，图像的自然情境在野外而不是室内。这就表明女神的特性是与自然联系在一起的，其功能自然是哺育

---

① 这种论调是以“女神文明”为基础而提出的。马丽加·金芭塔丝断言，公元前七千年到公元前三千年，在新石器时代的欧洲与小亚细亚地区，从南部意大利一直到小亚细亚海岸，从克里特北部到第聂伯河畔，也就是古欧洲，普遍存在一种女神文明，此时的宗教中只有一位至高的女神——大女神。女神文明的本质是拒绝文明仅仅是一种男性好战的社会这种观点。它主要强调这样一种观点：任何文明的立足点都必须是艺术生产的程度，美学的成就以及非物质的价值，还有对所有生命都开放的自由与享受生命意义的尺度。“女神文明”本质上是一种和平的、以女性为精神领袖的文明，强调人与自然、万物的沟通，以及两性之间的和谐。“女神文明”假说在西方学界引起了很大争议，争论的焦点在于那些被金芭塔丝视为女神形象手工制品的意义。以尤克（Peter J. Ucko）为代表的批评者认为（Peter J. Ucko. *Anthropomorphic Figurines of Predynastic Egypt and Neolithic Crete*. London，Andrew Szmidla，1968.），这些手工艺品并非都是崇拜物品，很有可能是儿童的玩偶。还有的学者批评金芭塔丝对图像的解读缺乏语境分析，忽略了部分图像的结构性意义。另外，以富有宗教性意味的女神来命名史前文明的做法是否具有可行性，以及在何种程度上能够还原史前文明的本来面目，这些都有待于探讨。

② 参见 Marija Gimbutas. *The Goddesses and Gods of Old Europe*，6500—3500 *BC*：*Myths and Cult Images*. Berkeley：University of California Press，1982；Marija Gimbutas. *The Language of the Goddess*. London：Thames and Hudson，1989；Marija Gimbutas. *The Civilization of the Goddess*：*The World of Old Europe*. San Francisco：Harper & Row，1991；Marija Gimbutas. *The living Goddesses*. Berkeley：University of California Press，1999.

自然。按照这种功能划分女神形象，也就只有一种类别，那就是哺育万物的自然女神。① 不难看出，功能性的分类基于女神形象的功能性结构的分析，注重的是自身特性而不是类型。这是一种结构主义的分析方法，建立在理性客观观察的基础之上的。

不过，若是按照所谓的知性分析，学者艾萨克·科尼利厄斯（Izak Cornelius）所提倡的根据形象的姿态划分形象种类的方法似乎要更具有一种程式化的意味。艾萨克·科尼利厄斯指出，很多女神形象都是匿名的，因为缺乏相关的文字表述。在这种情况下，不妨根据形象自身的姿态来划分女神的类别，譬如，站着的女神，武装的女神，坐着的女神，等等，然后结合相关的神话文本辨识其形象。② 需要指出的一点是，这种分类方法并非完全是基于图像自身，而是同时结合了文字资料中某些表述女神形象的细节而共同确认女神身份与类别的。另外，其研究对象限于古代叙利亚—巴勒斯坦地区的女神形象。学者布里金特·格罗奈伯格（Brigitte Groneberg）指出，对于这个地区的宗教崇拜而言，尽管很多女神拥有自己的神庙与神职人员，但很多时候，这些女神是男神的妻子，主要是出于男神的宗教崇拜的需要而出现的。因此，不妨根据女神配偶的身份来对女神形象进行分类与划分。③ 饶有兴趣的是，尽管这两位学者关于女神形象的识别方法存在一些分歧之处，但他们根据各自方法所做出的判断却几乎相同——辨识出了相关女神的身份与名字。

大体说来，神话学关于神话图像的分类与辨识尚未形成一定的声势，与考古学界学科学的分类体系之间依然存在较大距离。不过从事神话图像研究的大部分学者都具有考古学的专业背景，诸如金芭塔丝、马瑞纳托斯等人，这些学者借用考古学界关于器物的分类知识对神话图像进行辨识与归类，并在实践中形成了相关的研究方式。值得注意的是，尽管没有形成

---

① Nanno Marinatos. *Minoan Religion*：*Ritual*，*Image*，*and Symbol*. South Carolina：University of South Carolina Press，1993，pp. 147—192.

② Izak Cornelius. *The Many Faces of the Goddess*. Fribourg，Switzerland：Academic Press；Göttingen：Vandenhoeck & Ruprecht，2004.

③ Brigitte Groneberg. "The role and Function of goddesses in Mesopotamia"，*The Babylonian World*. Edited by Gwendolyn Leick，New York and London：Routledge，2007，pp. 319—331.

一门专业的归类学科，但研究者们各自拥有一种对神话图像分类的方法，使得图像类型的辨识出现了多重的路径。这里要指出的是，所谓分类，是出于研究者自身需要而进行的一项工作，女神形象的类型是神话学者创造出来的，并非是图像的创造者或者使用者眼中的女神形象。很多时候，这种分类是一种学术研究的功利性行为。另外，分类的标准也各有千秋，不同的研究者对图像的归类标准不一样，一幅图像在不同的学者眼中会具有不同的类型。客观地讲，这种分类是一种充满个人学术志趣的分类游戏。"我们对什么进行分类由类的动机决定，因为，必须从大量的可能性特征中选择分类的标准。相反地，当我们根据相应于我们旨在回答的问题的统一方式进行分类时，我们所分类的可能会被我们如何从事分类所影响。"①尽管这是考古学界的一种分类现实，却可以作为神话学对图像的归类参照。

一个核心的问题就是，有没有一种建立具有普适性的图像辨析模式或方法，即建构一种的图像分类体系的可能性？从考古学的尝试来看，这方面的工作主要集中在类型学与年代学两个方面，关于图像的专门辨析与实物的解读密不可分，尚没有形成专门的图像辨析学科。就神话学而言，关于图像的分类标准依然是一个富有争议性的话题，并且尚没有形成一定的声势，更没有形成一种富有专业性的学科知识。尽管我们有这种迫切的愿望，但建立图像分类的专门性知识还需要一定的时间，更需要学者们的不懈努力。一种可能是，倘若考古学界或者是图像学界出现了关于图像分类的专业知识，神话学将此借用过来加以改造，为自己所用，就此形成一种关于图像的辨识知识体系；另一种可能是，神话学者们用自己的努力，根据本学科的特征而创建出一种图像归类的标准。当然，这些都需要时间，不过不排除建立一套图像分类体系的可行性，毕竟神话学是一门具有很强包容性与创造性的学科，其历史已经证明了这一点。

三　阐释的原则

从范畴上讲，阐释就是对事物的理解，有多少种不同的理解就有多少

① ［英］肯·达柯：《理论考古学》，刘文锁、卓文静译，岳麓书社2005年版，第88页。

种不同的诠释，不同的阐释者对于事物的理解是千差万别的，阐释因而具有任意性与主观性。就学科意义而言，“诠释学就是关于阐释的科学，传统上用来发现宗教文献，特别是《福音书》中隐藏的意义。在施莱马赫（Schleiermacher）、狄尔泰（Dilthey）、海德格尔（Heidegger）和伽达默尔等经典作家的努力之下，诠释学已经发展成为一门具有普遍性和现代意义的学科。阐释学认为，世界不能按照物质系统，而应该当成人类思想和行为的客体来理解。”① 按照这种对阐释的理解，神话图像阐释中最为重要的一点就是，我们必须将图像视为一种文化或者是思想的载体，而不是一种物质性的无意义存在。对图像的阐释是对其文化意义或思想性的一种探寻过程。但意义是具体的，与其生成语境密不可分，这是解读图像意义的前提。

客观地讲，图像阐释的规约性问题在神话学并没有得到足够的重视，直到 20 世纪 70 年代才被一些学者强调。耐人寻味的是，这些学者大多为考古学者出身。学者英伍德较早提出神话图像的解读原则，并将其上升到理论化高度。这位旅居英国的希腊学者先在一组雅典瓶画上所描绘的追杀场景解读中提出，将历史与文化背景纳入图像阐释的因素之中，继而又倡导以系统阐释原则代替文化经验论来解读图像的观点。② 可惜的是，尽管英伍德本人做出了很大努力，对其理论做出回应的学者却寥寥无几。相反，这种论调却引起了不少古典学者的非议，原因是这种解读的方法基本颠覆了古典学界关于某些神话形象的定论，与文本所记载的意义不符。

20 世纪之后，考古学的新理论不断渗入神话学，人类学关于“写文化”的反思潮流也影响了神话学，神话学关于图像阐释的原则问题再次被提了出来。学者卡彭特（T. H. Carpenter）指出，神话图像是物质文化的

① ［美］伊恩·霍德、司各特·哈特森：《阅读过去》，徐坚译，岳麓书社 2005 年版，第 166 页。

② Christiane Sourvinou - Inwood. *Theseus as Son and Stepson*. London：University of London，1979；Christiane Sourvinou - Inwood. *Reading Greek Culture：Texts and Images，Rituals and Myths*. Oxford England：Clarendon Press，1991；Christiane Sourvinou - Inwood. “Myths in Images：Theseus and Medea as a Case Study”，Lowell Edmunds，ed.，*Approaches to Greek Myth*. Cambridge：Cambridge University Press，2003，pp. 393—445.

主体部分，物质性是其首要属性。在解读这些神话图像时，要避免两种危险：“其一，就是忽略情境（譬如，图像所属器物的类型，器物的用途，器物制造的年代、地点，以及出土的处所，等等），这使得图像成为一团漂浮在共时性边缘的新鲜物或抽象符号，很少就此赋予我们与其相关的人们的鲜活气息。另外一种危险是将图像单单视为一种视觉的产物。艺术家在选择要做什么时总是富有选择性的，包括那些形象的创造也是如此。在一幅雅典艺人为雅典人创造的日常图像场景中，艺术家没有理由将我们想看到的细节纳入其中，相反的是，其顾客所希望看到的东西被理所当然地放入了图像之中。”① 这种立场体现了这样一种观点：图像不单单是一种物质性的符号，还是一种文化与历史的产物，因此，图像的阐释与其生成情境密不可分。自然，这种类似于考古学阐释规约的主张并没有遭到非议，因为这一点在考古学界已经是一种常识。

四　阐释的类型

问题的关键乃是，阐释原则仅仅是一种具有预设性质的通用法则，更为重要的是阐释实践中的行为与成果。实际上，学者们在理解图像意义的过程中，已经形成了两种探讨的类型：内向阐释与外向阐释。所谓内向阐释，是指学者们关于神话学自身问题的一些思考，而外向阐释则是指神话学者与其他学科就相关话题形成的一种对话。本质上讲，二者并非是截然分开的，而是互相关联的。没有哪一个问题单单隶属于某一个学科，任何问题的探讨都属于所有学科。倘若某一类话题隶属于一个学科，那么它就失去了探讨的必要性，因为缺乏与其他学科对话的可能性，问题不具普遍性。

在众多的图像阐释中，一种比较突出的趋向就是，阐释神话图像尤其是史前神话符号的意义与功能，这一点几乎成为每一位神话学者的核心工作。不过，对于某些图像与符号的象征意义，学者们尚存在一些争议。譬如，关于眼睛符号，就存在许多意义理解上的差异。早在20世纪50年代，学者克劳福德（O. G. S. Crawford）就宣称，遍布地中海沿岸的眼睛符号

---

① T. H. Carpenter. “Greek Religion and Art”, in Daniel Ogden, ed., *Companion to Greek Religion*. Oxford: Blackwell Publishing Ltd, 2007: 398—420.

是史前女神形象的象征，具有一种神圣的丰产意味。[①] 这种论调得到了部分神话学者的赞同，诸如阿里尔·戈兰（Ariel Golan）与马丽加·金芭塔丝。在关于眼睛符号的具体所指上，二者并不赞同克劳福德的观点。阿里尔·戈兰强调眼睛符号的超自然性，象征着天空女神的威力；[②] 而马丽加·金芭塔丝则认为眼睛符号象征着神圣的资源，是大女神哺育生命的神圣性标志[③]。另外一些学者则反对将眼睛视为女神的象征符号，相反，他们认为眼睛符号是男性神明尤其是太阳神的象征。学者米兰达·J. 格林（Miranda J. Green）的分析表明，眼睛符号象征着欧洲的太阳神[④]；另外，克拉克的例子也显示，埃及的眼睛符号除了象征着女神之外，还表示王权与王冠[⑤]。尽管存在诸如此类的一些分歧之处，大部分学者都达成了这样一种共识：今天看似普通的很多图像与符号，都是史前时代人们崇拜的神明形象，具有一种神圣性。在这种观点影响之下，神话学由此产生了对史前神话符号象征意义与功能的探讨，成为20世纪神话图像阐释的主流。这里要指出的一点是，不少学者在解读神话图像与意义的过程中，往往忽略了符号的能指与所指之间的任意性，同时抽空了其文化与历史情境，使得对图像意义的探讨成为一种充满个性的学术猜测。不客气地讲，这类阐释基本上是一种对图像的误读，根本不可能还原图像的本原意义。

针对这种现状，一些富有批评意识的学者在批评其不足之处时，同时强调探寻图像结构性意义。对于图像叙事而言，叙述的视角涉及图像创造者看待图像的态度问题，这一点也是阐释学所强调的视界问题的关键所在，这个问题被从事多年希腊考古的学者南诺·马瑞纳托斯所强调。

① O. G. S. Crawford. *The Eye Goddess*. London：Phoenix House Ltd，1957.

② Ariel Golan. *Prehistoric Religion：Mythology，Symbolism*. Jerusalem：A. Golan，2003，pp. 74—78.

③ Marija Gimbutas. *The Language of the Goddess*. London：Thames and Hudson，1989，pp. 51—61.

④ Miranda J. Green. *The Sun - Gods of Ancient Europe*. London：B. T. Batsford，1991，pp. 19—20.

⑤ R. T. Rundle Clark. *Myth and Symbol in Ancient Egypt*. London：Thames and Hudson，1978，pp. 218—230.

南诺·马瑞纳托斯的研究表明，米诺图像的叙述视角是以崇拜者为中心的内视角，而不是像埃及图像那样以神明为中心的外视角。单就这一点而言，就可以判断米诺的宗教形象是主观的视角，而埃及的艺术则是客观的视角。① 这就表明，神话学者已经开始思考，神话学与阐释学、叙述如何结合起来，建构更为有效的模式，以便从图像资料中更多地探索人类过去的信息。

与此同时，神话学者也越来越关注文本叙述与图像叙述之间视角的差异性问题。比如，视觉艺术家如何从神话故事中汲取灵感并将其应用到艺术创造中？诗人与画家对同一个故事的叙述手段有何差异？学者夏皮罗（H. A. Shapiro）对希腊瓶画与荷马史诗叙述视角的对比研究表明②，图像叙述背后有着比文字叙述更为深远的口头传统。这种研究方式表明，神话学者在图像叙述与文本叙述之间视角的转换研究方面已经取得了长足的进步，并且吸收了相关学科的一些研究成果。较之于神话图像功能性象征意义的阐释，这种解读较少地具有主观性。但这类研究并不意味学者们可以避免主观偏见对研究对象的影响，任何一种阐释都是对图像意义的建构，只不过存在偏差程度的大小罢了。跨学科的研究方式可以减少阐释的误差，同时还可以发现一些新话题。

另一方面，神话学关于图像在物质性方面的探索有所欠缺，这就导致了对图像物质属性认知的局限。只要对比一些神话学与考古学论著之间的差异便可知道，神话学者在图像的物质性方面的努力远远少于考古学者的工作。自然，考古学学科的属性使得其关于图像的表述重点在于物质文化，但这并不能够掩盖神话学者对图像物质性侧层面阐释的不足，更多的学者将图像的阐释放到了其思想性方面，而物质性叙述方面的东西被忽略了。不过这并不意味着学者们没有努力，学者卡彭特对希腊瓶画的物质性解读表明③，神话学者在这方面还是有所建树的，但力度不够。图像意义

① Nanno Marinatos. *Minoan Religion*：*Ritual*，*Image*，*and Symbol*. South Carolina：University of South Carolina Press，1993，p. 178.

② H. A. Shapiro. *Myth into Art*. London and York：Routledge，1994.

③ T. H. Carpenter. “Greek Religion and Art”，Daniel Ogden，ed.，*Companion to Greek Religion*. Ibid.，pp. 398—420.

的阐释是一个不断建构的过程，具有历史性，并随时都会发生变化。但图像本身具有的物质性，譬如，所属媒介、制造质材，这些层面的属性是不会改变的，从这个意义而言，这方面的阐释更少地带有主观性成分。但这就涉及外向阐释的问题，属于跨学科对话的范畴。

在一些人看来，神话学是一门面向过去的学科，不能为人类的现在及未来提供任何具有建设性的建议。但恰恰就在对人类历史的回顾与发展经验的总结上，人类看到了社会发展的种种弊端与局限，这是史学与考古学得出的结论。但这不能够说明在对过去的理解上，史学与考古学要优越于神话学。在对人类历史与文明发展的阐释上，神话学与其他社会科学一样，具有同等地位。马丽加·金芭塔丝及其追随者所提出的“女神文明”学说，对文明的现有概念进行了颠覆，并将以往阐释中所忽略的人类与宇宙万物的和谐沟通共处的精神与理念带入了对文明的界定之中。尽管不少学者批评这种文明观是建立在抽空了图像文化阐释的基础上，但在关于人类史前文明的探索上，“女神文明”却为特定时段与区域史前文明的存在样态的探索做出了贡献。就阐释的本质而言，所有的阐释都是一种主观判断，永远无法还原其本原意义，除非史前人站出来表述自己。不可否认的是，神话学者对史前人类文明的思考比其他学者更具有发言权，因为他们拥有大量的口头资料与神话图像，在缺乏文字证据的史前时代，神话传说与神话图像恰恰提供了解读史前人类历史的有力途径。

神话学者与其他学者一样，对史前宗教具有一种异样的热情。当学者们从史学与考古学视角寻找米诺宗教与埃及、美索不达米亚宗教之间的联系时，学者马瑞纳托斯对米诺神明图像的解读表明，米诺人的宗教理念结构类似于后二者的信念体系，尽管在阐释视角上有所差异。另外，可视性的艺术符号为官方意识形态的传播创造了条件，在这一点上，克里特类似于其周围地区的邻居。[①] 在关于人类对过去的理解上，约翰·博德曼（John Boardman）与萨拉 P. 莫里斯（Sarah P. Morris.）对神话图像的研究表明，希腊人如何利用可视化资源来再造他们的历史，现代的态度如何

① Nanno Marinatos. *Minoan Religion*: *Ritual*, *Image*, *and Symbol*. Ibid., p. 242.

塑造了我们关于过去的观点。[①] 通过对图像的神话学阐释，神话学者已经超越了自身的领域，将其知识应用于更为广泛的社会领域。越来越多的学者认识到，真理并不掌握在任何一个学科之中，人类文化的多样性与复杂性阐释需要多学科的通力合作才能完成。

不可否认的一点是，神话学者关于图像的阐释理论尚没有足够的包容能力，需要在理论方面加大与其他学科的交流与合作力度。近年来图像学领域，尤其是考古学领域相关的图像理论尚未被有效引入神话图像的阐释中，另外，比较文学中关于形象学方面的知识也有待于众多神话学者的进一步借鉴。理论层面的操作依然是一个有待于发展的领域，对于热衷于神话形象阐释的学者而言，这也是非常重要的。

较之于考古学的分类，神话学对图像的分类显得过于单一与简单，各种说法并存，但却存在谁也无法说服谁的现状。另外，关于图像物质属性层面的归类基本上处于缺席状态，更多的划分标准是从图像的外在属性出发的。图像的归类受到研究者的主观意愿的影响，其客观性尚有待于加强。迄今为止，神话学关于图像的分类依然没有形成一种具有普遍有效性的规则，以至于导致了图像划分的多种标准。另一方面，大部分学者关注的焦点是图像的象征性意义，而对其结构性意义的探讨则相对薄弱一些。尽管多数研究者对图像意义的理解未达成共识，但他们却一致认为，史前时代的神话图像与符号具有一定的神圣性，是那个时代人们所崇拜的神明形象的象征物。这种偏重于图像的象征意义的趋向使得学者们的阐释具有一种建构的意味，对图像意义的理解过程因而成为一种意义的生成过程。

虽然学者们关于图像的划分标准存在种种纷争，但在图像的阐释中却一致认为，情境性与整体性是解读图像的通则。尽管这种主观起步比较晚，但在指导图像阐释上却取得了一定的效果。在对图像阐释的过程中，神话学生成了两种不同的阐释模式，那就是内向型阐释与外向型阐释，前

---

① 参见 John Boardman. *The Archaeology of Nostalgia*: *How the Greeks Re-created Their mythical Past*. London: Thames & Hudson, 2003; Sarah P. Morris. *Daidalos and the Origins of Greek Art*. Princeton, N.J.: Princeton University Press, 1992.

者是对神话学自身的一种思考，后者则是对整个社会科学话题的关注。神话学者在跨学科对话上取得了一定的可观效果，基于神话学层面思考而提出的一些问题引起了其他学科学者们的共鸣。

在意义的理解上，图像的象征与结构层面的蕴含被学者们频繁地强调，而物质属性方面的意义一直没有得到充分的重视。与此相关的研究，诸如宗教与经济、政治之间的联系也有待于继续扩展。考古学与人类学、图像学关于图像解读方法并没有被充分吸收到神话学领域之内，阐释的方法显得比较陈旧，其说服力也具有一定的局限性。另外，神话学吸收与借鉴相关学科专业知识的步伐依然有待于加强，跨学科对话与阐释的力度在未来的研究中会越来越大，这是神话学阐释未来发展一个很重要的方面。

第三节　神圣的图像：图像意义的阐释

一　意义的内涵

从阐释学立场看，意义包括两个层面的内涵：结构性意义与功能性意义，前者倾向于追寻文本表层的意义，后者强调对文本价值与功能进行探讨。从这个层面来看，对神话意义进行探寻就意味着对其结构性意义与功能性意义进行阐释，这是同一个问题的两个方面。事实上，在诠释神话的过程中，意义这两个层面的内容从来就不是截然分开的，而是彼此交织的。可以这样说，从神话学诞生的那一刻起，神话学的主要任务之一就是追寻神话的意义，只不过学者们的探讨从来就没有获得一致的看法，不同的学派发出了各自的声音，构成了关于神话意义的探讨的“复调”理论。

对于哲学家柏拉图而言，神话就是一个被讲述的故事，除此之外，别无意义。20世纪初的仪式学派继承了这种观点，将神话视为仪式的衍生物，认为神没有任何意义，其意义就在于对仪式行为的阐释。在这种观点之下，神话自身的结构性内涵被遮蔽在其功能性意义之下，神话因而成为仪式的衍生物。[1] 这种论调后来被以弗洛伊德为主的心理学派摒弃，后者将神话的意义视为人类心理的扭曲反映。[2] 而法国结构主义学者，尤其是列维—斯特劳斯，视神话为人类文化代码的一种形式，将神话和神话的意义从日常生活中剥离出来。在列维—斯特劳斯看来，仅仅将神话视为叙述形态根本就无法探寻其意义，神话中潜藏着一个无意识的认知秩序，神话的意义不在于其表层结构，而是隐藏在深层结构中。[3] 但对于历史学派学者们而言，神话的意义不在于其文化象征性，而是隐藏其中的历史事件的真实性。[4] 到了女性主义那里，这种真实性被视为男性对女性的压制，神话存在的意义也就在于它是表述两性间差异的工具。[5] 上述学者眼中的神话意义，有时是神话的结构性内涵，有时则是神话的功能性意义，有时是二者的交杂，事实上这两个层面的探讨已经被并置在一起，研究者很难分辨它们之间的界限。

不难看出，学者们关于神话意义的探讨很多时候是关于神话概念的争论，阐释因而成为一种具有建构性意味的行为或过程。需要指出的是，这种对神话意义的追寻并不包括图像样态的神话在内，因为神话图像学的起步比较晚。一旦神话学将图像神话纳入其研究对象之中，关于神话意义的

---

① 这方面的学者比较多，主要以剑桥学派成员为主，其中包括弗雷泽（James George Frazer）、赫丽生（Jane Ellen Harrison）、库克（A. B. Cook）、吉尔伯特·墨雷（Gilbert Murray）等。尽管在一些具体问题的理解上有所差异，剑桥学派的学者们却一致认为，仪式与神话构成了宗教的两个方面，仪式是对宗教情感的行为展示，而神话则是对仪式的语言表述。神话自身不具备任何单独表述自身的价值，它依附于仪式存在。

② 本质上说心理学内部关于神话意义的看法是有所分歧的，并非是只有弗洛伊德及其信徒的一种声音。荣格及其追随者认为，神话是集体无意识的反映，其意义在于表述人类意识中关于集体无意识记忆的存在。在具体的一些观点上，奥托·兰克（Otto Rank）不同意弗洛伊德将神话视为恋母情结的反射，认为神话恰恰反映了儿子与母亲分离的痛苦情感。

③ 关于神话深层意义的表述尤其以法国结构主义为典型，除却列维—斯特劳斯之外，让—皮埃尔·韦尔南（Jean-Pierre Vernant）、米歇尔·狄廷（Marcel Detienne）等人是这方面的代表。

④ 历史学派关于神话意义的探讨起步比较早，犹赫米勒斯（Euhemerus）就是其中比较早的一位学者。学者们的论著与观点也各有不同，不过在涉及神话与历史之间的关联时，学者们一致认为，神话是真实的历史事件的反射，只不过采用了一种扭曲的方式呈现而已。神话的意义自然也就带有一种历史的真实性了。

⑤ 关于女性主义神话学的论著极为丰富，不过学者们研究的重点在于揭示神话中性别上的差异性问题，以及神话与性别文化之间的关联。这种研究趋向一般强调女性身份与文化的重要性，核心是神话在表述性别方面的价值与意义。

探讨就会呈现另外一种面目。意义层面的话题极为丰富，几乎涵盖了神话阐释的各个层面，而神圣性则是其中一个比较突出的问题。

二　神话的神圣性

关于神圣性的探讨并非是新话题，相反，这是一个传统的问题。从宗教视角思考神圣内涵的学者大概是德国神学家鲁道夫·奥托（Rudolf Otto），在奥托看来，“最完满意义上的‘神圣’一词乃是一个结合性的、复杂的范畴，此处结合性的因素就是理性因素与非理性因素。但在这两者中，‘神圣’都是一个纯粹的先验范畴——必须严格坚持这一论断以反对一切感觉主与自然主义。”① 只不过鲁道夫·奥托所说的神圣性拘囿于宗教学范畴，重点在于揭示宗教经验中的非理性成分，与神话基本没有什么关系。继奥托之后，神话学者米尔恰·伊利亚德（Mircea Eliade）从本体论上对神圣性进行了辨析，将神圣与世俗视为世界存在的两种基本方式。米尔恰·伊利亚德认为二者“是在历史进程中被人类所接受的两种存在状况。世界上的这两种生存方式不仅仅与宗教史或者社会学相关；它们不仅仅是历史学的、社会学的或人类文化学的研究对象。从根本的意义上说，神圣或世俗的两种生存样式依赖于人类在这个宇宙中已经占有的不同位置。因此，它们是哲学家以及那些致力于探求人类在这个世界上存在的可能向度的人所共同关心的话题”。② 在米尔恰·伊利亚德看来，神话的神圣性在于它是宇宙神圣存在的一种“显圣物”—表述世界秩序存在的最初状态。不过米尔恰·伊利亚德对于神圣性的解释比较含糊，仅仅将其界定为世俗存在的对立面，“神圣”一词依然是一个有待于深入探讨的术语。

在米尔恰·伊利亚德眼中，神话的神圣性在于它表述了宇宙秩序形成之初的情境，这种思维模式被其他学者继承，神圣性继而被拓展到叙述层面进行探讨。从事人类学研究的美国学者威廉·巴斯科姆（William Bascom）在一篇著名的论文中指出，“神话是散体叙事，在讲述它的社会中，

① ［德］鲁道夫·奥托：《论神圣》，成穷、周邦宪译，四川人民出版社 1995 年版，第 135 页。

② ［罗马尼亚］米尔恰·伊利亚德：《神圣与世俗》，王建光译，华夏出版社 2003 年版，序言，第 5 页。

它被认为是发生于久远过去的真实可信的事情。它们被忠实地接受，被告知是可信的，它们还被作为权威加以引述以解答无知、疑窦或不信任。神话是信条的化身，它们通常是神圣的，并总是与神学和宗教仪式相结合的。其间的主要角色一般不是人类，却又常具有人的本性；他们是动物、神祇或高尚的英雄。”[①] 不难看出，巴斯科姆所说的神圣性是针对神话的叙述内容而言的，另外，这种神圣性还涉及人们对待神话的神圣态度。与之形成鲜明对比的就是，民间故事则是世俗的，人们对待其态度也是世俗的。神圣与世俗之间的界限是叙事的可信度问题——真实与虚构——这是属于叙述范畴的一个术语，它与伊利亚德的立场显然不一样。与这种论调形成鲜明对比的就是，巴斯科姆并没有在其研究个案中确认关于神圣性的确切内涵，他仅仅划定了神圣性在叙述类型上的界限而已。

另一位美国学者艾伦·邓迪斯（Alan Dundes）则将这种神圣性扩展到对世界秩序的表述，邓迪斯为此提供了这样一种关于神话的定义：“神话是一种神圣的叙述，它阐释了世界与人类怎样成为现在的样子……其中关键性的形容词是‘神圣性’，它将神话与其他叙述类型区分开来，譬如民间故事这种通常是世俗的和虚构的叙事形式。”[②] 此处的神圣性，就是神话中关于宇宙秩序形成的叙述。这是对神话性质的一种限制，与巴斯科姆的界定没有什么根本区别。看上去就是，既然神圣是一种先验的宗教学范畴，神话的神圣性就是一个不需要质疑的客观事实，我们只需意识到其存在即可。

上述探讨属于内向型阐释，是基于学者们的研究需要而提出的一种论调，并没有考虑神话持有者关于神圣性的看法；另外，研究者并没有充分阐释神话与神圣性之间的关联。首次对神话的神圣性作系统论述的，是人类学者马林诺夫斯基。在他看来，特罗布里恩德（Trobriand）群岛土著所讲述的口头故事“里留”（Liliu）就是神圣的神话，在当地人看来这些神

① ［美］阿兰·邓迪斯：《西方神话学读本》，朝戈金等译，广西师范大学出版社 2006 年版，第 10 页。

② Alan Dundes, ed. *Sacred Narrative: Reading in the Theory of Myth*. Berkeley: University California Press, 1984, p. 1.

话具有一种不可侵犯的神圣意味。马林诺夫斯基指出，“里留”这种形式的神话“不只看做是真的，还是崇敬而神圣的。它们在准备仪式的过程中被讲述，一年四季的不同时间都会举行这类仪式。这些神话的主要功能是服务于与其相关的仪式，对仪式作一种合法化的证明”。[①] 或者说，特罗布里恩德人的神话实际上与仪式相关，其神圣性就在于与宗教性仪式中得以表现，后者讲述一种神圣秩序之所以存在的缘由，将现有社会等级制度在话语上进行合法化表述。这种神圣性是本地人赋予神话的一种外在化内涵，而不是神话自身的内在属性。并且，并非是所有的神话都与仪式相关，神话的神圣性因而具有一定的局限性。

一种无须强调的事实就是，很多学者认为，神话因讲述了世界秩序及人类的起源而具有一种神圣的意味。但越来越多的学者指出，神话中同时潜藏着世俗世界的阴暗，神圣世界秩序的形成建立在暴力性行为基础之上。法国学者勒内·吉拉德（René Girard）宣称，神话根本就没有神圣性可言，其神圣性是充满血腥的人类暴力，仪式也是如此。他这样表述自己的观点：“最初的暴力行为是所有仪式与神话意义的源泉。暴力行为是唯一真实的且自发而绝对的。可以这样来说，仪式与神话之间的暴力行为是同时进行的。”[②] 德国学者沃尔特·伯克特（Walter Burkert）指出，不少神圣的神话与仪式中都表述了人类对动物的杀害，很多民族的神话中都充斥着这类叙述。由此看来，神话表述的不是神圣秩序的存在，而是人类对动物的杀害。[③] 在这种对神话的“祛魅”性阐释中，神话的神圣性荡然无存，而其暴力性的一面被加以强调。

这样看来，关于神话神圣性的探讨似乎陷入了话语表述的困境之中，神圣与世俗成为神话属性探讨中一个具有悖论性的话题，两种截然相反的

---

① 转引自 William Hansen. “Meaning and Boudaries: Reflections on Thompson's ‘Myth and Folktales’”, Gregory Schrempp and William Hansen Ed, *Myth: A New Symposium*. Bloomington & Indianapolis: Indiana University Press, 2002: 19—28, p. 21.

② René Girard. *Violence and the Sacred*. Baltimore: The Johns Hopkins University Press, 1979, p. 113.

③ Walter Burkert. *Homo Necans: The Anthropology of Ancient Greek Sacrificial Ritual and Myth*. California: University of California Press, 1983, p. 12.

论调使得表述陷入了困境之中。探讨的大部分是神话的本质，距离神圣性的界定越来越远。这里要指出的是，这种探讨局限在文本神话范畴之内，并没有涉及考古实物。那么，当我们介入到考古实物的考察中时，会遇到怎样的一种情况呢？

三　神话图像的属性

从符号的意义而言，各种古代的图像与符号都保存着关于过去的悠远记忆，神话图像也不例外。毋庸置疑，图像阐释的前提是意识到图像具有象征性。关键性的原则就是将图像置于具体的情境之下，前文已经有所论述。这里要重申的一点是，关于神话图像神圣性的探讨从来就不是抽空语境进行的，而是和具体的文化和社会形态密切相关。较之于文本形式的神话而言，图像神话神圣性的考察与符号意义的阐释相关，并且与宗教，尤其是史前宗教形象的考察联系在一起。

对于现代人而言，神话图像的审美意义要胜过其他层面的内涵。但这种认知并不适用于史前时期的图像。学者阿里尔·戈兰的研究表明，古代的象形符号有各种各样的用途，其意义是多重的，审美性意味倒是次要的，甚至有些时候审美功能根本就没有什么地位。史前的众多图像，有的是宗教崇拜性符号，还有一些是部落的族徽，以及所有权的标志，甚至有的是指路性标徽。尽管如此，不可否认的一点就是，神话图像是一种具有神圣性象征意义的系统，它们表述了人们崇拜对象的敬仰之情。一些在现代人看来毫无意义的符号，在古人心中都占有极为崇高的神圣地位，只不过随着时间的流逝，这些图像的宗教意义渐渐就被淡忘了，只有装饰性作用了。[①] 阿里尔·戈兰眼中的神圣性，指的是图像所具有的一种宗教上的圣洁意义，因为这些符号象征着至高无上的神明形象，威严不可侵犯。

不可否认的一点就是，以阿里尔·戈兰为代表的这一类论调有些极端，将神话时代所有的符号与图像都视为神明形象，这就在意义范畴上消解了神话图像的丰富性，同时将神圣性的内涵单一化了。神话故事中既有

① Ariel Golan. *Prehistoric Religion*：*Mythology*，*Symbolism*. Jerusalem：A. Golan，2003，p. 9.

神明，也有人类，甚至很多时候还包括妖魔以及精灵这些形象。学者马瑞纳托斯指出，在米诺文化中，神话图像中不只有男神与女神形象，还有男女祭司，以及妖魔的形象。这些符号在米诺人看来都具有一定的神圣性，并被放在神庙中加以崇拜。① 至于这些妖魔的形象是否具有神圣性的净化功能，则又另当别论。实际上，在古代美索不达米亚的与古代希腊的神话图像中，妖魔的形象在数量上占据了相当大的比重，几乎所有的神明与英雄形象都伴随着妖魔形象的出现。还有的妖魔形象是单独出现的，具有另一种意味。近期的一些研究成果对此做了大量的探讨，不妨来看看部分学者的见解。学者威廉·A. P. 蔡尔兹（William A. P. Childs）指出，在人类社会历史早期，古代美索不达米亚的一些偶像仅仅是一些地位比较低级的妖魔，到了后来就转变为地方性神明。在黑铁时代，这些偶像具有一种比较特殊的功能：驱除邪恶并哺育良善。其中比较典型的就是鸟类、格里芬与鱼袍（一种类似于鱼的图像，外面罩着袍子形状的外衣）形象。上述这些神话形象的功能都有文本的表述，其中的细节就讲到了这些形象的功能。后来这些形象传入了希腊，其神圣性意味发生了一定的变化，有些就向着邪恶性的一面发展，比如塞壬的形象。但是从神话属性的本原意义而言，这些妖魔的形象具有一定的神圣性意味，同时也具有一种辟邪与净化的功能。② 不过，这并不意味着所有的妖魔形象都属于宗教崇拜对象范畴，很多妖怪的图像是在巫术中被使用的，具有一种巫术功能。学者杰里米·布莱克与安东尼·格林（Jeremy Black and Anthony Green）的研究表明，古代亚述的不少偶像在神话中根本就不存在，倒是在众多的巫术仪式中可以看到这些形象，它们具有一种巫术性作用。③ 到了后来的历史时期，图

---

① Nanno Marinates. *Minoan Religion: Ritual, Image, and Symbol*. South Carolina: University of South Carolina Press, 1993, p. 170.

② William A. P. Childs. "The Human Animal: The Near East and Greece", *The Centaur's Smile: the Human Animal in early Greek Art*. Edited by J. Michael Padgett, Princeton, N. J.: Princeton University Art Museum; New Haven, Conn.: Distributed by Yale University Press, 2003: 49—70, p. 62.

③ Jeremy Black and Anthony Green. *Gods, demons, and symbols of Ancient Mesopotamia: an illustrated dictionary*. London: Published by British Museum Press for the Trustees of the British Museum, 1992, p. 7.

像这种神圣性的意味就逐渐减弱了，向着世俗性的方面发展。学者埃莉诺·W. 利奇（Eleanor W. Leach）的研究表明，罗马的神话绘画是日常生活背景的一个组成部分，被古人视为神圣性的神话图像在古代罗马发挥了一种对民众进行教化的功能。很多神话形象之所以被描绘在壁画上，是用来教化公民的。很多人可以从神话场景所表述的故事中学到人生的一些知识，比如，如何在困境中看到希望，如何在危急时刻做出抉择，等等。[①] 尽管神话表述的是神圣世界的一些事件，但与世俗的生活密不可分，神圣从而与世俗互为一体，最后复归于人类社会的现实生活。

从上述学者的论述中不难看出，神圣性是针对图像的宗教与仪式内涵而言的，并非是指符号象征神明形象的功能。所有与宗教性崇拜意味相关的一切偶像与符号都具有神圣性意味，比如，树、神庙、祭坛以及祭品，等等。祭司、妖魔以及一些精灵的形象也属于神圣性范畴，与神明有着千丝万缕的联系。不过这并不意味着神圣性的形象仅仅具有一种功能，相反，神话图像具有多种用途，审美的、崇拜的、象征的、教化的功能，等等。较之于文本神话的神圣性，图像神话的神圣不在于表述世界与宇宙秩序生成的场景，也不在于描绘世界等级制度的神圣不可侵犯（当然这些方面的意味是无法排除的），其神圣性就在于这些图像的功能具有一种让现实社会秩序神话化的功效，能够沟通神明与人类之间的来往。换言之，所谓图像的神圣性，就是指神话图像不可亵渎的神秘象征意味。这种神圣性并非是图像自身内在的属性，而是制造者与崇拜者赋予图像的一种外在意义，与既定文化与社会的信仰之间有着某种密不可分的关系。自然，神话图像的这种神圣是公共性的，只对其崇拜对象奏效。另外，神圣性是对图像的外在感知，为精神性的存在的一种，属于比较纯粹的那种感性范畴。

四 神圣的身体

后现代主义将身体视为承载社会意义的象征物，强调了身体的文化属

① Eleanor W. Leach. “Imitation or Reconstruction: How Did Roman Viewers Experience Mythological Painting?” in *Myth: A New Symposium*. Edited by Gregory Schrempp and William Hansen. Bloomington & Indianapolis: Indiana University Press, 2002: 183—201.

性，而消解了身体的生物性。这种视野之下的身体根本就不具备任何神圣性，而是被文化所驯化，满足种种不同的需要。比如，法国学者布迪厄（P. Bourdieu）就认为，人的很多性情，尤其是一些习惯性的行为，并非是源自身体的生理性需求，而是外在的社会结构、文化机制强加在个体之上的，是文化权力的内在化表现。当然，这种对身体的看法是现代学者根据现代文化现象得出的一种理解，并不意味着身体在宗教层面的意味，后者所包含的意义远远比前者要丰富得多。

对于古人而言，"生命生活在一个两重化的境界中，它自然地作为人类的存在，同时，它又分享着一种超越人类的生命，即宇宙的或者是诸神的生命。很有可能，在遥远的过去，人类所有的器官和他们全部的生命体验，更不用说还有他们的行为，都有着一种宗教的意义"。[①] 也就是说，身体的形象乃是将宇宙具体化的表现。中国的道家思想将人体预想为宇宙完美的微型象征，只要清除其中所有的垃圾，就能使身体保持一种更新状态，个人的生命因此可以获得不朽。在庄子看来，人跟宇宙是合体的，人要成为"真人"，就要回到一种纯粹的状态，这样才能够使身体与宇宙浑然统一，从而达到"真人"的不生不死境界。《庄子·达生篇》曰："弃事则形不劳，遗生则精不亏。夫形全精复，与天为一。天地者，万物之父母也，合则成体，散则成始。形精不亏，是为能移；精而又精，反以相天。"[②] 这种思想后来逐渐形成了道家注重内炼的养生模式，身体与自然之间的关系一再被强调。但对于一名基督徒来说，信徒的身体就是上帝的圣殿，圣灵因此居于其中，人的凡俗之躯体就具有了一种神圣性；并且，每一个躯体都相互关联，成为上帝在人间的一座座圣殿，共同见证上帝的神性存在。圣徒保罗在写给哥林多教会的信中反复重申："食物是为肚腹，肚腹是为食物；但神要叫这两样都废坏。身子不是为淫乱，乃是为主；主也是身子。并且，神已经叫主复活，也要用自己的能力叫我们复活。岂不

① ［罗马尼亚］米尔恰·伊利亚德：《神圣与世俗》，王建光译，华夏出版社 2003 年版，第 95 页。

② （战国）庄子著，（清）郭庆藩辑：《庄子·外篇·达生第十九》，中华书局 1961 年版，第 632 页。

知你们的身子是基督的肢体吗？我可以将基督的肢体作为娼妓的肢体吗？断乎不可！岂不知与娼妓联合的，便是与她成为一体吗？因为主说：'二人要成为一体。'但与主联合的，便是与主成为一灵。你们要逃避淫行。人所犯的，无论什么罪，都在身子以外；唯有行淫的，是得罪自己的身子。岂不知你们的身子就是圣灵的殿吗？这圣灵是从神而来，住在你们里头的；并且你们不是自己的人，因为你们是重价买来的，所以要在你们的身子上荣耀神。"[①] 这些身体观都带有一种神话意味，将人的身体与宇宙的更新连接起来。

如果再往前推，那么身体的形象就要上溯到史前时代，尤其是那些神话图像上。在众多图像中，女性偶像占据了相当大的比重，其中以裸体为多。面对这些含有特定意味的裸体形象，当然不能以现代人的审美观点为出发点，将其视为色情与淫秽的象征。以马丽加·金芭塔丝为代表的一部分学者宣称，这些裸体的女性偶像是当时的宗教崇拜对象，象征着当时的女神形象，具有一定的神圣意味。[②] 所谓的神圣性，主要是指女神无所不在的创造生命的能力。但这种观点建立在一直抽空偶像本身所属文化与社会语境的基础之上，具有一种模式泛化的意味。因而受到了部分学者的批评。马瑞纳托斯指出，裸体形象的神圣性具有一定的情境性要求，并非是所有的裸体女性偶像都象征着女神形象。古代叙利亚与美索不达米亚的很多裸体女神偶像是性与性暴力的象征，与女神神圣的创造力之间根本就没有任何关系。即使有的裸体女性偶像与神圣性相关，这些图像也是与其他的偶像联系在一起的，而不是单独出现的。[③] 尽管关于裸体形象的争论颇多，但究竟什么是裸体女性的神圣性，这一点依然没有被清楚地加以表述。因为争论的焦点在于裸体形象神圣性的语境与内涵问题，而不是神圣性概念的界定问题。

一种比较流行的观点认为，女性裸体偶像之所以富有神圣性，是因为

---

① 新标点和合本，《新约圣经·哥林多前书》6：13—20，中国基督教三自爱国运动委员会，中国基督教协会2005年版，第478页。

② Marija Gimbutas. *The Civilization of the Goddess: the World of Old Europe*. San Francisco: Harper San Francisco, 1991, p. 221.

③ Nanno Marinatos. *The Goddess and the Warrior: The Naked Goddess and Mistress of Animals in Early Greek Religion*. London: New York: Routledge, 2000, p. 1.

它象征着宇宙，是神秘宇宙的肉体符号标志。随之而来的一个问题就是，为何是女性的裸体而不是男性裸体形象才具有这种象征神圣宇宙的功能？关于这个问题的回答有多种，较为普遍的一种理解就是，女性的身体与自然界的月亮之间具有一种神秘的对应关系。学者查伦·斯普雷纳克（Charlene Spretnak）认为，在人类社会早期，人与自然之间的关系是非常协调的，女性身体生理上的一些独特性决定了女性的裸体与宇宙之间的关联。女人们月经周期受到了月亮运转的影响，这个时候，女性的身体便与月亮之间具有了一种关联。因此，裸体形象在某种情况下就象征着月亮，与神秘的宇宙之间具有了关联。① 另一位学者克里斯琴·比亚吉（Cristina Biaggi）则指出，女性的身体不仅仅象征着神秘的宇宙，它还隐喻了自然界的循环与宇宙的更新，女性的裸体更是如此。② 由此看来，女性的偶像并不只象征着对女性创造生命能力的崇拜，更是对宇宙与自然的敬畏之情的表征。这里的神圣性指的是一种对自然和宇宙的敬畏感，而不是对女性创造生命能力的崇拜。此时便存在这样一个等式：女性裸体＝月亮＝宇宙循环。那么，为何会出现这种象征关系？象征现象背后运作的规律是什么？从思维方式上讲，这是神话思维作用的结果。从思维的运作特性来看，“第一，神话思维的象征性解释遵循着一个基本逻辑规律——类比。通过类比建立了本体（被解释的现象）与征体（用作解释的现象）之间的因果关系，构成神话的内在结构。第二，类比的一般模式是以已知事物或现象的特征来说明未知事物或现象的特征，从小的、近的、日常的经验事实出发解释大的、远的、神秘的非经验事实……第三，类比解释是一种意指活动性活动，它给无意义的事物赋予意义，根据有限的经验来重新组织世界，为无限的现象找出原因，提供证明。从而不断把主体对象转化到客体中，把客体同化于主体自身之中。”③ 这样看来，女性裸体与牛角以及宇宙更新之间的内在联系便迎刃而解了：它们遵循的是神话思维下的类比原

① Charlene Spretnak. *Lost Goddesses of Early Greece*. Boston：Beacon Press，1984，p. 84.

② Cristina Biaggi. “Temple－Tomb and Sculptures in the Shape of the Body of the Great Goddess”，*From the Realm of the Ancestors*：*An Anthology in Honor of Marija Gimbutas*. Edited by Joan Marler. Manchester，CT：Knowledge，Ideas & Trends，1997，p. 502.

③ 俞建章、叶舒宪：《符号：语言与艺术》，上海人民出版社1988年版，第129页。

则，使得富有再生能力的生命机体与不断更新的宇宙之间因而具有了等同关系。

另一种观点认为，女性身体与外在符号之间具有一种隐喻性，二者有时可以互换。比如，一种现象就是，在一些图像中，女性的子宫就是公牛头。这种关系看上去非常奇怪，但在史前时期的欧洲却是一种非常普遍的现象。很多地方均出现了公牛头与女性裸体形象在一起的雕像，在今天土耳其的卡托·胡玉克地区尤为典型。为何公牛头与女性的子宫之间具有这种象征关系？决定这种形象背后的深层原因是什么？学者多罗西·卡梅隆（Dorothy Cameron）断言，之所以将公牛头与女性的子宫联系在一起，是因为二者在外形上非常相近。在解剖学上，妇女的子宫、输卵管所构成的形状非常接近公牛头的外形，对女性生殖力的崇拜因此便借助于公牛头符号加以表现。[①] 随之而来的一个问题就是，这种人体内部器官的观察是基于现代医学常识之上的，史前的人们如何知道这些知识呢？卡梅隆后来在一篇论文中补充道："答案或许就在于这样一种事实：对动物的屠宰赋予了人们大量验证其内部器官的机会。随后的仪式性葬礼习俗同时提供了一种观察解剖人体的机会。在这种风俗之下，人类的尸体会被置于祭坛之上，让秃鹫来啄食。在秃鹫将尸身上的肉吃完之后，死者的骨头就被收集到一起，然后在圣坛上举行一种特殊的仪式，我们在这方面拥有大量的图像资源，这些骨头被包裹在衣服中，随后被置于房屋的地层之下。在此过程中，似乎偶尔存在秃鹰被赶走的情况，极有可能在这个时候，人们有机会观察到人体内部的器官。一幅壁画就描绘了这种场景，一个男人手里挥舞着一只弹弓，左手拿着一个器物，将两只秃鹫从一个无头尸体旁边赶走。"[②] 这种情况仅仅在安纳托利亚地区与古代欧洲存在，并不具有普遍性。此时我们可以看到，女性身体已经与外在的动物器官符号联系在一起，神圣性的表现对象也发生了转移，由女性的身体延伸到公牛的脑袋。

---

① Dorothy Cameron. *Symbols of Birth and of Death in the Neolithic Era*. London: Kenyon-Deane, 1981, pp. 4, 5. 转引自 Marija Gimbutas. *The Language of the Goddess*. London: Thames and Hudson, 1989, p. 265.

② Dorothy Cameron. "The Minoan Horns of Consecration", *From the Realm of the Ancestors: An Anthology in Honor of Marija Gimbutas*. Ibid., p. 511.

这个时候的神圣就纯粹是一种女性生殖能力的崇拜，与神明无关。

从以上探讨可以看出，神圣性并不是一个纯粹的先验论范畴，它更多地含有宗教学与神话学意味。在神话学视角下，神圣性并非是一个不可验证的抽象命题，而是指具有实在性的图像所具有的功能性属性，它指向了图像生成情境的考察。神圣性是依附于图像之上的一种性质，而不是图像本身。所谓图像的神圣性，大体包含三种内涵：其一，这些图像与宗教性仪式相关，神圣性指的是一种不可亵渎、超然的宗教真实性。这种神圣性是文化持有者赋予图像的一种外在性意义，与既定社会的信仰之间存在某种关联。其二，图像为口传或文本神话中表述的形象，图像的神圣性就是图像在叙述中所担当的功能性角色，属于神话系统与社会现实秩序双向建构起来的一种功能性属性。其三，图像具有一种神秘的象征意味，神圣性因而与自然的循环和更新相关，它体现了宇宙不可逆转的运行规律。不难看出，图像学关于神圣性的内涵是多方位的，并非局限于单一性意义。

就在探讨图像神圣性的过程中，多数学者对神话图像的性质有了新的认识：作为文化文本的神话图像，它以可视化形式表述了人类的思想与意识，也是人类艺术的早期形式。作为神话的图像是一种物质性文本，它首先是可以被阅读的，研究者可以通过阐释图像的符号组合与结构解读其内在意义。其次，通过阅读图像，神话学者可以重构其背后的意识形态，也就是制造图像的理念与思想。法国学者埃马努埃尔·阿纳蒂（Emmanuel Anati）通过对史前岩画的解读之后宣称，透过图像，“我们不但看到了同样的思维方式，也看到了共同的传统，以及在空间的组织上相似的概念倾向。”[①] 在神话学者看来，史前时代的图像是一种理念性的叙述形式，表达了人类的思想与意识。并且，这类图像在叙述内容上更多地具有神话意味，在某些情况下是文本神话的叙述原型。从这个视角而言，图像在历史叙述上与文本具有同等阐释效力，但在缺乏文字的史前时代，图像要更具优越性：以可见的符号表述不可见的思想。

---

① ［法］埃马努埃尔·阿纳蒂：《艺术的起源》，刘建译，中国人民大学出版社2007年版，第75页。

第四节 作为图像的神话:神话范畴的另一种反思

一 神话范畴中图像要素的缺失

18世纪迄今，现代神话学走过了两百多年的历史，神话研究从最初的古典学领域相继拓展到了人类学、心理学、考古学、宗教学等领域，神话学出现了前所未有的繁荣景象。在此过程中，关于神话的各种定义不断出现，譬如，英国剑桥学的代表简·艾伦·赫丽生（Jane Ellen Harrison）就宣称，神话是对仪式的一种再阐释；弗洛伊德、荣格等人坚持认为神话是人类心理与潜意识活动的折射；而结构主义者列维—斯特劳斯及其追随者则将神话视为文化结构的深层反映，它具有调节文化冲突的功能。尽管流派纷呈，但学者们从来就没有在神话的定义上达成共识，一种定义提出后便被另外一种定义取代。不客气地讲，关于神话的概念并没有取得实质性的突破，各种相关的界定基本是描述式的，无法从根本上解决神话的属性问题。“尽管神话学的研究领域确实扩展了许多，但神话学基本上仍被前一时代的理念所支配，此种范式基本上是一种文学式的研究，神话被视为一种独特的语言现象，即故事的一种类型。”①，尽管现代神话学在方法论取得了进展，但关于神话的界定仍停留在18世纪古典学研究阶段。例如，英国神话学者柯克（G. S. Kirk）就宣称，“对于广义的神话来说，‘传统的口头故事’这种说法也许是一种比较可靠的说法。不过这个定义会排斥一些诸如‘现代神话’之类，以及一些像克里萨斯王（Croesus）这样一些文学化与历史化的东西。”② 柯克眼中的神话是文学的一种类型，与史诗、民间故事、童话、传奇之间存在一种极其复杂的关系。这种神话观与麦克斯·缪勒的神话观几乎没有什么根本区别，也就是说，神话是文学的

---

① Theodor H. Gaster. “Myth and Story”, in edited by Alan Dundes. *Sacred Narrative: Reading in the Theory of Myth*. Berkeley: University of California Press, 1984, p. 110.

② G. S. Kirk. “On Defining Myths”, in edited by Alan Dundes. *Sacred Narrative: Reading in the Theory of Myth*. Ibid., p. 57.

一种类型。从现代神话学关于神话的界定来看，神话依然是希腊文化语境中的神话概念，具有一种虚构的意味，神话与故事的含义几乎是一样的。神话是一种传统故事，属于文学的一种体裁。

就存在形式而言，这种文学式的神话只有两种表现形式：文本与口传，其他形式的神话则被拒之门外。从神话的载体来看，神话的范畴不只是文本与口传故事，它还包括了图像中的神话场景以及仪式中的神话情节。如果要将神话的表现形式加以分类的话，不妨姑且将其分别称为文本神话、口传神话、仪式神话、图像神话，这四类神话共同构成了神话的存在样态。但从目前关于神话概念的界定来看，图像作为神话要素的概念尚没有纳入神话的定义与范畴中。一种事实就是，尽管20世纪后期的神话学者对图像投入了颇多精力并取得了卓然成就，但鲜有人在概念与范畴上将其列为神话构成性要素。一种令人尴尬的情形就是：一方面，众多神话学者从图像学视角介入神话研究，由此形成了跨学科的研究范式；另一方面，神话的概念依然停留在文学研究阶段，神话的范畴并没有随研究方法的丰富而扩展。

对图像作为神话这一问题缺乏理论上的兴趣，这是一种普遍存在的现象，它有许多复杂的原因。首先，西方神话学关于图像神话的研究起步较晚，至多也不过一百年，在此之前的图像研究要借助于考古学与艺术学。但无论如何，这些理由都是不够充分的。女性主义神话学是在20世纪中期之后才发展起来的一种神话研究方法，但它现在却十分活跃。西方神话学迄今未将图像纳入神话范畴的一个最为根本的原因就在于对以图像形式出现的神话本质的认识不足，这就要对图像神话的性质做一种最为根本的认识与描述。因此，有必要在理论上对神话的概念与范畴重新加以界定，将图像纳入神话的构成要素之内，否则神话学的图像研究就不具合法性。事实上，现代神话研究迎来了一门更加宽泛的神话科学，而“文学”式的神话仅仅是其范畴内的一个方面而已。本书无意于对神话学的新名称做界定，这是一个需要在理论上加以论证的术语学问题。

二　图像神话的双重性质

新史学理论宣称，人类历史是一种线性的运动过程，过去已经随着时间的消逝而消失，过去与现在之间存在不可弥补的鸿沟，任何试图认识复原过去的努力都是徒劳。米歇尔·福柯（Michel Foucault）在其《知识考古学》一书中断言，人类无法通过现在理解过去，因为历史是断裂的，历史的“每一个层次都有自己独特的断裂，每一个层次都蕴含着自己特有的分割；人们越是接近最深的层次，断裂也就随之越来越大。”[①] 瓦尔特·本杰明（Walter Benjamin）乃至汉斯—乔治·伽达默尔（Hans－George Gadamer）都认为通过阐释理解过去是一件不可能完成的艰巨任务，因为原始词句所蕴含的精神与其再生产之间存在巨大的断裂。但这种情况只针对文本的翻译而言，并不包括物质文化。考古学者的实践表明，尽管人类无法通过阐释文本回到过去，却可以通过阅读物质文化重构历史。此时，作为物质文化的图像则可以弥补文字书写在历史认知层面的裂痕，从而提供被文字叙述忽略的物质性样态的历史证据。更为重要的是，图像本身的物质属性使得它在文化阐释中具有一种实在性，能够在物质层面再现历史。在表述历史事件的真实性上，图像如同文本一样具有同等的阐释效力。新史学的主将之一彼得·伯克（Peter Burke）宣称：“我们与图像面对面而立，将会使我们直面历史。在不同的时期，图像有各种用途，曾被视为膜拜的对象或宗教崇拜的手段，用来传递信息或赐予喜悦，从而使得它们得以见证过去各种形式的宗教、知识、信仰、快乐等。尽管文本也可以提供有价值的线索，但图像本身却是认识过去文化中的宗教和政治生活视觉表现之力量的最佳向导……图像如同文本和口述证词一样，也是历史证据的一种重要形式。”[②] 在表述历史本相上，图像与文本具有同等价值，它是历史存在的一种物质形式。

除此之外，图像在时间意义与本体论意义上均先于文本，因为没有固定的语法表述系统与结构，具有多义性与会意性，它更加适用于不同的文化符号模式。所以在建构史前时代思想体系时，图像更具有优越性。考古学者K. 范·德特尔恩（K. van der Toorn）指出，在对无文字社会

---

① ［法］米歇尔·福柯：《知识考古学》，谢强、马月译，生活·读书·新知三联书店1998年版，第1—2页。

② ［英］彼得·伯克：《图像证史》，杨豫译，北京大学出版社2008年版，第9页。

的研究中，“图像通常具有文字所没有的功能，在这种情境下，图像学就不再是图像的集合而被驱逐到书面语言的边缘地带。图像作为一种独立的信息而被认可。图像不再屈从于文本，在某些特定的语境下，它反倒具有优越性。”[①] 不可否认，这种观点并不具普适性，它仅适用于针对人类特定的历史时期。对于神话学者而言，图像中描绘的神话场景是研究史前时代神话的主要来源，它比人类文明时代文字书写的神话更为古老，某些时候是文本神话的原型。不过，这并不意味着图像神话是文本神话的源头，二者有着更为古老的起源，那就是口传故事。“艺术家和作家的创作内容同出一源，他们是独立地从这些故事中汲取灵感的。他们或许认为自己创造的是这些故事的视觉形象，没有必要去参照任何文学作品”[②]，拥有共同口头传统源头的图像神话与文本神话是相互补充的，二者共同建构了人类的认知体系。

尽管关于神话的界定是一个具有纷争性的话题，每一个神话流派都有不同的理解，一种比较保守但容易被接受的定义就是，“神话是一种传统故事，间接地、部分地与某种具有群体重要性的内容相关联。”[③] 倘若要在众多的传统故事中区分神话，那是一件非常复杂的事情，不过一种比较便捷的方式便是将神话的表述内容做进一步的细分，这样，就有一个听起来比较老套但非常易于理解的定义：“神话乃是关于妖魔鬼怪的一种传统故事。”[④] 就表述的内容而言，很多图像中表述的故事都可以划入神话之列，尤其是史前时代的图像，几乎所有的画面都表现了这个层面的场景，古欧洲新石器时代的那些图像就是典型的例子。到了历史时期，部分图像才开始转向表现世俗生活，画面中出现了英雄与国王这类形象，古代埃及、美索不达米亚艺术希腊艺术品中刻画的那些神话场景有力地表明了这一点。

---

① Kvan der Toorn. “Worshipping Stones: On the Deification of Cult Symbols”, *Journal of Northwest Semitic Language* 23: pp. 11—14, 16.

② ［英］苏珊·伍德福德：《古代艺术品中的神话形象》，贾磊译，山东画报出版社 2006 年版，第 11 页。

③ Walter Burkert. *Structure and History in Greek Mythology and Ritual*. Berkeley: University of California Press, 1979, p. 23.

④ Joseph Fontenrose. *The Ritual Theory of Myth*. Berkeley: University of California Press, 1966, p. 55.

就希腊艺术而言，学者托马斯・H. 卡彭特的研究表明，希腊瓶画“描绘故事的方式会代代更改，同样是一则神话故事，公元前400年的表述故事的语境与公元前580年的语境之间存在很大差异。有时，瓶画叙述的神话故事没有文字可依，有时，瓶画表述的神话故事与那些文字记载的故事有很大出入，有些时候，瓶画中的故事场景仅仅是文字故事的简略再现。”① 尽管如此，有一点却是肯定的：这些图像所描绘的场景同样是神话中的故事情节，在某些特定的历史阶段，图像神话在表述内容层面比文本神话更为丰富。那么也就可以这样断言，刻画了故事情节的图像也是神话的一种类型，成为神话表述的可视化媒介。

学者珀西・S. 科恩（Percy. S. Cohen）指出，就神话的定义而言，“神话是一种叙述这种事实具有非同寻常的重要性。叙述是对特定时间的一种组织，这种行为要求确立或创造一种最初的时刻，或者确立一种转换时刻……神话众多功能中一个重要的功能就是它在对过去的叙述中塑造了现在。”② 这就意味着神话与现实社会之间具有密切的关系，其最终意图是对当下秩序做一种话语阐释。学者林肯（Bruce. Lincoln）继而断言，按照神话的这种功能，就可以这样宣称：“神话并非是一种叙述类型，而是一种叙述形式的意识形态。”③ 这种定义下的神话就与社会的权力之间具有了一种互动关系，起到了将社会秩序合法化与叙述化的作用。这样，神话叙述就具有明显的文化表述意图，关于异国的相关描述本质上就是政治或文化的自我关照，最后成为意识形态的组成部分。那么接下来的一个问题就是，图像形式的神话具有这种功能吗？它是通过什么实现的？要回答这两个问题，就必须首先认识图像神话的象征性。

作为一种物质遗产，图像神话具有实在性，它所表述的故事场景具有可视性，这一点比文本更具说服力。更为重要的是，图像神话是一种象征

① Thomas H・Carpenter. *Art and Myth in Ancient Greece*：*A Handbook*. London：Thames and Hudson，1991. p. 7.

② Percy. S. Cohen. “Theories of Myth” in *Man*. New Series，Vol. 4，No. 3（Sep.，1969）：337—353，p. 349.

③ Bruce Lincoln. *Theorizing Myth*：*Narrative*，*Ideology*，*and Scholarship*. Chicago & London：The University of Chicago Press，1999，p. 147.

性的符号系统，通过具象化的故事情节来达到建构社会秩序和意识形态的意图。概括地说，图像神话的这种象征性体现在两个方面：一是故事场景与历史事件之间的关联。在某些特定的历史时刻，图像中的神话故事象征了真实的历史事件。比如，公元前5世纪雅典瓶画上忒修斯追杀美狄亚、赫拉克勒斯战胜亚马逊人、阿喀琉斯追杀特洛伊王子特洛伊罗斯的场景，所有这些神话故事场景都是公元前490年到公元前479年间希波战争中希腊战胜波斯历史事件的隐喻。[①] 除此之外，图像神话的持有者还通过图像细节来表述族群概念。比如，新王国时期的埃及壁画上，努比亚人被刻画成身材矮小、身穿裙子的形象，埃及人就是通过这些有别于本民族的服饰细节特征来象征他们认为的努比亚人粗野低劣的品性。[②] 在这个层面，神话图像就是抽象理念的携带者，成为宣传国家意识形态的工具，发挥了类似于文本神话的作用。此时，我们就可以断言，“神话图像绝不是寓言。它之所以被谨慎地挑选出来，纯粹是为了遮蔽一些抽象的思想。神话图像与思想密不可分。它表述了一种包含体验已成为直觉的规则。”[③] 神话图像绝不是基于审美志趣而被创造的，它是为了表述某种理念而出现的，具有一种政治上的功利性。

不难看出，不论是从其地位、表述的内容和发挥的作用来看，图像神话在神话概念与范畴中都占有一席之地，而这一切都与性与象征性这种双重属性密不可分。这就意味着，图像神话属于神话的一种类型，是一种可视化的神话叙述。这样，神话的范畴就包含以图像形式出现的叙述类型，而神话的概念中同样也应该将图像纳入其中。那么，关于神话的概念与范畴就应该重新界定，只有这样，神话理论才能够跟上神话学研究的发展。但这两个问题最终都与神话的性质相关。我们不得不再次面对这样一个看

---

① Christiane Sourvinou-Inwood. “Myths in Images：Theseus and Medea as a Case Study”, Lowell Edmunds eds. *Approaches to Greek Myth*. Cambridge，UK：Cambridge University Press，2003：393—445，p. 409.

② David O'Connor and Stephen Quirke. “Introduction：Mapping the Unknown in Ancient Egypt”, *Mysterious Land*. Edited by David O'Connor and Stephen Quirke. London：Institute of Archeology，University College London and Press，2003：1—22，p. 17.

③ H. Frankfort，H. A，H. A. Frankfort，J. A. Wison and T. Jacobson. *Before Philosophy*. Penguin：Harmondsworth，1949，p. 15.

似老套但颇为尖锐的问题：究竟什么是神话？看上去就是，话题又回到了本书的开端，似乎已经陷入循环论的困境之中。解决这个问题的关键是对神话的存在形式做一种现象学的分类，以便弄清神话究竟有哪些外在表现形式。所以，接下来笔者会对神话的存在样态做一种权宜的划分，这些分类是基于一种广义范畴上的神话概念，与特定文化中人们关于神话的分类是不相关的。

三　神话的存在样态

尽管神话学有着悠久的历史，但从学术的话语内在脉络来看，神话概念的界定问题依然没有取得实质性进展。神话是什么？这是见仁见智的问题，并且存在不同的界定标准。当不同学科的研究者从各种视角对神话作一番界定之后，我们对神话的认识依然是一团模糊，甚至就此产生的新问题让我们更加迷惑。一种令人担忧的现象是，学者们越是探讨神话概念，神话距离人们越远，以至于神话成为一团漂浮不定的话语之云，存在随时被纳入任何一种学科范畴之内的可能性，诸如，宗教、文学、艺术，等等。需要指出的是，以往关于神话概念的探讨总是从非神话的视角来看待神话，神话总是被界定为其他范畴，比如，神话是一种神圣的叙述，神话是传统的故事，等等，所有这些都是从概念到概念的阐释，基本上是将神话理解为一种概念，而不是具有实体性的存在现象。不客气地讲，这是关于神话属性的一种肤浅认识，而不是对神话的理解。“本质上说，无论这些研究怎样认识神话，都是把神话置入了‘神话是……’的判断关系之中，因而无论研究者给出怎样的答案，都是有关神话属性的判断，这样的研究或判断，对于神话本身仍然很少有所言说。”[①] 这种界定等于将从来就不是神话的东西硬塞给神话，用另外一些概念或术语来取代神话，神话一词变得与那些取而代之的字眼一样空洞。这种思维惯性下神话概念的探讨类似于缘木求鱼，自然难以取得突破性进展。事实上，神话就是神话，任何试图对神话概念做非神话界定的行为都是一种徒劳，因为一旦将神话视

---

① 户晓辉：《神话与形式》，杨义主编《中国社会科学院文学研究所学刊（2008）》，中国社会科学出版社2008年版，第66—107页。

为非神话类别，神话就成为另外一种范畴，失去了其存在的自在性。

看上去就是，我们无法从认识论视角对神话的概念作一种界定，神话的属性探讨因而无法达成共识，但这并不意味着我们不能从其他角度来认识神话。那么，该如何来界定神话的概念呢？美国神话学者约瑟芬·方廷罗斯（Joseph Fontenrose）认为，当我们面对神话时，重要的不是神话的定义，而是使用“神话”这个术语时，它会引发哪些现象。[①] 这就意味着，神话的概念与其外在表现形式有关，弄清楚了神话的外延，也就理解了其内涵。就方法论而言，学者阿列克塞·法奥德洛维齐·罗瑟夫（Aleksei Fyodorovich Losev）指出，“我们必须对神话的意义采用一种独立的分析方法，这就意味着，最为根本的是通过神话将神话视为神话自身的一种现象学分析方法。”[②] 研究者可以从存在论或现象学的维度重新审视神话的概念，将神话概念的探讨转换为神话现象的考察。一种事实就是，存在论意义下的神话概念和范畴的探讨并不是不使用概念，而是通过存在来界定概念，即让神话以其外在表现的方式言说自身。概括地讲，一方面这种视角下的神话研究通过一种本质直观的方式对神话现象进行考察，另一方面它又采用了现象学的描述方式对相关概念进行阐释与分析。一旦将认识论意义下的神话概念转换为存在论范畴内的神话现象，神话便越来越清晰地呈现在研究者面前。

从认知学视角来看，人类对外在世界的感知有多种方式，其中属于文明时代人类的基本方式主要包括听、说、读、写，这几种认知方式决定了对现实社会的理解路径。另一方面，符号学的研究表明，这四种基本能力决定了人类记忆历史的方式：口传叙述、图像叙述、仪式叙述、文字叙述。如果依据这种划分的标准，就可以将神话的存在方式做如下分类：传唱的神话、表演的神话、观看的神话、书写的神话。进一步概括，就可以将神话的表现方式进而划分为：口传神话、图像神话、仪式神话、文本神

① Joseph Fontenrose. *The Ritual Theory of Myth*. Berkeley: University of California Press, 1966, p. 53.

② Aleksei Fyodorovich Losev, Translated by Vladimir Marchenkov. *The Dialectics of Myth*. *London*; New York: Routledge, 2003, p. 5.

话。所谓口传神话，就是以传唱方式呈现的神话，这种神话类型在史前时代应该是一种比较流行的方式，其生成时间远远早于文字书写的神话。图像神话是以图像方式讲述神话故事的神话类型，大部分的图像神话背后都有一个久远的口头传统，很有可能史前时代的人们以口传神话和图像神话为主来表述对宇宙、现实世界的感知。仪式神话主要是指那些以仪式性演述方式来表现的神话，这类神话借助于一些仪式性的行为来表现神话故事情节。需要指出的是，并非是所有的仪式是仪式神话，只有那些演述了神话故事情节的仪式才能够称之为仪式神话，一些庆典之类的仪式是不能划入其中的。文本神话比较容易理解，指的是那些通过文字书写来叙述的神话故事，多半研究者借助于这种类型的神话进行研究。不难看出，多种外在表现方式使得神话具有一种立体性意味：可以说的神话、可以演的神话、可以看的神话、可以写的神话。从该视角看，"神话就是一种多维的现象，在历时性与共时性层面具有多种意义与功能。"① 这样，神话就以多种存在的直观方式呈现在我们面前，认识论意义上的神话概念就转变为存在论向度的神话现象，神话与历史记忆的叙述范式、认知体系之间具有了一种逻辑意义上的联系（参见表1—1）。通过神话表现方式的考察，能够认识神话的本质属性，关于神话概念的界定也就迎刃而解，以往那种从概念到概念的神话阐释方式被从现象到概念的范式取代，神话的范畴也由此得以直观呈现。

表1—1　　神话存在样态与认知方式对照

认知方式	存在方式	符号学叙述类型	神话存在样态
言说	语言	口传叙述	口传神话
表演	仪式	仪式叙述	仪式神话
观看	图像	图像叙述	图像神话
书写	文本	文字叙述	文本神话

① Christiane Sourvinou - Inwood, *Theseus as Son and Stepson*: *A Tentative Illustration of Greek Mythological Mentality*. London: University of London, Institute of Classical Studies, 1979, p. 2.

现代工业文明社会中对文字的推崇达到了一种登峰造极的地步，文字成为划分文明与野蛮的一把标尺，小到个体大到族群，都脱不了干系。譬如，中国的教育话语将那些不识字的人群划入“文盲”之流，而不少历史叙述也习惯性地将有文字的民族视为文明程度较高的民族，而把没有文字的民族看做未开化的民族。此时，文字已不再是一种简单的符号和表述方式，它不啻为区别个体、族群等高低优劣的圭臬。但这种传统并非是自古有之，而是在文字发明之后才出现的一种奇怪现象。在古典希腊时代，希腊人就对文字不以为然，甚至认为文字遮蔽了思想，妨碍了知识的传播。柏拉图曾借苏格拉底之口表达了他对文字的蔑视：“所以自以为留下文字就留下专门知识的人，以及接受了这文字便以为它是确凿可靠的人，都太傻了，他们实在没有懂得阿蒙的预测，以为文字还不只是一种工具，使人再认识他所已经知道的。”[①] 这种看似荒谬的话语的背后有一个以口头语言为交流工具的悠久传统，那时的口头传统在社会中占据崇高的地位，“口头语言给人类提供了一种将他们收集到的知识、经验和信仰——或者说，他们的文化——传递给下一代的方式。”[②] 在这样一种文化语境下，作为口头传统故事的神话成为传播知识并保存文化记忆的有效方式。更为重要的是，因口头语言自身的特点，神话的讲述者会根据具体的场合调节故事，同一个神话故事，每一次讲述都不一样，这就使得口传神话永远都是鲜活的。仪式神话也具有这种特征，与口传神话有所不同的是，后者更多地带有表演的性质，以行为和动作来演述神话的故事情节。比如，在河北涉县的娲皇宫，每年农历三月十五至十八日，当地人都会举行祭奠女娲的庙会，在庙会上的祭奠仪式上，有关女娲炼石补天、抟土造人等相关的神话故事往往在仪式上被演述。[③] 较之于前两者，被文字所记录的文本神话并不具有这种特性，它是一种静止的叙述，已经远远脱离了鲜活的现实生活。就希腊的文本神话而言，

---

① ［古希腊］柏拉图：《文艺对话集》，朱光潜译，人民文学出版社 1963 年版，第 170 页。

② ［美］罗杰·菲德勒：《媒介形态变化：认识新媒介》，明安香译，华夏出版社 2000 年版，第 49 页。

③ 杨利慧：《女娲的神话与信仰》，中国社会科学出版社 1997 年版，第 155—161 页。

学者们不时叹息："人们可以发现神话编撰者和赫西奥德扼杀了多少奥林帕斯神的日常生活，使之变得无法想像。时间不流逝，凝固和蜷缩在永恒的现在。"[①] 不可否认，图像神话也具有这种缺点，但它却以一种凝固的视觉化形式描绘了神话，使得即便是没有接受过文字教育的人也能够领会画面上的神话故事情节。

历时地看，在文字产生以前，人们可以通过口述、图画、歌咏、巫技、舞蹈甚至凿磋石头等方式来反映、记录历史事件，所有这些都赋予神话一种活态的意味，使得神话成为一种鲜活的记忆与知识储存器。口传神话、仪式神话与图像神话都是前文字时代的产物，其诞生时间要远远早于文本神话。作为一种神话现象，文本神话却在印刷术的发明和推广之后，因文字特权地位的确立而获得了前所未有的重视，其在特定文化中的地位与价值也因此而超过了前三者。但这并不意味着神话的其他存在样态已经消亡，人类学的田野考察表明，不少原住民部落中依然存在非文本形式的神话，只不过它们处于社会文化的边缘地带而已。神话以其存在形式的多样性而在现代人的生活中占据了一席之地，它像一张无形的大网，覆盖了社会文化与生活的方方面面。

四　小结

从上述表述中可以看出，神话是一种独立而多维的存在，具有实在性，它是语言、文字、符号与行为的原始统一体，不受任何特定词汇、语言的约束。这不是对神话属性的界定，仅是一种对神话的描述。作为存在本相的神话，它具有四种外在表现形式：语言、文字、仪式与图像，人们可以使用口头语言与书面语言叙述神话，可以通过舞蹈与仪式演述神话，更可以借用图像描绘神话故事情节。作为口头语言与文本的神话，它与文学有着某种关系，作为仪式和舞蹈的神话，它与仪式之间具有某种相关性，作为图像的神话，则又与艺术有着密切的关联。但这并不意味着神话就是文学的一种题材，是仪式的一种类型，图像的一种形式，只能表明神

① ［法］裘利亚·西萨、马塞尔·德蒂安：《古希腊众神的生活》，郑元华译，世纪出版集团、上海人民出版社 2008 年版，第 23 页。

话与这些术语或语词之间具有某种关联。概括说来就是，神话不是文学，是文学最早的原型；神话不是艺术，是艺术的最初形式；神话不是仪式，是仪式的最初演述内容。

从内涵与外延来看，神话的概念与范畴都远远大于文学，神话是一种客观存在，文学可以不断从中获取素材和模式，但神话本身并非文学本身。19 世纪那种致力于通过文本和作品寻找神话的某种普遍定义的本质主义做法应该被摒弃，代之以存在论现象学考察，着重考察神话外在表现形式。作为第一性存在的神话，自史前时代到当下，它已丧失其纯洁性，被文学、艺术等利用，成为文学家、艺术家表述相关概念的工具。但这并不意味着神话在历史的发展中失去了其独立性，神话就是神话，它是一种自在的存在。神话的原始意义不能通过研究古代的文学文本来发现，更不能借助于仪式和图像来寻找神话的起源。假若在这类概念的释义上一意孤行，那么研究者必然会陷入另一种困境之中："神话"一词将变得与那些试图取代它的语词一样空洞。

第二章　神话图像与王权象征

自20世纪60年代以来，神话学关于神话图像的研究取得了突破性进展，除了建立一套比较完整的理论与方法体系之外，神话学还创建了艺术起源研究的新范式。本章探讨从历史角度考察神话图像与社会现实之间的关系，重点介绍神话学关于神话图像与权力、意识形态建构方面的研究成果。

这样的一种研究似乎与文明起源研究没有关系，但恰恰相反，本章探讨的就是文明起源问题。从现有的文明定义来看，文明的概念一般偏重于物质性层面的内容，比如，大型的仪式中心、城市、文字、王权，等等。不难看出，这种科学式的界定强调了文明物质性方面的内涵，尤其看重知识与技术在文明建构中的作用。换言之，文明的概念更多地包含了“硬”科学的成分，而忽视了精神性与审美性要素。从文明的本质来看，文明一词应该包括人类精神层面的内容，尤其是审美与艺术。从这个视角而言，应该将图像纳入文明构成性要素之中，并将神话学关于艺术起源的研究视为文明探源的一个组成部分。当然，这并不意味着艺术的源头就是神话，任何一位神话学者都不敢贸然做这种判断。那么，神话学关于神话图像研究的科学意义在哪里呢？换言之，神话学的图像研究对于文明探源具有何种价值？概括地说，神话学关于神话图像研究的意义就在于，它使得艺术探源的工作由外部条件走向了艺术创造主体自身，哲学思辨性的绝对起源理论就此宣告衰微，艺术探源中“是什么”的问题继而转换为“如何”的问题。这显然是由外部条件探讨到内在认知形态框架的转变，也是由不可知到可知的一个转换过程：人们如何看待自然？如何看待自身？人们怎样测量世界？如何使用象征符号？等等。对这些问题的思索已经超越了物质性层面而进入人类的认知系统，神话图像因而具有了认知学价值。

第一节　图像与权力建构

一　图像的内涵

现代意义上的图像通常包含两个层面的内涵，其一，它指的是二维空间富有意味的视觉艺术，譬如，各种绘画、摄影作品，以及日常生活中的各种图片，其中包括地图、电影和电视画面。此类图像仅仅是一种可视性形象，首先依附于实物而存在，它更多地具有观念性意味，不具备物质属性。所谓富有意味，是指图像本身具有一定的意义，并非是毫无意义的符号；其二，图像还包括三维空间的各类造型艺术，例如，雕塑、纪念碑、建筑、工艺品，等等。这类图像本身就是实物，兼具象征性与物质性。从艺术学的视角来看，图像主要是对现实世界的再现，因此一般指向具有写实风格的绘画和雕塑。从上述这些图像的表现形式中，我们可以这样来理解图像的内涵："图像是赋予视觉符号的具体对象。"①

图像是一个历史性的概念，其内涵随人类社会及自身的发展而不断变化。从艺术发生学的立场来看，最初的图像应该是那些最早的艺术品，艺术与图像应该是同步出现的。如果说"人类艺术发生的时间可以追溯到早于莫斯特文化期的阿舍利文化期，从人类发展的历史时代来说，也就是原始公社中期或原始公社后期发展阶段的早些时候"，② 那么，最初的图像应该见于旧石器时代晚期的洞穴绘画及雕刻，譬如，阿尔塔米拉（Altamira）和拉斯克斯（Lascaux）的岩画，还有欧洲旧石器文化遗址中出现的"史前维纳斯"微雕。尽管我们迄今依然不太清楚这些图像在当时文化中的具体功能，但却可以断言，这些史前时代的图像并非仅仅具有审美意味，应

① ［波兰］安妮·麦克拉纳、［美］杰弗里·约翰逊：《取消图像》，赵泉泉、张建涌、杨贤宗译，江苏美术出版社 2009 年版，第 2 页。

② 郑元者：《艺术之根》，湖南教育出版社 1998 年版，第 69 页。

该兼具多重功效。到了人类社会的新石器时代，图像出现了象征意味，其功能也日趋复杂。至于阶级社会的图像，则具有多种形态，在古代文明中发挥着类似于财富的作用。

二　图像与财富

在介绍图像与财富的关联之前，我们首先引入一个外来的词语——高端文化（High Culture），这样可以更为全面地理解二者之间的关系。严格说来，高端文化是考古学界的一个术语，属于19世纪中期考古学的核心语汇之一，被考古学者用来探讨古代文明中手工业的发达程度。19世纪后半叶，自然科学方法介入人类历史研究领域，人文科学的研究方法遭到冷落，以手工艺品为特征的高端文化逐渐退出了考古学探讨的知识话语领域。20世纪末，随着考古学后过程主义理论对个体在历史中创造性地位的强调，以及西方学界“文化寻根”热潮的出现，高端文化再次成为考古学界探讨的热点之一。极力倡导高端文化理论的是学者约翰·贝恩斯（John Baines）与诺曼·叶斐（Norman Yoffee）。这两位学者的研究领域是“东方学”，关于高端文化的理论自然也就在关于古代埃及与美索不达米亚文明的探讨中而诞生。不言而喻，高端文化在时间与空间、文化形态及社会类型方面也就具有了特定内涵，它是在西方考古学中出现的一个术语，用来专门探讨“东方文明”的主要特征。

贝恩斯与叶斐断言，古代文明与高端文化密切相关，由此，他们将高端文化界定为“处于掌控之下的具有审美意味的产品与消费物，是为了满足一种文明内部那些精英阶层的需求而制造的，自然，其中的精英包括统治者与神明”。[①] 这些具有审美情趣的东西，其范畴包括建筑与雕塑，异国食物与动物园艺，以及传统意义上的奢侈性行为，譬如，大规模的狩猎行为，它们构成了文明的标志性主体与关键要素。从贝恩斯与叶斐对高端文化的界定来看，这种文化是一种非常精致的文化，不同于实用性的大众文

① John Baines and Norman Yoffee. “Order, Legitimacy, and Wealth in Ancient Egypt and Mesopotamia”, in *Archaic States*. Gary M. Feinman and Joyce Marcus, Santa Fe, eds., New Mexico: School of American Research Press, 1998, p. 235.

化。高端文化的创造者是精英，而不是普通大众。在创造高端文化的过程中，民众被排斥在这个圈子之外，几乎不起什么作用，他们只是这种文化的观众。自然，高端文化的消费者自然也是统治者，另外还包括高高的神明。贝恩斯与叶斐一再强调，高端文化的一个突出特征就是高度的象征性，譬如，体积庞大，集建筑、雕塑和绘画为一体的宗教性与纪念性建筑物，它们在当时的社会中并非仅仅是建筑物，还是社会地位与权力的象征。例如，埃及的金字塔，它以其特殊的视觉和物质化形式强化了当时的权力概念，成为埃及统治者财富、地位、身份的象征物。但并非所有的东西都可以成为这种象征物，一个庞大而复杂无比的灌溉工程，例如，迈锡尼文明著名的科帕伊斯（Copais）湖泊的灌溉网络，它是不具象征性的，因而不能称之为高端文化。但一把黄金做成的精致权杖，一顶镶嵌着宝石与图案的王冠，一尊铸有神兽纹样的青铜方鼎，却成为统治者的声威符号(Symbols of Authority)，象征着王权与至高无上的政治地位，因而成为高端文化中标志性因素。

在这种富有高度象征性的社会中，统治者总要设法通过各种方式来维护其既得利益，与此同时，他们还要证明其统治权力的正当性，以及社会等级制度和财富分配的合理性。在现代人看来，“政权为了继续存在下去，必须设法使其自身正当化，必须至少设法使其他人看不到其自身的任意性，必须至少掩饰这种任意性；哪怕这种任意性本来就是其自身的真正基础。”[①] 尽管古代社会与现代社会可能在称谓上有所不同，但此种意识却如出一辙。所谓“名不正则言不顺，言不顺则事不成，事不成则礼乐不兴，礼乐不兴则刑罚不中，刑罚不中则民无所措手足。”这种将统治权合法化的举措同时还夹杂了精英们的个人意图：彰显其身份与地位，以此表明个体的声望。作为高端文化的创造与消费者，精英阶层的这种意图是迫切而明确的，他们需要一种东西来表明自己的社会权威与地位，以此将自己与普通民众区分开来。“财富在这个过程中起到了关键性作用，在秩序与合法性的维持上均是如此。财富当然是构成文明的主体性因素，财富的展示

① 高宣扬：《布迪厄的社会理论》，同济大学出版社 2004 年版，第 152 页。

就意味着高等社会阶层的明确指示，正是它标志着社会的存在。只不过，秩序的体现及其合法性的使用要求拥有财富并将其消耗在这方面。在此种环境之下，财富的聚敛就不可能单单被理解为自身的一种终结，而是一种表达与维持秩序的手段。”[①] 这就意味着，财富具有了一种认知学意义上的价值，它是高端文化中个人权力的象征，具有明显的象征作用。

按照现代西方经济学的分类，财富通常有三种基本类型：一是作为基本消费品的财富，二是作为固定资本的财富，三是作为流动资本的财富，但这个现代意义下的财富范畴并不能适用于贝恩斯与叶斐所说的高端文化中的财富范畴。根据贝恩斯与叶斐的观点，高端文化中的财富可以分为易朽类与不朽类两种，前者指一些可以流动的货币、商品，后者所指的往往是一些大型的建筑物，譬如，坟墓、庙宇、纪念碑，除此之外，还有一些精美的手工艺品，诸如宝石、玉器、金属制品之类。对于精英阶层而言，后者能够更为有效地体现秩序与权力的正当性。姑且以金属制品为例，这些东西在当时的社会具有一种非同寻常的价值。“对于那些缺乏现代科学知识的人而言，金属制品本身即体现了将自然属性加以转换的魔力。选取某种特殊的石头将其加热，达到一定的温度后石头熔化变为液态。将这些液浆浇灌到模具中即可变出各种形式和形状。冷却后，液浆变得坚硬，熠熠生辉，魅力十足，比最为坚硬的石头更为持久……在此种情境下，那些能够掌控这一过程的个体因此而获得崇高的声威，自然就不足为怪了。”[②] 金属品的制造者尚且如此，其拥有者自然更为尊贵，因为他拥有了更多的劳动，占有了更多的财富。

“几乎所有情况下，权力的实施都需要某种形式的正当性证明，”[③] 对于制造高端文化的精英而言，财富在建构权力方面具有非同寻常的意义。首先，财富能够使得统治者将宇宙秩序物质化，财富能够体现神秘宇宙的

① Mary Van Buren and Janet Richards. “Introduction：Ideology，Wealth，and the Comparative Study of ‘Civilization’”，Janet Richards and Mary Van Buren，eds.，*Order，Legitimacy and Wealth in Ancient States*. Cambridge：Cambridge University Press，2000，p. 4.

② Clarke，D. V.，T. G. Cowie and A. Foxon. *Symbols of Power at the Stonehenge*. Edinburgh：National Museum of Antiquities of Scotland，1985，p. 12.

③ ［美］戴维·斯沃茨：《文化与权力》，陶东风译，上海译文出版社 2006 年版，第 102 页。

运作规律。文化中关于宇宙秩序的理念、等级，所有这些抽象的意识都赋加到了财富之上。这样，财富便具有了物质性与象征性的双重性质，与宇宙的秩序密切相关。其次，财富与社会秩序的运作密不可分，是统治阶级维护其地位的手段。财富的掌握与开采能够维持秩序，而财富的缺乏却可以导致秩序混乱与颠覆。财富的展示就意味着等级秩序、阶级或者是社会差异的存在。“文明所赖以产生的基础——财富，其本身是政权集中的产物，而政权的掌握又是通过财富的积累而得以实现的。”[①] 与此同时，财富又是个人社会地位与身份的象征，是一种声威符号。个体拥有的财富越多，个体占有的社会资源也就越多，获取的劳动价值量就越大，因为拥有财富就意味着占有别人的劳动成果。对于一个国家来说，财富的多寡则意味着国力的强大与否，同时标志着国家存在合法性的大小程度，国家的实际拥有财富的总和决定着国家在国际关系中的地位。通过种种途径获取财富，就是获取秩序存在合法性的依据，不论是国家还是个体，均是如此。在这个意义上，财富就建构了社会秩序，同时奠定了个体的特权。在此过程中，财富担当了将社会秩序物质化的功能，它将那些无形的秩序可视化了，建构了一个可见的、物化的社会等级网络。因此，“财富是对秩序的一种赞许与再现，失去了这种赞许，秩序本身无以存在。就在重申秩序与合法性的过程中，执行者利用财富来抵消其脆弱性，他们时常在自己的群体之外来进行这种颂赞性行为，其中包括大量的社会民众。如果没有这种赞许，秩序或许会受到威胁；而一旦拥有这种赞许，任何人的意义都被内在化了。”[②] 社会秩序、等级制度、权力体系，所有这些都是借助于财富而被建构的，一旦失去了这种外在的载体，高端文化的政权便会宣告终结。

贝恩斯与叶斐同时宣称，在高端文化中，财富不仅仅建构了宇宙与社会秩序，它还建构了个人的政治地位与社会身份。精英们为了彰显其享有的社会特权，就要通过一种特殊的途径来展示其高贵身份，而这种行为，

① 张光直：《古代中国考古学》，印群译，辽宁教育出版社 2002 年版，第 445 页。

② John Baines and Normal Yoffee. “Order, Legitimacy, and Wealth: Setting the Terms”, *Order, Legitimacy and Wealth in Ancient States*. Ibid., p. 16.

往往是借助于财富的象征符号来进行的。通过利用这种象征性符号，精英将自己与民众区别开来，譬如，古代中国夏商周三代所看重的青铜礼器，系当时昂贵的铜料所铸造，因而成为一种身份与财富的象征。与此同时，青铜礼器更是一种权力的象征，它成为君王统治百姓的象征性标志。青铜礼器并非重要，重要的是它所象征的至高无上的政治统治权。因而，作为财富的青铜礼器，就具有了强烈的王权象征意味。王族们在一些盛大的仪式性场合使用这些青铜礼器祭拜天地，他们将民众排斥在外，更不允许后者使用具有神圣性的青铜礼器。这样，通过这些象征性青铜礼器的展示与使用，三代的统治者将其统治权进行了合法化，个人的特权也因此得以巩固。

但是，这与图像有何关系？前文中已经讲到，贝恩斯与叶斐二人所倡导的高端文化的一个突出特征就是象征性，财富在高端文化中同时具有象征意味，图像就担当了财富的象征物，成为高端文化的一种标志性符号。举个简单的例子，古代埃及的统治者们喜欢建造一些规模宏大的金字塔来展其示特权，这些金字塔因耗费了大量的资源，而成为一种不朽形式的财富。与此同时，金字塔又是财富的象征，它体现了拥有者享有的社会地位与特权。可以这样说，高端文化中的财富，大多采用图像的形式而出现，因为古代的精英们喜欢将财富转换为不朽的形式，譬如，他们使用巨资建造巨大的纪念碑，修筑宏伟的宗庙与墓室，还耗费人力、物力制造一些精巧的手工艺品，诸如玉器、宝石、金属制品、陶器、石器，等等。这样说来，作为财富的图像就成为建构高端文化的一种标志性要素，在古代文明中占据了重要价值。图像是古代精英将其秩序合法化的一种有力工具，同时又是权力，尤其是王权的象征性符号。需要指出的是，对于个体而言，单纯攫取作为财富的图像“不可能加强个人的声望，同样也不能吸引支持者，除非它依靠于集体表述与已被接受的宇宙论”。[①] 这属于另外一个话题，此不赘述。

---

① Aaron D. Wolpert. “Getting Past Consumption and Competition: Legitimacy and Consensus in the Shaft”, *The Emergence of Civilisation Revisited*. John C. Barrtt and Paul Halstead eds., Oxford: Lalden Press, 2004, p. 129.

三　图像与王权象征

后现代意义上的权力范畴比较宽泛，在福柯眼中，权力指的是存在于社会内部各种复杂关系的综合运作结果，严格说来并不必然是政治性的力量。但在古代文明中，尤其是在高端文化中，权力大多表现为政治性力量，王权是其集中体现。不过，王权要借助于一定的载体才能够被表现，否则无法发挥其功用。“国之大事，在祀与戎。”《左传·成公十三年》中的这句话强调了祭礼与武器在政权中的作用，如果将此话的意思进一步延展的话，就可以这样断言，古代王权通常通过文字、祭礼、图像这三种途径来表明其存在。文字以书写语言的形式来表述君王的权力，祭礼以集体行为的方式展示王威，图像则通过可视化的对象描绘王权。在古代的等级社会中，书写权掌握在少数人手中，通过文字表述王权，其影响力要受到一定的限制，毕竟具有书写文字与阅读能力的人群数量有限。而王族们举行的那些规模宏大的祭礼，则将下层民众排斥在外，加之这种奢侈的表演性行为在时间与空间上均受限制，无法随时随地展现王者的威力。相较于前二者而言，图像就具有了一定的优势。与文字相对而言，图像最大的好处就是可视性，可以比较直观、形象地表现王权。譬如，古代中国的玉玺象征着至高无上的政治统治权力，拥有了玉玺就意味着掌握国家统治权。另外，图像还具有规约性，某些约定俗成的符号一旦被固定下来专门所指王权，在一段时间内一般不会改变。例如，古代埃及历史时期镶有眼镜蛇图案的白色王冠，代表了上埃及的统治权，而红色王冠则象征着下埃及的王权，等等。

自然，并非是任何形式的图像都可以纳入王权的象征体系中，这要经过统治者的许可与选择，不同社会与文化的选择标准也有所差异，但图像一旦被权力机制接受为其标志物，它就发挥了其他符号所无法担当的作用。不过，图像与王权象征物之间具有一定的历史情境性，空泛的议论没有任何意义，姑且以中国神话传说中的“九鼎”为例，具体说明图像在王权象征中所起到的功能。

《左传·宣公三年》中记载了这样一则故事：“楚子伐陆浑之戎，逐至于洛，观兵于周疆。定王使王孙满劳楚子。楚子问鼎之大小轻重焉。对曰：'在德不在鼎。昔夏之方有德也，远方图物，贡金九枚，铸鼎象物，百物而为之备，使民知神奸。故民入川泽山林，不逢不若。螭魅魍魉，莫能逢之，用能协于上下以承天休。桀有昏德，鼎迁于商，载祀六百。商纣暴虐，鼎迁于周。德之休明，虽小，重也。其奸回昏乱，虽大，轻也。天祚明德，有所底正。成王定鼎于郏鄏，卜世三十，卜年七百，天所命也。周德虽衰，天命未改，鼎之轻重，未可问也。'"很多学者将这段话视为青铜发明的神话或者是中国青铜艺术的价值体现，他们比较关注的是其中的"远方图物"，"铸鼎象物"这样一些词语，认为"物"是图腾、动物纹样或者是族徽之类的符号。张光直先生曾经多次指出，[①] 所谓"物"，指的是商代巫觋用来通天地鬼神的各类动物形象。张光直先生断言，这些动物纹样是对当时王室成员生活的一种描绘，因而象征着王权。而作为青铜礼器的九鼎，则有多种象征意味："它们象征着财富，因为它们自身就是财富，并显示了财富的荣耀；它们象征着盛大的仪式，让其所有者能与祖先沟通；它们象征着对金属资源的控制，这意味着对与祖先沟通的独占与政治权力的独占。"[②] 这种判断颇为精辟，但张光直先生并未指出九鼎在商代政治权力建构中发挥的具体功能。

不难看出，王孙满关于九鼎的回答中首先包含了这样一种意义，"铸鼎象物"的首要意图是纪念夏王朝的建立，九鼎在当时是作为一种历史事件而存在的，它讲述了夏王朝政权的建立。作为实物的九鼎承载了后人对早期王权统一的历史记忆，以一种视觉性符号再现了王权的建立与巩固。不过，作为礼器的九鼎不仅仅是历史事件的记忆，它本身又是历史记忆的组成部分，九鼎本身已经成为一种表述王朝统治者变更的历史。

---

① 张光直关于九鼎所刻之物的阐释，具体见于以下论著：张光直：《中国青铜时代》，生活·读书·新知三联书店 1983 年版，第 321—324 页；张光直：《中国青铜时代（二集）》，生活·读书·新知三联书店 1990 年版，第 113—114 页；张光直：《青铜挥麈》，上海文艺出版社 2000 年版，第 260—262、290 页；张光直：《美术、神话与祭祀》，郭净译，辽宁教育出版社 2002 年版，第 44—60 页；张光直：《商文明》，张良红、岳红彬、丁晓雷译，辽宁教育出版社 2002 年版，第 194—199 页。

② 张光直：《青铜挥麈》，上海文艺出版社 2000 年版，第 290 页。

套用现代学术话语的一种说法就是，此处的九鼎具有“图像证史”的功用，它在文字之外以实物的形式表述了另外一种关于王朝更换的历史故事。“桀有昏德，鼎迁于商，载祀六百。商纣暴虐，鼎迁于周。”也就是说，德高者鼎在，德寡者则鼎迁，九鼎的迁徙已经成为王朝更换的同义词，九鼎本身已经是一部王者统治的历史，后来的统治者将其称为“重器”看来并不为过。其次，从王孙满的描述来看，作为王权象征物的九鼎又是王权的组成部分，它在政治权力的建构中起到了双重作用：一方面，它将作为抽象概念的政治统治权可视化与物质化了，君王至高的地位由此通过九鼎得以具现。另一方面，尽管特定王朝对政权的掌控有时间与空间之限制，但是“政治权力的集中——也就是九鼎的所有——将超越王朝而存在。”[①] 九鼎将王权的历史演变象征化了。九鼎的迁移意味着王朝的更迭，也就暗示着历史的变更与王权的更换。最后，九鼎与王权变更之间具有了一种因果关系，前者成为后者存在的前提，在此过程中，九鼎扮演了将王朝的存在合法化的工具。“成王定鼎于郏鄏，卜世三十，卜年七百，天所命也。周德虽衰，天命未改，鼎之轻重，未可问也。”这句话的背后隐含着这样一种逻辑关系：统治者之所以拥有九鼎，乃天命使然，既然天授神权，九鼎的拥有者当然就是王权的所有者，其使用者因此也为天命所许可。这样看来，作为图像的九鼎在中国商周时代王权的建构中起到了多重作用，尽管图像并非只有九鼎这种实物类型，它还有其他样态。虽然九鼎仅仅是神话传说中的一个神秘礼器，考古学上迄今尚未发现具名为“九鼎”的器物，但所有这些并不重要，关键是关于九鼎的表述能够让我们看到九鼎在当时政治生活中所扮演的角色，明白作为青铜礼器的图像在古代文明中的威力。从该角度来看，图像在特定社会表达了人们对于权力的信仰，在某种具体的社会情境下，图像成为权力中心的象征，从而将王权与社会秩序合法化了。在这一点上，图像与财富二者所发挥的功效是一样的。

---

① [美] 巫鸿：《中国古代艺术与建筑物中的纪念碑性》，李清泉、郑岩译，上海人民出版社2009年版，第7页。

四　图像的双重属性

从符号学与图像学的视角来看，图像具有所指与能指两个层面的内涵，也就是象征性与物质性两个方面。倘若将图像放入贝恩斯与叶斐所倡导的高端文化理论中，那么我们就会看到，具有高度象征性意味的图像在高端文化中首先了扮演了财富与等级差异的标志性符号角色。学者乔纳森·马克·克诺耶（Jonathan Mark Kenoyer）指出，在新石器时代与铜石并用时代的印度河流域，那些富有装饰性意味的图像是用来界定与证明财富和身份差异的，不同的图像象征着不同的社会等级，甚至制造图像的材料与技术上的差异也预示着社会秩序的区别。具有不同风格的图像代表着不同的社会秩序，而相同风格的图像则用来服务于联合不同的社会经济群体之需求。① 由此可见，这些可视性的形象传达了古人对于声望、财富、差异、秩序的一种理解。在此层面上，可以这样说，图像是社会等级秩序的一种象征物，图像如同国家和文字一样，成为文明的一种重要形式。大概不会有人否认，埃及的金字塔象征着埃及的古代文明，它是法老时代政治与宗教权力的体现，而中国商周时代的那些青铜礼器，则标志着中国上古时代礼的所在，同时暗示着王族无所不在的权势。

另外，图像不单单是财富与等级秩序的象征，它本身就是财富，同时是社会差异的构成性要素。在这一点上，中国商周时代的青铜礼器是最好的典型，而九鼎则是其代表。“贡金九枚，铸鼎象物”，这些青铜礼器由当时昂贵的锡料和铜料冶炼而合成，炼成的器物质地坚硬持久，本身就是一种巨大的财富，能够更为长久地保存，可以传承后人。此外，青铜器的铸造过程极为繁复，需要组织大量的人力与物力，更需要为此付出一定的财富，若非拥有财富极为集中的统治者是无法做到这一点的。借助于这些昂贵青铜礼器的拥有与使用，统治者由此将自己贵为天子的身份与民众区分开来。与此同时，青铜礼器同时也是政治权力的物质性构成部分，它与其他财富一起成为拥有权力的先决条件。

图像的双重属性决定了它在古代文明中的双重价值：其一，既然图像

---

① Jonathan Mark Kenoyer. “Wealth and Socioeconomic Hierarchies of the Indus Valley Civilization”, *Order, Legitimacy and Wealth in Ancient States*. Ibid., pp. 88—109.

的风格成为划分社会阶级等级的标志，那么图像就成为某一特定形态文明风格的象征性符号。当论及中国青铜时代的文明时，如果抽去了青铜器物，就难以明白青铜文明的特征；同样，当谈论玛雅文明的风貌时，倘若忽略了玛雅人的那些气势宏伟的神庙、精致的时刻年历，以及巨大的石头图像，就难以明白玛雅文明的全貌。其二，作为实物的图像成为特定文明社会形态的永久性财富，那么它就构成了文明的物质性部分，不仅仅是文明的象征性符号。埃及法老们的金字塔不单单是象征古代埃及文明的一个视觉符号，它是法老们来世奢侈的财富，更是埃及文明的主体。当古代埃及文明去除了金字塔时，我们很难想象埃及文明还会剩下什么。

五　余论

文明是一个具有共同体意义上的范畴，西方关于文明的概念一般以其历史经验为基础而推演出来。对古代文明的研究一般源自考古学界与史学界。以考古学界为例，它偏重于文明物质性方面的内涵，强调了知识与技术在文明建构中的作用。V. 戈登·柴尔德（V. Gordon. Childe）的“城市革命”论调将文明的诞生等同于城市的发展，以及一系列的伴生物，譬如，文字，不朽的建筑物，还有专业化的手工产品。科林·伦福儒（Colin Renfrew）将这种理论加以发展，将文明界定为“人类自身所创造的环境，他创造了这个环境将其自身从原始的自然环境隔离开来。”[①] 这就意味着，文明的本质在于人类将自身从原始的环境脱离开来，关键之处就在于：文明是在技术和经济贸易的新环境中形成的。自然，其中还有比较有影响力的是克莱德·克拉克洪（Clyde Kluckhohn）以多种要素，诸如，城市、文字、仪式中心来界定文明的观点。上述诸种关于文明的考察，大多重视文明的物质知识性层面的内涵，强调了知识在建构古代文明中地位。

此种对古代文明的考察，通常将文明的非物质性层面的东西排除在外。尽管对近代古代文明的考察中涉及了手工艺品，但这些艺术通常是实物，不包括富有象征性的可视形象，也即二维空间上意义上的图像。但在

① Colin Renfrew. *The Emergence of Civilisation*：*The Cyclades and the Aegean in the Third Millennium B. C.* London：Methuen & Co，Ltd，1972，p. 11.

高端文化中，很多时候，这些富有象征型意味的图像往往承载了更多的古代文明信息，譬如，前文提及的古代印度河流域图像的风格、制造技术与社会等级差异之间具有一种密切的象征性关联。缺少了图像，古代文明中意识形态的考察就难以具备足够的说服力。

本书无意对文明的概念作界定，在此仅仅指出一点，不管文明的定义如何变动，也不论文明的范畴如何延展，文明的构成要素中应该包含图像这一可视性要素。相较于文字，图像迄今在意识形态与社会等级秩序探讨方面并未发挥其应有作用。但在史前社会，图像却无处不在，它用一种直观的视觉符号形式表述了人们对于当时社会的种种理解。毕竟，史前时代是一个缺乏文字书写的社会，我们只能借助于考古遗物来感知过去，这些遗物大多是以图像形式出现的。通过对这些图像的分析与阐释，我们可以感知与其相关的特定社会的观念和人们的思维方式，进而更为全面地认识历史。

第二节　神话图像与意识形态

一　神话的意识形态建构功能

意识形态是西方马克思主义考察的核心内容，神话学关于这方面的探讨最早始于结构主义神话学。结构主义神话学研究的中心并非是传统马克思主义强调的意识形态在调节生产力与生产关系矛盾方面具有的功能，而是揭示神话结构中所隐藏的意识形态，以及神话自身所具有的类似于意识形态的作用。在结构主义者看来，神话以文化编码的形式承载并反映社会意识形态，与特定社会的文化、政治密切相关，它具有一种调节文化矛盾与冲突的功能。[①] 这些学者认为神话不会直接影响社会文化，只能通过叙

---

① 这方面的论著比较多，其中以法国神话结构主义学者居多。列维—斯特劳斯眼中的神话意识形态具有二元对立的特征，就像神话所反映的二元对立思想一样。米歇尔·狄廷（Marcel Detienne）与让—皮埃尔·韦尔南（J. -P. Vernant）偏重于对神话结构中蕴含的社会意识形态象征意义的分析，具体分析参见：Marcel Detienne. *The Gardens of Adonis*：*Spices in Greek Mythology*. Princeton，New Jersey：Princeton University Press，1994；Jean - Pierre Vernant. *Myth and Society in Ancient Greece*. London：Methuen & Co，Ltd，1982.

述结构的转换达到目的。神话本身不是意识形态，而是一种表述意识形态的工具，具有揭示意识形态的作用。譬如，学者埃里克·科萨帕（Eric Csapo）就认为，“神话是意识形态考察最为重要的媒介之一。大多数古代神话能够流传下来的原因就在于它们在意识形态的最高层面进行操控：神话参与了同化普遍意识形态的建构工作。在此过程中，神话必须将社会视为一个整体，并且无法将任何一个单独的社会群体的位置纳入其中。在揭示对立集团利益的过程中，一则单独的神话会与其内在的结构保持一致。所谓结构即为冲突，它源自一些稍大的群体。这些传统在神话中有各种各样的表现形式：叙述逻辑上的冲突，主题的含糊与模糊，或者行为的伦理特征，以及叙述重复中的衍生叙述与一些互斥性主题。”[①] 但神话学者布鲁斯·林肯（Bruce Lincoln）并不认可这种观点，他宣称神话并非是一种建构意识形态的媒介，神话本身就是一种特殊的意识形态：“神话不仅仅是一种类别，而是以叙述形式出现的意识形态。”[②] 神话不仅可以揭示、建构特定社会的意识形态，还可以掩饰意识形态，从而达到调和社会冲突与文化矛盾的意图。当然，所有这些都要借助于神话叙述来进行。在法国学者罗兰·巴特（Roland Bathes）看来，神话已经成为法国中产阶级意识形态的表现工具，其所指内涵已经渗透到社会的各个层面：“符号学已经告诉我们，神话有给予历史意图一种自然正当化的任务，并且使偶然性显得不朽。目前这个过程正是中产阶级意识形态的过程。如果我们的社会客观地成为神话意指作用的特权领域，那是因为神话在形式上是定义这个社会的意识形态转化的最适合的工具：在人类传播的所有阶层中，神话操作反原理到假原理的转化。”[③] 当巴特做此种断言时，他已经认定，不单单只存在文字书写形式的神话，还存在图像形式的神话。但此种观点仅适用于法国资本主义时代，而不是古代的文明社会。

---

① Eric Csapo. *Theories of Mythology*. Malden：Blackwell Pub.，2005，pp. 301—302.

② Bruce Lincoln. “Retheorizing Myth”，in *Myth and Symbol I：Symbolic Phenomena in ancient Greek Culture*. Synnøve des Bouvrie ed. Bergen：Norwegian Institute at Athens，2002，pp. 215—231，216.

③ ［法］罗兰·巴特：《神话——大众文化诠释》，许蔷蔷、许绮玲译，上海人民出版社 1999 年版，第 202 页。

当我们将目光转向古代社会时，不禁会产生如下疑问：神话图像在古代社会担当何种角色？它与特定社会的意识形态之间具有何种关系？如果神话图像具有将社会意识形态合理化与正当化的表述功能，这种功能是如何进行的？它在古代社会是否具有普适性？学者们对这些问题的探讨从来就没有取得一致的意见，事实上也不存在一种可能性的答案，因为问题的讨论总是与具体的文化情境联系在一起。尽管存在争鸣，一个普遍性共识却是：探讨这些问题的前提是认识神话图像自身的特性。较之于其他样态的神话，图像形式的神话具有什么样的独特性，这是探讨神话图像与意识形态之间关系的首要条件。文化的多样性决定了神话图像的多重性，而问题的分析总是与神话图像的语境相关，这一点是无论如何也绕不过去的。

二　神话图像的象征性：意义与功能

作为一种特殊形式的神话，神话图像具有双重属性：实在性与象征性。前者指向了图像物质性层面的内涵，后者则与图像自身的内在结构相关。对于神话学者而言，图像的象征性是神话研究的主要层面，而实在性更多地被考古学所关注。一种普遍的认识就是，一方面，神话图像表述的场景与神话的故事情节有关，另一方面，它与图像自身的所处的社会和文化语境之间具有密切的关联，这就涉及了图像象征性场面的内容。那么，神话学者是根据何种原则来阐释神话的？其基本起点是什么？多数研究者所遵循的一种假设是："人类生活在一个象征的世界里。甚至在我们当中最有文化和头脑的人，也不断地使用象征并意识到象征的作用。穿着某种宗教的衣服象征着一个人献身上帝。衣领上的彩色绶带表明与艾滋病患者的团结一致。一个单独的耳环意味着同性恋团体的成员身份。通过向一面旗帜致敬，唱同一首颂歌，穿上球衣、制服或一种特殊的服装，可以激发出民族自豪感、群体归属感以及团队支持感。"① 神话学的象征性研究一般集中在神话图像表述故事的内蕴方面，在他们看来，这种象征性是通过图像所描述的神话故事情节而得以进行的。神话图像除了其结构性意义之

① ［英］菲奥纳·鲍伊：《宗教人类学导论》，金泽、何其敏译，中国人民大学出版社 2004 年版，第 45 页。

外，还具有象征性意义。一幅神话图像的功能除了装饰之外，更多地含有象征性意味。

神话图像的象征性层面的内容是非常宽泛的，政治的、历史的、文化的、宗教的，所有这些都是神话学者关注的对象，不过这些象征意味一般与图像的情境之间具有密切的关系，后者决定了神话图像阐释的主要内容。当论及史前时代的神话图像时，宗教性层面的象征意义就成为学者们阐释的主要内容。部分从事史前考古与宗教研究的学者强调，史前时代的很多神话图像，尤其是被称为偶像的小型雕像，大多含有一种神圣的宗教性色彩，不过也不排除其中一部分富有巫术意味。这些学者倾向于从图像的普遍象征性来解读其内涵，比如，学者阿里尔·戈兰就认为，“许多古代的形象与符号具有审美功能，时常是等级的标志。但是由此推断出这些东西单单作为审美物品而被生产却是不能够被接受的。这些东西是基于某种崇拜性意图而被制造出来的，而其审美功能却是次要的，甚至有些时候根本就没有什么审美用途。”[①]，这些图像是作为史前时期人们的神明而出现的，象征着当时的宗教信仰与崇拜理念。比如，手掌、鱼、柱子、五角星，等等，这些符号在史前时代根本就不具有任何审美意味，而是作为人们所崇拜的神明形象出现的，神圣不可亵渎。具体说来，在史前时代的苏美尔，手掌最初是女神的象征，后来成为男神与女神的专有符号，再后来就转化为男性的象征性符号。再如，鱼是现代艺术中经常出现的一种符号，但在旧石器时代的欧洲，鱼是神明形象的专有象征，其含义随具体的情境而有所变化。在史前时代的法国，当鱼的图像与鹿的形象在一起时，鱼就象征着神明的性器官。但当鱼和水的符号同时出现时，鱼就是冥神的专有象征。不过也有部分学者坚持认为符号的宗教性意味是不需要文化语境的，象征性具有一种普遍的适用性。比如，学者金芭塔丝就宣称，在古欧洲时代，各种宗教神圣象征物都是大女神（Great Goddess）不同功能的表现，它们之间存在一种功能性的关联：表述史前时代关于女神的宗教观念。这种舍弃图像的文化语境而探求其普遍象征意味的做法遭到了一些学

① Ariel Golan. *Prehistoric Religion*: *Mythology*, *Symbolism*. Jerusalem: A. Golan, 2003, p. 11.

者的反对，但学者们在图像象征性意义探求方面依然没有形成一种有效的阐释模式。象征模式的确立也是一个有待于解决的问题，需要在理论上加以论证。

在此需要指出的是，多数研究者都坚持这样一种假设性观点，即在各种象征物之间存在一种普遍性规则，可以根据这些规则来解读各种神圣象征符号的意义。这就意味着，象征物的具体情境被舍弃了，各种符号之间的差异性在解读时被忽略，而象征物之间的共性却得到强调。阐释者过多地关注象征物之间的相似性，而对其差异性则关注不够。这种趋向以象征物之间的某些普遍性功能来解读神话图像，图像被归纳为若干个类别并进而确认其共性。“当然，这样的工作也常常假定差异的存在。但是，任何缺失的‘表现’从来没有成为研究的焦点。”① 比如，为何一类符号和图像能够象征史前时代的某一类神话形象，而其他符号则无法具有这种象征性功能？与此同时，象征模式的确立却缺乏相关的理论依据，阐释者仅仅根据符号与图像的外在特征来确定其象征性意义，部分学者偶尔也会利用与图像相关的文字资料进行考证，但一般都是在跨文化的语境下进行，多数文字所属的文化与图像自身所处的文化并非是同一类型，很难说具有充分的阐释效力。象征并不具备普遍意义，它与特定文化具有密切的关联，抛弃文化情境而探求图像普遍象征意义的做法存在极大的风险。在阐释神话图像的象征性意味时，必须结合其文化与社会语境进行，同时要注意各类证据之间的相关性，否则这类研究只能沦为资料的单纯罗列，无法有效地实现研究目的。

越来越多的学者将图像视为一种可视化文本，他们从中读出了更多的文化差异。一部分学者认为，作为神话叙述形式的图像，其物质性层面的意义同样具有象征性，在历史时期，图像更多地表述了一些文化思想与观念，而这一切是借助于图像要素来实现的。形象的姿态、体质特征、衣着、服饰、颜色，等等，所有这些要素都富有一定的深层象征意味，这些外在的特征成为文化与历史概念的内在象征符号，用来表达某些族群既有

① ［美］伊恩·霍德、司各特·哈特森：《阅读过去》，徐坚译，岳麓书社 2005 年版，第 151 页。

的观念与思想，尤其是一些意识形态的具体样态。学者莱希（A. Leahy）指出，在埃及旧王国时期的神话图像中，埃及人利用图像的颜色来表述他们关于种族的理念，比如，红色的人像象征着埃及人，黄色的是亚洲人，黑色的是黑人，白色的是西方人。[①] 颜色自身并不具备任何文化色彩，但文化语境使得它成为埃及人表述种族意识形态的象征性符号，被埃及人用来表述自我与他者的象征性工具，成为种族差异的工具。学者扎伊纳波·巴拉尼（Zainab Bahrani）的研究表明，这种以颜色来象征种族差异的模式并不具普适性，因为符号并不具有公共性象征意味，它更多地受到了文化差异的影响。巴拉尼指出，在新亚述时期的雕像中，亚述人通过形象的姿态与体质刻画的差异来表达他们对于异国人的认知。新亚述帝国宫墙上频繁描述异国人的浮雕上，一般来说，我们很难看到亚述人与非亚述人在体质上的差异，如果他们不用服装的风格或姿态描述的话，"比如，被征服的埃兰人（Elamites）或乌尔人（Urartians）一般都比亚述人个子矮一些，而乌尔人有着与众不同的大鼻子，戴着邋遢的软帽子。阿拉伯人被描述为骑在骆驼背上好战的民族，他们头发又长又直，不同于亚述人的卷发。"[②] 通过这种独特的视觉性符号，亚述的雕塑象征性表述了亚述人对异国人的态度。在这里，神话形象的服饰与生理特征成为文化持有者的象征工具，用来表述历史事件与记忆，更为重要的是，这些细节性的图像要素并不是简单的视觉符号，不是对异族人服饰与姿势的简单描绘，而是肖像学与文化传统的复合物，是亚述帝国意识形态的表现符号。一般来说，帝国意识形态是一种抽象的概念，它必须借助于外在的表现符号才能够发挥其应有的作用。不同的民族与文化有各自的表现手段，亚述受到了埃及艺术的影响，通过服饰与面部的生理特征来描绘被征服民族的卑劣性，以文化符号取代体质或生物学差异。

随之而来的一个问题就是，既然神话图像具有象征意义，那么这种

---

① A. Leahy. "Ethnic Diversity in Ancient Egypt", *Civilizations of the Ancient Near East*. Vol. 1（Edited by J. M. Sasson, with J. Baines, G. Beckman and K. Robinson）: 225—234, New York: Charles Scribner's Sons, 1995, p. 227.

② Zainab Bahrani. "Race and Ethnicity in Mesopotamian Antiquity," in *World Archaeology*, 2006, Vol. 38 (1): 48—59, p. 57.

象征性在意识形态的阐释中发挥了什么样的效用?解答这样的问题无法脱离文化情境,其答案自然也就不是单数形式。学者R.T.朗德尔克拉克指出,图像本身乃是人类思索或情感的焦点所在,尽管具有世俗性的起源,它们却属于神话世界,这些图像并非是一个个截然分开的实体,因为它们相互包容,使得象征模式颇为复杂。对于埃及的神话图像来说,它具有两种功效:"其一,赋予宇宙一种既定的秩序,促成了何露斯神(Horus)的最后胜利,以及法老王权的到来。其二——仅仅是逐渐理解的——提供了描述意识发展与起源的一套象征模式。"[①] 这种论断建立在这样一种预设之上,即埃及的古代艺术几乎是象征性的,神话图像也不例外。几乎所有的神话图像都具有一种与世俗世界的关联,神话世界表述的是埃及现实社会的思想与理念。比如,埃及神话图像中的眼睛符号本来是神明的眼睛,但它同时隐喻了法老无所不在的权力,意味着法老公正无私的审判,象征着法老的权力源自无比神圣的神明。国家意识形态因神话图像而得以建构,而神话图像同时成为国家意识形态的一个组成部分,二者共同表述了法老在人间的统治权的合法性。不过这种情况在古代希腊同样如此,在古代雅典,神话图像与当代政治意识形态之间的共生现象极为明显,因为大量的瓶画与浮雕,就像文本一样表述了当时的社会观念。但这不意味着希腊的神话图像在意识形态的表述过程中扮演了与埃及神话图像类似的角色。学者贾纳森·M.霍尔(Janathan M. Hall)宣称,就希腊神话而言,神话图像在表述观念的过程中,建构了一套象征的交流体系,赋予意识形态的叙述以一种象征性资源,原因就在于神话表述的背后有一个强大的口头传统,后者为前者提供了发展的动力。[②]

上述研究者的贡献主要在于,它是一种检验神话图像的象征性意义结构如何与社会结构和系统相互关联的尝试。就在解读符号象征功能的过程

---

① R. T. Rundle Clark. *Myth and Symbol in Ancient Egypt*. London: Thames and Hudson, 1993, p. 32.

② 参见 Janathan M. Hall. "Politics and Greek Myth", in *A Cambridge Company to Greek Mythology*. Ibid., pp. 331—354.

中，分析者往往将图像的象征性看成是文化中所有成员共享的。不可否认，在国家意识形态意义层面上，神话图像具有一种普遍性的象征意味，但在宗教理念的表述上，神话图像并不具有普适性，因为宗教理念属于特定的社会群体，它具有排外性。

三　神话场景与历史隐喻

神话与历史之间关系的探讨一直是一个纠结不清的话题，而对二者的处理态度也有所差异。“实证主义的历史编撰学宣称神话对历史毫无帮助；学院神话学反驳说历史对神话毫无用处。某些当代的历史学家把神话视为历史编撰学的一个对象和范畴来研究。另外一些则走得更远，他们把历史看做是一种神话。”① 当论及神话象征与历史隐喻之间的关系时，学者们达成的一种共识就是，在既定的社会与文化语境下，神话与历史成为表述历史记忆或叙述的一种方式，小到族群，大到民族抑或国家，都是如此。神话与历史是一种平行乃至于互换的关系，二者在叙述公共记忆中担当了意识形态的贮存器角色，只不过叙述形式有所差异而已，连接二者的媒介则是象征。譬如，在某些历史时期，一则神话表述的内容象征着既定的历史事件，而某些历史事件则是未经证明的假设——我们称之为历史的东西更像是一种神话历史——一种虚构的叙述。

那么，当我们用神话图像来检验这种具有通则性意味的假说时，会遭遇到何种境况？这个问题是近期一些学者们争论的焦点所在，其中的核心话题是神话场景与政治事件之间的关联度问题。这种探讨早在 20 世纪 70 年代就开始了，后来的学者在探讨此类话题时，较多从理论视角做铺垫。学者克里斯蒂安娜·索威诺—英伍德指出，神话是一种多维的文化现象，其中包含很多环境因素，神话图像尤其如此；神话图像不单单具有一种装饰性功能，更多地涵盖了意识形态层面的意味，与当代的政治事件具有密切的关系，神话模式乃是在历史与政治的话语下展开的。就公元前 5 世纪雅典彩绘陶瓶上盛行英雄追杀敌人的神话场景而言，这种表述模式含有一

① ［英］彼得·赫斯：《神话、历史和理论》，李宇靖译，陈启能、倪为国《书写历史》，上海三联书店 2003 年版，第 115—131 页。

种深远的象征性意义——希波战争中希腊战胜波斯的历史事件。[①] 英伍德指出，公元前5世纪雅典瓶画盛行英雄忒修斯追杀美狄亚的故事场景，这个神话故事场景隐喻着一个重大的政治事件——希波战争。希腊神话中说波斯人是美狄亚的后裔，忒修斯战胜了美狄亚就意味着雅典人战胜了东方的军队波斯。此时的神话故事场景具有两种象征意味：一方面是忒修斯驱逐美狄亚的神话事件，另一方面是波斯与希腊之间的战争，这两个方面的事件是相互对应的。与此对应的还有特洛伊战争，希腊人与亚马逊人的战斗，希腊英雄与妖怪塞特的战斗，这些神话模式都可以作为希腊战胜波斯神话模式的象征，并且都可以与忒修斯追杀美狄亚的神话模式相互置换。在公元前5世纪这个特殊的语境下，任何一个忒修斯追杀女性的场景都可以被解读为忒修斯追杀美狄亚的神话模式，因为这种神话模式是希腊人战胜波斯人的象征与隐喻。不过英伍德的这种观点仅仅限于公元前5世纪的雅典彩陶瓶画，并不包括其他媒介的神话图像，其论断自然带有一定的局限性。

学者珍妮弗·尼尔斯继而指出，对公元前5世纪的雅典人而言，神话图像是为当时社会公众服务的，雅典的彩陶图像仅仅是其中一种比较常见的类型，其他场所描绘的神话场景，比如，雕塑、壁画、版画，等等，尤其是那些表现英雄业绩的神话战争故事，象征着当时的希波战争中希腊人所取得的胜利。这就表明了神话图像的政治性倾向，它可以因新的社会环境而被改变，并具有一种柔韧的适应性。[②] 比如，公元前430年雅典的一幅瓶画上表现雅典英雄忒修斯（Theseus）功绩的场景并非是单纯表述这位英雄的英武气概，而是另有所指。忒修斯斩杀怪物的姿态模仿的是公元前477—前476年间的一幅表现刺杀僭主（Tyrannicides）者姿态的雕塑姿势：裸体，头部上抬，左臂上举，左肩披着斗篷，右臂握剑，左腿向前迈出，所示做出击杀敌人的准备。这种姿势模仿与刺杀僭主者雕塑姿势是一

---

① Christiane Sourvinou - Inwood. “Myths in Images: Theseus and Medea as a Case Study”, Lowell Edmunds, ed. *Approaches to Greek Myth*. Cambridge: Cambridge University Press, 2003: 393—445.

② Jenifer Neils. “Myth and Greek Art: Creating a Visual Language”, *A Cambridge Company to Greek Mythology*. Ibid., pp. 286—304.

样的，后者是雅典民主的保护者，为了守卫雅典神圣的民主而冒着生命危险刺杀暴君。忒修斯的这种姿态就意味着，忒修斯同样担负着保护雅典民主的重任，是保护雅典的未来国王。这种国家意识形态强调的是神话英雄担负的文化角色，基本上是一种表述自我的行为。珍妮弗·尼尔斯同时指出，当希腊人表述希腊人与异族之间的冲突时，一般会借助于神话场景中的一些地理位置来表述，而不是像埃及人与亚述人那样使用服饰风格与体质特征。例如，瓶画中英雄忒修斯斩杀刻耳库翁（Cercyon）、马拉松公牛故事的背景发生在厄琉西斯（Eleusis）与马拉松（Marathon），厄琉西斯距离萨拉米斯很近，而马拉松这个地方就是马拉松战役的发生地，因此，这两个神话故事场景中的地点象征着公元前5世纪的希波战争中的萨拉米斯（Salamis）与马拉松战役，也就意味着希腊人战胜了波斯人。“瓶画通过将青铜时代荣耀的英雄与光荣的过去联系起来的办法重写了历史。”① 就这样，通过这种战争性故事场景，希腊人表述了希腊战胜波斯的历史事件。除此之外，神话场景中地点的强调还有另外一种意味：忒修斯斩杀的那些妖怪就是波斯人的象征，这些人没有人性，就像野兽与妖魔一样，对希腊人造成了严重的威胁，而希腊民族就像勇敢的英雄一样，为了捍卫本民族的利益，会不惜一切代价与异族人展开战斗，最终将其击败。② 这种图像场景是历史事件的深层隐喻，具有一种文化象征主义的意味。对于雅典人而言，神话就是他们的历史，将政治光荣与历史联系起来时，雅典人看不出任何问题。如果将瓶画放到希腊当时的情境之中，那么神话英雄忒修斯就有可能被视为男性公民的楷模。他为城市的公民做出了好的榜样。忒修斯的姿势似乎可以将雅典人解放出来，就像在他之前的那些国王一样。忒修斯的行为为雅典的青年人树立了一个榜样。这样，神话图像就具有了一种鲜活的时代气息，服务于公元前5世纪的雅典国家意识形态。

---

① Jenifer Neils. “Myth and Greek Art：Creating a Visual Language”, *A Cambridge Company to Greek Mythology*. Edited by Roger D. Woodard, Cambridge：Cambridge Press, 2007：286—304, p. 286.

② Jenifer Neils. “Myth and Greek Art：Creating a Visual Language”, *A Cambridge Company to Greek Mythology*. Edited by Roger D. Woodard, Cambridge：Cambridge Press, 2007, pp. 286—304.

图 2—1　忒修斯的英雄业绩

阿提卡红绘陶杯瓶画，约公元前 430 年。考德罗斯画家作品，发现于意大利瓦而奇。现存于伦敦大英博物馆，图片出自大英博物馆网页

图 2—2　刺杀僭主者

罗马大理石摹制品，原作为克里蒂奥斯与内斯奥特斯青铜制品，约公元前 477—前 476 年间，现存于纽约大都会博物馆。图片出自纽约大都会博物馆网页

需要指出的是，上述学者们在阐释神话图像的过程中忽略了这么一点：表现英雄业绩的战争场景都是希腊英雄战胜他者的神话故事情节——异国人或妖魔——这些都是作为希腊人的对立面而被表现的。那么，这些他者形象的选择是出于有意识的选择，还是一种无意识艺术风格的继承？这一点并没有得到阐释者的充分重视。约翰·博德曼给出的一种解释是：大多具有悠久历史的民族都喜欢利用讲述故事的方式来保存其历史，但希腊人更喜欢通过物质性的东西来重构其过去。希腊神话是希腊人再造其过去的一种有力方式，英雄业绩的神话图像是一种怀旧的考古学，更是将历史物质化的一种途径。[①] 这意味着，神话图像中文化他者的选用一方面是希腊人有意识的选择性行为，另一方面也是希腊艺术传统的表现，二者的有力结合催生了一种比较独特的神话图像表述模式，这是希腊文化与众不同的地方之一。

利用本民族的神话图像来表述历史是一种比较常见的现象，在这一点

① John Boardman. *The Archaeology of Nostalgia: How the Greek Recreated Their Mythical Past*. London: Themes & Hudson, 2000, p. 183.

上，希腊人与埃及人都深谙此道。在利用神话图像象征历史的过程中，同时存在利用其他民族的神话故事场景隐喻本民族政治性事件现象，这一点在伊特鲁斯坎人的壁画中表现得比较明显。学者马加塔·耐尔森（Marjatta Nielsen）指出，在伊特鲁斯坎人的墓穴壁画中，他们利用异族的神话来象征当时的政治事件，将神话故事与历史事件并置起来。比如，妖魔塞特（Centaurs）象征着侵犯伊特鲁斯坎的罗马人，因为塞特毁坏了神明与人类创造的神圣的秩序。希腊神话中七将攻忒拜的场景象征着伊特鲁斯坎人与罗马人的战斗，神话中坚固的忒拜城门则隐喻了沃尔泰拉（Volterra）城门的牢不可摧，象征着伊特鲁斯坎人战胜罗马人的信心。在这种情境下，"历史事件获得了神话般的特征，而希腊神话被用作历史事件的隐喻：二者是互换的。"[①] 在耐尔森提供的这个例子中，我们能够看到，神话与历史依靠其意识形态的内在一致性而相互关联。希腊神话被视为当代事件的一种参照，除此之外，它还赋予伊特鲁斯堪民族一种自我认同感。神话故事与历史事件之间具有了一种对应关系，神话因而成为历史事件的隐喻。

从目前的研究现状来看，神话场景与政治事件之间的关联度依然是一个有待于深入发掘的话题。这方面需要解决的问题很多，比如，神话场景与历史事件的关联模式是从何时开始的，是如何进行的？艺术家从什么时候开始选择神话为其信息服务？神话形象在其广泛的社会语境中扮演了怎样的角色？这些问题的答案一时难以找到，因为历史中间是断裂的，需要大量的证据来论证。一个颇有难度的问题就是，在何种情境下，神话图像能够象征历史事件？也就是说，神话图像转换为历史隐喻的条件是什么？对这个问题的回答依然是一个见仁见智的过程，并没有取得一致的结论。一种比较暧昧的观点认为，当特定社会的文化与历史现状与神话故事具有某种关联性，二者之间便具有了转换的可能性，神话图像在表述某种既定的意识形态时也就具备了隐喻的功能。但问题并非如此简单，问题的核心乃是，神话图像与历史事件之间的关联度是如何界定的？什么样的神话图像具有历史隐喻性？什么样的历史事件能够被神话图像所象征？所有这些

---

① Marjatta Nielsen. "Greek Myth - Etruscan Symbol", in *Myth and Symbol I: Symbolic Phenomena in Ancient Greek Culture*. Ibid., pp. 171—198.

都需要进一步探讨，也是神话学面临的巨大挑战之一。需要特别强调的是，此处神话图像与历史事件之间的关联是神话思维导致的。在这种情境下，神话图像成为象征现象的一个分支，它指向了文化的创造与继承，因为象征的目的是为另外一个目标服务，而不是自身。尽管图像的象征性与其意义无关，但作为神话思维的象征性现象或许能够操作人类的无意识。在这个层面上，神话图像与历史事件是相互补充的。在象征思维模式的操纵下，一幅相同的神话图像，既可以从神话的视角解读，也可以从历史的层面进行阐释。

另一方面，国家意识形态会利用神话图像象征历史事件，同样也会利用历史事件创造神话图像。在某些特定的历史阶段，历史事件会被改写为神话图像，以此将统治者的地位合法化。这种情况在各个民族的历史上都时有发生，已经成为国家意识形态证明其统治正当性的一种有力手段。遗憾的是，这方面的研究目前尚没有形成一定的声势，相关的尝试性探索依然不多见。这类问题的难度就在于，历史事件与神话图像之间的关联度依然很难掌握。这方面的研究需要借助于大量的历史资料进行考证，纯粹的神话学知识已经无力解决方面的问题。可以预想，如果这方面的研究打开了局面，那么神话与历史之间的关联性问题，以及神话图像的真实性问题，这些一直存在歧义性意见的研究将会获得一种实质性突破。

四　神话图像与国家意识形态

大多数的神话学者相信，神话图像的出现绝非只是为了满足审美情感的需求，古人创造这些神话图像的基本目的是传递某种思想与观念，即意识形态方面的内容。问题就在于，神话图像以何种方式传递既定社会的价值观？在此过程中，神话图像发挥了什么样的作用？对这些问题的考察就是了解神话图像如何能动地与权力机制共存并使之利益合法化的过程，神话图像与国家意识形态在此过程中因而存在一种功能性的互动关系。

每一种文化都强调其存在的重要性，价值观成为建构特定社会关系的必要条件。自然，问题的探讨离不开特定的文化语境，姑且以古代希腊为例，看看神话图像与意识形态之间的互动关系。在古代希腊社会，武士在社会中享有一定的地位。学者约那·迈洛纳斯·希尔（Ione Mylonas Shear）指出，迈锡尼时代的希腊世界是一个以男性武士为主的社会，整个社会关系都是围绕武士而进行的，关于武士的价值观因而占据了社会意识形态的主流地位。[①] 比如，迈锡尼的国王就是一位典型的武士，这位国王拥有极大的权力，其中包括经济权、宗教权力、军事权力，等等。正是迈锡尼国王的武士身份催生了整个社会以武士为楷模的社会价值观，青年人被教导以从事武士职业为荣，以献身国土的保护与扩张为己任，战死沙场是一种体面而光荣的死亡，也是一种至高的荣誉。学者辛纳威·德斯布维尔（Synnøve des Bouvrie）指出，希腊古代社会已经形成了一套关于武士的机制："古代希腊社会中武士为贵的方式已经验证了它在政治价值中的核心地位。武士的品质、角色以及围绕其机制而形成的种种约束因此使得其成为主要的形象符号。"[②] 这就是希腊盛行英雄图像的主要原因，也是艺术发生的内在机制。在这样一种社会情境之下，关于武士的神话图像在当时关于武士的意识形态中究竟扮演了何种角色？

南诺·马瑞纳托斯对一组迈锡尼时代青铜盾牌上英雄图像的考察表明，这些表现武士业绩的神话图像是以男性武士为主的意识形态的携带者。她指出，奥林匹斯出土了很多盾牌，这些盾牌在其内部装有很多单独的嵌板，上面描绘了很多神话故事的场景。饶有趣味的是，这些神话图像的主角都是男性武士，并且每一张嵌板所表述的内容都不相同。按照图像自身表述的内容，这些神话图像描绘了男性武士从少年到成年的转换过程，即武士的生命周期与生涯，其间伴随着各类武士的神话图像。比如，有的嵌板描绘了武士抓住一个年轻的妇女或捕获了一头野兽，这就意味着少年已经成为一个合格的战士，能够抓获战场上的战俘；有的图像表现了武士被一个年轻的妇女拉住手臂，这就象征则武士肩负保护国家的重任，要告别家人奔赴战场；还有的神话图像叙述了武士制伏敌人或女性的场

① Ione Mylonas Shear. *Kingship in the Mycenaean World and its Reflections in the Oral Tradition*. Philadelphia，PA：Instap Academic Press，2004，pp. 17—21.

② Synnøve des Bouvrie. "The Symbol of the Warrior in Greek Tragedy?" *Myth and Symbol I：Symbolic Phenomena in Ancient Greek Culture*. Ibid.，pp. 287—311.

景，这些嵌板并非是按照故事中事件的时间性顺序来安排的，而是按照武士不同生命周期来编排的。每一个嵌板都表达了英雄生命的一个阶段：少年，成年，死亡。杀戮儿童，强奸妇女，抓捕敌人，俘获妇女，杀戮老年人，抓获野兽与妖魔，所有这些行为都与武士的生涯相关。如果将嵌板所有的神话场景结合起来，就可以明显看出，这些神话场景具有一定的象征意义与教化功能，它们描绘了一个男性从少年到武士的各个阶段，告诉每一个盾牌的持有者，武士是一种神圣而光荣的职业，要想成为一名光荣的武士，就必须像盾牌嵌板上描绘的那些神话英雄一样，经历不同的阶段，最后成为一名光荣的武士。马瑞纳托斯指出，这种神话图像背后具有一种明显的意识形态意图："迈锡尼社会将其价值观放在青年男子的训练上，其目的是将这些青年人训练成优秀士兵。这些人的职业与身份密切相连。年轻人可能被灌输荣誉观、成功感，以及体面的死亡与埋葬等。神话以一种范式化的形式表述了这种相同的价值观。这样，（图像）类型与神话就在由社会传统所界定的坐标轴上相交：神话与风格表达了同样的价值观。因此，类型化的雕像就很容易转换为一个特定的故事，它对每一个对象都进行了单独的表述，并派给了一个特定的英雄名字。"[①] 很明显，这些关于英雄的图像传递了武士为贵的价值观，只不过它以一种范式化的方式呈现。也就是说，英雄图像成为诠释崇尚武士的国家意识形态的宣传工具。但这并不意味着神话图像是阐释武士为贵的国家意识形态的唯一方式，而是说明其服务对象既是社会现实又是国家意识形态。不过有一点可以肯定，关于武士业绩的图像象征性建构了当时的价值观，崇拜英雄的意识是一种充满象征性的自觉世界。但我们却不能肯定，神话图像与国家意识形态之间的这种关系是否适用于其他文化类型。事实上，并不存在一种通则性的规律，所有的考察只不过是针对特定文化现象而做出的一种尝试性阐释。现代社会的国家已经成为一种抽象机制的联合体，但国家同时又是一种可见的权力，是神话与法律的混合物。对于国家来说，意识形态是必不

① Nanno Marinatos. "The Life Cycle of the archaic Greek Warrior and Hero: The Interplay of Myth and Genre in Imagery", *Myth and Symbol I: Symbolic Phenomena in Ancient Greek Culture*. Ibid., p. 154.

可少的根本条件，因为后者可以通过权力形象的投射来达到国家的意图。学者巴里·J. 肯普（Barry J. Kemp）指出，“埃及的意识形态强调三种主题：与过去之间的连续性，超越地理与政治细分界限对神秘领土统一的宣称，国王的英明虔诚领导而获得的稳定与繁荣。”[①] 意识形态的这种特性就使得其承载对象具有一种类似于媒介的功能，能够打通时空界限，并且超越现有的种种限制。对于古代埃及国家意识形态而言，王权是其核心部分，而王权则是通过其象征物来表现的：王室服饰，图像，神话，仪式，等等。相较于王权的其他表现符号，神话图像具有一种跨域性：连接过去、现在与未来，将王权表述为君权神授。国家的联合与统一是通过神明的许可而得以进行的，大量的壁画中描绘了神明赋予埃及新的政治秩序的场景。比如，埃及中王国时期第十二王朝的法老辛努塞尔特一世（Senusret I）设在利什特（EL-Lisht）神庙中的雕像的基座就利用了神话图像将自己的王权合法化。图像中央是一个垂直的气管符号，它将画面一分为二，气管底部与肺相连，二者在埃及语言中是“联合”的意思。气管顶部刻着埃及的象形文字“统一”。气管的两边分别有两株缠在一起的植物茎杆：左边是纸草，它是下埃及的典型植物，右边是芦苇，是上埃及的植物。有两位神明分别牵着两种植物的茎，左边的鹰神何露斯（Horus）手持纸草，右边的赛特神（Seth）则拿着芦苇。神明头部对应的是描述上、下埃及的位置象形文字。何露斯是上埃及的神明，而赛特是下埃及的神明。整个画面的象征意味非常明显：上埃及与下埃及的统一势在必行，这种权力源自神明。法老辛努塞尔特一世对整个埃及的统治天经地义，神圣不可抵抗。[②]（图 2—3）

另一位学者凯特加·戈比斯（Katja Goebs）宣称，神明形象仅仅反映了王权意识形态中的一个部分，无法表现法老本身能力的卓越不凡，更多的神话场景表现了埃及法老与神明之间的亲密行为，譬如，神明与法老的拥抱，神明为法老加冕，以及法老自身的超人能力。在某些特定的情况

① Barry J. Kemp. *Ancient Egypt*: *Anatomy of a Civilization*. London and New York: Routledge, 2006, p. 61.

② Barry J. Kemp. *Ancient Egypt*: *Anatomy of a Civilization*. Ibid., pp. 70—71.

图 2—3　神圣王权图：何露斯与塞特的联合，埃及中王国时期第十二王朝法老辛努塞尔特一世设在利什特神庙雕像基座图像，图片出自埃及博物馆网页

下，法老甚至是神明的儿子，神话图像就此描绘了女神哺育法老或授予其神圣能力的场景。例如，有的神话图像描述了法老坐在女神的膝部，或者从女神那里汲取乳汁。更为普遍的一种模式就是，神明将象征生命的符号传给法老。“这些图像的情节单元反映了埃及王权的意识形态的一个重要方面，也是集权化国家的一种基础：埃及的统治者是神明的后裔，国王以神明的形象出现，或者二者之间具有一定的相似性。”① 从上述学者的考察来看，神话图像在表述埃及王权意识形态的过程中担当了将其合法化的角

① Katja Goebs. “Kingship”, in *The Egyptian World*. Edited by Toby Wilkinson, London and New York: Routledge, 2007, pp. 275—295.

色。神话图像借助于自身的符号表述体系，将法老的统治权表现为天经地义，因而巩固了王权意识形态。神话图像发挥了调和社会矛盾和阶级冲突的功能。

就方法论而言，神话图像阐释所遵循的一个重要原则是情境性原则，这种规约要求研究者根据不同的文化语境与社会现状给出不同解释，而不是将某种特定文化中得出的结论应用于所有的文化的类型。也就是说，神话图像所担负的王权象征与建构概念并非是一种普遍的文化现象，它是针对某些特殊的文化语境而提出的。那么，若将视线转移到中国古代社会，神话图像的这些功能是否具有普适性呢？从目前的研究现状来看，尽管从事这类研究的学者不多，但部分学者还是根据中国的文化特征给出了具体的阐释。一种被普遍接受的观点是，中国在夏商周三代已经形成了王权意识形态，国家的价值观与制度开始出现。但部分学者同时指出，王权意识形态并非是一种抽象的概念集合，而是借助于外在的表现形式来实现其政治意图，青铜礼器、玉器、陶器、宫殿、文字、宗庙、城池等，所有这些都是国家王权的建构工具。比如，学者诺曼·叶斐（Norman Yoffee）就宣称："早期国家不是简单地以宣示君王不可抗拒的权力来表现的。相反，王权与国家需要通过表现这些核心符号来强调其合法性，并使国家的秩序与社会的秩序规则变得浑然一体。在古代中国，王权通过青铜礼器进行的宗教祭祀活动使国家在公共生活中的地位显得不可或缺。作为国家文化和象征核心的高层精英来维持这些昂贵的象征符号和相关制度——保障对这些核心符号的垄断，并传承有关如何维护、展示和复制这些符号的知识。"[①] 张光直先生认为，青铜礼器固然是王权的象征物，但它更是财富与权力的象征。王权的象征符号除了青铜礼器之外，还有旗帜、黄钺、神话图像，等等。尤其是神话图像，就是一个象征体系，它既是商代王权机制的象征，又是王权意识形态的组成部分，与意识形态一起担负着建构王权象征系统的功能。张光直指出，以商代为例，商王朝的神话图像主

① ［美］叶斐、李旻：《王权、城市与国家：比较考古学视野中的中国早期城市》，荆志淳、唐际根、高嶋谦一编《多维视角：〈商王朝与中国早期文明研究〉》，科学出版社 2009 年版，第 276—290 页。

要是一些雕刻在青铜礼器上青铜器、木器和骨器，可能还有其他质料的装饰艺术品上的动物形象，张光直先生断言，这些神话形象是商代巫觋用来通天地鬼神的各类动物形象，“很明显，既然商周艺术中的动物是巫觋沟通天地的主要媒介，那么，独占这种沟通手段也就意味着对知识和权力的控制。”[①] 占有了知识与权力，君王的至高地位便得以宣示，王权机制因此得以巩固，神话图像在建构王权意识形态方面所发挥的功效由此可见一斑。

“社会中不同的利益集团都会形成相对于其他意识形态和集团利益而独立的意识形态。在同样的社会中，我们可以通过不同的观点发现各种社会利益和权力关系。”[②] 意识形态的样态是多样化的，国家意识形态仅仅是其中的一种，神话图像的功能也不能因此而应用到所有的意识形态层面。神话图像在宗教意识形态与国家意识形态中起到的功能是迥然有别的，对此拟在另文中论及。就国家意识形态自身而言，它已经成为神话符号体系的一部分，后者的范畴要远远大于前者。对于神话图像来说，它是统治阶级权力策略与社会控制的一个组成部分，服务于权力机制与国家意识形态。在这种意义上，我们可以断言，神话图像起到了将国家意识形态情境化与合法化的作用，而国家意识形态则成为神话符号体系权力化表述的组成部分。

在众多的阐释中，关于神话图像的风格问题一直没有得到足够的研究，很多人就此将风格视为一种形式问题。事实上，图像的风格与国家意识形态之间具有直接关联，在某些特定的文化语境中会成为社会等级与身份差异的见证者。比如，考古学者罗斯玛丽·A. 乔伊斯（Rosemary A. Joyce）的研究表明，在中美洲的史前时代，图像的风格是为标明社会等级而出现的，本质上是一套道德机制的物质化载体。[③] 而考古学者乔纳森·马克·克诺耶（Jonathan Mark Kenoyer）则宣称，特定社会中的新兴的精英利用图像的风格来确认社会界限。比如，在印度河流域的新石器时

---

① 张光直：《美术、神话与祭祀》，郭净、陈星译，辽宁教育出版社 2002 年版，第 65 页。

② ［美］伊恩·霍德、司各特·哈特森：《阅读过去》，徐坚译，岳麓书社 2005 年版，第 73 页。

③ Rosemary A. Joyce. “High Culture, Mesoameican Civilization, and the classic Maya Tradition”, Janet Richards and Mary Van Buren eds., *Order, Legitimacy and Wealth in Ancient States*. Cambridge: Cambridge University Press. 2000: 64—76, p. 75.

代，那些个人装饰品的风格是用来界定与证明财富和身份差异的。装饰品的风格服务于联合不同的社会经济群体之需求，甚至高级的装饰品与低级装饰品的制造也能够见证社会的差异。[①] 但这些观点是否适用于神话图像？它具有多大的普适性？所有这些都是亟待解决的问题。一旦将神话图像的风格问题视为国家权力与意识形态建构的有效方式，很多看似属于图像形式的问题便具有了一种异常的意义，神话学研究会取得前所未有的突破。但这方面的探讨目前没有形成一定的声势，不过它会成为学术研究的生长点，吸引越来越多的学者投入其中。

另一种情况就是，神话学关于意识形态的阐释基本属于一种结构主义与功能主义的研究，很多看法都带有明显的文化决定论色彩。与西方马克思主义的意识形态研究有所不同的是，神话学关于权力机制的建构理论是一种静态的框架，而不是一种动态的运动过程。神话学者的意图是发现神话图像背后隐藏的思想与观念体系，而不是揭示这种机制的运动过程。另外，大多数研究者目光依然限定在神话图像在建构意识形态方面发挥的功效问题，而没有涉及图像背后的经济运作机制。事实上，马克思主义一直强调意识形态与权力机制运作过程中各种经济因素的互动，而神话学恰恰忽视了这一点，风格问题的缺席就是这种研究盲点的体现。从研究视角来看，神话学关于神话图像—意识形态的关系涉及了认知学的框架建构问题，但这方面的研究目前尚处于起步阶段，更多的问题期待后来者解决。

一种普遍的现象就是，研究者关注的重点在于揭示神话图像在建构意识形态方所具有的功能，这个问题的另一面就是，为何国家意识形态会选择神话作为其象征手段？也就是说，神话图像何以被统治者作为权力建构的工具？这种意识是如何形成的？它经历了怎样的发展历史？这些问题并没有引起研究者足够的注意，对整个问题认识的不足由此导致了对神话图像本质属性阐释的欠缺。一种比较尴尬的情况就是，一方面，近年来出现

---

① Jonathan Mark Kenoyer. "Wealth and Socioeconomic Hierarchies of the Indus Valley Civilization", Janet Richards and Mary Van Buren eds., *Order, Legitimacy and Wealth in Ancient States*. Cambridge: Cambridge University Press. 2000: 88—109, p. 107.

了大量关于神话图像与意识形态研究的论著，另一方面，却鲜有相关的学者对神话图像的性质做深入阐释，论著的繁多与理论分析的不足造成了神话学虚假的繁荣景象。当然，这种现状并非神话学者的过错，与神话学自身的发展有关。自20世纪60年代起，神话学才开始尝试性地对神话图像展开真正意义上的阐释，理论积淀的不足导致了神话学不得从考古学与图像学吸收大量的知识。这种举措使得神话学者不可避免地受到了考古学与图像学阐释模式的影响，外在研究模式的借鉴看上去是成功的，但实际上关于神话图像自身的性质的认知却被忽略了。可以预想，在以后的研究中，随着神话学理论的不断发展，这方面的不足会很快得到弥补，研究者的理论水准也会很快提升。

神话图像与意识形态之间关系的探讨基本上是一种“外向”型的研究范式，它较多地关注图像与权力机制、等级制度之间的关联，其重要贡献就在于，它是一种验证神话图像结构如何与社会结构、文化系统相关联的尝试。这种研究方法出发点是：人类是文化性生物，是唯一会使用象征性符号来表述自己思想的存在物，而神话图像是人类意识与观念的创造物，通过外部视觉性符号的解读，能够充分认识人类的思维模式与社会结构。这种认识表明，自“外”（符号与图像）而“内”（思想与意识）的取向使得阐释转向了图像的认知层面。

不难看出，在解读图像意义的过程中，多数研究者有意识地借用了阐释人类学与认知考古学的相关理论，并引入了图像学的研究方法，将图像与文本结合起来进行考察，这就出现了跨学科的研究范式。在创建阐释模式的同时，多数学者并不承认进行跨文化或泛文化比较模式的合理性，拒绝建构一种具有普遍性意味的理论架构。他们将问题置于特殊背景条件中进行探讨，视神话图像为一种物质性的文本，进而探寻符号背后的理念结构。这是一种具有重构意味的工作，它以符号和图像为依托，已经形成了一种以文化结构为核心的阐释模式，但过于简单与机械，不足以解释人类文化的多样性与复杂性。

从阐释的取向来看，目前研究主要集中在两个层面：一是图像象征意义与社会结构之间关联度的探寻，二是图像象征性功能的探讨，这两个层面的阐释使得研究者的努力具有一种明显的功能主义色彩。尽管没有形成一种有效性的共识，学者们都倾向于将神话图像视为一种文化系统进行研究，从而在文化历史进程中寻求符号的象征性规律。

第三节　文明探源“女神转向”与“女神文明”

一　“女神转向”的内涵

需要指出的是，“女神转向”并不意味着以往的文明起源研究中忽略了女神形象，事实上，自20世纪初叶开始，学者亚瑟·伊文思（Sir Arthur J. Evans）等人就已经开始了对克里特（Crete）文明中女性形象的解读。此处的“女神转向”仅仅表明这样一种现实：现代神话学在对文明起源考察时不同于传统的研究模式，它是从现代社会女性批判意识出发对文明起源做一种全新的阐释，其视野远远超越了以往文明起源中那种将男性与女性之间关系做比较的研究范式，“女神转向”下的文明起源研究关注的是那些被忽略的层面：女神形象的辨别，女神形象的演变，女神与男神的社会关系，女神形象在文明发展进程中所扮演的角色，等等。

那么，是何种原因造成了这种文明起源研究的“女神转向”？“女神转向”的生成语境是什么？从现象学角度而言，并非所有的文化现象都具有因果关系，但“女神转向”背后确实存在一系列的文化与知识诉求，这一点是无法回避的。客观地讲，对女神形象的研究并非肇始于现代神话学，从神话学诞生的那一刻起，女神就成为研究者关注的主要对象之一。但“女神转向”却与现代神话学的发展有着莫大关联，正是后者的理论建设催生了女神形象研究的新视角。早在20世纪初叶，英国学者詹姆斯·乔治·弗雷泽在《金枝》一书中所倡导的垂死植物神的丰产功能假说，荣格及其追随者所鼓吹的“大母神原型”理论，以及杜梅齐尔印欧神话研究中的“三功能”学说，所有这些都为女神形象阐释提供了理论基础。部分女神形象研究的学者，将这些神话学理论与方法加以改造或综合，创建了关于女神形象阐释的新范式。

从物质层面来看，20世纪后半期考古学新石器时代与青铜时期的大发现为"女神转向"提供了物质性前提。继20世纪初叶亚瑟·伊文斯（Arthur J. Evans）在克里特岛屿获得考古发掘成果之后，考古工作者在希腊大陆、土耳其、澳大利亚、西伯利亚等地取得了重大发现。上述这些地方，出土了大量的人工制品，包括制作精美的彩绘陶器，以及数量惊人的动物雕塑、女性小雕像、面具、岩画、壁画，等等。这些遗物上有大量的动物与女性形象，尤其是怀孕的妇女形象。对这些符号与图像的阐释导致了学者们对女神形象的关注，只不过考古学者与神话学者阐释的视角有所不同，前者更多地倾向于从物质性层面来解读图像。

另一方面，"女神转向"与"新异教运动（Neopagan Movement）"有着某种观念性的关联。20世纪70年代出现的"异教运动"，倡导一种一元论的宇宙观，认为宇宙是一个有机的生命体，人与万物相互沟通，和谐相处。新异教主义甚至这样宣称："我是异教。自然灵性是我宗教信仰与生命的基石。自然是我的灵魂导师与圣经。我与自然互为一体。理解自然内在秘密的发展是我灵魂之旅的开始。"① 这种具有泛神论倾向的宇宙论赋予女神形象阐释一种假设性的依据，后者在阐释史前女神形象的宗教情境时，通常会参考新异教主义的一元宇宙观与泛神论假说。可以这样断定，新异教主义的一元宇宙观启发了史前文明起源的"大女神"理论——一位独一的女神掌管宇宙万物生命的循环。新异教主义对女神形象研究的影响远远大于荣格的"大母神"原型理论，因为后者仅仅针对女神的原型而言，而前者的一元宇宙论直接决定了史前女神的身份，而这一点是女神文明阐释的关键所在。

二　女神的化身：符号与图像

从考古学的类型学角度来看，考古器物上符号与图像的种类是极为繁复的：规则与不规则的各类符号，动物与植物形象，人形形象，复合物形象，以及抽象的几何符号，等等。在阐释这些符号图像的过程中，研究者要面临的一个核心问题就是：哪些是女神的象征形象？这是一个颇有难度

① Rosemary Radford Ruether. *Goddesses and the Divine Feminine: A Western Religious History*. Berkeley, University of California Press, 2005, p. 294.

的问题，涉及符号与图像的生成语境问题。任何一种符号与图像的意义都与其生成情境密不可分，一旦脱离了具体的语境，符号与图像的原初内涵便会发生改变。尽管出土的考古遗物属于今天的人们，其本原意义却属于当初那些拥有它们的所有者，不幸的是，制造者与使用者却已经远离我们而去。历史本身已经消失，我们永远不可能回到过去，也无法让那些器物来表述自身。因此，考古实物的阐释便具有一种猜测意味，女神形象的解读也是如此，因为所有的解释都是从现代人视角出发的，即使考虑了图像的生成情境，也无法完全还原其本原意义。

对于有文字表述可依的女神形象而言，其象征物的辨识是非常容易的，只要依据文字所表述的内容便可。例如，荷马史诗中不止一次地称呼雅典娜为“猫头鹰脸的”女神，[①] 在《奥德赛》中，雅典娜还变成了一只秃鹫[②]，甚至还变成一只猫头鹰介入了对特洛伊的战斗中。根据这种神话叙述，雅典娜女神的化身就是猫头鹰、秃鹫或者是全副武装的女神，这样就很容易在希腊的陶瓶与雕塑中辨别雅典娜女神的图像：这位女神要么幻化为一只猫头鹰，要么以人类的形象出现，身后跟着猫头鹰或秃鹫。但很多时候，考古器物上的符号与形象是没有文字表述可依的，尤其是史前时代的符号与图像，那么，我们如何知道哪些符号与图像代表的是女神？这是阐释史前女神形象面临的最大困境。

在 20 世纪 80 年代，以马丽加·金芭塔丝为代表的部分学者提出了史前女神化身多元论的主张。所谓多元，就是女神形象多样性，这就意味着一位女神拥有多种化身。当然，这种情境并非是针对所有的史前时代与地区而言，它有着特定的时间与空间限定，被金芭塔丝冠以“古欧洲”之称。在时间上，古欧洲仅仅是指公元前 7000 年到公元前 3000 年的新石器时代，地理空间则特指欧洲与小亚细亚地区，从意大利南部到小亚细亚海岸，从克里特北部到第聂伯河畔。金芭塔丝断言，在这样一个特定的时

① 参见 Homer, *Iliad*, I：206，166，II：172，279，446. 在 Tὸνδ'αῦτε προσέειπεθεὰ γλανκῶπιζ'Αθηνη。“眼睛明亮的女神雅典娜”一句中，γλανκῶπιζ 一词在希腊语言中既可以表示“眼睛明亮的”，也可以表示“猫头鹰脸般的”。希腊文中，γλανκῶπιζ 的词根为 γλαύζ，意思是“猫头鹰”。

② Homer，*Odyssey*，I：371，III：371—372.

空范畴内，人们崇拜一位无所不能的“大女神”（Great Goddess），她是宇宙万物的创造者，负责所有生灵的诞生、哺育、死亡与再生。世间万物皆为这位女神形象的化身：抽象的几何图像，生动的动物形象，各种女性形象，幻想的复合物，等等，甚至连颜色也成为女神的化身（表2—1）。根据这种假设，马丽加·金芭塔丝界定了一体论的女神象征体系，这种论调不乏众多的追随者，尤其受到了女性主义性灵运动的欢迎。但这种观点同时也遭到了来自不同领域学者的猛烈批评。不少学者指出，马丽加·金芭塔丝忽略了符号与图像的生成情境，抽空了符号与图像的文化与社会语境，在一个静止的文化真空中探讨其象征性意义。[①] 学者罗斯玛丽·雷德福·鲁赛尔（Rosemary Radford Ruether）指出，卡托·胡玉克（Çatal Hüyük）这个地方属于狩猎文化，考古学发掘足以说明了这一点。在这种社会中，牛头是与男性特征联系在一起的——勇敢、力量与财富——而秃鹫则是这个地方的人们实行天葬时啄食人类尸体的动物，还有的壁画上描绘了人们赶走秃鹫不让它吃掉自己亲人尸体的情境。[②] 这样看来，马丽加·金芭塔丝所说的卡托·胡玉克出土的牛头与秃鹫根本就不是女神的象征物，那些肥胖女性形象的具体象征意义也有待于商榷。鲁赛尔因此指出：“马丽加·金芭塔丝对女神宗教的重构大部分看上去是牵强附会的——它将古代手工艺品的解读纳入了金芭塔丝业已相信的先验的世界观之中。”[③]

金芭塔丝的这种论调基本上是一种泛象征论，因为它将所有的符号与形象都纳入了女神的象征物范畴内。该观点同时存在的一个问题就是，将“大女神”的形象固定化了，认为女神的象征符号不会改变，这种观点在学者阿

---

① Meskell，“Goddesses，Gimbutas，and New Age Archaeology”；and Margaret W. Conkey and Ruth Trigham，“Archaeology and the Goddess：Exploring the Contours of Feminist Archaeology，” *Feminisms in the Academy*. Edited by Domna C. Stanton and Abigail J. Stewart，Ann Arbor：University of Michigan Press，1995，pp. 199—247. Margaret Conkey and Ruth Tringham，“Rethinking Figurines”，*Ancient Goddesses*：*The Myths and the Evidence*. Edited by Lucy Goodison and Christine Morris，London：British Museum Press，1998，pp. 22—35.

② Rosemary Radford Ruether. *Goddesses and the Divine Feminine*：*A Western Religious History*. Ibid.，pp. 31—33.

③ Ibid.，p. 24.

里尔·戈兰那里遭到了质疑。阿里尔·戈兰指出，尽管女神的诸多象征物具有相同的功能，但有些形象随着时间而消失了，随之又出现了其他的女神象征符号；随着象征女神新符号的诞生，女神的新功能也诞生了。并非是人对女神的信仰有了改变，而是符号自身的象征意义发生了变化。[①] 女神形象能指与所指之间的关系并非是固定不变的，而是任意性的。在特定的文化与历史情境下，图像与意义之间的关系会有所改变，甚至会走向原来关系的对立面。

表 2—1　　马丽加·金芭塔丝大女神象征物分类图

女神 / 象征物	创造女神	抚育女神	死亡与再生女神
象征符号	熊、母鹿、麋鹿，公羊、野母牛、野母马、卷曲的蛇、水流、巢形、卵形、上弦月	鸟、蛇，眼睛、蛇纹、太阳纹、嘴巴、阴户、子宫、V形、M形、Z形、螺旋形、满月	死亡符号：猫头鹰、秃鹫、杜鹃、鹰、鸽子、野猪、猎犬、毒蛇、枯骨 再生符号：蛙、蟾蜍、刺猬、鱼、蜜蜂、蝴蝶、阴户、乳房、种子、三角形，双面斧、公牛头、生命柱、阳具、下弦月
女性形象	少女、怀孕妇女、怀抱婴儿的母亲	母亲、哺育婴儿的女性	僵直的白色裸体女人、干瘪的老妇人
颜色	黑色、红色		白色

神话学是一门不断发展与完善的学科，后来的研究者逐渐意识到这种脱离语境阐释图像的不足，开始高度重视情境性原则。值得注意的是，后期学者的研究大多与特定的文化类型与历史时段联系在一起，关于女神象征物的观点自然也就各有差异。学者们争论的焦点就在于，史前女神的形象是一个还是多个？解决这个问题的首要前提是，确认史前的女神是一位还是多位。学者南诺·马瑞纳托斯宣称，对于米诺宗教而言，人们只崇拜一位自然女神，女神是以人形的女性形象出现的，除此之外，女神没有其他的象征符号。当然，女神形象具有特殊的表征，比如，身着裸露胸部的荷叶裙，梳着特殊的发型，双手作祝福的姿态，等等。至于金芭塔丝所说

① Ariel Golan. *Prehistoric Religion*: *Mythology*, *Symbolism*. Jerusalem: A. Golan, 2003, pp. 391—439.

的那些动物、植物符号，诸如，百合花、树、公牛、蝴蝶、蛇之类，这些是女神的神圣陪伴物，并非是女神的象征物。[①] 较之于马丽加·金芭塔丝，南诺·马瑞纳托斯女神象征物一元论的观点得到了多数学者的认可，因为她是根据女神形象的文化与历史语境做出的推论，但这种观点并不具有普遍性，仅仅局限在克里特的米诺文明时期。

在女神象征物的多元论与一元论之间，还存在一种调和型的观点，它试图将女神的多面性与单一性结合起来进行阐释。这种论调承认特定历史时期女神崇拜的独一性，但同时又强调特定语境下女神象征符号的多样性。这种情况一般出现在古代两河流域的女神研究方面，古代希腊与埃及的女神形象阐释并不多见。一种普遍的观点是，古代美索不达米亚的女神一般以女性形象，尤其是裸体女性形象出现。这种现象大概与文本神话中所强调的女神具有色情功能的表述有关，譬如，伊士塔耳与伊南娜女神通常就以裸体的女性形象出现。部分研究者则走得更远，对这些女神形象的特征做出了较为细致的表述。学者艾萨克·科尼利厄斯（Izak Cornelius）断言，古代巴勒斯坦地区的人们以人类形象来描绘女神，但他们同时要设法表现女神的神圣性，因此便在女性形象上添加了一些标识性元素：角饰，翅膀，坐骑，手中的持有物，祝福的姿态，等等。[②] 这些有别于人类形象的细节也是辨识女神形象的依据，不过首要前提是这些女神形象都是裸体的女性。学者塔莱·奥南（Tallay Ornan）指出，尽管古代两河流域的女神一般以裸体女性形象出现，但并不排除同一个女神以两种或几种象征物同时出现。为何会出现这种情况？奥南的回答非常简单，因为这些女神形象一般被放置在神庙之中被加以膜拜，“一旦脱离了神圣的环境——比如，被刻画在滚印上，在王室的宫墙浮雕上被展示，或者被雕刻在遥远地方的石柱上——这些神圣的图像就被其非人形的符号即代替物所取代了。这种改变或许主要是为了保

---

① Nanno Marinatos. *Minoan Religion: Ritual, Image, and Symbol*. South Carolina: University of South Carolina Press, 1993, pp. 147—164.

② Izak Cornelius. *The Many Faces of the Goddess*. Fribourg, Switzerland: Academic Press; Göttingen: Vandenhoeck & Ruprecht, 2004, pp. 1—7.

护神明形象的神圣性仅仅限于神像自身的领域之内，那是人类建造的神庙。”[①] 从奥南的阐释来看，女神形象的象征物已经走出了两极论——多种或一种象征物——这是神话图像阐释迈出的重要一步，但其阐释效力到底有多大，还需进一步检验。不过可喜的是，我们已经看到，学者们已经摆脱了先前悬空情境而进行的图像解读模式，走出文化决定论的路径，开始在文化与历史语境内还原图像的本原意义。尽管我们不好说是否存在一种历史的本相，但对历史过程的建构本身就是接近历史真实的一条路径。女神象征物的探索虽然无法提供一幅全面反观人类历史时期女神崇拜的全景图，但却从图像叙述的角度提供了另一种宗教观念与思想，文字书写的宗教与文明史的断裂之处也得到了视觉文本的补充。

三　女神形象的演化

世界各地的创世神话中都讲述了人类的起源，饶有兴趣的是，几乎所有的神话都叙述了神明造人的故事。在希腊神话中，人类的第一个女性潘多拉是众神用智慧共同打造的；在阿卡迪亚神话中描述，人类是天神用泥土创造出来的；而中国的创世神话则叙述了女神女娲用泥土创造人类的故事。尽管神明造人的动机各有不同，比如，希腊神话中潘多拉的创造是宙斯为了惩罚人类而做出的一种阴谋之举，阿卡迪亚的神明造人则出于一种将人类视为神明奴仆的功利性诉求，但这些神话叙述无一都将人类的起源视为神明的创造——人由神造——这几乎是所有创世神话的叙述模式。

如果再进一步思考，我们可以提出这样一个问题：神明是从哪里来的？对于拥有基督教宗教信仰的人而言，这个问题超出了神学的研究范畴，因为《圣经》上说神是自古以来就有的，是永恒的存在物，人类是没有权柄质问神明起源的。但对于现代宗教学而言，一种普遍的认识却是，神明是由人类创造的，神明的图像更是人类创造性的体现，它是人类宗教观念的外在化。对于女神而言，其形象的起源与演化体现了人类关于自我与环境关系思考的

---

① Tallay Ornan. *The Triumph of the Symbol: Pictorial Representation of Deities in Mesopotamia and the Biblical Image Ban*. Fribourg: Academic Press Fribourg; Göttingen: Vandenhoeck & Ruprecht, 2005, p. 174.

发展状况。而关于女神形象的研究，又是神话学理论发展的体现，对女神形象看法的改变反映了神话学与图像学对于史前宗教信仰以及性别观念的不同认识。总的来说，神话学对女神形象演变的研究主要可以分为两种类型：心理学和进化论。前者主要采取了一种外部话语来阐释女神形象的演变，而后者则试图在自身形象的变化中发现一种普遍性的规律。

以荣格为主的一批心理学者认为，神话是人类无意识的反射，神话形象保留了人类的精神记忆——原型。荣格的弟子埃利希·诺伊曼（Eric Neumann）则宣称，神话中的大母神（Great Mother）源自一位原型女性（Archetypal Feminine），后者又源于乌罗伯洛斯（Uroboros）——原始状态的心理状态的象征，即衔尾环蛇，也就是作为无意识与未开化状态阶段的大圆（Great Round）。乌罗伯洛斯是统一的原始本原的象征，从这一本原中分化出大父神（Great Father）与大母神。大母神后来又分化出美善女神（Good Mother）与恐怖女神（Terrible Mother）。[①] 从诺伊曼的表述中可以看出，"大母神"源自人类的无意识，"大母神"并非是最早的原型，原型女性才是最早的原型，比如，植物女神，女兽主，等等。毋庸置疑，这种心理学研究方法打开了解读史前女神形象演变的新视角，但需要指出的是，它是建立在后欧洲的宗教意识形态之上的，并非是基于女神形象之上的图像学分析模式，并没有涉及女神形象物质层面的特性，更没有考虑女神形象所处的具体情境。换言之，这种阐释模式基本上是一种建构主义的行为，是对女神形象演变的重构，它能够多大程度地还原女神形象的本原意义，还需要后来的研究者做出不懈的努力。另外，心理学对女神形象的解读仅仅涉及两个方面：女神的起源与演变，并没有论及其他问题，比如，女神象征体系的建构，女神形象的功能与类型，女神形象与宗教观念之间的关系，等等。

随着神话学的发展，以及欧洲史前考古发现的不断增多，越来越多的学者尝试着从考古实物视角阐释女神形象，尤其是史前女神形象的演变。这些学者力图在众多的女神形象中找到一种内在的发展规律，并透过图像反观史前社会

① ［德］埃利希·诺伊曼：《大母神》，李以洪译，东方出版社1998年版，第18—23页。

的全貌。这种进化论式的研究方法背后的主导思想就是，女神形象的变化遵循着某种内在的规律——文化的或者是宗教的诉求。这种探索方式的起点是在女神形象背后，发现其宗教观或宇宙观，含有一种意识形态的意味。

在众多进化论性质的图像诠释模式中，马丽加·金芭塔丝的解读颇有吸引力，她的神话考古学方法颇能代表女神形象演变阐释的路径。在古欧洲这种特定的语境下，马丽加·金芭塔丝将女神的起源上溯到“大女神”那里。她认为所有的符号几乎都是这位无所不在的女神的化身，这位全能的女神在后来的父权社会中被改变了身份，成为男神的配偶、情人、女儿，从宇宙万物的管理者沦落为某一专门领域的保护神。比如，希腊神话中的女神“雅典娜是从古欧洲的鸟和蛇类女神演化而来的，她也是群落的保护神和生命的维持者，她和希腊的城市相关。到公元前5世纪为止，她已经牢固确立了雅典的官方地区性女神地位。她在青铜时代获得了军事特征，成了一则相当荒谬的奥林匹亚神话的牺牲者，她被描述称宙斯的女儿，全副武装地从他的头中蹦出来。希腊雅典娜的形象混合着古欧洲的秃鹫女神的特点与一些印欧的武力因素——盾牌，带有羽毛装饰的头盔以及长矛”。[①] 这种女神衰微论的论调看上去颇有吸引力，它清晰地表明了史前女神形象与历史时期女神形象之间的内在关联。但这里存在的一个问题就是，这种女神形象的演变是二元论的：史前女神的形象以图像为基础，而历史时期女神的形象以文本叙述为主，二者之间存在物质属性上的断裂，是无法并置的。

马丽加·金芭塔丝理论中尚未解决的一个核心问题就是，既然古欧洲的史前女神具有多种化身，从图像学的视角来看，它们出现顺序是怎样的？这些象征物是同时出现的还是先后出现的？它们之间有无演变的顺序？马丽加·金芭塔丝的追随者安妮·巴林与朱尔斯·卡什福特（Anne Baring and Jules Cashford）试图综合心理学与进化论的观点回答这个问题，他们宣称，旧石器时代的女神形象原型是肥胖的怀孕妇女形象，但同时也不排除女神以鸟类、三角形等符号的形式出现。也就是说，此时的女

① ［美］马丽加·金芭塔丝：《活着的女神》，叶舒宪等译，广西师范大学出版社 2008 年版，第 167 页。

神形象是以多种象征符号形式并存的，它们是同时出现的，也是静止不变的，不存在形象之间的先后变换。[①] 这种调和型的论调自然经不起推敲，更不具备通则性，不能够阐释所有时代与地区的女神形象。学者奥南指出，就古代美索不达米亚地区的女神形象而言，人形图像的出现要早于非人形符号，最初的神明，不论是男神还是女神，其形象都是以人类面目出现的。到了历史时期，这些神明的替代性符号才开始出现，人形的女神形象就逐渐被符号形式的象征物取而代之了。自然，这是宗教意识形态的诉求所导致的，并非是技术性原因。奥南进一步断言："古代世界的视觉艺术通常并不具有取悦或装饰的意味，在古代语境内，现代西方旁观者所谓的艺术的美学价值在这里根本就没有地位。西方人将高雅艺术视为出于自身需求的产品，进而将其与适用艺术区分开来的研究方法存在很大的问题。当我们将古代近东艺术纳入研究对象时，我们至少可以这样断言。古代遗物上的绘图并不传达个体艺术家的思想、情感，创造力或者反映其无意识，而是传达一个群体共有的意识形态。古代艺术最初且最重要本质的就是，它是一种宗教—巫术的表达形式，是为了满足某种宗教需求而出现的，与占据统治地位的精英和君王相关，这些人被视为受神差遣的政府候选人。这样，破译古代的视觉表述或许会有助于揭示宗教理念"[②] 这种结论只适用于古代美索不达米亚，并不具有普适性。另外，它采用了线性进化论来概括女神形象的演变，试图在女神形象象征物之间的置换上寻找一种内在的理念性支撑。实际上，古代美索不达米亚的女神形象并非完全遵循这种演变规律，一直到耶稣的时代，古代巴勒斯坦地区都存在大量的异教神庙，里面供奉的女神就是以女性形象出现的，只有基督教禁止崇拜偶像，但《圣经》中的上帝是以人类形象出现的，其他的象征符号倒是不多见。

总的来说，不论是心理学还是进化论的阐释，学者们对女神形象的解读

---

① Anne Baring and Jules Cashford. *The Myth of the Goddess*: *Evolution of an Image*. London; New York: Arkana, 1991, pp. 8—45.

② Tallay Ornan. *The Triumph of the Symbol*: *Pictorial Representation of Deities in Mesopotamia and the Biblical Image Ban*. Ibid., pp. 8—9.

基本还停留在探究起源与梳理演化这两个层面，主要围绕女神的图像内部特征而展开，并没有涉及图像生成语境要素——社会与文化的观念结构——的研究。从符号学的角度而言，符号包含能指与所指两个层面的内涵，前者偏重于物质属性，后者强调意义层面的阐释。女神象征符号及形象演变的考察属于能指层面，它侧重于图像结构性层面特征，是女神形象的本体论阐释。女神形象意指层面的解读属于图像的意识形态研究，基本上为认知论阐释，它更多地借助于认知考古学这门学科进行。因为图像本身不会直接表述自身的含义，尤其在缺乏文献证据的情况下，很多时候，图像意义的阐释要借助于阐释者来进行，此时认知考古学的方法就被视为一种比较可靠的路径。所谓“认知考古学，即通过物质遗存研究古代社会的思想方式，从很多方面看属于现代考古学一个新的分支”。[①] 认知考古学所关注的是图像生产的文化密码，即创造图像的意识形态机制，通过图像发掘创造图像的社会思想和意识体系。借助于这种研究方法而进行的一些女神形象阐释者，由此提出了“女神文明”，试图以此来建构史前时代的社会图景。

四　“女神文明”及其批评

尽管“女神文明”的追随者大多为女性主义者，其中多半为生态女权主义者（Ecofeminist）与新时代运动的拥护者（new Age enthusiasts），但“女神文明”的倡导者金芭塔丝却是一位从事了多年考古发掘与研究的考古学者。金芭塔丝断言，欧洲东南部和安纳托利亚地区新石器时代的女神形象表明了女性在当时社会中的重要地位。她提出，此时的社会是母权制社会，女性负责宗教与政治方面的事物，而男性则主要从事技术性的工作，主要是贸易方面；社会财富与政治性权力集中在女性手中，一位类似于祭司—女王的女性首领负责社会的正常运作，而社会成员之间的要依靠母亲的血缘来确定彼此之间的关系。这个社会的人们崇拜一位负责创造、哺育、死亡与再生的大女神，人与万物相互沟通，男性与女性和谐共处。看上去这是一个以女性为中心的社会，但马丽加·金芭塔丝却坚持认为，

① ［英］科林·伦福儒、保罗·巴恩：《考古学：理论、方法与实践》，中国社会科学院考古研究所译，文物出版社 2004 年版，第 389 页。

这个社会的男性与女性的关系极为平等，女性并没有统治或剥削男性。[①] 只不过，这种以女性为中心的社会形态随着青铜时代父权等级制度的崛起而消亡了，后者很可能是印欧语系中尚武的游牧民族库尔干人（Kurgants）从东方引入的[②]。马丽加·金芭塔丝将这种社会形态下的文明称为"女神文明"，它有别于父性主义的现代文明。

从马丽加·金芭塔丝对待女神形象与"女神文明"的态度来看，其做法无疑基于这样一种观念之上：考古学遗物是人类思想和意识的产物。也就是说，考古学遗物不仅仅是物质，它还是当时人们的观念的体现。从物质性的女神形象出发，到对这些形象的象征体系认识，最后再到图像背后的意识形态的理解，这是金芭塔丝思考问题的三个过程。这种认知过程是从物质世界到社会形态的转换，中间经历了象征符号建构的观念世界，可以用一个简图来说明金芭塔丝由女神形象到"女神文明"的认知过程（见图 2—4）。不难看出，"女神文明"的说法位于女神形象阐释的第三个层次，也即是关注图像背后的观念与思想的阶段，对于神话阐释者来说，这才是图像的本质所在，这个阶段要关注的是"揭示决定于一个民族、时代、阶级、宗教或哲学倾向基本态度的那些根本原则。图像正是在这个层次上为文化史学家提供了确实有用的和不可缺少的证据"。[③] 从认知的过程来看，金芭塔丝的这种分析方法并没有脱离认知考古学的范式，但金芭塔丝的"女神文明"却遭到了众多的批评与质疑，尤其是来自考古学领域众多学者的强烈批判。

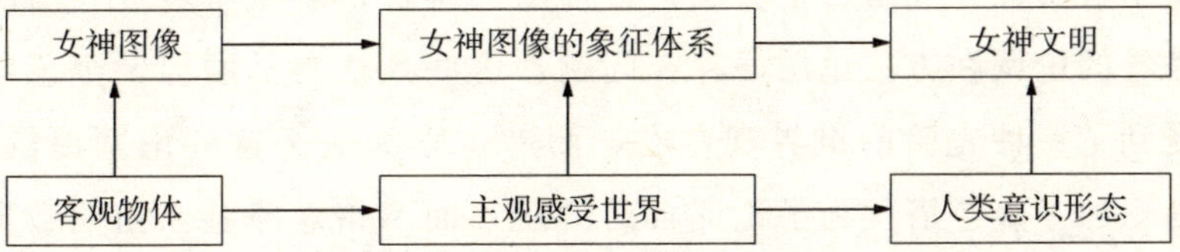

图 2—4 马丽加·金芭塔丝"女神文明论"认知图式

① Marija Gimbutas. *The Civilization of the Goddess*: *The World of Old Europe*. San Francisco: Harper SanFrancisco, 1991, pp. 221—305.

② Ibid., pp. 351—401.

③ ［英］彼得·伯克：《图像证史》，杨豫译，北京大学出版社 2008 年版，第 43 页。

关于“女神文明”的批评主要分为两个方面：方法论与图像的阐释。对马丽加·金芭塔丝方法论进行批评的主要是女性主义考古学者，后者更多的是基于对女性主义考古学研究方法可信度的维护才如此的。较之于女性主义人类学，诞生于20世纪80年代中期的女性主义考古学发展得比较缓慢，它在考古学领域合法确立其地位方面颇为艰难，这一点与考古学自身的实证性属性密不可分。一些女性主义者，诸如，丽塔·赖特（Rita Wright）、玛格丽特·康基（Margaret Conkey）、鲁思·特林哈姆（Ruth Tringhan）、琼·盖罗（Joan Gero）等人，他们在确立女性主义考古学的方法论上极为谨慎，因为不论在田野考察还是在遗物的阐释上，女性主义考古学的意图是颠覆“作为猎手的人类”这种观念，后者是由结构—功能主义和社会生物学所提出的教条。这些研究者的目的是发现一个具有多重经济样态的古代社会，女性在其中并非单纯扮演了无助、依靠的角色，而是积极参与社会活动，她们生产食物，制造并使用工具，制造陶器，编制篮子，并创造了象征性的表述符号。[①] 但是，这种努力却受到了金芭塔丝的“女神文明论”及她对考古学证据判断的威胁。职业考古学者对金芭塔丝研究方法的鄙薄以及大众对马丽加·金芭塔丝“女神文明”的狂热追随，使得女性主义考古学处于一种极为尴尬的处境，因为人们很容易混淆马丽加·金芭塔丝的研究方法与女性主义考古学的研究模式，为了维护自身方法论的合法性，女性主义考古学者展开了对马丽加·金芭塔丝“女神文明”的批评。

基于对女性主义考古学方法论可信度的维护，多半学者批评马丽加·金芭塔丝的论调在方法论层面存在问题。这些人认为马丽加·金芭塔丝的阐释受到了一种先验的世界观左右，而考古学无法为这一论调提供证据，因为马丽加·金芭塔丝为了论证自己的观点而不惜忽略甚至扭曲数据。学者鲁思·特林哈姆尖锐地指出，马丽加·金芭塔丝一直在利用她关于女神

---

① 参见 Rita Wright. Ed. *Gender and Archaeology*. Philadelphia：University of Pennsylvania Press，1991；Joan M. Gero and Margaret W. Conkey. Ed. *Engendering Archaeology*：*Woman and Prehistory*. Cambridge，Mass.：Basic Blackwell，1991；Elisabeth A. Bacus. *A Gender Past*：*A Critical Bibliography of Gender in Archaeology*. Technical Reports no. 25，Ann Arbor：University of Michigan Museum of Anthropology，1993.

象征物的观点来说服人们，那些史前时代出土的女性雕像是女神的化身，马丽加·金芭塔丝并未提供关于“女神文明”更多的证据。就方法论而言，这一点是非常令人恼怒的。鲁思·特林哈姆指出：“女性主义考古学研究的基础乃是，对考古学记录含糊性，阐释的多样性，以及作为话语组成部分而被建构的史前史的主观性，对上述这些层面的内容做一种明确的说明。但马丽加·金芭塔丝却将这种阐释的过程神秘化了，她将其结论作为一种客观事实而加以陈述。”① 这种批评是非常尖锐的，不过它承认了金芭塔丝的阐释方式依然在女性主义考古学的方法论之内。

另一名批评者林恩·梅斯基尔（Lynn Meskell）直接质疑金芭塔丝的理论依据，认为金芭塔丝的“女神文明”仅仅创造了一则颠覆男性至上主义的神话，而这些是强加在研究证据上的，它已经远离了女性主义考古学关于史前性别的阐释模式。她指出，金芭塔丝这种具有“实在论立场”的观点，过度强调了男女之间的差异是与生俱来的，强调女人通过自身的繁育而加强了与自然界的联系。林恩·梅斯基尔认为，“金芭塔丝及其追随者并没有推进女性主义考古学方法论可信度的建设，相反，他们破坏并限制了基于性别研究之上的可能性贡献，这主要归咎于其粗劣的学识，非历史的阐释，虚构的因素，以及颠倒的男性中心论。”② 林恩·梅斯基尔指责金芭塔丝的论调因缺乏方法论的可信度而威胁到了女性主义考古学者的努力，后者对性别研究的质疑已经得到考古学界的认可。在她看来，金芭塔丝的“女神文明”本质上是对母女神形象的异化表述，也是一种“虚假的女权主义”。方法论上的不可信及“实在论”色彩的认知，使得马丽加·金芭塔丝的阐释性工作“沉浸在建立二元对立的认识论框架中，刻板的性别角色、野蛮人的入侵以及文化阶段等，这些论调现在被认为已经过时。不幸的是，许多对性别感兴趣的考古学者已流于对历史的杜撰和情感的表

---

① 参见鲁思·特林哈姆关于马丽加·金芭塔丝《女神文明》一书的评论，原文载于《美国人类学家》杂志 1993 年第 1 期（*American Anthropologist* 95，No. 1，1993：196—197）。转引自 Rosemary Radford Ruether. *Goddesses and the Divine Feminine*：*A Western Religious History*. Ibid.，p. 36.

② Lynn Meskell. “Goddesses，Gimbutas and ‘New Age’ Archaeology”，*Antiquity* 69，1995，74—86.

述……在此关头，真正的女权主义者学术需要与方法论的缺点、颠倒的性别歧视、混合的材料以及纯粹的幻想决裂。”[①]

另一部分考古学者则对金芭塔丝证据的有效性表示怀疑，他们指责马丽加·金芭塔丝滥用了史前时代女性雕像的阐释权。从事多年考古学工作的学者彼得·尤克（Peter Ucko）指出，通过雕像之间的反复对比可以发现，在地中海与安纳托利亚地区出土的大量雕像中，只有六尊雕像可以被确认为是女性怀抱孩子的图像，很多塑像都缺少性别特征，不好判断说到底是男性还是女性。[②] 这就意味着马丽加·金芭塔丝证据的合法性存在问题，很多考古学者对此都有类似的批评。鲁思·特林哈姆等人也断言，旧石器时代与新石器时代的近东与欧洲出土的大部分雕像都是图示化的，根本就无法确定其性别。[③] 撇开图像的性别特征不说，即使确定了那些塑像的女性特征，也不能就断言这些雕像就是女神的化身。考古学者伊恩·霍德（Ian Hodder）则声称：新石器时代早期复杂的女性符号表现了妇女的客体化和从属性……史前人们使用由妇女的形象而不是男性形象，也许会是因为女性与男性不同，她们已经成为男人追求和拥有的对象。[④] 这些雕像是被男性把玩的世俗物，根本就不是神圣女神的化身。在一些雕像内涵的阐释上，部分学者批评马丽加·金芭塔丝扭曲了符号的内涵，错误地将一些图像视为女神的象征物。学者鲁赛尔指出，在卡托·胡玉克这个地方人们的生活中，大规模的狩猎行为占有一定地位，人们已经驯化了山羊与公牛，公牛在人们的生活中占有特殊的地位，公牛头也不是女神的化身，而是男性精神的象征。从这个层面而言，马丽加·金芭塔丝的“女神文

---

① Lynn Meskell. “Goddesses, Gimbutas and ‘New Age’ Archaeology”, *Antiquity*. Ibid, 69, 74—86.

② Peter Ucko. *Anthropomorphic Figurines of Predynastic Egypt, and Neolithic Crete, with Comparative Material from the Prehistoric Near East and Mainland Greece*. London: A. Szmidla, 1986, pp. 356, 361, 369.

③ Ruth Tringham and Margaret Conkey. “Rethinking Figurines”, in Lucy Goodison and Christine Morris. *Ancient Goddess*. British Museum Press, 1998, pp. 22—45.

④ Ian Hodder. “Gender Representation and Social Reality”, in D. Walde & N. D. Willows, eds. *The Archaeology of Gender*. Proc. of 2nd annual Conference of the Archaeological Association, Calgary: University of Calgary, 1991, pp. 11—16.

明”就站不住脚跟，因为她的证据出了问题。①

从学者们关于“女神文明”的争论来看，争论的核心是方法论的可信度与证据阐释的有效性，后者再度回到了关于女神形象的阐释上。很难判断“女神文明”到底是虚构还是事实，因为它是一个不断建构的问题。如果说这种“女神文明”是事实，人类学的田野考察至今依然没有发现一个符合金芭塔丝表述的母权制社会，考古学者也没有发掘一个完全意义上母权制的政治中心遗址。如果“女神文明”仅仅是遗址虚构，那么这又面临另外一个问题：我们如何面对这种虚构？神话尤其是神话图像，它不是历史，无法直接帮助我们理解走过的道路。但如果这种神话的虚构是合理的，就可以起到一种类似于历史的作用，那么，它就是有意义的。事实与虚构并不重要，重要的是对现实社会与世界的功效，这一点应该是我们思考的重心所在。

客观地讲，文明起源研究的“女神转向”是在西方文化场域内进行的，但它并非只是神话学自身发展的结果，它还与20世纪后期“新异教运动”有关。“女神转向”探讨的也不只是神话学与图像学问题，而是涉及人类社会史前社会与文明形态的探讨：质疑现代社会的父权制文化与文明发展的模式，并对文明的观念提出了新的界定。“女神文明”的倡导者金芭塔丝重新界定了文明的内涵：“考古学者与历史学者已经假定，文明意味着一种富有等级的政治性与宗教性组织，一种冲突，一种阶级分化，以及一种复杂的劳动分工。这种模式实际上是典型的父权制社会，诸如印欧社会……我拒绝那种将文明用来专指武力社会的界定。任何文明的生成都依赖于其艺术创造的程度，美学成就，非物质性的价值观，以及令生命富有意义并使成员幸福的自由，还有性别权力的平等。”② 不难看出，女神形象的阐释已经不是神话的问题了，而是与文明起源、文化机制的探讨联系在一起。

---

① Rosemary Radford Ruether. *Goddesses and the Divine Feminine: A Western Religious History*. Ibid., pp. 31—32.

② Marija Gimbutas. *The Civilization of the Goddess: The World of Old Europe*. San Francisco: Harper & Row, 1991, p. viii.

对女神形象的阐释包括了两个层面的内容：其一，女神形象的图像学探讨，主要包括女神形象的辨别、女神形象的象征物、女神形象演化等层面的探讨。这方面主要围绕图像的结构性特征而进行，但在图像物质性层面的探讨上存在许多有待于拓展的地方，比如，图像在不同时代的制造媒介上的变化，图像在历史时期崇拜场所的变化，不同图像之间的联系与差异，等等。另外，还有两个重要的问题没有探讨：一是验证它的年代（有时还涉及图像的真实性问题），二是确认它的结构类型。上述这两个层面的问题涉及年代学与类型学，属于考古学问题，基本上已经被考古学者解决了。其二，图像的认知学阐释。这方面主要指对图像背后的思想与意识、信仰等进行探索，涉及具体的社会结构与文明样态，其立足点是图像是整体文化中的一个组成部分。这方面的探讨不论在方法论还是在证据的使用上，都存在很多需要改进的地方，相关的阐释往往带有一种先验的文化决定论色彩，并没有把握住图像的情境性这个首要的原则。

另一方面，关于女神形象“间性”的探讨依然是一个有待于深入发掘的问题，这是后过程主义考古学者最感兴趣的话题，但通常在神话图像研究中很少得到应用。所谓“间性”就是指图像的“有界性”，它侧重于对图像的区域性与概念性边界做一种有效的阐释，比如，哪些女神形象是神圣的？神圣与世俗的女神形象在空间上有何表现？作为图像的女神与作为观念的女神二者之间有何区别？这些关于图像的区域与概念性边界的问题，会对神话图像功能与身份的探讨有所裨益，也是女神形象阐释的学术生长点。

第四节　神话学艺术起源研究新探

一　艺术起源命题反思

艺术起源属于西方哲学的话语范畴，但对其讨论同时也存在陷入不可知论的可能性。自古希腊开始，哲学家们就已经开始讨论艺术起源问题，但研究者从未达成共识，一些现代学者甚至主张取消这个命题的探讨。譬如意大利哲学家贝内德托·克罗齐（Benedetto Croce）就宣称，人类的直觉是一切认知活动的基础，艺术作为“由感伤或热情材料所构成的一种直觉形式”,[①] 它在时间上先于历史而产生，“一切历史的程序和事实都要借助艺术这一范畴才能了解，我们如何能替这个范畴追溯历史的起源呢?”[②] 克罗齐就此断言，探讨艺术起源的历史问题具有“妄诞”性。克罗齐认为追溯艺术起源的历史性问题是一件不可能完成的事情，如果一定要阐释艺术起源的历史意义，“它的研究对象不是艺术的根源，而是艺术的最初的或原始的历史。”[③] 这种论调基于克罗齐本人的主观唯心主义哲学观，并不能阻止学者们继续探讨艺术的起点问题。毕竟，艺术起源不是一个孤立的源头问题，而是与艺术的本性相关的，属于“第一性”的问题。海德格尔对此早有表述：“事物的也是它的性质的本源。因此，追问艺术作品的起源，即追问艺术作品的性质的本源。”[④]

尽管克罗齐本人拒绝对艺术起源的历史性进行深入探讨，但对于多数学者而言，探寻艺术的根源是一种历史主义的诱惑。在这些学者看来，探索艺术发生的起点至少具有以下两方面的意义：一方面，“那些图案、记号和表意文字向我们展示了人类起源时特有的思维、观察和交流的方式，然而他们并没有消失……因此，重新发现艺术的起源就是重新发现我们的思维、想象，以及创造神话、感觉和实验的方式所赖以建立的那些目的和基本情感。这同时也是重新发现我们的表达和交流能力所历经的发展和演化的过程，这些能力至今仍在如此强烈地影响着个人、群体、种族和人类的社会联系以及生活的目的。”[⑤] 这就意味着，艺术起源问题涉及对人类认知起点的探讨，具有历史发生学的价值。另一方面，艺术发生问题研究对

---

① ［意］克罗齐：《美学原理·美学纲要》，韩邦凯、罗芃译，外国文学出版社 1983 年版，第 253 页。

② ［意］克罗齐：《美学原理》，朱光潜译，上海世纪出版集团 2007 年版，第 177 页。

③ 同上书，第 178 页。

④ M. Heidegger. “The Origin of the Work of Art”, in *Philosophies of Art and Beauty: Selected Readings in Aesthetics from Plat to Heidegger*. A. Hofstadter and R. Kuhns eds., Phoenix Edition, Chicago: The University of Chicago Press, 1976, p. 650；转引自郑元者《艺术之根》，湖南教育出版社 1998 年版，第 256 页。

⑤ ［法］埃马努埃尔·阿纳蒂：《艺术的起源》，刘建译，中国人民大学出版社 2007 年版，第 18 页。

考察人类文化的整体性具有根本性意义："对史前艺术和部落艺术的研究为深深根植于人类中的交流和表达的逻辑体系开启了新的视野。这种体系是一种共同的语言，它超越了本地的地区或是国家的界限，包容了整个人类。毫无疑问，也是由于这个原因，今天，视觉语言及其起源的问题越来越引起人们的兴趣，而这并不仅仅局限于研究者之中。"① 这样看来，寻找艺术的起源就意味着重新发现人类自己的历史，是一种具有多重影响的探索性行为。

探讨艺术起源的前提是承认艺术处于不断发展状态中，它有一个最初的起点，沿着这个基点，艺术得以不断演化。国内有学者断言，自19世纪以来的艺术起源研究基本可以分为三种路径："第一就是从史前考古学角度对史前艺术遗址的分析研究；第二就是从现代残存的原始部族的艺术进行分析研究；第三就是从儿童艺术心理学方面所进行的分析研究。"② 这三种探讨途径基本上可以划分为三门学科：考古学、民族学和儿童心理学。国内学者叶舒宪先生指出，从阐释方式来看，上述三种路径各自具有不同的功效："前两种途径是直接性的，在整个探讨中占有绝对优势的比重；后一种是间接性的，一般认为只有有限的辅助作用。"③ 需要加以强调的是，这三种途径的探讨在一开始就陷入了一种比较奇怪的两难境地：一方面，从考古学与民族学视角对原始艺术进行研究，其立足点是客观、实证的，但却是非艺术、非美学的；另一方面，儿童艺术心理学理论在阐释原始艺术时是艺术的、美学的，但其理论却具有主观、臆想的色彩，因为它只能提供某种心理学方面的旁证。那种既是美学的又是客观的研究方式却没有在艺术起源的讨论中出现。自20世纪80年代以来，神话学在艺术探源方面成就卓然，虽然不能就此贸然说，神话学的途径是主观的、美学的艺术探源模式，但却可以这样断言，上述三分法的划分模式至少遮蔽了神话学者长久以来的不懈努力，因此，有必要将神话学

① ［法］埃马努埃尔·阿纳蒂：《艺术的起源》，刘建译，中国人民大学出版社2007年版，第18页。

② 朱狄：《艺术的起源》，中国社会科学出版社1982年版，第34页。

③ 俞建章、叶舒宪：《符号：语言与艺术》，上海人民出版社1988年版，第36页。

的模式视为艺术探源的第四种途径，继而将其研究范式纳入寻求艺术起源研究的理论模式中。

撇开艺术探源的这几种探讨途径，回顾一下艺术起源研究的若干理论，以此反观艺术起源探讨的景观。概括地说，关于艺术起源的探讨主要有以下几种：模仿论、劳动论、心灵表现说、游戏说、符号说、图腾说，等等。本书无意于轮番阐释各种论调，在此只想指出一点，各类学派彼此之间并非是对立而矛盾的，相反，它们处于一种近乎平行、补充的关系中。譬如，模仿学、游戏学、心灵表现说等理论，是从人类生理与心理层面考察艺术发生的外在推动力，劳动说则从人类自身的实践层面探寻艺术发生的内在条件，等等。不可否认的一种事实就是，这些学说均是一种绝对起源论：将起源视为一种静止的、线性的现象，导致了艺术起点的单向性。更为重要的是，它们基本持一种"自下而上"的经验论取向，即从现代人的视角去理解史前时代的艺术。研究者面对的不是艺术本身，而是艺术之外的各种现象，诸如，劳动实践、模仿行为、游戏过程，等等。与其说研究者是在探寻艺术的起源，倒不如说他们在论证这样一种关系：在艺术的发轫期，艺术与各种因素之间的互动关系：艺术与劳动、艺术与情感，艺术与模仿，艺术与图腾，等等。

很难说这种脱离了艺术自身而进行探源的假说具有多大的阐释效力，尽管各种理论皆有其追随者。不能直接说上述研究是一种缘木求鱼式的行为，这样等于抹杀了各种理论存在的必要性，但却可以这样认为：艺术的起点只有在艺术中寻找，除此之外，不存在其他更为可信的阐释手段。这并非是对海德格尔"艺术循环链"论调的简单附和，也不是在倡导一种从"艺术"到"艺术"的线性机械论，而是试图表明，既然艺术探源的旧有范式存在不可突破的"瓶颈"，为何我们不能换一种范式来讨论艺术的源头问题？实际上，20 世纪以来比较神话学已在艺术探源方面取得了重大突破，这一点后文会详细论述。但长久以来，艺术起源研究似乎已经成为艺术学、艺术史等学科的专业命题，神话学视角的探讨一直没有引起足够的重视，国内外不少研究者对神话学的艺术探源持一种怀疑态度，他们不时发问：神话学为何能够担当艺术起源研究的重任？神话学如何能够对艺术起源进行研究？其理论依据是什么？这是在追问神话学艺术起源探讨的合法性与有效性，在质问神话学艺术探源的逻辑出发点。作为艺术起源研究根本立足点，这个问题无论如何也无法回避。

二 神话学艺术探源的逻辑起点

无须强调的一种共识就是，艺术起源研究一般要从史前艺术开始，“而当我们谈到史前艺术时，通常是指视觉艺术，尽管我们确实知道，即使从技术的观点来看原始的人们，在忙于视觉艺术的创作时，也在通过音乐、舞蹈、手势模仿以及诗歌来表现自己，以前是这样，现在还是这样。人们训练口才，练习举手投足，装饰身体，学会引起他人的兴致；人们发展了艺术创作及感情流露的诸多其他要素，对于史前的部分，我们因年代久远而无法触及，考古也只能把留有可辨认的艺术物品发掘出来。”① 所以当论及神话学艺术探源的逻辑起点时，首先要明白的一种事实就是，我们在探讨这样一些问题：神话学如何理解图像在参与建构世界时的地位或意义，它以何种方式理解图像及其结构？概括地说，这两个层面的内容包含了如下两个问题：其一，图像是什么？这是理解艺术起源的第一层内涵。这并非是对克罗齐观点的简单套用，因为在神话学看来，探讨图像的起源并非属于“妄诞”之举，而是探寻艺术本质属性的一种行为，它具有可行性与可操作性；其二，图像何为？图像在史前时代发挥了何种作用或担当了什么角色？这是从功能主义视角来阐释艺术的社会属性，它更多将艺术与意识形态联系起来，涉及了既定社会与文化中观念或信仰体系的建构问题。

一个看似无关紧要的问题就是：当我们谈论艺术的意义时，它是针对什么而言的？它是指现代人眼中的艺术还是艺术创造者眼中的艺术？毋庸置疑，“艺术”一词属于当代美学的范畴，通常以实用性、审美性为基本特征。但在史前时代，也许“艺术”根本就不是审美意义上的概念，它指向了另外一些范畴，诸如偶像、实用器物，乃至于玩偶之类的东西。关于

① ［法］埃马努埃尔·阿纳蒂：《艺术的起源》，刘建译，中国人民大学出版社 2007 年版，第 22 页。

这一点，美国学者简·布洛克（Gene Blocher）曾经有所论述，他尖锐地指出："这里我们处于一种很棘手的两难境地：一方面，如果我们从自己的文化出发来主观地描述这些物品，根本不管我们所采取的观点对当地文化来说是完全陌生的这一事实，我们如何能够避免混乱和错误，做到忠实于制造这些物品的人们的意图？另一方面，如果我们试图客观地采用制造这些物品的原始人们的观点，假定这行得通，尽管可能性不大，这些物品如何才能成为我们艺术、批评、美学的领域感兴趣的东西并在其中具有重要性呢？"① 因此，学者们在探讨艺术起点时要有一个基本原则，那就是撇开现代人的惯性思维，尽量使用艺术创造者的视角解读艺术的内涵。毕竟艺术的创造者早就离去了，遗留下来的那些艺术品只能任由后人解读。神话学将这个基本原则命名为"情境性原则"（situational principle），要求研究者根据当时艺术持有者的眼光阐释艺术。确切地讲，"情境"这个术语是从考古学借用过来的，它是考古学者解读器物意义的重要尺度。考古学者伊恩·霍德（Ian Hodder）这样定义情境："每个客体同时存在于多个相关尺度中，因此，一旦资料存在，则一个关联和对比的网络可以用于建立意义的解释。围绕着任何客体变化的相关尺度的总和可以定义为客体的情境。我们试图赋予意义的客体 x 的相关情境就是按以上方式形成显著模式的客体 x 的所有相关资料。考古学意义上对情境的更精确的定义就是'相关环境的总和'，所谓'相关'指的是客体的显著关系，就是可以用来定义客体的意义的必要关系。我们也发现，情境取决于（过去的社会行为者和现在的解释者的）操作目的。"② 相较于考古学，神话学对图像情境性的规约侧重于文化层面而不是物质层面，情境性因而有着特定的内涵。概括地讲，情境性原则要求神话研究者将艺术置于其生成语境中加以阐释，它大致包括三个层面的内容：其一，图像生成的自然环境。研究者要将图像放到其生成的自然环境之中，这种情境性规约意在了解图像与其生成自然环境之间的关联，其中还包括图像及其媒质之间关系的考察。其二，图像

---

① ［美］简·布洛克：《原始艺术哲学》，沈波、张安平译，上海人民出版社 1991 年版，第 21 页。

② ［美］伊恩·霍德、司各特·哈特森：《阅读过去》，徐坚译，岳麓书社 2005 年版，第 160 页。

的文化空间。阐释者在研究图像的过程中，必须考虑图像所属的文化类型和特征，将该文化中与图像主题相关的诸叙述形式纳入考察范畴之内：仪式、口头传统、民俗、民间故事，等等，毕竟这些叙述样态是文化密码的载体，通过这些文化要素的考察，可以了解图像的意义。其三，图像的历史背景。这种要求研究者在解读图像意义时，将其置于既定历史范畴内，然后考察图像的时间与空间属性。神话学者艾萨克·科尼利厄斯（Izak Cornelius）指出，情境性原则就是从图像持有者的眼光出发的一种规约，本质上是阐释者代替图像来表述其内在意义，尽管有些时候无法完全还原其意义。[①] 萨克·科尼利厄斯的这种说法比较模糊，并没有给出具体的操作步骤。近年来不少学者对这个问题进行了深入的思考，比如，学者卡彭特（T. H. Carpenter）就指出，情境性原则仅仅是一种总体性的规约，在阐释艺术的意义时，要落实到实处。因此，他将情境性原则分解为一系列的文化阐释层面：图像自身的结构，图像所属器物的类型，器物的用途、经济价值、制造的年代、地点，以及出土的处所，图像在宗教与政治场所的使用频率，等等。他认为应该综合考虑这些层面的因素，将图像置于一种立体、复合的活态网络中加以解读。[②] 这种主张强调图像在社会、历史与文化网络中的位置，指出了情境性原则的具体考察要素，具有方法论上的指导性意义。需要指出的是，情境性原则并不等于“特殊主义”，后者完全拒绝或排斥阐释的通则性理论，情境性原则的核心从文化持有者的角度出发理解图像，它强调在图像与理论之间保持一种充分的张力，研究者本身同时对图像的认知持一种更为客观的立场。

在方法论层面，情境性原则要求研究者将图像视为元文本或元叙述，图像因此就有不同形式的副本：文本、行为、语言，等等。这并不意味着各种叙述形式在历史叙述层面具有主次之分，它们具有同等的阐释效力。在这种规约下，图像、各类文献、神话、传说、礼仪、风俗，等等，所有

---

① Izak Cornelius. *The Many Faces of the Goddess*. Fribourg, Switzerland: Academic Press; Göttingen: Vandenhoeck & Ruprecht, 2004, p. 7.

② T. H. Carpenter. “Greek Religion and Art”, in Daniel Ogden ed., *Companion to Greek Religion*. Oxford: Blackwell Publishing Ltd, 2007: 398—420, p. 398.

这些都成为重构史前思想与意识的有效途径。接踵而来的一些问题就是：在具体的阐释过程中，如何组织这些叙述形式？它们在时间与空间上有何关联？那些当图像与其他叙述形态之间存在断裂之处，即表述的内容不一致时，应该如何处理？所有这些问题都与情境的有界性（boundedness）相关，这是情境性原则的核心概念。关于有界性问题，考古学界对此有所定义："有界性是对两个地方之间或两种性质之间的概念性障碍的解释，如神圣与世俗之间，或两个法定国家之间。有界性通常能在物质边界中得到反映。弗莱明首次指出了物质边界与概念边界的联系，如今人们已普遍认为物质边界是概念边界的象征，不论是房屋边界、田地边界还是聚落的边界。其他人也将'有界性'应用于艺术，应用于垃圾处理空间的使用或墓葬空间的使用。这类研究都必须相信概念边界与物质边界相关。因此，可以在考古学中识别边界。"① 考古学对有界性的探讨侧重于情境的物质性层面内涵，它探寻的是概念性界限在物质层面的反映，最终要识别二者之间的具体联系。较之于考古学，神话学的有界性倾向于探讨情境之间的真实关联方式，其中包括各种情境之间的关联与交互作用，以及各类叙述要素在时间、空间与文化层面的限度问题。有界性规约强调，各种情境之间具有一定的关联，但各类情境之间并不是可以随意交叉叠合的，它们之间存在一定的界限。并且，在阐释史前图像的意义时，研究者并不能将各种叙述形式都纳入研究对象，只有同一文化、时间或空间范畴内的文本、行为、语言叙述才能作为图像的变体被考虑，跨文化、时间与空间的叙述要素无法充当图像的叙述变体角色。比如，在阐释公元前2000年克里特地区一幅绘有蛇形符号的图像时，研究者就只能考虑克里特地区文化传统中相关的表述形式：神话、民间故事、仪式、民俗中关于蛇的各种叙述，或者可以考察公元前2000年这个时间范围内，世界各地关于蛇的表述，另外也可以在希腊文化中寻找关于蛇的各种叙述。倘若将当下中国境内某个少数民族关于蛇的仪式纳入其中，那就违背了情境性原则。在具体的研究过程中，不少神话学者提供了论证严谨而又阐释成功的案例。譬如，学者琼·

① ［英］肯·达柯：《理论考古学》，刘文锁、卓文静译，岳麓书社2005年版，第166页。

古德奈克·韦斯顿博尔兹（Joan Goodnick Westenbolz）正是通过古代巴比伦文化中不同历史时期的王族仪式、颂歌、星象学与楔形文字中关于神尹南娜（Inanna）女神的相关表述，成功解读女神在外貌上男女一体的图像特征含义：尹南娜是二元对立的宇宙理念与秩序的体现，她既是有序的又是无序的，既是宇宙秩序的创造者又是其破坏者。① 再如，学者约那·迈洛纳斯·希尔（Ione Mylonas Shear）利用考古学证据中迈锡尼时代墓葬的相关情况，确认存在一位富有权威的男性统治者，并根据线形文字B辨识出了一位享有经济特权的国王，继而又在荷马史诗中发现了线形文字中相关官员的名字，又在口头乌加特泥板中发现了各种关于王权的表述，最后复原出迈锡尼时代王权的大致状况，那就是，迈锡尼时代的国王在经济与社会上仅仅拥有相对有限的权力，其他阶层与王室成员分别同样拥有独立的经济权，迈锡尼的王权拥有类似于埃及与赫梯帝国的王权，其经济是一体化的。② 从中不难看出，研究者围绕问题选择证据时，要么将其严格限制在同一种文化类型中，要么在同一种时间或空间范围内进行论证，从而确保了结论的可信度。当然，强调情境性原则的间性问题并不排斥一种具有普遍性的阐释原则，事实上，情境性原则恰恰是在承认一种思维模式的公共性基础上进行阐释的，这一点后文会详细论述。

在情境性原则之下，再回头探讨图像的意义。图像是什么？这是一个具有歧义性的问题，就像“艺术是什么”的问题一样，每一个人都会根据自己的理解给出不同的回答。尽管如此，答案却通常只有两种：范畴性的与内涵性的，前者指向了艺术的类型，后者则暗喻了对艺术性质的理解。当论及“艺术”一词时，通常都是从审美的视角出发，此时艺术就具有一种非功利、超然的意味，但应该意识到，这是现代人的艺术观，对于史前的人们而言，“艺术”未必有这种内涵。考古学者埃瑟特·班斐（Eszter Bánffy）指出，“那些古人制造并使用崇拜偶像，但他们对

① Joan Goodnick Westenbolz “Inanna and Ishtar in the Babylonian World”, in *The Babylonian World*. Edited by Gwendolyn Leick, New York and London: Routledge, 2007: 332—347.

② Ione Mylonas Shear. *Kingship in the Mycenaean World and Its Reflections in the Oral Tradition*. Philadelphia, PA: INSTAP Academic Press, 2004, p. 2.

艺术的价值根本就不感兴趣。”[①] 当然，对艺术本质的认识并非仅仅停留在这个层面上，越来越多的学者看到了艺术的另外一面。神话学者塔莱·奥南（Tallay Ornan）指出：“古代世界的视觉艺术通常并不具有取悦或装饰的意味，在古代语境内，现代西方旁观者所谓艺术的美学价值在这里根本就没有地位。西方人将美的艺术视为满足审美需求的产物进而将其与实用艺术品区分开来的这种研究方法存在严重的问题……古代艺术最初且最重要本质的就是，它是一种宗教—巫术的表达形式，是为了满足某种宗教需求而出现的，与占据统治地位的精英和君王相关，这些人被视为受神差遣的政府候选人。”[②] 不难看出，塔莱·奥南将图像看做一种可视化的叙述形式，它表述了既定社会的宗教意识形态。更多的神话学者将史前神话图像看做以神话思维方式出现的一种神圣叙述，它们讲述了那个时代的人们对于世界与宇宙的感知。学者阿里尔·戈兰甚至这样宣称：“实际上，那些符号在某一时期内具有一定的特殊意味，它们被用作象形文字，以此记载书写语言形成之前的某些观念与理念。”[③] 在多数神话学者眼中，史前时代的图像是一种视觉化的叙述形式，它以一种具象化的方式表述了既定历史时期的某些观念与思想，尽管不同于后来的文字，但图像实际上就是那个时代的交流工具。在这个意义上，图像就是叙述类型的原型或者是元叙述，它催生了后来的叙述样态。若将这种认识推及到对艺术本质的理解，也不否认这样一种观点：“就史前艺术而言，它在本质上既是史前意识形态的可见形式，又是史前意识形态的活动。”[④] 需要指出的是，艺术或图像并非仅仅意识形态的视觉化形式，它有着更为宽泛的内涵，当然也必须承认，艺术或图像同时具有象征性与实在性，这一点是毋庸置疑的。

如果将图像界定为元叙述或可视性叙述，那么就要进入到图像非物质

① Eszter Bánffy. “Cult and Archaeological Context… ‘Artaeus’,” 19/20. Bp，1990/1991，p. 22. 转引自 Ariel Golan. *Prehistoric Religion*：*Mythology*，*Symbolism*. Jerusalem：A. Golan，2003，p. 11.

② Tallay Ornan. *The Triumph of the Symbol*：*Pictorial Representation of Deities in Mesopotamia and the Biblical Image Ban*. Fribourg：Academic Press Fribourg；Göttingen：Vandenhoeck & Ruprecht，2005，pp. 8—9.

③ Ariel Golan. *Prehistoric Religion*：*Mythology*，*Symbolism*. Jerusalem：A. Golan，2003，p. 9.

④ 郑元者：《美学观礼》，中国发展出版社 2000 年版，第 115 页。

层面的探讨，此时不得不考察图像的象征性范畴。可以这样断言，当神话学者论及象征形式的图像时，是在寻找艺术的社会功能，他们在探讨艺术的功能性意义。不可否认的一点就是，艺术功能的探讨依然是一个见仁见智的问题，但这并不妨碍神话研究者达成某种共识："一幅图像就是一种理念的图释。通常情况下，图像与它所表述的事实体之间并不存在显著关联。"[①] 也就是说，图像是人类意识和思想的产物，在研究缺乏文字表述的史前时代时，图像成为揭示史前人类思维模式的有效途径。当涉及对某些图像的具体阐释时，多数学者则持不同意见。例如，学者帕特里夏·赖斯（Patricia Reis）指出，"在过去的一个世纪里，我们在旧石器时代的雕刻、浮雕、雕塑上发现了成千上万的女性图像，其时间在公元前 30000—前 9000 年之间。这就意味着这些大母神的形象从旧石器时代已经存在了两万多年，它们出现在我们的神话幻想物、艺术与仪式之中。这些图像要告诉我们的就是，在人类意识的最早阶段，创造性的冲动是以女性形象而出现的。她被想象为宇宙的运行之道，是一位具有宇宙进化论性的女性，掌管着在她存在领域之内生命的诞生、死亡、再生等一切活动的宇宙循环。"[②] 当概括图像的地位与功能时，学者塔莱·奥南（Tallay Ornan）毫不迟疑地宣称："古代遗物上的图像并不传达个体艺术家的思想、情感、创造力或无意识，而是表述一个群体共有的意识形态。"[③] 图像具有建构社会意识形态的作用，认知性功能因而成为图像的首要功能。

一种事实就是，神话学研究者在考察图像的功能时，通常很少论及阐释的基本假设，他们倾向于将象征性作为阐释图像的主要依据。从塔莱·奥南等人的探索来看，多数学者借用了认知考古学关于认知的理论来解读

① Ariel Golan. *Prehistoric Religion*: *Mythology*, *Symbolism*. Jerusalem: A. Golan, 2003, p. 17.

② Patricia Reis. "The Self - Seeding Goddess and the Mysteries of Creativity", in *From the Realm of the Ancestors*: *An Anthology in Honor of Marija Gimbutas*. Edited by Joan Marler. Manchester, CT: Knowledge, Ideas & Trends, 1997, p. 579.

③ Tallay Ornan. *The Triumph of the Symbol*: *Pictorial Representation of Deities in Mesopotamia and the Biblical Image Ban*. Fribourg: Academic Press Fribourg; Göttingen: Vandenhoeck & Ruprecht, 2005, p. 8.

图像，但这些学者似乎不大愿意强调方法论层面的意义。作为神话学阐释的基本立足点，有必要在此加以强调。认知考古学者偏重于从物质文化视角来阐释人类的思想与行为规则，其依靠的通则依然停留在实证性层面。部分考古学者宣称，“作为具体研究的第一步，需要作这样一个假设，即在每一个人的头脑中都存在一个世界的影像，一个解释的框架，一张认知图，这很像地理学家讨论的那种智力图（mental map），但它不仅限于代表空间关系。由于人们不仅仅是对那些留下印象的事物做出反应，而且还对他们所生活的现实世界的理解做出反应，并由此再对前者事物的印象做出解释并说明它们的含义。在这个图解中，我们看到个体的人（在他或她的头脑中）有其个人的认知图，它能让记忆中的过去重新有所回忆，并且在‘思维的眼睛’（mind's eye）中憧憬着未来的情况。居住在一起的同一社区的人们，具有相同的文化，操同一种语言，并经常拥有相同的对世界的看法，或称‘思维定势’（mind set）。在这个意义上就是我们所说的共有的认知图，尽管个人之间会有不同，同样一些专业群体之间也会有所差异。这种方法有时被哲学家称作‘方法论上的个人主义’。”[①] 不难看出，这种假设下的公共认知图具有一定的限制性，它强调时间、空间的同一性。这也是后过程主义考古学一贯主张的论调：“所有的认知，其认知时间、空间和认知个人都是特定和具体的，而不具有在思想的概念性结构上任何层面的跨文化认知相似性。”[②] 不过神话学并不是一门简单移植外来理论的学科，它具有极强的包容力，神话研究者并没有拘囿于后过程主义考古学关于公共认知的属性界定。在引入认知考古学关于公共认知理论的同时，比较神话学采用了一种跨文化的通则来寻找图像发生的公共思维机制。概括地说，这种通则的核心内容就是，在人类历史初期，艺术与图像的创造遵循着一种公共的思维模式——神话思维，它是一种跨文化的思维方式，以具象化的方法描述人类对世界的感知。在这种思维方式下，图像发挥了媒介的作用：一方面，图像将人们对外在世界的感知转换为抽象的

---

① ［英］科林·伦福儒、保罗·巴恩：《考古学：理论、方法与实践》，中国社会科学院考古研究所译，文物出版社 2004 年版，第 390—391 页。

② ［英］肯·达柯：《理论考古学》，刘文锁、卓文静译，岳麓书社 2005 年版，第 160 页。

概念，另一方面，它又以符号化的语言形式表述了人类的思想，前者借助图像的象征性得以实现，而后者则通过图像的物质性加以表达。在此过程中，图像将实在的世界与人类抽象的意识形态连接起来，发挥了类似于语言的作用。需要指出的是，这是一个双向运动的过程，从外在世界到内在意识的认知活动通过神话思维赋予图像一种象征性意味，而借助神话思维从意识到世界的投射过程则使得图像具有一种实在论意义（参见图 2—5）。

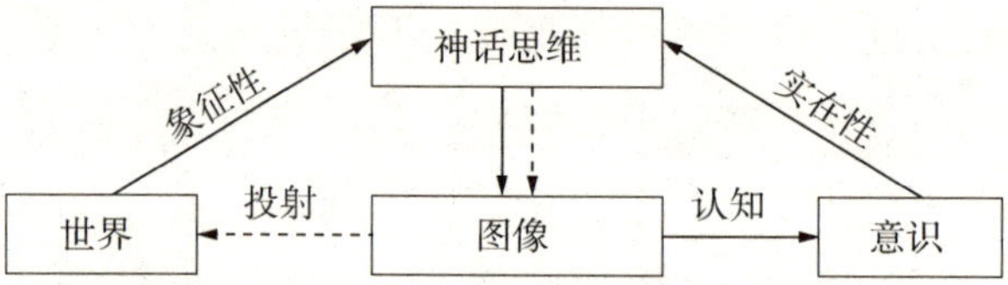

说明：---►表示从外部世界到内部意识方向；——►表示从内部意识到外部世界方向。

图 2—5　图像—认知过程图示

一旦意识到人类图像借助于神话思维来表述外部世界与内部意识，艺术探源的研究范式便会发生转换："'发生'要归溯为'存在'，没有存在就理解不了发生，就不能认识发生之特殊'真相'。现代科学形态的心理学本身就显示出这种关系，因为发生问题不能单凭自身来解决，而只能与结构问题彻底相互关联，这一点已经日益明显。"① 这样，基于研究图像自身的方法便取代了先前那种从外部因素寻找艺术之根的方式，艺术发生问题就转向了艺术创造者自身的认知问题。"艺术的源头是什么"这一具有终极验证意味的问题，继而就转换为"如何考察初级形式的艺术"这样一个具有十足操作性的命题，艺术起源研究由此出现了新的范式。

① ［德］恩斯特·卡西尔：《神话思维》，黄龙保、周振选译，中国社会科学出版社 1992 年版，第 3 页。

三 神话学的认知取向：命题的框架

一种实证主义的观点认为，既然过去已经消失，现代人也无法知道古人在思考什么，那么探寻过去人类的认知活动就是徒劳的，因为思想体系的建构超越了科学模式的范畴，无法对其进行验证。不可否认，这种论调具有一定的道理，但另一方面，倘若接受这种观点，就意味着放弃对图像或艺术创造主体的研究而转向纯粹物质层面的考察，这种忽略人类观念的考察模式根本就无法描述人类的行为。认知考古学认为，尽管现代人无法获知过去的人们在想些什么，但却可以通过古人遗留下来的东西了解他们的思想，因为那些遗物部分体现了古人的思维与意识。我们无法让那些出土的器物开口说话，却“可以通过建构分析早期社会的观点和人们思维方式的具体程序解决。例如，我们可以探索人们是怎样开始描述和测量他们的世界，如我们所见，在印度河流域文明中所使用的度量衡系统一直到现在还能够很好地为人们所理解。我们可以研究人们是如何规划纪念性建筑和城市的，因为街道布局本身就说明了它是规划的结果，有时候还可以发现规划图和某些特殊的规划证据（例如模型）。我们可以理解哪些物品被赋予很高价值，有时候它们被看做是地位和权力的象征。我们还可以研究人们看待超自然界的方式以及他们在祭仪中如何对这些概念做出反应。例如，在秘鲁北部查文·德·环塔（Chavín de Huantar）的大型礼仪中心”。[①] 认知考古学者偏重于从物质文化视角来阐释人类的思想与行为规则，其依靠的通则依然停留在实证性层面。相较于认知考古学的跨文化规约，比较神话学尚没有形成一种可以称得上“认知神话学的”研究模式，它的大部分理论与研究模式是从认知考古学借用过来的。一种不可否认的观点就是，前期的一些神话学者曾经做过一些类似于神话认知研究的阐释性工作，比如，弗雷泽、列维—布留尔、列维—斯特劳斯等人曾使用过“巫术思维”、“原始思维”、“野性的思维”之类的词语分析过原住民的思维方式，但这类尝试性的工作并没有形

① ［英］科林·伦福儒、保罗·巴恩：《考古学：理论、方法与实践》，中国社会科学院考古研究所译，文物出版社 2004 年版，第 389 页。

成一套阐释神话图像发生内在机制的研究模式，以致20世纪后期的一些神话研究者不得不大量借用认知考古学、认知人类学的相关知识来解读神话图像。在这样一种背景下，神话学将图像探讨划分为三个基本话题：宗教信仰、宇宙观，以及意识形态研究。

一种普遍的看法就是，宗教是一个由信仰构成的架构，其中涉及超然存在物、生死观、祭奠仪式及祭司制度，等等，对这类观念进行建构的过程属于人类的认知范畴，这也是神话研究者关注的核心层面。饶有兴趣的是，多数学者的兴趣不约而同地指向了神明形象的象征意义，其中探讨最多的就是关于神明形象的演变与符号象征的关系。在阐释过程中，研究者大多关心的是神明形象所体现的宗教理念，但在一些具体的论点上，研究者尚未取得一致性意见。比如，关于新石器时期欧洲的宗教信仰，学者阿里尔·戈兰认为此时是以崇拜女神为主的多神论体系，[①]学者米兰达·格林（Miranda Green）则认为此时只存在太阳神崇拜，[②]而詹姆斯·梅拉尔特（James Mellaart）则主张女神崇拜的信仰系统。[③]尽管存在种种分歧，但在神明形象的识别上，研究者还是达成了某些共识。神话学者们认为，如果一件艺术品或图像象征着神明的形象或具有神圣的意味，那么它就具有宗教内涵。但象征是一个并不具有普遍性意义的文化范畴，象征的意义并不固定，只有联系其生成情境时才能够被理解。另外，神圣性也是一个范畴与意义都非常模糊的概念，无法在时间与空间上加以界定，所以这样的一种共识是一种假设，必须制定一些具有普遍性的辨识标准。当然，制定这种辨识宗教图像的标准本身就是阐释史前人类认知的一种行为，它是研究者对史前思维模式的一种重构。具体到一些神像的辨析，学者们一致认为，角饰、翅膀、坐骑、复合性形象或与复合性形象搏斗的形象，裸体女性形象，除此之外，还有有限的几类符号，比如，树、太阳、月亮、星星，等等，这些都是神明形象的象征。例如，史前宗教的

① Ariel Golan. *Prehistoric Religion*：*Mythology*，*Symbolism*. Jerusalem：A. Golan，2003，p. 35.

② Miranda Green. *The Sun-Gods of Ancient Europe*. London：B. T. Batsford Ltd，1991，p. 11.

③ James Mellaart. *Çatal Hüyük*：*A Neolithic Town in Anatolia*. London：Thames and Hudson，1967，p. 101.

图像中一般会出现带角状头饰的神话形象，神话学者认为这类形象象征着神明，因为史前时代的人们一般将神明想象为人类的样子，但这些神明又超越人类而存在，为了表示神明的超然性，就在其画像上添加了角饰，这种神明肖像特征的背后揭示了人们将神明形象理解为以人类出现的观念。[①]当然，并非所有的学者都在从事这样的工作，部分学者还重构了史前的祭祀制度。譬如，学者南诺·马瑞纳托斯就根据图像重构了米诺宗教的崇拜机制：克里特人的祭司是一个永久性的职业，并不是贵族生涯的一个阶段性职业。男女祭司是神明在人间的服务者，各自有着不同的分工，穿戴不同的服饰。祭司们有着特殊的服饰与举止，他们负责主持献祭、仪式，同时代表神明的无上权威。[②]

不可否认的一种事实就是，对宗教理念的重构是在寻找史前意识中关于宗教的认知，这种研究模式是从认知考古学借用过来的。在方法论上，神话研究者的阐释要更具信服力，因为他们采用了情境性原则下的“多重证据法”来重构宗教理念，图像、仪式、神话故事、民俗、口头传统等各种叙述要素均被纳入其中，史前宗教观念的重构因而具有一种跨学科的宏大视野。比如，学者 R. T. 朗德尔·克拉克（R. T. Rundle Clark）对埃及宗教中灵魂观的考察就是利用神话图像、棺文、仪式、民间故事、神话进行的。克拉克认为古代埃及人的宗教思维就是灵魂思维，是通过神明的形状、象征与出现而得以呈现的，各种神明代表的是一种灵魂观念，比如，太阳是天空之神的灵魂，植物是奥西里斯（Osiris）的灵魂，天狼星是伊西斯（Isis）的灵魂，等等。通过使用这些观念，神明的形象就逐渐得以形成并变得更加丰满。[③] 需要加以说明的是，从事宗教观念考察的研究者大多具有多年的考古学经历，比如，詹姆斯·梅拉尔特

---

① Tallay Ornan. *The Triumph of the Symbol*：*Pictorial Representation of Deities in Mesopotamia and the Biblical Image Ban*. Fribourg：Academic Press Fribourg；Göttingen：Vandenhoeck & Ruprecht，2005，p. 13.

② Nanno Marinatos. *Minoan Religion*：*Ritual*，*Image*，*and Symbol*. South Carolina：University of South Carolina Press，1993，p. 145.

③ R. T. Rundle Clark. *Myth and Symbol in Ancient Egypt*. London：Thames and Hudson，1993，p. 265.

先生就主持过土耳其境内卡托·胡玉克文化遗址的发掘。很多时候这些学者关于图像认知的考察无形中受到了考古学理论的影响。这些学者严格遵循认知考古学关于宗教理念的考察模式，认为认知就是某些宗教观念的范畴、分类以及演变，将认知活动等同于宗教理念的发展，从而误导了人们对于认知的理解——动态的意识过程就是静态的宗教理念框架。这是对认知观念缺乏自省的一种表现，也是神话学者过度依靠考古学研究模式造成的。基于对这种研究范式的不满，一些学者转而用神话思维的理论模式来阐释宇宙观，由此出现了图像认知阐释的第二种方式。

对神话学者来说，创世神话之所以具有异常的吸引力，是因为这些宇宙起源论神话叙述了世界和人类的起源，以及宇宙秩序、人类社会秩序的创建。创世神话表述了神话持有者的宇宙观。近年来，随着研究的深入，神话学者越来越关注希腊神话图像中的时间表述，试图从中探寻古代希腊人关于时间的认知过程与特征，在哲学之外寻找另外一条探讨时间的路径，他们想解答的问题就是：在哲学的时间概念之外，希腊人如何通过神话界定时间？在给出答案之前，还必须简要回顾希腊哲学中关于时间的认识，以此做二者之间的对比。学者托利弗·伯曼（Thorlief Boman）指出，现代欧洲人将时间视为一种空间范畴加以表述，“我们的时间概念在我们的动词中得到了形象化的表达。我们欧洲人把时间想象为一条直线，在这条直线上我们的目光投向了前方。在我们的前面是未来，在我们的后面是过去。在这条直线上我们可用加点的方式来清楚明白地给所有的时态进行界定：现在时是我们落脚的点；将来时是我们前面的任何一点，在此之间还有将来完成时；在我们身后是完成时，再后面是未完过去时，更远的后面是过去完成时。”[①] 这是一种典型的线性时间论，具有将时间空间化的特征。“所谓时间的空间化不仅是指时间成为空间的第四维，更主要是指时间被赋予外在性，时间中的事物像空间中的事物一样被认为相互外在，相互成为对象。”[②] 就看待时间的思维方式而言，现代欧洲人与古希腊哲学家

① ［挪威］托利弗·伯曼：《希伯来与希腊思想比较》，吴勇立译，上海世纪出版股份有限公司、上海书店出版社2007年版，第163页。

② 吴国胜：《希腊空间概念》，中国人民大学出版社2010年版，第154页。

的视角是相同的，因此，我们就要回到古希腊哲学家那里。在柏拉图看来，时间与永恒性联系在一起，他认为，“时间和天体一同产生。一同产生便会一同消失，如果它们有一天会消失的话。时间是根据永恒者的本性创造出来的，它尽可能与原本相像。原本是永恒的，而天体和时间是过去时、现在时和将来时。这便是神造时间的本意和计划。”[①] 不难看出，柏拉图的时间并非是先验存在的，而是永恒之神的创造物，它会随着天体的消亡而消失。尽管柏拉图对时间的论述仅仅停留在神圣的永恒性层面，但他关于时间与运动的思维却激发了亚里士多德关于时间的深入思考。亚里士多德在《物理学》中用了五个章节讨论时间的本性与特征（《物理学》第四章第十到十四节），他将时间界定为“关于前和后的运动的数，并且是连续的”。[②] 亚氏将时间视为空间的一种表现形式而加以阐释，因为在他看来，“前”和“后”首先是一种空间位置上的区别，其次才是时间在运动方面的先后顺序。[③] 在亚氏眼中，时间本身并不是循环运动的，尽管时间本身被一些循环运动量所计量，譬如，年、春、秋，相反，时间是成直线运动的，没有反向运动的可能性。可以看出，现代的线性时间观具有悠远的哲学根基，但这并不意味着生活在前哲学时代的人们也是这样看待时间的，毕竟哲学是一种理性思维，它是人类进入文明时代后的产物。

一种事实就是，哲学思维模式中的时间是一种中性的存在物，并没有强烈的情感与道德色彩。神话学家劳埃德（G. E. R. Lloyd）指出，文本神话中的“时间与道德秩序是牢不可破地联系在一起的，任何对人生时间法则的破坏都会带来灾难性的结果。希腊人把三位时序女神——欧诺弥亚（即良好秩序）、狄刻（即正义）和伊瑞涅（意为和平）相并列绝不是偶然的……正义和道德秩序的概念与时间的有序法则，即一年中的季节和人的生活周期的概念密切相关。在关于人生历程的神话中，两个概念相互影

① ［古希腊］柏拉图著，谢文郁译注：《蒂迈欧篇（38：C）》，上海世纪出版集团、上海人民出版社 2003 年版，第 34 页。

② ［古希腊］亚里士多德：《物理学（10：220a，25f）》，张竹明译，商务印书馆 1982 年版，第 127 页。

③ ［古希腊］亚里士多德：《物理学（10：219a，15f）》，张竹明译，商务印书馆 1982 年版，第 124 页。

响，如同正义被部分想象为人生有序的时间法则的根据，反过来，时间也不仅仅是一种自然现象，而是道德宇宙秩序的一个方面。"[①] 这就意味着，神话中的时间是一种感性的存在物，明显地具有感情色彩。比如赫西俄德就在《工作与时日》中描述了人类依次经历的五个时代的状况，而人类自身的品性随时代而不断走向败坏。但另一方面，希腊的文本神话中关于时间本身的叙述是相当凌乱而不成系统的，并没有对时间的划分单位进行具体的表述，尽管其中不乏关于时间与时间意象的内容。随着神话学对图像研究的深入，越来越多的学者发现，希腊神话图像中所描绘的时间内涵比哲学和文本神话要更为丰富，并且其表述方式更为深刻。

学者罗杰·欣科斯（Roger Hinks）将神话图像视为一种物质性文本，认为通过图像时间表述的思考可以发现古代人们对自然界的认知系统。他认为，尽管古代希腊人没有在神话中留下关于季节的表述，但他们在神话图像中表述了关于时间和宇宙的思考。在早期希腊神话图像中，希腊人将春、夏、秋三个季节刻画为由赫尔墨斯（Hermes）带领的三个时序女神（Hours）。到了后来，希腊人将春夏秋冬四个季节表现为由赫卡忒（Hekate）女神带领的四个面貌各异的女性。到了古罗马时代，一年中的十二个月则用十二个圆圈加女性形象来表示，再到后来，便用一个男性从婴儿到老年的四个阶段来表示四季和一年。罗杰·欣科斯断言，这些形象背后所蕴含的意义乃是："深奥历法中的月份与年份相关，年份与不朽相连，与月亮和太阳有关，与大地和海洋的丰产密切相连。"[②] 罗杰·欣科斯想要阐释的是，古希腊与古罗马的"时间"是可见的概念，不同于哲学家眼中的线性的时间理念，它是一种循环的宇宙观。那么，这种循环的时间概念系统是如何形成的？它从何而来？人们为什么会接受它？罗杰·欣科斯以为，希腊人关于时间的概念是在观察自然界变化的过程中形成的，神话人物的肖像变化反映了希腊人对季节的认识过程：开始是太阴历，一年分为

① ［英］G. E. R 劳埃德：《希腊思想中的时间观》，［法］路易·加迪等《文化与时间》，郑乐平、胡建平等译，浙江人民出版社 1988 年版，第 143—194、150—151 页。

② Roger Hinks. *Myth and Allegory in Ancient Art*. London：The Warburg Institute，1939，p. 50.

三个月，到了后来就改为太阳历，将一年划分为四个季节。再到古罗马时代，就将一年划分为十二个月，一周分成七天，等等。进一步推究，罗杰·欣科斯便宣称，四季以神明形象出现的方式隐喻了人类从摇篮到坟墓的过程，人类的生命与宇宙的循环更新密切相关，它表明了这样一种宇宙观："人类是一个微型宇宙，人类以一种神秘的方式反映了大宇宙的架构，也就是宏观宇宙的架构。"① 这种分析是将认知模式转换成一个独立的时间系统，然后将其置于宇宙观之内，从而达到考察时间认知体系的目的。毋庸置疑，罗杰·欣科斯是成功的，但他并没有注意到一些细节性问题，比如，表现太阴历的季节为何以男性现象出现，而表现太阳历的季节以女性形象呈现？这些问题看似无关紧要，实则涉及时间观的属性问题——物理时间抑或心理时间。需要加以说明的是，这种将个体生命时间与宇宙循环相联系的认知模式实际上将时间视为空间形式而加以处理，它与亚里士多德等人的时间观并没有本质的区别，但却借助神话图像而加以表述。而图像原本属于空间范畴，这就意味着时间概念是借助于空间概念而间接形成的，前者对后者的依附表现为时间单位通过空间的划分而得以确立。不难看出，罗杰·欣科斯对时间认知模式的考察借助于空间范畴而得以进行，空间认知能力的探讨因而成为一个不可回避的话题。

苏珊·朗格（S. K. Langer）指出，"现实世界中的空间是没有形状的。即使在科学上，空间也只有'逻辑形式'而没有实际形状；只存在着空间的关系，不存在具体的空间整体。空间本身在我们现实生活中是无形的东西，它完全是科学思维的抽象。它是我们全部经验的基础，逐渐作为我们某些感觉的联合运用所发现——作为行动中的某种因素，被看到、感觉到、意识到——但却听不到也触不到。当生活中的空间经验被科学的精密性和技术所提炼，空间便成了与数学函数相同的东西。它从来不是实物。"② 这就意味着，空间是依靠形式而被建构的，空间意识也是一种纯粹的抽象思维。这也是康德主张空间的先验性的实在性的主要缘由，空间和

① Roger Hinks. *Myth and Allegory in Ancient Art*. Ibid., p. 51.

② ［美］苏珊·朗格：《情感与形式》，刘大基、傅志强、周发祥译，中国社会科学出版社1986年版，第85页。

时间构成康德眼中所有感性直观的纯粹形式，几何学因其定理源自纯粹的空间直观而成为体现空间特性的典范。[①] 但这只是西方哲学家对空间的认识，在中国哲学中，空间不是与形式相关，而是与宇宙的存在状态相连。《尸子》曰："上下四方曰宇，古往今来曰宙。"[②] 但尸佼的宇宙观倾向于将空间视为一种静态存在，而将时间看做动态的运动过程，上下与古今因而构成了动静对立的矛盾宇宙观，它本质上依然是一种抽象化的宇宙论。较之于哲学，神话图像则以一种具象化的方式描绘了空间的存在——以一种具体的存在物表示抽象的观念，例如人们以神庙和祭坛这种空间内的存在物表示神明的存在，以献祭性行为表明自己对神的渴慕感，等等。宇宙论意义内的空间范畴非常宽泛，这里仅仅介绍几种核心性的话题：宇宙的构造、方位的界定、宇宙秩序的创造原则、边界的象征，以此管窥认知思维的探讨。

国内学者叶舒宪指出，中国神话中的宇宙是一个天圆地方、大地环水的世界，"由天、地、水三种物质形态所构成的三分世界以地为界限形成二元对立：天神世界和人类世界共为阳界，同地下的水世界即阴界形成对立。"[③] 叶先生的结论是基于中国神话的分析之上而得出的，却与埃及神话图像中所反映的宇宙论有着某种相通之处。国外学者菲利普·德谦（Philippe Derchain）宣称，从埃及神话图像中所描绘的创世图景来看，埃及宇宙的生成是在初时进行的（first time），并且，空间的形成在前，时间的生成在后。菲利普·德谦认为，埃及的宇宙图示揭示了埃及人二元对立的宇宙意识，所谓二元是指埃及人将宇宙的秩序分为宇宙性的和政治性的，前者与神明世界相关，后者则涉及法老在现实世界的统治权；对立则有多种范畴，其中"包括光明与黑暗的对立，有序与无序的对立，男女的对立，生死的对立，存在与虚无的对立，上埃及与下埃及（二者拥有王冠的双面象征主义，以及监护神，等等）还形成了各种对立模式，譬如，黑色与红

① ［德］伊曼努尔·康德：《纯粹理性批判》，李秋零译，中国人民大学出版社 2004 年版，第 70—75 页。

② （战国）尸佼：《尸子（下）浙江书局辑录·二十二子》，上海古籍出版社 1986 年版，第 373 页。

③ 叶舒宪：《中国神话哲学》，中国社会科学出版社 1992 年版，第 37 页。

色之间的对立（埃及人并不认为黑色和白色是对立的，这一点与欧洲人有所差异），无限时间和短暂永恒的对立（与此相对应的是运动和运动的终止），正如世界与世界之外的对立，后者导致了物质与灵魂的对立，现实与神话的对立，这是埃及人心灵深处不可或缺的关系。"[①] 这种对立是埃及宇宙生成的基本动力，推动了埃及宇宙秩序与现实社会秩序的建构。学者詹姆斯·艾伦（James P. Allen）指出，埃及二元对立的宇宙意识导致了两种认知模式：宇宙的与现实的，前者建构了埃及人关于宇宙形状的图示，后者则为法老在人间的统治奠定了基础。就宇宙的存在形态而言，埃及人认为天空是弓形的，大地是扁平的，二者的形状有些类似，介于二者之间的是汪洋之水；具体到世界的认知，埃及人认为埃及是世界的中心，其他地方是世界的边缘，尼罗河发源的方向南方是神圣而光明的方位，北方则是充满死亡和幽暗的方向。[②] 学者杰拉尔德·A. 拉吕（Gerald A. Larue）补充了埃及人关于宇宙的另外一种认识：天空是一种坚硬的固体，上面充满了水，雨水就源自这个坚硬的外壳；位于天地之间的是空气，天地在地平线上交汇，地平线是天空与大地的分界线，它将二者分离开来。[③] 杰拉尔德·A. 拉吕的分析涉及了宇宙界限的界定问题，但基于某种原因，他并没有深入进行。

与宇宙边界相关的还有生死之间的边界问题，这一点也是学者们探讨的核心话题。本质上说，边界是人类基于差异性基础之上划分自我与他者的一种标志，这种观念性的区分表现在物质性领域便是界限的划定：人类与自然之间的界限，个体与他人之间的区分，死亡与再生之间的边界，本民族与其他民族之间的界限，等等。落实到具体的研究个案中，边界问题的探讨大多集中在民族之间的区分标志以及宗教理念中的生死界限，对族

---

① Philippe Derchain. "Egyptian Cosmogony", *Greek and Egyptian Mythology*. Compiled by Yves Bonnefoy. Chicago: The University of Chicago Press, 1992: 215—219, p. 218.

② James P. Allen. "The Egyptian Concept of the World", *Mysterious Land*. Edited by David O'Connor and Stephen Quirke. London: Institute of Archeology, University College London and Press, 2003, pp. 23—30.

③ Gerald A. Larue. *Ancient Myth and Modern Life*. Long Beach, California: Centerline Press, 1988, p. 63a.

群差异界限的探讨往往是学者们关注的焦点。总体来说，边界性问题的探讨有待于深入，但其中不乏成功的案例，这些研究为边界的研究提供了借鉴的可能性。譬如，学者戴维·奥康纳和斯蒂芬·夸克（David O'Connor and Stephen Quirke）的研究表明，埃及人和异族人之间有着严格的界限，表现在图像中就是空间方位上的严格规定。具体说来就是，埃及人位于图像的中央，而异族人则被描绘在画面的边缘，这些人一般被称为南方人、东方人、西方人和北方人，但这些异族人之间并没有什么界限，他们是混杂在一起出现的。① 这种界限与埃及人将埃及视为世界的中心这种观点密不可分，但又不仅是宇宙观的简单反射，而是埃及人我族中心主义的种族观反映。再如，学者亨利·富兰克弗特指出，早期埃及人通常在墓室中建造石墩以此形成一个小空间，或者在墓穴里面凿洞，通过这种方式来建构一条生者与死者之间的界限；晚期的埃及人则通过墓室里的石板与其中间的窄槽形成的"假门"来与死者交流，"假门"因而成为一种生死的边界线。② 不难看出，学者们关注的核心内容是空间的建构规则与外在结构，所有这些都是通过作为存在实体的图像而进行的，"艺术的起源问题"就转换为作为存在的艺术实体的认知思维问题。能够有力体现这种研究方式特征的，是神话图像的意识形态探讨，它是神话学者最为关心的话题。

神话图像阐释关于意识形态的研究受惠于马克思主义关于社会和意识形态关系的论述。与传统马克思主义有所不同的是，神话学关于意识形态的考察重点并非是意识形态在调和生产力与生产关系方面所发挥的效用，而是隐藏在神话图像背后意识形态的运作机制，以及神话图像与意识形态之间的互动关系。概括地说，就是神话学者最终要探明神话图像在建构意识形态层面具有的功能，借此建构神话图像生成的认知架构。这种重构性的努力在20世纪初期就已经开始了，随着神话学理论的发展，意识形态框架的研究成为神话图像阐释的核心话题，由此形成了以下几个基本类型：

① David O'Connor and Stephen Quirke. "Introduction: Mapping the Unknown in ancient Egypt", *Mysterious Land*. Ibid., pp. 1—22, p. 6.

② [美] 亨利·富兰克弗特：《古代埃及宗教》，郭子林、李凤伟译，上海三联书店2005年版，第72页。

性别意识形态、宗教意识形态、国家意识形态、种族意识形态，等等。严格说来这些范畴之间并未有严格的界限，对它们的探讨往往是交织进行的，涉及的方法也是各有不同，但在实践中，功能主义与结构主义占据了主导地位，认知体系的建构依赖于图像自身的象征意义与结构特征，对意识形态架构的建构因而成为意识形态的表现。这方面不乏众多成功的个案可供借鉴，鉴于前文已做相关论述，本书重点补充性别认知研究方面的相关成果，扼要考察神话学在重构认知框架方面所取得的成就。

持后现代主义真理观的学者认为，任何知识与观念都是被建构起来的，性别也不例外。神话学者帕特里夏·赖斯（Patricia Reis）尖锐地指出："性别并非是天生的，它是一个由文化建构起来的概念。"① 性别并非是生物学意义上的一个范畴，它是为满足当代社会意识形态诉求而被制造出来的一个术语。当将这种观点置于史前时代时，就需要解决这样几个问题：一，性别意识是如何被建构的？二，性别意识借助于何种媒质而被表现？三，性别意识在特定文化与社会中具有何种功能？在阐释实践中，这些问题的答案离不开对图像进行功能主义的分析，这方面比较典型的是法国学者安德烈·勒鲁瓦—古昂（A. Leroi - Gouhan）。古昂对西欧旧石器时代晚期洞穴艺术中出现的动物类型做了阐释，认为其中出现的各类符号与图像基本可以分为两种类型："饱满"的和"消瘦"的，前者指的一些野牛图案及团状符号，后者包括野马图像及条状符号。安德烈·勒鲁瓦·古昂断言，"饱满"的与"消瘦"的符号分别象征了女性与男性，这种二元论的象征体系背后隐含了一种男性原则与女性原则，反映了人们关于性别认知的意识。因此，他继而断言，"以上论述足以假设这些符号象征着雌雄的性别特征，尽管旧石器时代的人，自己并没有时常表露出赋予这些符号的是这种意义。"② 古昂的例子表明，符号与图像本身是一种承载性别意识形态的象征媒质，神话图像因而揭示了某种普遍的社会意识形态。这就

① Patricia Reis. *Through the Goddess*: *A Woman's Way of Healing*. New York: Continuum Publishing Co, 1991, p. 26.

② ［法］安德烈·勒鲁瓦—古昂：《史前宗教》，俞灏敏译，上海文艺出版社1990年版，第104页。

意味着，神话图像在某些情境中具有表述性别意识形态的功能。但学者法里斯（J. Faris）的研究表明，在某些特定的条件下，神话图像往往通过一种象征性的手段，掩盖或者遮蔽了社会意识形态中关于性别的认知，从而掩藏了社会内部的性别矛盾与冲突。

法里斯注意到，西欧旧石器时代壁画中的形象与可携带艺术中的形象是不相同的。这些艺术场景宏大，需要复杂的制造流程才能够完成，某些地方甚至需要搭建脚手架。就壁画所描绘的场景而言，洞穴艺术中主要描绘了大型的狩猎场景，植物和某些小型的动物根本就没有出现在壁画中，尽管考古学勘察已经表明，二者都是当时饮食结构中重要的组成部分。与此同时，女性形象在壁画中也处于缺席地位，即便出现了女性形象，图像本身并非是女性身份的叙述，而是繁殖能力的象征。另外，在可携带艺术中却出现了大量的女性形象，不过耐人寻味的是，这些女性形象一般都被夸大了某些生殖器官，四肢与面部特征极为模糊，这就表明了它们并非是作为劳动者形象而出现的。法里斯就此指出，洞穴壁画与可携带艺术中女性形象的特征表明了人类认知自身的成见，它掩盖了女性在特定社会中的地位。[①] 神话图像通过象征手段遮蔽了当时女性的社会地位，图像认知的表述体系通过洞穴艺术使得当时的女性地位被神秘化了，并有效防止社会冲突的发生。法里斯的个案分析表明，神话图像本身就是意识形态，它充满暴力地掩盖了当时社会的性别差异与矛盾，作为意识形态的神话在揭示社会现状的同时也掩盖了某些社会现实。

古昂与法里斯的个案研究表明，性别认知框架下的男性与女性处于二元对立的状态，与特定社会二元论的宇宙观有着密不可分的关系。但这种结论并不具有普适性，事实上，性别意识随文化语境的变迁而不断发生变化，它是一个不断被建构的过程。学者拉纳·特洛伊（Lana Troy）指出，“在埃及的整个历史上，被赋予了功能的图像是作为抽象理念的载体而出

① J. Faris. “From Form to Content in the Structural Study of Aesthetic Systems”, D. Washburn（ed）. *Structure and Cognition in Art*. Cambridge: Cambridge University Press, 1983. 转引自［英］伊恩·霍德、司各特·哈特森《阅读过去》，徐坚译，岳麓书社2005年版，第68页。

现的。正如它在一个图像书写系统中的情形一样，语言与象征性图像并非是对立的，而是作为图像补充物而出现的。这样作为语义单位符号的使用在古代埃及就具有一种非同寻常的意义。”① 拉纳·特洛伊指出，就古代埃及的神话图像而言，王后的形象并非是作为女性性别而出现的，她兼有以下几种身份：其一，作为神话原型的王后；其二，作为仪式执行者的王后；其三，体现国王家族繁衍原型角色的王后；其四，作为王权实体部分与官方典型的王后。② 拉纳·特洛伊的个案研究表明，埃及王后的这种多重身份反映了图像背后复杂的认知系统，这就意味着古代埃及人眼中的女性不仅仅是一种生物学意义上的性别范畴，它还是复杂的文化与社会复合体。某些时候女性图像是作为男性的补充物而出现的，它与男性的权力机制密切相关。此时，神话图像就不单揭示了女性在埃及的社会地位，它还建构了古代埃及的性别意识形态架构，图像因而成为一种抽象理念的载体。

从目前的讨论来看，神话图像与意识形态方面的探讨重点在于揭示权力运作的方式，试图重构图像生成时的认知架构。不可避免的一种倾向就是，研究者通常考察图像与意识形态之间的关系，而对二者关系的生成过程无法做出恰当的解释。这种研究趋向导致神话图像认知学层面的研究拘囿于图像与权力建构层面的阐释，但神话图像对权力的建构路径有别于其他媒质，它通过神话思维与意识形态发生关联，在此过程中，各种意识形态之间通过何种方式利用神话图像来建构秩序？对这个层面的探讨涉及认知体系的能动性问题，它是一个非常重要的话题但却没有引起充分的注意。不过有一点是非常明晰的，神话学者就神话图像在建构意识形态方面所起到的功能达成了某些共识，具体说来就是：第一，神话图像揭示了某些社会集团持有的意识形态；第二，神话图像在建构某些意识形态的同时，掩盖了某些意识形态类型；第三，神话图像将意识形态抽象化，成为意识形态的构成部分。尽管这些观点是从神话学视角得出的，但对于图像

① Lana Troy. *Patterns of Queenship in Ancient Egyptian Myth and History*. Uppsala：Acta Universitatis Upsaliensis，1986，p. 9.

② Ibid.，p. 149.

研究却具有直接的启发性。不过，某些结论是在特定历史情境中得出的，一旦将之应用于不同的文化语境，就必须考虑跨文化的情境性原则问题。

四　神话学认知阐释的价值

就范畴而言，认知所涵盖的内容是极为宽泛的，几乎所有与人类思想层面相关的都属于认知领域，就这一点而言，艺术起源的认知学转向具有宽广的前景。但在实践中，神话学者往往将认知范围限定在宗教信仰体系、宇宙观与意识形态这三个方面，认知领域的其他层面，诸如决策、规划、测量、象征能力，等等，这些方面的研究依然有待于继续深入。从更为深远的知识背景来看，神话学的这种研究取向与其自身的理论发展密不可分，同时也与神话图像的性质有关。早期比较神话学者关于神话与自然、哲学关系的探讨，这些学科知识为后来通过神话图像阐释宗教信仰、宇宙观的研究奠定了理论基础。另一方面，20 世纪后期女性主义神话学的相关探讨也为意识形态的阐释提供了可能性。更为重要的是，神话学关于认知模式的研究受到了认知考古学或认知—过程主义考古学理论的影响，以科林·伦福儒、弗兰纳里（K. V. Flannery）、马库斯（E. J. Marcus）为首的认知考古学者将宇宙观、宗教、意识形态和图像资料的研究视为认知分析的正统领域，受这些学者影响的神话学者在将认知考古学理论应用于神话图像分析时，不自觉地借鉴了考古学的研究模式。当然借鉴并非是单纯的套用，而是经过了一定程度的改造，多重证据的并用就是神话学根据神话学科特性创造出来的一种阐释模式，立体证据的使用使得认知框架的重构具有了一种相当厚重的科学色彩。就方法论层面而言，这种阐释模式以情境性原则为前提，多数学者通常从跨文化的视角看待艺术起源问题，并采用多重证据法进行探索，这种举措使得神话起源问题的探讨具有跨学科的宏大视野，但同时存在过度阐释的可能性。

从研究对象的性质来看，神话图像自身具有物质性与象征性，神话图像的这种双重属性使得它在意识形态与权力建构方面具有非同寻常的意义。神话学者的一种强烈的渴望就是，通过一种预设性的理论框架，建立一套能够有效阐释神话图像的理论模式，从而重构艺术生成最初时人类思维机制。客观地讲，这只是一种尝试性的建构行为，永远不可能复原过去人们的思想系统。过去已经消失，神话图像的创造者的人们已经死去，它们实际上属于当下。神话图像本身是一种静态的物质形态，而认知系统却是一种动态思维机制，试图通过有限而静态的物质性证据重构一种不断变化的认知框架，它本身就是一种现代人的创造性行为。以现存的有限证据来推测过去人们的思维机制，这种尝试永远不可能还原当时的认知系统，只能接近那个也许永远也不可能到达的原点，即便是神话学采用了多重证据法。不过，这并不意味着认知学转向毫无价值，神话学这种认知阐释的意义就在于，它使得艺术探源的工作走向了艺术创造主体自身，哲学思辨性的绝对起源理论就此宣告衰微，“艺术的源头是什么”的问题继而转换为“艺术创造主体如何思维”的问题。这显然是由外部条件探讨到内在认知形态框架的转变，也是由不可知到可知的一个转换过程。

不难看出，比较神话学视角下的艺术起源问题探讨的内容已经不再是艺术的来源，而是艺术生成时的思想体系：人们如何看待自然？如何看待自身？人们怎样测量世界？如何使用象征符号？等等。对这些问题的思索已经超越了物质性层面而进入人类的认知系统，其间伴随着对图像功能的阐释与分类。这种阐释模式的一个假设性前提就是，图像是人类公共思维与意识的产物，通过对图像的考察，可以重构人类社会的思想体系，了解艺术生成时人类的思维机制。此时，对艺术源头的哲学思考就转变为对艺术发生时人类认知系统的考察，这种转向具有本质性的突破，因为其探讨内容从艺术发生客观条件转向了艺术发生主体思维机制，这是一个自“外”而“内”的转折，探讨的内容从艺术各因素间关系转向了艺术创造主体。

第三章　神话与王权

第一节　比较神话学关于国王属性的探讨

一　王权概念的界定

就构词形式而言，王权（kingship）一词主要由“王”（king）与“地位”（ship）构成，而主词根是“王”。因此，虽然很多时候我们将王权视为一种机制，但探讨核心依然是国王的身份与地位。史学与人类学在这方面取得了丰硕的成果，尽管在一些具体的问题上存在分歧，学者们达成的一种普遍共识就是，在古代埃及、美索不达米亚与希腊，乃至于古代中国，曾经存在神圣的王权机制，国王也具有不可侵犯的神性。不可否认的一种事实就是，史学工作者关于神圣王权的探讨依靠于考古发掘而进行，甚至某些结论也受到了考古学界的影响。较之于其他证据，考古实物在诠释神圣王权方面具有不可取代的地位，但考古学实物具有一定的局限性，考古学结论因而只适用于某些地区与某些时代，无法将之推广到其他地区。关于神圣王权的探讨很少在跨文化的比较框架内进行，得出的结论也往往不具普遍性。另外，因局限于某些既定学科限制，一些具体的问题探讨也往往难以展开，比如，究竟什么是神圣王权？使得国王具有神性的宇宙论基础是什么？神圣国王何时停止成为神明，为何他要终止这种行为？

随着比较神话学理论与实践的不断发展，关于神圣王权的探讨被列入了议程之内。较之于史学与考古学，比较神话学关注的焦点是国王属性的神话宇宙论基础，以及国王在神话宇宙中的地位，甚至部分学者还对神圣王权的普遍模式做了概括。[①] 尽管近些年一些学者开始贬低关于神圣国王的探讨，比较神话学依然保持了一种比较公允的态度，从一种跨文化的比较视角检验神圣王权的概念。需要指出的是，比较神话学关注的重点不是具体文化语境中的王权机制，而是操作王权模式的神话思维与宇宙观。确切地说，神话学者探讨的一些话题不再局限于某一类文化现象，而是普遍文化现象背后的运作规律。更多的学者倾向于从跨文化视阈探讨王权机制的发生规律，并对国王的神圣属性进行深入考察。借助于神话学理论，神话研究者对一些似是而非的问题进行了阐释，比如，神圣国王的宗教理念基础，国王的基本属性，国王的首要职能，等等。本书无意于对各种探讨做宽泛梳理，仅就其中的一些关键问题进行深入考察，并对其取向做简单评价。

二　国王的本性

关于国王属性的系统探讨应该始于英国人类学者詹姆斯·乔治·弗雷泽（J. G. Frazer)，《金枝》一书对此有较为详细的阐释。弗雷泽指出，很多古代国家，包括古代埃及与古代美索不达米亚，都存在神圣的国王。这位国王身兼为子民祈福消灾的职责，同时还负责人与神之间的沟通。不过比较奇怪的是，弗雷泽笔下的祭司王居然要被臣民杀死。[②] 这里存在的一个问题就是，既然国王是神圣的，具有类似于神明的属性，他为何要被杀掉？按照当时人们的信仰，神明是不可侵犯的，杀死神明是一件极为不可理喻的事情，要遭受上天的惩罚。尽管《金枝》存在这些令人不解的地方，弗雷泽的观点在20世纪早期还是受到了神话学的认可，部分神话学者沿着弗雷泽开拓的道路继续走下去，对神圣国王的属性展开了深入的考察。

美国学者亨利·富兰克弗特对弗雷泽的王权理论作了验证，并将其置于古代埃及与美索不达米亚的文化语境中加以考察。富兰克弗特指出，尽

① Francis Oakley. *Kingship: The Politics of Enchantment*. Malden: Blackwell Pub., 2006.

② James George Frazer. *The Golden Bough: A Study in Magic and Religion*. Part I. *The Magic Art and the Evolution of Kings*. New York: The Macmillan Company, 1935.

管古代欧洲地区普遍存在弗雷泽式的神圣王兼祭司现象，但对于古代埃及而言，国王被描绘为众神国度里不可缺少的一个部分，并且是整个人类世界的象征性代表。“法老不是凡人，而是神。这是埃及王权的基本观念，法老具有神的本性，是神的化身；这种观念可以追溯到吸引我们注意力的那些文献和象征物的时代。把法老神化是错误的。他的神性不是在某一时刻以一种与罗马元老院宣布过世的皇帝为神的相似的方式来宣布的。他的加冕典礼不是一次神化，而是一次神的显现。”① 法老是神明世界的一个成员，又是宇宙秩序的动力。另一方面，法老的神性通过法老的头衔、职责和节日来显示。尽管富兰克弗特承认埃及的国王具有神性，但这种神性与弗雷泽神圣国王理论中的神圣性不是一个概念。弗雷泽神圣国王的理念中包括了“垂死的神明”、“圣婚”、“替罪羊”这几个概念，但在富兰克弗特看来，古代埃及的国王均不具备这些意义上的性质，他作为神明化身的属性与弗雷泽眼中的神圣国王不是同一个概念。

西方学术界通常将关于研究古代埃及与两河流域及其文明的语言、文字、历史及文化艺术的学科称为“东方学”，甚至有部分学者还将其进一步区分为“埃及学”与“亚述学”。所以，当论及古代埃及与美索不达米亚的王权研究时，多数神话学者不觉受到了史学与考古学的影响，并且带有一种欧洲中心主义的视角。美国学者富兰克弗特关于埃及神圣王权的考察就是如此，他眼中的埃及王权是一种迥异于欧洲王权的机制，国王的属性与欧洲国王截然不同。不过这种状况很快就得到了改善，20 世纪 50 年代之后，随着以杜梅齐尔为代表的新比较神话学的兴起，以及神话学理论的发展，越来越多的学者开始对神圣国王的属性这种说法持怀疑态度，并采用新的视角重新审视该问题。较早起步的是法国学者乔治斯·波赛纳(Georges Posener)，他开启了埃及国王神性“祛魅”的研究先河。乔治斯·波赛纳指出，古代法老并非像富兰克弗特理解的那样神圣无比，而是具有一定的限制性。从根本上说，王权是一种神性政治机制，尽管法老神明是神明后裔的化身，但法老本质上是人类，具有人类不可超越的局限

① ［美］亨利·富兰克弗特：《王权与神祇（上）》，郭子林、李岩、李凤伟译，上海三联书店 2007 年版，第 3 页。

性。只有在仪式或庆典中，法老才与神明后裔的身份混为一体。当法老获取了公开的职务，尤其是仪式与祭奠中的地位之后，法老就有权力执行仪式与实践中的行为，使宇宙获得再生。此时法老就成为作为造物主的太阳神。在一些偶然的场合，法老总被表述为与神明有亲密交往。[①] 波赛纳的这种观点是对埃及法老神性研究的一种挑战，同时也将神圣王权的探讨向前推进了一大步。

学者戴维·P. 西尔弗曼（David P. Silverman）指出，要探讨埃及国王的性质，必须首先理解埃及王权的本质。他认为，尽管作为文化机制的王权在埃及存在了三千多年，但它本质上是一种历史现象，埃及人在不同历史时期对其有不同的理解与界定。就埃及第 19 王朝时期的国王拉美西斯二世（Ramesses II）而言，尽管很多图像中将其表述为一位具有神性的国王，但在实际的政治生活与文本表述中，他并没有显示出作为神明的一面，相反，倒是表现出了更多的作为人类的局限性。比如，在拉美西斯二世与赫梯人的战斗中，他因轻敌而陷入了困境之中。不过因为具有神性的一面，拉美西斯二世最终得到了神明的垂青而战胜了貌似不可能征服的赫梯军队。“这样，在这种单独的表述中，法老就作为一个易犯错误的人类而出现，一位普通的、具有神性的战士。当然，文本强调的是最后一个部分。”[②] 戴维·P. 西尔弗曼断言，除了拉美西斯二世之外，埃及的很多国王都更多地呈现了作为人类的而不是神明的本性，甚至有的国王还想学习巫术，利用巫术在关键时刻控制事件。需要指出的是，戴维·P. 西尔弗曼的这种论断更多地依靠文学文本而不是神话文本，尽管他承认神话与神话图像中表述了埃及国王神性的一面，却又利用大量的文学文本补充了埃及国王作为普通人的一面。从神话学的证据的互动性来看，西尔弗曼的这种做法缺乏张力，但不失为一种颇有探讨空间的尝试。

从文明产生的时间来看，古代埃及与美索不达米亚几乎是同步的，但

① Georges Posener. Littérature et politique dans l'Égypte de la XIIe dynastie. Paris：H. Champion，1956，pp. 1—2. 转引自 *Ancient Egyptian Kingship*. Edited by David O'Connor and David P. Silverman，Leiden：E. J. Brill. 1994，p. xxv.

② David P. Silverman. “The Nature of Egyptian Kingship”，in *Ancient Egyptian Kingship*. Edited by David O'Connor and David P. Silverman，Leiden：E. J. Brill. 1994：49—94，p. 51.

在文明的形态及类型上，二者之间有所不同，这种差异很大程度体现在王权机制与国王的属性上。美国学者亨利·富兰克弗特早在半个多世纪之前就已经指出，美索不达米亚的国王不像埃及国王那样是神，而是人类。尽管美索不达米亚的很多国王都具有不同的头衔，诸如“众领主的领主”，“众王子的王子”，“王中之王”，“宇宙之王”，“四方之王”，等等。但这种称呼基本是对国王的神化，而不能表明国王的神圣性。富兰克弗特认为，“它们强调了国王的权力，但它们从未把它分开。他们不包含一种暗示，即他的本性与其他人在本质上不同。在从埃及到阿美尼亚的人民心中造成恐慌的后期亚述帝国皇帝，与在并吞相邻城市中享有美誉的苏美尔的卢伽尔有更多的共性，而与埃及御座上的‘活着的荷鲁斯’有较少的共性。”[①]富兰克弗特地这种观点后来得到了一些学者的认同，不过因其使用的证据更多地源自仪式与宗教，而不是神话，越来越多的学者对这种论断产生了怀疑。

学者格布哈特·J. 塞尔兹（Gebhard J. Selz）尖锐地指出，现代学者之所以将王权划分为神圣与世俗这两种类型，根本原因是现代学者受到了源自亚里士多德式的二元分类范畴影响，这对研究古代美索不达米亚王权是一种误导。对于古代美索不达米亚民族而言，根本就不存在这种严格将人类与神明区分开来的概念。布哈特·塞尔兹因此宣称，“我们通常的那种将人类与神明截然分开的做法对理解早期神圣王权的概念毫无帮助。在过去，这种相当僵化的分类严重阻碍了我们关于美索不达米亚人的理念的理解，就像我们在神圣王权与神授王权之间做严格区分一样。”[②] 这是对王权研究理念的挑战与不满，严格说来，源自对王权研究模式的不满，而根本原因是受到了人类学关于分类范畴再界定的思潮影响，在方法论上依赖于神话原型理论。格布哈特·塞尔兹断言，古代美索不达米亚人眼中并不存在对立的概念，在他们看来，神之间的界限并非非常明显，神明是人类

① ［美］亨利·富兰克弗特：《王权与神祇（下）》，郭子林、李岩、李凤伟译，上海三联书店 2007 年版，第 334 页。

② Gebhard J. Selz. “The Divine Prototypes”, in *Religion and Power*: *Divine Kingship in the Ancient World and Beyond*. edited by Nicole Brisch, Chicago: Oriental Institute of the University of Chicago, 2008: 13—31, p. 13.

的另外一面的象征，或者说人类是神明的反面。美索不达米亚人的概念是一种复合性的，人类是一种复合性的存在物——既有神性的一面，也有人性的一面——所以人类的身份也是双面的，在一些特定的环境中人类可以转换为神明，国王在某些时候因此不可避免地具有神明的身份。美索不达米亚的国王既是神圣的，又是世俗的，他既有神性的一面，也有人性的一面。塞尔兹继而指出，“美索不达米亚的经验论不同于我们这个时代的经验论；其他的文化或许对此难以理解。关于该洞见的一个重要的推论就是，我们成功的概念以及理论从来没有被宣称为唯一的工作——因此，它们不能被断言为存在论意义上的真理。”① 塞尔兹的此种做法基本是对现有学术架构内关于神明与人类二元范畴的一种再思考，但其立足点却局限于神话原型理论，证据则只有书写资料，并没有涉及图像与仪式，以及出土文物上的符号，等等。不过这种研究范式对古代美索不达米亚王权研究具有极大的启发性与推动力，它至少挑战了现代神话学王权研究的二元论模式，使得王权考察出现了新的阐释范式。

严格说来，关于古代王权的研究受到了考古学影响，随着神话图像理论的不断发展，越来越多的神话学者开始使用神话图像理论来阐释神圣王权的内涵，这种阐释的范式的最大特征就是利用图像自身的语言，同时结合情境分析图像的意义。当论及神圣王权中关于古代美索不达米亚国王属性的考察时，不少学者主张文本与图像相结合的阐释范式，这方面不乏成功的案例，其中尤以学者穆罕默德—阿里·阿塔克（Mehmet - Ali AtaÇ）为代表。阿塔克指出，当阐释古代美索不达米亚的王权时，必须将相关的图像与文本纳入考察对象，更为重要的是，要充分考虑二者的文化语境与文化传统。用一个比较专业的术语表述就是图像的语境化（contextualize），也就是说，研究者应该“在古代美索不达米亚的智性传统之内进一步从事这种研究，此时亚述人的传统就要追溯到神话般的史前历史，它承担了传承艺术与手工艺文明的任务，二者的表现内容从精灵到半神，再到

① Gebhard J. Selz. “The Divine Prototypes”, *Religion and Power: Divine Kingship in the Ancient World and Beyond*. edited by Nicole Brisch, Chicago: Oriental Institute of the University of Chicago, 2008: 13—31, p. 13.

当下的人类”。[1] 借助于这种阐释模式，阿塔克断言，“当国王被理解为一个圣人或神明的特殊创造物时，他同时也是一个自我指涉的概念，智者们在亚述王权意识形态结构与宇宙之内阐释自身的地位。作为个体的国王或许部分包括那些智者们最为智性的生活，只不过后者拥有更为强大的精神统治权，他们时常以一种国王的姿态被加以表述，并被描述为与神明之间具有一种特殊的关系。”[2] 阿塔克这种论调强调了美索不达米亚国王的两重性质——作为完美人类象征与神明创造物，另外，它指出了国王的自我指涉性，即具有一种神话宇宙论意义的抽象概念。不过这并不能表明古代美索不达米亚的王权就不具有神圣性，阿塔克的观点仅仅表明了古代美索不达米亚国王的特殊属性。

三 国王的职能

对于弗雷泽而言，古代国家的国王，尤其是非洲的一些国王，往往具有祭司的职责，他能够出入神界，起到沟通人神的作用。在弗雷泽看来，这位祭司王往往依靠巫术手段获得这种本领。[3] 从弗雷泽表述的内容来看，国王的基本职能应该是巫术操控，他具有半人半神的属性，能够利用巫术控制自然力，比如，降雨、祈福、禳灾、丰产，等等。根本上说，弗雷泽的这种观点仅仅是一种假设，因为他是从世界各地的风俗表述中得出这种结论的。不过这并不妨碍部分神话学者对其进行更为深入的考察，其中尤以新比较神话学创始人乔治·杜梅齐尔为代表。

杜梅齐尔使用比较语言学证据，通过考察印欧神话发现，史前印欧社会普遍存在祭司、武士、生产者三个阶层，与此相对应的是神圣、体力与丰产这三个社会职能。印欧人的这三种功能的表现形式与其三重宇宙观密切相关——大地、空气与天空，它们反映了印欧社会的意识形态；从范畴上看，国王属于祭司阶层，同时与第二职能相关，不过最为重要的还是作

① Mehmet - Ali AtaÇ. *The Mythology of Kingship in Neo -Assyrian Art*. Cambridge: Cambridge University Press, 2010, p. xx.

② Ibid., p. 201.

③ James George Frazer. *The Golden Bough: A Study in Magic and Religion*. Part I. *The Magic Art and the Evolution of Kings*. New York: The Macmillan Company, 1935.

为祭司身份出现。神庙是宗教与世俗社会权威的中心，国王很多时候拥有祭祀神明的权力。[①] 本质上说，杜梅齐尔三分法与国王职能的概念假说基本上是一种设想，其依据是语言现象，并没有其他直接的证据，更缺乏考古学与实物证据。关于这一点，杜梅齐尔有着极为坚定的立场，他再三强调："我的研究确立了印欧日常观念中最为普遍的而显著的一种结构，那就是三分、三功能的现实理念，进一步说就是虚构的理念。对于印欧人而言，行为的三个模式与信条是相互协调与先后进行的，对于协调文化机制来说是必需的，因为它就是世界、社会自身，甚至是精神自身：1. 巫术—宗教的与智性的君权；2. 物理的、好战的力量；3. 基于其丰富性之上的生殖、经济行为。我们能够在著名的宗教体系中发现这种结构：吠陀时代的印度、伊朗、罗马，以及斯堪的纳维亚。在印度、伊朗、爱尔兰，以及最为古老的爱奥利亚社会，这种框架在现实与理想中都是社会系统的基础；它提供了仪礼、政治与司法所实践的方向，就像它巩固了神话、史诗与'历史'叙述一样。"[②] 另外，杜梅齐尔关于印欧社会国王职责的假说建立在弗雷泽祭司王理论的基础之上，但杜梅齐尔并没有像弗雷泽那样将其普遍化，而是局限于印欧世界。"我正在创建的不是关于印欧人的图像。我并没有试图去'看见'他们——体型或众多体型，衣着、服饰、纹章——甚至社会现实。这些可能都是游戏。对我而言，它们是一种逻辑的必然性：一个说着方言的民族，经过不断的发展与各种频繁的迁移（我们都知道他们的宿命），我们传统上将这样一个民族称为'印欧人'。"[③] 尽管如此，杜梅其齐尔倡导三分概念并不是印欧社会所独有的，它是一种比较普遍的社会现象，在整个世界的秩序、结构中都存在。古代近东、中国与古代埃及的统治者一般是祭司王的形象，神庙是宗教与世俗社会权威的中

① Dumézil, George. *The Destiny of a King*. Translated by Alf Hiltebeitel. Chicago: University of Chicago Press, 1973, pp. 108—128.

② George Dumèzil. Mariages indo - europèens, suivi de Quinze questions romanine. Paris: Payot, 1979, p. 89. 转引自 Daniel Dubuisson. *Twentieth Century Mythologies: Dumézil, Lévi - Strauss, Eliade*. London: Equinox Pub., 2006. p. 9.

③ Daniel Dubuisson. "Entretien avec Georges Dumèzil," *La nouvelle revue de paris* 1 (1985), p. 19, 转引自 Daniel Dubuisson. *Twentieth Century Mythologies: Dumézil, Lévi - Strauss, Eliade*. London: Equinox Pub., 2006. p. 13.

心，这一点已经得到了学界的认可。

早期的神话学者倾向于从文字表述中寻找证据，杜梅齐尔便是其中的一位典型。但对于一些文明形态，譬如，米诺文明研究而言，能够利用的文字资料实在太少，加之还有部分文字，比如线形文字 A 依然没有破译，关于克里特时期国王的探讨几乎没有取得实质性进展，只有少数考古学者在进行一些尝试性阐释。在发掘科诺索斯的宫殿遗址后，亚瑟·伊文思直接将这样的国王称为米诺斯，只不过他只能从荷马史诗中见到迈锡尼的国王。毕竟，在伊文思生活的那个年代，迈锡尼文明被视为米诺文明的衍生物，二者均源自希腊大陆。① 尽管伊文思将米诺国王视为祭司王，但他并没有就其职责做具体阐释。学者阿恩·菲鲁马克（Arne Furumark）指出，事实上，“米诺斯是克里特国王神话般的表述。较之于希腊那些普通的国王，米诺斯实际上具有一些特定的神圣功能，而这一切是米诺文化的一般特征所造成的。”② 那么，米诺斯这种特定的神圣职能究竟是什么？它是如何被表现的？这是近期不少学者关注的话题。

随着神话学及神话图像理论的不断发展，越来越多的学者认识到，依据纯粹的文字表述来阐释米诺王权尚存在不少困难，因为出土遗物中多半系实物与图像，文字的东西很少。因此，有必要依据神话图像理论，结合出土文物与图像，以一种比较的视野重新探讨米诺王权及国王职责。这方面成功的案例很多，其中尤以学者南诺·马瑞纳托斯的研究为代表。

南诺·马瑞纳托斯指出，就米诺新宫殿时期肖像风格而言，其国王与神明中间基本无大的差别，这就暗示着米诺国王与神明中间具有某种类似之处。③ 这种主张与弗雷泽所强调的神圣王权的观点是对立的，因为弗雷

---

① Arthur J. Evans. “The Minoan and Mycenaean Element in Hellenic Life”, *The Journal of Hellenic Studies*. Vol. 32. (1912), pp. 277—299.

② Arne Furumark. “Was There a Sacral Kingship in Minoan Crete?” *The Sacral Kingship*. Leiden: E. J. Brill, 1959: 269—370, p. 369.

③ Nanno Marinatos. *Minoan Kingship and the Solar Goddess: A Near Eastern Koine*. Chicago: University of Illinois Press, 2010, p. 30.

泽眼中的国王尽管是神圣的，但本质上一位具有巫术操控能力的巫师。[①]关于这一点，马瑞纳托斯有着极为清醒的意识，她再三强调，在探讨国王担负的职责与义务之前，应该对神圣王权有所界定。在马瑞纳托斯看来，神圣王权应该包括两个方面的内容："首先，国王（事实上是国王夫妇）是高级祭司，并且是介于人神中间唯一合法的沟通媒介；其次，国王死后被神化。这些范畴应该是非常清晰的，因为它们意味着不同程度的神圣性。一般情况下，被神化的先王而不是活着的国王接受祭拜。"[②]基于此种认识，马瑞纳托斯指出，就克里特新宫殿时期而言，国王所担负的职责就包括两个方面：其一，负责人类与神明的沟通，使得人类能够感知神明的旨意意图，因为国王是唯一合法的沟通者。这方面的职责还包括国王在献祭仪式中担任负责人，向神明奉献祭品，并负责相关的仪式活动，王后在其中还承担了相关的义务。其二，为国家和民众祈福禳灾的职责。作为政治中心的核心人物，国王除了在仪式中担任人神之间的沟通者之外，他还要为国家与民众的安危负责，要在固定的时间内举行祈福仪式，一旦发生灾变，国王要全力负责，并且担当救灾的首领。[③]看上去就是，马瑞纳托斯眼中的米诺王与古代埃及与美索不达米亚的国王职责，几乎不存在实质性的差异，三者之间似乎具有更多类似之处。而这些国王的首要职责就是沟通人类与神明，让人类能够领受源自神明的旨意。当然，这种范畴内的神圣王权已经脱离了弗雷泽意义上的巫师性质，但祭司王的名称依然没有改变。需要指出的是，马瑞纳托斯强调的神圣国王依然具有神性的一面，但已经摆脱了弗雷泽《金枝》一书描述的被杀命运，但这并不意味着国王职责的探讨就此宣告结束。相反，越来越多的学者对弗雷泽笔下国王的义务展开了深入讨论，而焦

---

① James George Frazer. *Man God and Immortality*: *Thoughts on Human Progress*, *Passages Chosen from the Writings of Sir James George Frazer*. rev. ed. New York: Macmillan, 1927, pp. 229—235; James George Frazer. *The Golden Bough*: *A Study in Magic and Religion*. abridged ed. London: Macmillan, 1949, pp. 84—91.

② Nanno Marinatos. *Minoan Kingship and the Solar Goddess*: *A Near Eastern Koine*. Chicago: University of Illinois Press, 2010, p. 48.

③ Ibid., pp. 33—49.

点便是国王的首要职责。

学者卢西恩·斯卡巴拉（Lucien Scubla）指出，在詹姆斯·乔治·弗雷泽王权理论中，有两点值得关注："首先是一种事实。王权不是一种任意的权力，而是一种沉重的义务，它几乎总是导致要杀死一个现任的国王。第二种理论是一种卓越的直觉。内米湖畔奇怪的王权不是一种孤立的现象，它是整个君权体系的缩影，也是阐释的核心。"[①] 这两个理论的要点所涉及的国王的职能分别有：第一，国王是自然力量的表征，是财富的保守者；第二，国王是一个替罪羊，一旦国家出现灾难，为了净化罪恶，国王必须被处死。卢西恩·斯卡巴拉认为，弗雷泽的这两种理论与国王的职责是相互矛盾的，因为按照第一种说法，国王是一个具有超然能力的角色，那么他就不能被杀死，但事实上国王被人们残忍地杀死了。因此，弗雷泽祭司王模式下国王的主要职责就不是控制自然，而是充当灾难的制造者。从这个角度而言，"国王首先是一个替罪羊而不是其次是一个替罪羊，这一点从休塞尔（Heusch）与奎格利（Quigley）的近期的论著中能够看出来。"[②]当然，斯卡巴拉的这种论调仅仅是一种理论上的假设，并没有足够的证据，但他指出了弗雷泽神圣王权理论上的矛盾之处。按照弗雷泽的王权理论，因为国王的身体是神明的居所，这位神明的健康状态取决于国王身体的健康，一旦国王身体衰亡，植物之神也就因此死亡，植物因此而死亡。因此，为了确保食物的充沛供给，就必须杀死年轻力壮的国王，将神明的灵魂转移到下一任国王的身体里。但弗雷泽王尚未解决的一个难题就是，如果国王的替罪羊职能是真实存在的，那么究竟是何种原因导致了国王的替罪羊身份与职能？国王替罪羊身份背后的操作机制是什么？根本上说，这个话题属于哲学问题，但并不能阻止神话学者通过神话得出某些富有洞见的见解，法国学者勒内·吉拉德的研究堪称典范。

勒内·吉拉德指出，看似简单的弑君仪式与行为背后有着极为复杂

① Lucien Scubla. "Sacred King, Sacrificial Victim, Surrogate Victim or Frazer, Hocart, Girard," *The Character of Kingship*. Edited by Declan Quigley, Oxford: Berg Publishers, 2005, p. 39.

② Ibid., p. 42.

的文化机制，真正起操控性作用的是人类文化中普遍存在的替罪羊机制。替罪羊机制是一种牺牲机制，它源自人类内心深处的模仿欲望。吉拉德认为，人类是一种具有欲望感的动物，其中最为强烈就是自我摹仿。当同一社会中多数人的欲望趋向于同一目标时，就会出现社会危机。此时，原有的等级与秩序就会崩溃，社会就处于未分化的混乱状态。为了确立社会秩序，就必须借助于暴力重构社会差异。其方式是选取一只替罪羊，让其担当破坏社会等级秩序的罪名——通过替罪羊的牺牲而重构社会秩序。在多数情况下，替罪羊一般是弱势群体，其中包括生理上具有某些缺陷的人，但更多时候，尤其在古代社会，人们宁愿选择国王作为替罪羊。[①] 按照吉拉德的理解，国王之所以被杀死，是因为人类的潜意识中存在替罪羊机制，但人们一般很难意识到它的存在，只有在社会秩序出现混乱时才动用这种牺牲机制。国王之所以作为替罪羊，不是因为国王具有神圣的属性，而是因为他本身是人类，他是牺牲机制中首选的替罪羊。在吉拉德的替罪羊理论中，国王是作为普通人而被推上死亡之路的，但在成为替罪羊之后，尤其是被杀之后，他便获得了一种超然的权力，具有神性的一面。在此过程中，国王经历了人类→替罪羊→神明这样一种身份转换过程。也就是说，决定国王成为替罪羊的不是其神性，而是其人性，国王在被杀之后才获得了神性，这是吉拉尔替罪羊理论的关键。当然，吉拉德是从众多神话中演绎出替罪羊理论的，他并没有进行人类学的田野实践与考古学发掘。但他关于替罪羊机制的理论却因超越具体文化语境而具有一种普遍性，同时对国王神圣职能做了彻底的祛魅。

不难看出，早期神话学关于神圣王权国王属性与职能的探讨多半受到了人类学与考古学的影响，甚至一些话题也源自人类学，比如关于祭司王与替罪羊考察。此种模式下王权的考察往往离不开具体的语境，多数学者将问题置于某种特定的历史与地理空间内加以探讨，譬如，关于米诺王权与古代埃及王权、美索不达米亚王权的阐释就是如此。这种研究模式往往

① René Girard. *Violence and the Sacred*. Translated by Patrick Gregory. Baltimore：The Johns Hopkins University Press，1979，pp. 145—149.

局限于某种特定的文化语境，很难在跨文化的比较视阈内进行，一些问题的考察往往很难具有充分的说服力，世界各地早期文明中普遍存在的祭司王现象就是其中的难题之一。不客气地说，在比较神话学诞生之前，神圣王权的探讨普遍存在视野不够开放的问题，很多问题的探讨并没有取得实质性的突破。当然，这与神话学的自身的理论水平相关，更与学者的学识与视野密不可分。

20 世纪 30 年代，以杜梅齐尔为代表的新比较神话学诞生，20 世纪 70 年代神话考古学与神话图像理论基本成型，神话学在研究视野与方法论方面均取得了本质性进展，神圣王权的探讨因此进入了全新的阶段，一些历史性难题考察取得了突破。先是以勒内・吉拉德为代表的法国神话学者对神圣王权理论的颠覆，以跨文化的替罪羊机制取代了弗雷泽的祭司王理论，对国王的属性与职能做了全新阐释。进入 21 世纪之后，神话学不断汲取人类学与考古学知识，一些学者开始有意识采用跨学科比较模式重新审视一些问题，比如，旅居美国的希腊神话学者南诺・马瑞纳托斯就对米诺国王的属性与职能做了深入阐释，以神话图像为切入点考察米诺王权，并将其置于近东文化“共同体”这一概念框架内进行考察。此种跨学科的比较模式使得米诺王权研究克服了书写资料不足的困难，使得米诺王权研究进入图像阐释新阶段。

不过这并不意味着比较神话学关于神圣王权的研究就不存在问题，事实上，比较神话学这方面尚存在不少需要改进的地方，尤其在证据使用方面。从目前的研究模式来看，多数学者在使用书写资料与实物及图像在考察王权、人类学与民族学方面所提供的民间仪式、习俗与田野资料上尚未被充分纳入学者的研究视野，只有部分学者采用了人类学领域的一些概念，诸如文化共同体、祭司王之类。另外，神话学过多地受到了考古学与史学的影响，致使一些问题的探讨缺乏神话学色彩。神圣王权就是。当然，任何问题都不属于单独的一个学科，但在问题阐释过程中，研究者应该具有一种学科自省意识，从而不至于使得一些问题的探讨过于宽泛。

第二节　王权仪式的神话原型

一　仪式的内涵

“国之大事，在祀与戎。”《左传·成公十三年》中的这句话道出了祭祀的重要性，使得它与战争共同构成了国家权力与政治生活的两个维度。《左传》中所说的祭祀等同于王权仪式，但它又不能包括王权仪式的内涵。这里需要指出的是，王权仪式是指与王权相关的仪式，其中主要包括国王参加的节日庆典、祭神仪式、祭祖奠礼、王族婚庆、即位典礼、王室葬仪，等等。史学工作者与考古学者对王权仪式的探讨主要集中在其出现、演变、衰落或变化方面。这种研究模式为线性论或循环论，就像其研究对象一样。如果将王权仪式视为一种机制或系统，而不仅仅是一种文化与历史现象，那么我们就能够在这个系统内发现各种子系统：仪式时间、仪式空间、仪式模式、仪式结构，所有这些层面的要素共同建构并组成了王权仪式的机制，即所谓王权礼制。另一方面，王权仪式有各个方面的要求，比如，具体日期的选定，服饰的设计，食物的搭配，音乐的拟定，场地的选定，建筑物的构造，过程的编排，等等。那么，这些构成要素是按照何种要求与标准被整合在一起的？或者说，王权仪式是怎样形成的？王权仪式是根据什么规则来建构时间、空间、模式的？尽管不同文化语境中的王权仪式有不同的模式，但这些问题无疑具有普遍性。此时，历时性的线性考察就难以提供合理的解释，研究者必须具有跨学科的视野并运用各种综合手段方可取得突破性进展。

神话学者的研究表明，王权仪式与王权观念之间有着根本的关联，更与特定文化的宇宙论密切相关。在古代国家，尤其是古代埃及、美索不达米亚与中国，王权理念是建立在神话宇宙观基础之上的。也就是说，王权是宇宙秩序的一个构成部分，王权的传递与宇宙秩序的更新是同步的。在神圣创世事件循环之际，宇宙秩序得以更新，王权也从老国王传到了继承者手中，宇宙再生从而与王权交替重叠在一起，共同完成了秩序的更新。

“在这样一种王权观念序列中，任何宗教与世俗生活在理论上都与国王相关，并且，每一种宗教仪式与典礼都是某种意义上的王权仪式。”① 这样，王权仪式的考察就具有了突破口，先前那种历时性的研究模式就被新的范式所取代，研究者从现象学层面的考察转向了结构性意义的阐释——王权仪式的发生机制及模式建构的思想起源。当然，作为抽象机制与具体文化现象的王权仪式，其表现方式因文化与历史语境的差异而有所不同，它与神话之间的关联也因此而各有侧重，研究者提供了不同层面的考察和诠释方式。

二　王权仪式时间：神话创世时间的再现

世界各地各民族都有自己的创世神话，比如，中国盘古尸体化宇宙的故事，埃及的拉（Ra）神用自己的身体创造宇宙，耶和华在七日内创造世界，等等，尽管这些神话的细节有所不同，但它们都表达了一个共同的主题：宇宙的形成。本质上说，一则创世神话就是一种宇宙起源论，它描述了宇宙秩序的起源，比如，世界是如何生成的，人类是怎样诞生的，秩序是如何被创造的。就其叙述内容而言，创世神话表述了宇宙演化中从无到有的一种进程：“混沌成为宇宙，虚空变成实在。”② 需要指出的是，创世时间并非真实的物理时间，它却可以再生，是现存众多存在物的时间原型。因为创世时间既是神明所创造的，是神圣的创造物，又是世界秩序生成的标志——现有世界的一切存在都在创世时间中被诸神创造出来，并且具有了先后的次序。也可以这样说，“每一个事物存在之前，属于它自己的特别时间是不可能存在的。在宇宙产生之前，不可能有宇宙的时间。在一种特殊的植物种类被创造出来之前，能够使它生长、结果和死亡的时间也并不存在。正是鉴于这种原因，每一个创造都被想像成在时间之前才发生的。随着一个新的物种的首次出现，它的时间也就迸发出来。”③ 概括地

① H. W. Fariman. “The Kingship Rituals of Egypt,” *Myth*, *Ritual*, *and Kingship*. Edited by S. H. Hooke, Oxford: Oxford University Press, 1958: 74—104.

② David Adams Leeming. *A Dictionary of Creation Myths*. New York: Oxford University Press, 1994, p. vii.

③ ［罗马尼亚］米尔恰·伊利亚德：《神圣与世俗》，王建光译，华夏出版社 2003 年版，第 37 页。

讲，万物始于创世时间，宇宙秩序在时间中以生成。创世时间既是宇宙时间的开始，又是宇宙秩序形成的标志。它既是虚无的结束，又是存在的开始。在埃及神话中，创世时间被称为初时（Primal Time），是太阳神拉创造宇宙并开始统治世界的时刻。神话学者伊利亚德（Mircea Eliade）指出，创世时间为纯粹的神话元时间，但它是可塑的和循环的，人们可以通过各种方式将其表现出来，譬如，借助于仪式展演与神话讲述等各种途径，将创世时间象征性地加以再现。在神圣创世时间的循环中，创世过程得以再现，宇宙秩序因而获得了再生。[①]

近期的神话研究者越来越多地关注王权仪式与创世神话时间之间的关联，而古代巴比伦国王参加的新年仪式尤其是阐释考察的焦点。不过在梳理具体的研究成果之前，先了解一下新年仪式的相关概况。根据古巴比伦的太阴历，一年分为十二月，每年的开始从春季算起，即从一年的第一个月份尼山月（Nisan）开始。在巴比伦创世神话中，一年的日子是由主神马杜克（Marduk）创造的，据神话叙述，大神马杜克打败提阿马特（Tiamat）之后，确立了诸位的位置，接着，“他确定了星和星座，他规定了年，划出了各个部分。他用三颗星分出十二个月。他根据星星规定了一年的日子，然后就确立木星的位置来标明日子的界限，使任何一天都不得有误差，也不缺少。他把贝尔和伊阿的住宅同木星建在一起。他在天空的南边开了两个大门，左边和右边的门闩都造得十分坚固。他把天顶放在天的中央。他造出月亮神南纳，把夜交给他，把他放在那里作为夜里的发光体，把白天区分出来。月复一月，他使南纳显出满月的形状，说：‘在月开始的时候，当夜开始，就让你的脚发光，把天空区分出来……’”[②] 巴比伦人庆祝新年的仪式每年都要在马杜克神庙举行，节日持续十二天，每一天都有不同的仪式举行。参与新年仪式的人员主要有国王、王后与大祭司，还有众多的民众。值得注意的是，新年仪式第五天要举行一个与国王

① ［罗马尼亚］米尔恰·伊利亚德：《神圣与世俗》，王建光译，华夏出版社 2003 年版，第 32 页。

② ［美］雷蒙德·范·奥弗：《太阳之歌：世界各地创世神话》，毛天祜译，中国人民大学出版社 1989 年版，第 178—179 页。

相关的王权仪式。神话学者尼尔斯·C. 尼尔森（Niels C. Nielsen）对此作了仔细的描述："在新年节庆十二天中的第五天，巴比伦人举行一个表演创造主神马杜克与人间国王相认同的戏剧性典礼。大祭司从国王那里拿走王权的标志，打他的脸，迫使他跪在马杜克神像前。然后国王向神表示他的统治是公正的。大祭司把王权标志还给国王，作为得到神的恩准的象征，并再一次打国王的脸。如果这次打击使国王流下了眼泪，那就会被解释为一个吉兆。接着人们把马杜克神像放在众神之王的位置上，在国王的侍奉下，举行一个模拟这位创造主对混沌海怪提阿马特的胜利讨伐的盛大游行活动。新年礼仪以众神对马杜克创世之战胜利的纪念而结束。国王回到他的权力宝座则标志着人类与宇宙之间的关系已经重新建立起来。于是，这位国王——事实上是这个世界——便获得了新的开端。"① 尼尔斯·C. 尼尔森的阐释并不能回答这样一些问题：为何主持新年仪式的大祭司要抽打国王并拿走标志王权的象征物？为什么国王在挨打之后又获得了王权的标志？换句话说，为何要将国王而不是其他人与马杜克联系起来？这个看似庆祝新年更新的仪式背后应该还有更为深刻的现实诉求，它就隐藏在仪式的一系列细节中。

学者亨利·富兰克弗特认为，国王挨打及其王权标志的失而复得应该是仪式的核心部分，"清楚的是，依靠他的自我惩罚和忏悔，国王洗清了自己过去罪孽的污点，并且这样适于主持接下来的仪式。也清楚的是，他那种旨在更新的授予王权标志的仪式标志着王权的更新。加冕典礼上，标志也被放在神面前的座位上，在国王获得它们和国王的权力之前。但是除此之外，国王的羞辱把他带入了与环境的协调一致，在这些环境下，伟大的更新仪式开始了……现在，国王也被掠夺了他的光辉和国王标志的保护，并且权力降到了最低，这与自然生命的低谷，与神的'囚禁'，也与创世之前的混沌状态相一致。五天的献祭、赎罪与净化达到了国王退化和恢复的地点。"② 这就意

① Niels C. Nielsen et al, eds. *Religions of the World*. New York: St. Martin's Press, 1983, p. 52. 转引自叶舒宪《中国神话哲学》，陕西人民出版社 2005 年版，第 266 页。

② ［美］亨利·富兰克弗特：《王权与神祇（下）》，郭子林、李岩、李凤伟译，上海三联书店 2007 年版，第 459 页。

味着，巴比伦王权的更新是借助于创世神话的再叙述而得以完成的。创世事件的再现象征着王权的更新，宇宙的再生与王权的更新之间具有了一种对应关系。这样，巴比伦人的新年仪式就不只是宇宙秩序更新的象征，它还有着更为现实的政治诉求——王权的更新与再生。王权更新时间是创世时间的象征，世俗的物理时间成为创世时间的象征，因而被赋予神圣色彩。此时，国王的活动类似于神明创世行为，国王的权力与统治而变得神圣。

当然，创世神话对王权仪式的影响并不限于巴比伦，它在其他古代国家也具有类似的功能，只不过其表现因文化语境的差异而有所不同而已。学者布莱克曼（A. M. Blackman）指出，埃及的王权仪式有着类似的情景，王权仪式时间与神圣创世时间之间有着密切的关联。[①] 较之于古代巴比伦的新年仪式，埃及的王权仪式更加强调国王的权力，王权仪式时间除了象征神话创世时间之外，还隐喻了神圣的创世事件。关于这一点，学者布利克（C. J. Bleeker）作了深刻的阐释："法老的王位登基典礼就是对神话事件的一种仪式重现，即通过创造世界的时刻，太阳神开始统治宇宙。这样，法老就借助于神明所默认的美德而统治人间，比其他人更有权威。"[②] 神话学者在赫梯帝国的王权仪式同样发现了仪式时间与创世时间之间的象征关系，只不过赫梯的王权仪式在冬季举行，在一年中的第八个月份。[③] 部分学者指出，希伯来的王权同样存在类似的情况，[④] 甚至古希腊也不例外。[⑤] 看上去就是，王权仪式时间与神圣创世时间之间的象征关系不是一

① A. M. Blackman. "Myth and Ritual in Ancient Egypt," in S. H. Hooke, ed. *Myth and Ritual*. London: Oxford University Press, 1933, pp. 15—39.

② C. J. Bleeker. "The Position of the Queen in Ancient Egypt," *The Sacral Kingship*. Contributions to the Central Theme of the VIII International Congress for the History of Religions (Rome, April, 1955.) . Published by the help of the Giunta Centrale Per gli Studi Storici, Rome. Leiden: E. J. Brill, 1959: 261—268.

③ O. R. Gurney. "Hittite Kingship," in *Myth*, *Ritual*, *and Kingship*. Edited by S. H. Hooke, Oxford: Oxford University Press, 1958: 105—121.

④ Geo Widengren. "Early Hebrew Myths and Their Interpretation", in *Myth*, *Ritual*, *and Kingship*. Edited by S. H. Hooke, Oxford: Oxford University Press, 1958, pp. 149—203.

⑤ A. N. Marlow. "Myth and Ritual in Early Greece," in *Ritual and Myth*: *Robertson Smith*, *Frazer*, *Hooke*, *and Harrison*. Edited with introductions by Robert A. Segal, New York: Garland Publishing, Inc, 1996, pp. 279—308.

种独立的事件，而是古代王权国家普遍存在的一种现象。

那么，这种现象背后潜藏着何种思维方式？这是神话学者对王权仪式时间阐释的另外一个维度。罗马利亚神话学者米尔恰·伊利亚德指出，“几乎在任何地方，新王登基都被视为其民族历史之再生，甚或是宇宙历史之再生。新君登基，不管他个人多么微不足道，均是一个新纪元的开始。此种典型观念，以往常常被视为阿谀献媚，或形式化的造作。事实上，我们所以会感到不平常，只是因为流传至今，它们带上了某种的庄严肃穆。而在初民的观念里，不但新王登基，连每次结婚的入床式、婴孩的诞生等，无一不是一个‘新纪元’的开始。因为宇宙与人借着种种途径不断再生，过去被毁掉，罪恶与过失被消灭，等等。虽然形式有异，但所有再生手段都趋向同一目的：通过重现宇宙开辟的事迹，持续不断地重返‘彼时’，废除过去的时间，从而将历史消除。”[①] 伊利亚德试图说明，王权仪式时间与创世时间之间的象征性关联源自古人的“回归神圣”观念，也就是说，通过回到创世时间而回到创世的元初状态，人类秩序得以再生，王权因而获得更新。说得明白一些就是，王权仪式时间的神圣性理念出自创世神话的宇宙观。尽管世界各地神话中的创世时间有所不同，创世时间的神圣性却是宇宙论的核心观念，这种神话思维催生了世界各民族王权仪式关于仪式时间的理念，只不过各民族的文化语境不同，仪式时间在各地的表现有所差异罢了。

伊利亚德阐释了王权仪式与创世神话之间的关联，但这里存在的一个疑问就是，为何古人要利用借助于仪式时间返回神创世时间？或者说，为什么要“回归神圣”并“消除历史”？神话学者卡伦·阿姆斯特朗（Karen Armstrong）就这个问题作了阐释，她指出，“众所周知，创世神话从来都不能向人们提供关于生命起源的实际信息。在古代世界，一则宇宙起源神话通常会在敬拜场所被吟诵，人们在一些特殊的时期需要注入一种神性的能量：当他们面临进入未知的新奇历险——新年，婚庆或加冕典礼。此时，吟诵创世神话的目的并非是提供讯息，而是首先提供

① Mircea Eliade, translated from the French by Willard R. Trask. *The Myth of the Eternal Return: Cosmos and History*. Princeton: Princeton University Press, 1971, pp. 80—81.

一种治疗。当人面遭遇到切实的灾难，想要终结一场争端，或者治愈疾病时，他们就会去倾听关于宇宙论神话的吟唱。这种理念的目的是汲取那种能够支撑人类存在的永恒能量。神话及其相关的仪式似乎是一则提示录，提醒人们，否极才能泰来，经历千辛万苦方能够获取生存与创造力。"[1] 看上去就是，创世神话的终极功能不是为王权仪式时间提供一种时间原型，而是对人类心理的治疗与神圣感的塑造，最终使得人类获得一种内在的心理能量，能够从容面对外界的变化。在阿姆斯特朗看来，创世神话的功能就不限于对王权仪式的神圣化，而是人类心理的治疗。为王权仪式提供时间原型只是一种外在的表现，抚慰心灵才是创世神话的真正功效。

三 王权仪式空间：神话宇宙模式的象征

确切地说，多数神话学者关于王权仪式空间与神话宇宙模式关联的探讨考察直接受益于神话学者米尔恰·伊利亚德的神话理论，尽管后来的一些研究者汲取了人类学与宗教学的理论。因此，在梳理相关研究成果之前，还要简单介绍一下伊利亚德的神圣与世俗理论。与一些神话学者从象征层面调和神话与科学之间的做法相反，伊利亚德直接从现象学视角切入，寻求现象背后的神话起源。伊利亚德认为，神话是人类行为的范式，通过讲述神话，人类可以获取关于过去的神圣经验，从而现实的存在一种神圣性的源头与典范，并使得现实的社会秩序得以再生。对于仪式而言，仪式的时间与仪式的空间都是对神话宇宙模式的模仿与再现，通过这种仪式性的行为，人类建构世界的行为具有了可能。伊利亚德宣称，仪式空间主要包括圣山、神庙、宫殿、圣坛，这些地方的"每一个结构和创造都有一种宇宙起源论作为它的范式。不论其参照的是宇宙的哪个层面，"[2] 这些地方都被视为世界的中心，"从美索不达米亚、埃及到中国，在这些伟大的东方文明中，圣殿都被赋予新的和重要的意义。它不仅仅是一个小宇

① Karen Armstrong. *A Short History of Myth*. New York ：Canongate，2005，p. 71.

② ［罗马尼亚］米尔恰·伊利亚德：《神圣与世俗》，王建光译，华夏出版社 2003 年版，第 17 页。

宙，它也被解释为对早期超验模式一种世俗的复制。”[①] 伊利亚德的这些主张为神话学者关于王权仪式空间的考古提供了一种理论上参照，多数研究者将其与人类学仪式理论相互结合，对王权仪式空间的建构模式做了深入的探讨。较为成功的是对埃及王权仪式空间布局的阐释，它提供了一种典范的解读模式。

学者雷蒙德（E. A. E. Remond）在其研究中指出，几乎每一个埃及神庙都有神话宇宙论起源——神庙的创建都与神明的创世活动相关。法老献祭的每一个神庙再现了世界诞生时的情景，它们有三个显著的特征：第一，神庙是造物主创世之际的神圣场所，神庙通常都会建造在土丘旁边，以此隐喻创世之前的第一块土地。第二，神庙是一个活态的整体，神庙被视为宇宙形成前造物主的居所，是庙宇之神的物质性体现：庙内部通常有一池清水，象征着创世之初的混沌大水。第三，神庙的历史是土地创建历史的一个组成部分，神庙因而是神圣宇宙的构成部分。[②] 雷蒙德观察的是埃及神庙整体空间的布局特征，并未对个别仪式空间作具体阐释。

图 3—1　埃及卡尔纳克神庙（Temple of Karnak）模型图

图片出自新浪博客 Lilyの心情日记，图片引用网址：Http：//photo. blog. sina. com. cn/blogpic. php? pid＝4964ab35g8997a5b405e8&bid＝4964ab350100j72m&uid＝1231334197。

① ［罗马尼亚］米尔恰·伊利亚德：《神圣与世俗》，王建光译，华夏出版社 2003 年版，第 26 页。

② E. A. E. Remond. *The Mythical Origion of the Egyptian Temple*. New York：Manchester University Press，1969，p. 327.

亨利·富兰克弗特指出，除此之外，埃及神庙还存在一种普遍的特征：神庙中有很多植物形状的圆柱，呈纸草或莲花状，这些圆柱使得神庙空间显得非常狭小，给人一种压抑的感觉。在每一个神庙内部都有一个圣所，它是一个狭小而黑暗的房间，位于一条长路的末端。这条长路穿过圆形的廊柱与大厅，直达神庙后端隐藏的祭坛。随着所过之处，长路的坡度不断抬升，每经过一个房间，其高度都会有所增加。另外，在举行仪式时，国王要坐在自己的御座上，而御座的形状类似于山丘。埃及神庙的这种空间结构模式已经成为一种普遍的模式，也成为埃及神庙建筑的主要特色，似乎没有什么值得奇怪的。实际上，这种仪式空间的布局并不是随意生成的，它有着深刻的创世神话意蕴。亨利·富兰克弗特认为，埃及仪式空间的这种模式源自其神话宇宙论，每一种空间布局背后都隐藏着久远的神话传统。神庙内之所以有很多植物形状的圆柱，那是因为埃及创世神话中的造物主太阳神曾经化身为一个孩子，坐在荷花里或纸草中。神庙是创世神话中元初之丘的象征，是创世之日升起的第一块陆地，也是世界的中心。而那些逐渐被抬高的长路的坡度，则隐喻了元初之丘不断上升的情景。法老的御座也是元初之丘的象征物，暗喻了创世之初太阳神从大水中诞生的神话情节。[①] 富兰克弗特继而断言，“混沌之水和原始丘形成了‘第一次’的场景，它在埃及人宗教设想中所起的所用，与具有客西马尼园和各各他山的犹太山在基督徒的宗教设想中所起的作用一样重大。”[②] 这就意味着，古代埃及王权仪式的空间结构源自其创世神话思想，仪式空间的每一种布局都体现了创世神话中的造物主创造宇宙的场景。通过仪式空间与创世神话中的创造事件关联与对应，王权仪式不断再现创世之初的情境，王权随着宇宙秩序的再生而获得更新，王位的继承得以进行。

作为一种制度体系，王权礼制包括很多层面的内容，比如，节日庆典，祖先祭奠，成人礼，王位加冕典礼，婚礼，葬礼，等等。在古代中

① ［美］亨利·富兰克弗特：《王权与神祇（上）》，郭子林、李岩、李凤伟译，上海三联书店 2007 年版，第 219—229 页；［美］亨利·富兰克弗特：《古代埃及宗教》，郭子林、李凤伟译，上海三联书店 2005 年版，第 116—119 页。

② ［美］亨利·富兰克弗特：《古代埃及宗教》，郭子林、李凤伟译，上海三联书店 2005 年版，第 118 页。

国，周代之后，统治者将以血缘关系为主线的葬礼视为建构政治秩序的重要手段，儒家甚至将葬礼归到了“民德归厚”的孝道层面，以此建立等级分明的伦理秩序。对古代埃及法老而言，祖先的安葬是仅次于王位加冕典礼的重要事件。在举行葬礼过程中，每一个细节都要与已逝国王的身份与地位相匹配——从仪式时间到王陵处所的选择，再到墓室内部空间结构的安排——所有这些都是经过精心准备的，并且，这些程序及模式的背后隐藏着神圣的创世神话思想。以埃及第五王国的法老乌纳斯（Unas）的葬礼为例，近期神话学者的研究取得了重要进展。乌纳斯是埃及第五国王时期法老，作为其寝陵的金字塔位于埃及萨加拉（Saqqara）地区。乌纳斯金字塔陵墓北方入口下去是一条地下通道，通道一直向前延伸，直到一个接待室。接待室向右敞开，其左方有一殡室与地下室，其上刻有壁橱，内置雕像。只有殡室，接待厅，及过道南方尽头方刻有铭文，其余皆不做装饰。

图 3—2　埃及卢克索神庙（LuxorTemple）前的纸草圆柱

图片出自去埃及旅游网，作者五秒。图片引用网址：http：//www. quaiji. com/ sheying/429. html。

学者施皮格尔（J. Spiegel）指出，就乌纳斯金字塔内部结构而言（参见图 3—3），它是经过精心设计的，而上述几个刻有铭文的场所更具有重要意义：殡室象征着冥界，接待室是地平线或神界的象征，接待室的天花板隐喻着夜空。殡室同时象征着凯斯（Kus）与贝特（Buto）的诸城，接待室则是中埃及的表征，地下室暗示了赫利奥波利斯（Helipolis）这个地方。在施皮格尔看来，法老葬仪在月亏的最后一个晚上举行，日落时分开始，持续整个夜晚，日出时结束。在这里，金字塔的结构象征着埃及创世神话中太阳神一天的行程：从冥界穿过之后，越过地平线，再高升到天空。当然，法老陵墓的这种结构象征是与其葬礼过程密切相关的，二者共同体现了创世神话的宇宙观。①

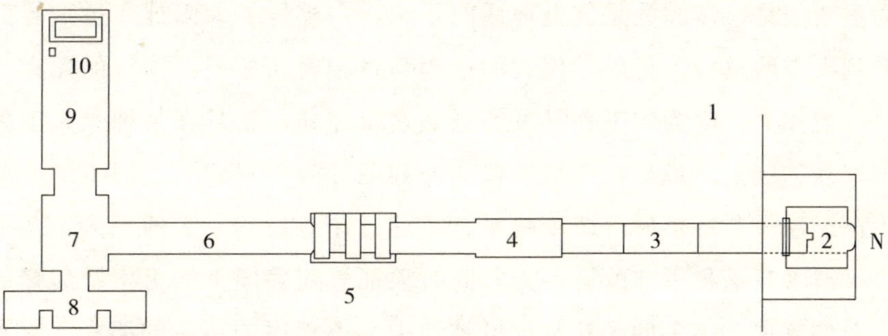

1.乌纳斯金字塔 2.入口 3.地下过道 4.门厅 5.三个吊闸门 6.第二个通道 7.接待厅 8.墓堂 9.殡室 10.带骨坛的大理石棺区间

图 3—3 乌纳斯金字塔内部结构图

内装已逝国王遗体的棺材被众人放到了殡室内，此时殡室内正举行一种仪式，此时卡（Ka）和巴（Ba）的雕像暂时还被置于接待室的一个角落。当法老遗体被放入大理石棺内后，棺材的盖子随即被封口，然后，大祭司开始祈祷，他穿过门口走到接待厅内，将两个红色的瓶子打碎。此时，人们将卡和巴的雕像放到芦苇捆上，带入地下室，将雕像竖立起来并置入神龛内。随后，地下室的门被关上并被密封，一个船模置于门前。最后，人们离开金字塔并将其关闭。这个繁复的埋葬过程被称为复活仪式，为比较重要的王权葬礼。在葬礼期间，巴离开了法老的身体，开始是飘忽

① J. Spiegal. "Das Auferstehungsritual der Unaspyamide," *Annales du Service des Antiquité de l' égypte*. Iiii, pp. 339—439. 转引自 H. W. Fariman. "The Kingship Rituals of Egypt," in *Myth, Ritual, and Kingship*. Edited by S. H. Hooke, Oxford: Oxford University Press, 1958: 74—104.

不定的幽灵，穿过了冥界（殡室），首次具有了模糊的形体，越过夜空，达到地平线，在地下室与造物主相遇。仪式的下一个部分关注的是离开墓室的灵魂：仪式的前半部分被简略地重复，向那些有可能阻止灵魂复活的神明发出了威胁，地下室门前的船是帮助灵魂出现而被放置的。灵魂出现后就离开了墓室，向升起的新月致意，这样灵魂就能够顺利高升到天空，随后，黎明到来，葬礼结束。施皮格尔指出，这个复活仪式的基础是丰产神话，在埃及的神话中，当垂死的神明就要死去时，他要求复活与再生。更为重要的是，该葬礼是创世神话的再现，它模仿了太阳神穿过冥界然后高升到天空的过程。另外，仪式的过程与月相密切相关：国王的死亡与月亏、月盈相关，因为国王在月亏的最后之夜埋葬，新月在某种意义上象征着国家新的国王。最后，该复活仪式与周期性的年岁相关：国王的葬礼在尼罗河泛滥季节的最后一个夜晚举行，这意味着新的一天的到来，冬季的第一天或者是播种季节的第一天，同时象征着死去国王的再生及后裔的加冕。总的来说，国王的葬礼是创世神话中宇宙秩序的更新的缩影，它直接源于创世神话的宇宙论。①

这种王权仪式空间与创世神话宇宙模式之间的对应关系并非是埃及文化的独特现象，它在古代美索不达米亚地区同样存在，只不过我们至今尚未发现关于克里特的王权仪式与神话宇宙论之间的关系。部分学者认为，希腊神庙在结构上与古代埃及、美索不达米亚的神庙有着根本的不同，前者是神话宇宙论的体现，而后者则是希腊城邦理想的载体。因此，“一座希腊的神庙根本无法以宇宙类型来决定。它不是宇宙象征的体现。神庙并没有强制性要求向东或是向西。城市规划的限制决定了神庙的疆域、地势及景致的要求。没有任何祭司或神使有资格划分领域，或主持神庙的建造……一座希腊神庙不是一个小宇宙，而是城邦的一部分。它属于城市的精神与社会秩序范畴，即爱奥利亚哲学家所指的政治层面的宇宙。因此，一些城邦的大

---

① J. Spiegal. “Das Auferstehungsritual der Unaspyamide,” *Annales du Service des Antiquité de l' égypte*. Iiii, pp. 339—439. 转引自 H. W. Fariman. “The Kingship Rituals of Egypt,” in *Myth, Ritual, and Kingship*. Edited by S. H. Hooke, Oxford: Oxford University Press, 1958: 74—104.

神庙通常被作为公共空间而使用，同样，希腊的神庙被视为公共广场或决议中心，大量轮流管理公共事务的市政府或行政官员聚集在此。”[①] 不过随着考古学资料的不断丰富，越来越多的学者发现克里特文明与古代埃及、美索不达米亚文明之间具有很多文化共性，比如，学者南诺·马瑞纳托斯就断言，公元前1650年—前1390年的克里特文明是地中海文明的一个部分，这个时期的克里特地区与古代埃及、美索不达米亚、叙利亚等地区拥有文化共性，它们的价值观与神话宇宙论也是类似的。[②] 因此，就有理由相信，关于米诺王权仪式空间与其神话宇宙论之间关系的专著不久就会问世，不过这是后话了。

至于中国的王权仪式空间与神话宇宙模式之间的关联的探讨，20世纪末期就已进行。国内神话学者叶舒宪先生的研究表明，中国古代礼制的中的“明堂之制”本质上源自中国神话的宇宙观，明堂结构是神话宇宙模式的缩影。明堂是古人精心设计和建造的一个小宇宙模式，它的原型范本即是划分为阴间（水）、阳界（陆）和神界（空）的神话宇宙观。[③] 创世神话宇宙论对中国王权空间仪式的影响远不止这些，它甚至塑造了中国王权仪式叙述及历史的书写形式。比如，《周礼》始于天官地官，终于以春夏秋冬四季循环为完整周期的冬官，此种叙述结构潜含着宇宙四方六合的神话时空运转理念；《礼记》今传本为七七四十九篇的结构安排则暗喻了万物再生秩序更新的神话理念，等等。[④] 只不过，随着时间的流逝及王权制度的崩溃，后人已难以体会其神圣意味，但作为思想基因的神话思想，并没有因此而消失，它依然停留在人类思维的深处，对人类文化进行组合与编码。

不少学者的研究表明，一些王权仪式的名称、时间的延续，建筑的外观，都具有神圣的神话蕴含，不过关于王权仪式的服饰、食物、音乐与神话之间关联的探讨尚不多见。尽管如此，这并不能妨碍我们得出这样一种

---

① Guilia Sissa and Marcel Detienne，translated by Janet Lloyd. *The Daily Life of the Greek Gods*. Stanford：Stanford University Press，2000，pp. 191—192.

② Nanno Marinatos. *Minoan Kingship and the Solar Goddess*：*A Near Eastern Koine*. Urbana：University of Illinois Press，2010，p. 7.

③ 叶舒宪：《中国神话哲学》，陕西人民出版社2005年版，第164页。

④ 叶舒宪：《中国的神话历史》，《百色学院学报》2009年第1期。

结论：王权仪式模式已被神话化了，通过仪式时间、空间各方面与神话宇宙论的对应与关联，王权仪式具有了一种神圣的性质，从而将王权神圣化了。通过王权的神话化，王权观念经过了神话→仪式→神圣王权的转换过程，在此过程中，王权仪式的各种因素均被置于神话思维框架之内，世俗的仪式行为因而具有了一种神圣的意味。不妨将这个过程称为王权仪式的神话化，也就是王权仪式的神圣化过程。

在王权仪式的神圣化过程中，神话化有不同的表现形貌：仪式时间、仪式时间的延续、仪式名称、仪式过程、仪式空间的结构、仪式场地的外形、仪式建筑内部的空间组织，等等，所有这些因素都具有一定的神话原型，即神话模式。通俗地讲，这种神话化的基本目的是将原属世俗范畴的王权仪式赋予一种神圣色彩，继而将王权理念与国王神圣化。说得明确一些就是，王权仪式的神话化服务于神圣王权的理念，而之所以会有这种效果，乃是因为神话具有作为范式的属性与治疗功能。与其说统治者利用神话来神化其统治，倒不如说是作为文化基因的神话已经成为一种思维定式，潜藏在先人的无意识深处，它塑造并催生了王权仪式模式。王权仪式的神话化只是一种外在的现象。隐藏在现象背后的，是神话思维与神话宇宙论，这才是王权仪式真正的思想源头。

第三节　族谱叙述的神话化

一　族谱研究的史学取向

作为历史叙述的一种特殊形式，族谱在史学研究中占有不可或缺的地位，以古希腊王族谱系为例，史学研究主要有两种取向：其一，王室族谱的时间框架研究；其二，族谱时间的推算。自古至今，史学工作者一直希望通过建构完整的王室族谱系表，借此考察整个王族历史的演变。在古希腊，先有史学家赫卡泰俄斯（Hecataeus）在其佚作《宗谱》(*Genealogies*)中将各种希腊神话按时间顺序纳入年代坐标，后有希罗多德在其论著《历史》中建构了古代各国王族的谱系表，从而把希腊诸王的祖先上溯到神明那里。不过这种根据神话编撰王室族谱的做法遭到了后期史学工作者的质疑，多数学者认为这种做法不足取法，王族谱系自然也不可靠。瑞典学者马丁·尼尔森批评道："一些英国学者将神话视为历史事实的再创造，正如那些史话家将神话纳入历史体系之中。这些人当然没有忽略神话中那些虚构性成分，不过他们认为，那些神话人物及其业绩并非虚构，而是信史。因此，当他们就毫无疑问地接受那些神话谱系与年表时，他们就走远了。我无法做到这一点。"① 尽管尼尔森的批评颇有影响，但无法阻拦族谱研究的进展。王族族谱的建构依然在继续，只不过近期学者的目光不再局限于王室，而是放眼整个希腊社会。纽曼（Harold Newman and Jon O. Newman）父子在《希腊神话谱系图》一书中，以"家族树"形式展现了希腊的人类与神话人物谱系，其中涉及的人物形象多达 3673 位，从而将谱系的框架建构推到了顶峰。②

第二种族谱研究取向的主要内容是对族谱结构延续的时间进行推算，以此建立族谱的年代坐标。这方面的工作自古希腊就已有之，历史学家希罗多德就在《历史》一书中推测了希腊神话中一些英雄的存在时间，例如，赫拉克勒斯的生活年代早他 900 年，即公元前 1340 年左右。③ 希罗多德并没有告诉读者，他是如何推算出英雄赫拉克勒斯生活的确切时间的，部分现代学者就此展开探讨。学者约翰·福斯代克（John Forsdyke）认为，希罗多德是根据斯巴达王表每隔 40 年一世代的方法来计算的。④ 不过这种观点遭到了一些学者的质疑，德国学者沃尔特·伯克特就是其中的一位。伯克特指出，那种认为希罗多德按一代王延续 40 年推算赫拉克勒斯生活世代的说法纯属臆造，事实上，希罗多德依据的不是斯巴达王表，而是

① Martin P. Nilsson. *The Mycenaean Origin of Greek Mythology*. Berkeley: University of California Press, 1972, pp. 3—4.

② Harold Newman and Jon O. Newman. *A Genealogical Chart of Greek Mythology*. Chapel Hill: The University of North Carolina Press, 2003.

③ John Fordyke. *Greece Before Homer: Ancient Chronology and Mythology*. London: Max Parrish, 1956, p. 32. ［古希腊］希罗多德：《历史（2. 145）》，王以铸译，商务印书馆 1959 年版，第 176 页。

④ John Fordyke. *Greece Before Homer: Ancient Chronology and Mythology*. London: Max Parrish, 1956, p. 32.

伪造的吕底亚王表。[①]

不难看出，史学界关于王族谱系研究的基础是默认族谱的真实性，一种潜在的共识是，王族谱系必须是真实的，否则就失去了研究价值，因为历史拒绝虚构，尤其是神话的虚构。因此，当史学工作者面对虚构的王族谱系时便止步不前。但一系列问题就会接踵而来：为何早期的王族谱系多半系神话虚构？神话如何进入历史并建构王室谱系？神话在建构族谱框架时具有何种功能？这些问题尚没有引起史学研究者的充分注意，而这些恰恰是神话学者关注的焦点。

二　族谱时间链的神话建构

当论及族谱时间时，多数研究者从历时性视角切入考察族谱时间的上限，以及家族树与神话叙述之间的关系。这里需要解决的几个问题是：第一，如何借助神话表述始祖的身份？第二，怎样根据神话情节叙述家族各个世代权力的源头？第三，如何根据神话情节组织家族树的结构？在具体探讨中，神话学者既不分辨族谱中虚构成分的多寡，也不甄别神话中真实要素的来源，而是考察神话如何进入历史，如何参与意识形态的建构。上述这些问题的讨论通常是借助于族谱序列而展开，可将其称为族谱的历时性研究。

中国夏商周三代族谱中有始祖神圣诞生的故事[②]，国内多数学者将其称为“感生”神话。国外学者倾向于将其称为英雄诞生神话，强调英雄的

---

① Walter Burkert. “Lydia between East and West or How to Date the Troy War: A Study in Herodotus”, in *Ages of Homer: A Tribute to Emily Townsend Vermeule*. Edited by J. Carter and S. P. Morris, Austin: University of Texas Press, 1995, pp. 139—148.

② 《诗经·大雅·生民》曰：“厥初生民，时维姜嫄。生民如何？克禋克祀，以弗无子。履帝武敏歆，攸介攸止，载震载夙。载生载育，时维后稷。”［（清）阮元：《诗经·大雅·生民》，《十三经注疏》，中华书局2003年版，第528页。］这里叙述了周人祖先后稷的母亲姜嫄踩了上神的脚印而怀孕生后稷的神奇经历，强调了周人祖先源自神明的神圣血统。《诗经·商颂·玄鸟》曰：“天命玄鸟，降而生商，宅殷土芒芒。”“有娀方将，帝立子生商。”［（清）阮元：《诗经·商颂·玄鸟》，《十三经注疏》，中华书局2003年版，第622页；（清）阮元：《诗经·商颂·长发》，《十三经注疏》，中华书局2003年版，第528、626页。］这些语句表述了商人祖先契由玄鸟诞生的神话情节，凸显了商为玄鸟后人的神圣身份。出土文献中相关的表述参见《上海博物馆藏战国楚竹书（二）·子羔》篇，鉴于竹书释文及排序较为繁复，此处不赘述。

神圣血统。[①] 感生神话是一个世界性的神话类型，比如，希腊神话中的英雄赫拉克勒斯、珀尔修斯、忒修斯等人的神奇出生。在这类神话中，文化英雄的母亲皆为人间美女，父亲则是神明。但上述这类阐释模式不能解答这样一些问题：为什么这些神话中的主人公皆为男性祖先？为何英雄的父亲都是神明而不是妖魔？这类神话绝非单纯的神圣诞生故事，它背后一定隐藏着某种深刻的意味。

在希腊神话中，早期雅典诸王诞生的故事，尤其是土生人故事，与中国三代祖先的神奇诞生有些类似。在雅典早期王表中，雅典第一位国王刻克洛普斯（Cecrops）的身份比较特殊，他为地母盖该亚（Gaea）所生，形象是人身蛇尾。刻克洛普斯一生颇有建树：将雅典分为12个城镇，发明了文字，制定了有关婚姻与财产的律法，废除了人祭陋习，并教导人们如何掩埋死者。传说在刻克洛普斯执政期间，雅典娜（Athena）与波塞冬因争夺雅典的祭祀权而发生冲突。在众神判决的法庭上，刻克洛普斯作为雅典娜栽种橄榄树的见证人而帮助雅典娜，使她成为雅典城的守护神。[②] 雅典王表中的第二位国王是厄里克托尼俄斯（Erichthonius）或厄瑞克透斯（Erechtheus），[③] 他像刻克洛普斯一样有着奇特的身世。据雅典神话表述，工艺之神赫淮斯托斯（Hephaestus）贪恋女神雅典娜美貌，图谋不轨。雅典娜女神惊慌逃脱，赫淮斯托斯的精液溅落到女神身上，后者以羊毛拭擦，弃之于地。结果地母该亚受孕，神婴厄里克托尼俄斯得以诞生。雅典

---

① 譬如，沃尔特·伯克特将这类神话称为“少女的悲剧”，认为它与少女成年礼相关（Walter Burkert. *Creation of the Sacred: Tracks of Biology in Early Religions*. Cambridge, Mass.: Harvard University Press, 1996. p. 73.）；兰克（Otta Rank）则认为这种类型的神话不是少女的悲剧，而是英雄的神奇诞生神话，它折射了孩子与母亲分离的痛苦记忆（Otto Rank. “Literary Autobiography,” *Journal of the Otto Rank Association*. 16：2—38，1981，p. 6；Otto Rank. *The Myth of the Birth of the Hero: A Psychological Exploration of Myth*. Baltimore：Johns Hopkins University Press，2004，p. 48.）。

② Herodotus. *The Historesm* 8. 55；Euripides. *Ion* 1163—1164；Apollodorus. *Epitome* 3. 14. 1—2，3. 14. 5；Strabo. *Geographia* 9. 1，16；Pausanius. *Description of Greece* 1. 2. 6，1. 24. 5，1. 26. 5，1. 27. 1—2，8. 2. 2—3；Ovid. *Metamorphoses* 6. 70—82.

③ 厄里克托尼俄斯与厄瑞克透斯本为同一神话形象，后来的雅典悲剧作家将二者人为分开，将他们编进了不同的家谱之中，本书不拟采用后期雅典作家分割式的编撰，而将二者视为同一神话形象。

娜后来接管了婴儿厄里克托尼俄斯，并委托刻克洛普斯的三个女儿照顾。后因三女子偷窥箱中的神婴，受惊吓而死，雅典娜遂将婴孩带回卫城亲自抚育。厄里克托尼俄斯长大后成为雅典国王，极力推崇雅典娜并创建了泛雅典娜节日。[①] 上述诞生故事与中国的感生神话之间存在某些类似的主题：英雄同为神明之子，长大后成为文化英雄并登上王位。乍一看来，这些关于王族祖先的神话似乎没有什么值得奇怪的，因为世界各地的文化中都存在这样的神话情节。问题的关键就在于：为何这类诞生神话的主人公皆为王族的男性祖先而不是其他人？为什么神话的叙述时间都发生在王族谱系的早期而不是晚期？问题的探讨离不开具体的历史与文化语境，族谱神话的书写时间因而成为该话题的关键。

就性质而言，这类神话兼具真实性与虚构性，而其书写时间均较晚，大致系晚近时期编撰而成。学者马丁·尼尔森指出，雅典第一代国王刻克洛普斯王是已消亡的雅典部落中的名祖，而第二代国王厄里克托尼俄斯的原型为新生的植物精灵，与迈锡尼宗教具有很大关联。“雅典国王名录系相当晚近时期编造而成，乃将不同的英雄故事与各色要素杂糅而成，编造者为了掩饰种种矛盾，于是就将名录做得更长一些，让那些君王成双成对地出现。”[②] 尼尔森的这种见解无疑是正确的，但他关于编造者为掩饰王表中的矛盾而编造神话的观点并没有得到学界的认可，更多的学者认为，这些神话本质上属于“政治神话”，其背后有着更为现实的社会诉求。学者罗伯特·帕克（Robert Parker）指出，“无论在魅力还是久远的名望上，雅典神话均无法与希腊其他地区的神话相媲美。早期的资料中仅有少数几位雅典英雄出现，也许最具有古代阿提卡意味的神话就是忒修斯与牛怪米诺陶的神话故事了。对于神话编撰者而言，阿提卡的神话并没有什么特别吸引人的地方。尽管也许在荷马或赫西俄德的故事中鲜有阿提卡的故事，但在阿波罗多诺斯与奥维德笔下，关于阿提卡的神话故事却是比较

---

① Euripides. *Ion*. 20—24，260—274；Apollodorus. *Epitome* 3. 14. 6；Pausanius. *Description of Greece* 1. 2. 6，14. 6，1. 18. 2，1. 24. 7，1. 27. 2，3. 18. 13；Ovid. *Metamorphoses* 2. 552—556.

② Martin P. Nilsson. *The Mycenaean Origin of Greek Mythology*. Berkeley：University of California Press，1972，p. 162.

丰富的。在公元前5世纪到公元前4世纪，主流文学与艺术文化中骤然增加了关于雅典与雅典人的故事，阿提卡历史编撰中同时出现一种颇有特色的文学类型，即特别关注国家的古史，其中包括神话。结果很多业已存在的地方性神话得以荣登高雅的文学与艺术的殿堂，其他的一些故事也首次亮相。这样，阿提卡神话的发展是“传统的发明”的最突出的例子。这类故事大多具有一些公共的主题，偶尔还具有政治性的主题。据说俄狄浦斯的神话仅仅适用于忒拜人，而阿提卡神话本质上是阿提卡地区所特有的，在这些神话中，城市的起源与典章制度构成其主题……阿提卡神话因而是富有特色的‘政治神话’，雅典人藉此塑造出民族的认同感。”[①] 这就意味着，这些故事是为了满足现实需求而被创造的，属政治神话范畴。

在雅典第一代国王的诞生神话中，最为突出的情节是雅典第一代国王刻克洛普斯作为雅典娜栽种橄榄树的见证人，帮助后者在雅典建立了崇拜。学者妮科尔·洛劳克丝（Nicole Loraux）宣称，这个情节表明了雅典政治权力的范畴及属性。因为雅典娜并非经由女性身体出生，而是诞生于宙斯脑袋，这是对女性生育能力的一种颠覆。雅典国王刻克洛普斯在众神裁决大会上选择雅典娜作为雅典的保护神，这就决定了雅典政治权力专属男性。另外，雅典第二代国王厄里克托尼俄斯与雅典娜及赫淮斯托斯之间的亲密关系，象征了雅典政治权力神圣而不可侵犯的一面。[②] 也就是说，雅典王族的土生神话已不再是单纯的故事，而是雅典王权范畴与性质的一种象征，它在界定王族权力界限的同时，对其存在做了一种合法化的叙述。洛劳克丝不承认土生神话的普遍性，认为这仅是一种特殊的行政现象。学者罗伯特·帕克认为，雅典土生人神话具有广泛的象征性，“厄里克托尼俄斯或厄瑞克透斯有时也被等同于米诺—迈锡尼地区的一位典型人物，神婴是在抚育者精心照顾下健康成长的。但这些事件可能要发生于更

---

① Robert Parker. “Myths of Early Athens”, *Interpretations of Greek Mythology*. Edited by Jan Bremmer, London: Routledge, 1988: 187—214.

② Nicole Loraux. *Born of the Earth: Myth and Politics in Athens*. Ithaca and London: Cornell University Press, 2000, pp. 29—35.

为久远的时代，后迈锡尼时代的希腊人一定觉察到了这种差异，介于宙斯被放逐的儿子与受到女神保护的大地之子厄瑞克透斯之间的差别。所有雅典人都能够将像我们一样将厄里克托尼俄斯或厄瑞克透斯诞生的故事视为一则国家起源神话。总的来说，并不存在关于雅典人的孤立的传统：这两位从土而生的国王是整个雅典民族的神话表述，他们藉此宣称自己是本地人。"① 那么，这则国家起源神话说明了什么？帕克指出，这则土生人神话具有两个方面的意蕴：其一，它将前雅典人尽可能与雅典娜及赫淮斯托斯密切相连，就使得雅典人成为神明的孩子；其二，它表明了雅典民族的本土性，即雅典人是希腊唯一合法的本地居民，其他所有的民族都是移民，他们是一群带有异族血统的乌合之众。② 这样看来，雅典早期诸王土生的神话就具有了意识形态意味。学者本杰明·艾萨克（Bejamin Isaac）继而断言，这些王族土生的神话具有两种不同的功用："第一，雅典人认为只有他们才是这片土地的合法拥有者；第二，雅典人将自己视为不受任何外来因素沾染的纯族群，因此他们是优越的。"③ 从历史的现实性需求而言，雅典人创造了每个国家想要的东西。

雅典土生神话的中诸王为族谱世代的始祖，也就是说，这些人处于谱系中较为靠前的时间序列中，族谱编撰者通过神话叙述的手段，为王族统治或雅典民族的合理存在提供了话语保障：只有雅典王族或雅典民族才有资格享有统治整个希腊的权力，因为他（它）是土生的，并且是神明所宠爱的孩子，而其他民族都是从人类自身诞生的，没有神性的血统。从这个层面而言，神话叙述通过将王族祖先与神明连接起来的方式，巩固了王族的威望。这种叙述方式属于对王权起源的神话建构。不过，就族谱叙述的时间链而言，神话叙述的对象并非限于王族始祖，特定时期的王族成员也是神话建构的对象，在某种功利性的现实诉求驱动下，族谱甚至会将其他时代的一些形象纳入其时间序列之中，借此制造一系列神话故事。在诸多

---

① Robert Parker. "Myths of Early Athens", *Interpretations of Greek Mythology*. Edited by Jan Bremmer, London: Routledge, 1988: 187—214.

② Ibid.

③ Benjamin Isaac. "Proto - racism in Graeco - Roman Antiquity", *World Archaeology*. Vol 38 (1): 32—47.

案例中，忒修斯是一个突出的典型。学者马丁·尼尔森认为，雅典国王忒修斯的神话是为了迎合某些政治观点而创造的，因为忒修斯并非雅典本地人，他是阿提卡的一位地方英雄。[①]，忒修斯并非雅典正宗的国王，他是被雅典族谱的编撰者从阿提卡北部族谱中剥离出来，然后被强行置于雅典诸王谱系时间序列之中的。[②] 学者索菲·米尔斯（Sophie Mills）继而指出，特修斯的故事表明了他的性格特征——英俊、勇敢、睿智、富有正义感——所有这些都是雅典帝国时期理想化的民族英雄所必须具备的品质。每一个民族都需要典范人物，雅典帝国也不例外。忒修斯的性格特征完全符合帝国理想公民的标准，因而被纳入雅典王族谱系，成为雅典公民的楷模，[③] 这类在王族谱系时间链中置入外来者的做法，所面临的一个关键问题是，族谱叙述时间与神话叙述时间往往难以调和，但在特定历史时期，这种行为往往具有非常显著的功效，尽管本质上它属于“传统的发明”。

一种功利性的做法是，为满足现实需要，要借助于神话叙述对王室宗谱的时间起点作新的建构。此时就要打乱原有的族谱时间体系而创建新的族谱时间坐标。这种举措是为建构特定群体关于世界的概念性机制与价值体系服务的，神话与族谱因而建构了政治策略并成为其中的一个组成部分。这类案例很多，其中尤以萨拉米斯（Salamis）王族谱系的重构为典型。不过，在阐释之前需要先了解一下相关的历史背景。

在希腊历史上，雅典与其近邻麦加拉（Megara）曾因领土问题产生多次冲突。据普鲁塔克表述，公元前600年左右，雅典人与麦加拉人因对萨拉米斯岛的所有权问题发生争执，双方最后将裁决权交给斯巴达人。[④] 最后，斯巴达人将萨拉米斯判给了雅典人，而其中起到关键作用的是神话。

---

① Martin P. Nilsson. *The Mycenaean Origin of Greek Mythology*. Berkeley：University of California Press，1972，p. 167.

② Martin P. Nilsson. *Cults，Myths，Oracles，and Politics in Ancient Greece*. New York：Cooper Square Publishers，1972，p. 52.

③ Sophle Mills. *Theseus，Tragedy and the Athena Empire*. Oxford：Clarendon Press，1997，p. 2.

④ Plutarch. *Plutarch's Lives*. Translated by Dryden，edited and revised by Arthur Hugh Clough. New York ：Modern Library，2000，1992，pp. 138—140.

雅典将领梭伦（Solon）在斯巴达人做出最后决定时，诵读了荷马史诗中的两句诗文："埃阿斯统领十二战船从萨拉米斯而来，部署在雅典人阵地旁边。"① 诗文中的埃阿斯是一位关键人物，正是他的身份使得斯巴达人最后判决雅典人拥有萨拉米斯的所有权。因为在泛希腊化时代的王室族谱中，埃阿斯被公认为萨拉米斯的王子，而他的两个儿子欧律萨克斯（（Eurysakes）与菲莱俄斯（Philaeus/Philaios）曾加入过雅典国籍，成为雅典的公民。这就意味着，埃阿斯的两个儿子拱手将萨拉米斯送给了雅典，斯巴达人的裁决无疑是公正的。萨拉米斯所有权事件应该到此结束了，雅典人最后获胜。

但事情并没有就此结束，雅典与麦加拉还有另外一场纷争。雅典英雄忒修斯在寻父途中，路过麦加拉边界时杀死了拦路抢劫的强盗斯喀戎(Sciron)，据说此人品行不端，是个恶棍。但麦加拉的作家们却说，斯喀戎既非暴徒又非强盗，他专门惩治恶人，是善良正直的人的亲友。理由如下：埃阿科斯（Aeacus）是所有希腊人中最受崇敬的贤人。萨拉米斯人库克柔斯（Cychreus）在雅典受到神圣的尊崇。珀琉斯和忒拉蒙的德行尽人皆知。而斯喀戎是萨拉米斯人库克琉斯的女婿，埃阿科斯的岳父，又是珀琉斯（Peleus）和忒拉蒙（Telamon）的外祖父，这二人都是斯喀戎和卡里克罗（Chariclo）的女儿恩德斯（Endeis）的儿子。最善良的人不可能和最邪恶的人联姻，也不可能互相授受最珍贵的聘礼。② 麦加拉人所说的这一段族谱看似无足轻重，但非常重要，因为它涉及了埃阿斯家族的谱系。根据迈加人的这个族谱，接下来的比较公认的一种事实就是，珀琉斯后来与海洋女神忒提斯（Thetis）结合生出阿喀琉斯（Achilles)，忒拉蒙后来有了儿子埃阿斯。根据麦加拉人的表述，我们可以得到一个简单的家族世代结构图（见图 3—4）。

学者约翰·威克沙姆（John M. Wickersham）指出，表面看来，普鲁

① Homer，with English translated by A. T. Murray，revised by William F. Wyatt. *Iliad*. London：Harvard University Press，1999，Book 2，Lines 557—558，"Αἴαζδ' ἐκ Σαλαμῖνοζἄ γεν δυοκαίδεκα νῆαζ，στῆσεδ' ἄγωνἴν 'Αθηναίωνἵσταντο φάλαγγεζ."

② Plutarch. *Plutarch's Lives*. Translated by Dryden，edited and revised by Arthur Hugh Clough. New York：Modern Library，2000，1992，pp. 10—11.

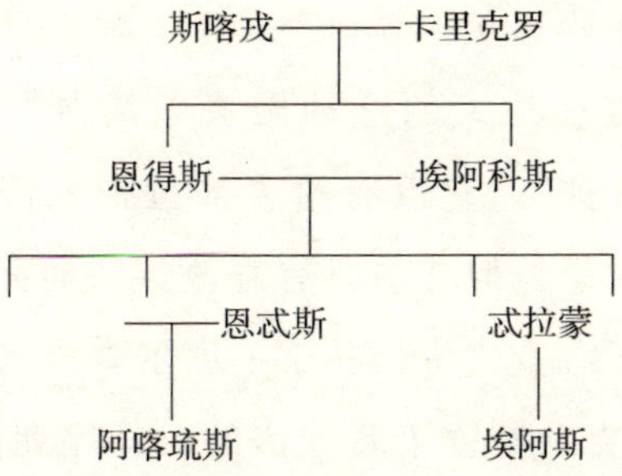

图 3—4 麦加拉家族世代结构图

塔克文本中的这个族谱证明了斯喀戎的好品质，实际上它重构了麦加拉人与泛希腊化英雄之间的关系。根据这个族谱，麦加拉人斯喀戎成了希腊两位伟大英雄阿喀琉斯与埃阿斯的太爷爷，他处在阿喀琉斯与埃阿斯家族谱系时间链的前点。这个族谱显然是麦加拉人精心编造的，它有着深远的意图。在该族谱中，除了斯喀戎之外，其他一切叙述都与希腊英雄的族谱保持一致。实际上，斯喀戎取代了希腊英雄族谱中的卡戎（Ciron），后者是一个半人半马的形象。精明的麦加拉人将斯喀戎取代卡戎的同时，又将其表述内容与荷马史诗、品达及阿波罗尼乌斯（Apollonius）笔下的英雄族谱保持了一致。乍一看来，这种族谱时间链前点的改变无关紧要，实际上却非常重要。约翰·威克沙姆断言，索伦援引神话表述导致雅典人拥有萨拉米斯岛的事实，使得麦加拉人非常难过，尽管在现实中不能改变这种现状，但麦加拉人希望通过篡改族谱时间序列而达到夺回萨拉米斯岛的目的。麦加拉人想借助于重构族谱的行为表明，"现在，虽然雅典是萨拉米斯的主人，但它不是这座岛屿最初的主人。"①通过篡改族谱时间链，麦加拉人就在过去重新获得了萨拉米斯，以挽救现实中失去它的危机。威克沙姆进而指出，这种重构族谱时间结构的做法本质上是为宣称拥有萨拉米斯而服务的，它是关于萨拉米斯的另一场战争——重

① John M. Wickersham. "Myth and Identity in the Archaic Polis", *Myth and the Polis*. Edited by Dora C. Pozzi and John M. Wickersham, Ithaca and London: Cornell University Press, 1991: 16—31.

构族谱时间的神话之战。[①]

就其本质而言，麦加拉人的这种做法无疑在为夺回萨拉米斯寻找借口，即提供一种“特许证”，它没有给麦加拉带来任何损失，反倒将一位江洋大盗变成了谦谦君子。但并非所有篡改族谱时间前点的民族都是这么幸运，有的为此付出了沉重代价。马丁·尼尔森指出，当多利安人（Dorians）试图将英雄赫拉克勒斯置于其族谱的时间序列前点而重构族谱祖先，试图为入侵伯罗奔尼撒半岛创造合法性时，他们为此付出了惨重的代价：将多利安一个部落的祖先许罗斯（Hyllus）编排到赫拉克勒斯名下做儿子，使他作为国王埃吉米俄斯（Aigimios）的养子，与埃吉米俄斯的两个儿子具有非血缘意义上的兄弟。[②] 通过这种途径，多利安人就与英雄赫拉克勒斯勉强具有一种亲属关系，他们入侵伯罗奔尼撒半岛从而具有了族谱意义上的证据。这种做法颇为精明，但同时具有一定的负面意义，使得许罗斯失去了作为多利安人祖先的地位，成为一名异国人。

三　土地谱系的神话叙述

古希腊社会与国家建立在家族基础之上，族谱成为建构国家叙述或希腊民族历史的有效形式。一种普遍的情况是，在古代希腊，“为了强调他们在城邦中的地位，希腊贵族将其家族与诗史英雄谱系联系起来，这样就将其家族与这些英雄神性的祖先结合在一起了。”[③] 但这并不意味着族谱的书写者只限于贵族，实际上，希腊族谱的撰写者主要有三类人物：贵族、诗人与史话家，其时间最早可上溯至荷马时代。对于诗人而言，族谱能够建构神话的时间结构，使得神话更加易于传诵与记忆。在诗人的努力下，希腊神已基本谱系化了，神话成为连接希腊各个家族故事的线索。对于史

① John M. Wickersham. “Myth and Identity in the Archaic Polis”, *Myth and the Polis*. Edited by Dora C. Pozzi and John M. Wickersham, Ithaca and London: Cornell University Press, 1991, p. 26.

② Martin P. Nilsson. *Cults, Myths, Oracles, and Politics in Ancient Greece*. New York: Cooper Square Publishers, 1972, pp. 68—69.

③ Fritz Graf. *Greek Mythology: An Introduction*. Translated by Thomas Marier, Baltimore and London: The Johns University press, 1993, p. 129.

话家而言，通过族谱可以推算希腊历史上各个家族的传说祖先与时间的年代。更为重要的是，族谱成为希腊各个家族与部落乃至整个希腊民族表述其身份与生存空间的手段。这一点引起了越来越多学者的关注，近期的不少研究者从功能主义视角展开了深入探讨。从考察的内容来看，这类考察基本可分为三种类型：一是家族土地空间起源研究；二是文明形态认同的空间表述探究；三是家族领土空间机制的神话表述探讨。确切地说，这三类阐释模式并非是截然分开的，而是相互交织的，只不过具体探讨中研究者关注的重点有所不同而已。

所谓家族土地空间起源研究，是指族谱中关于家族与部落居住区域空间的语源学叙述，尤其是疆域界限起源表述的解读。学者肯·道登指出，古希腊阿尔卡地亚（Arcadia）地区很多地名都是根据其族谱中的名祖而命名的，比如，吕卡苏拉（Lycosoura）城的名字源自阿尔卡地亚国王吕卡翁（Lycon），吕卡翁山名同样出自这位名祖，而阿尔卡地亚境内很多城市的得名均取自国王吕卡翁的诸位儿子。道登认为，并非只有阿尔卡地亚境内存在这种现象，希腊很多地方的河流、山川，甚至部落居住地，其名字均源自家族的祖先。表面看来，这是希腊普遍存在的一种现象，实际上它反映了古希腊部落与家族试图通过空间的族谱化命名而凝聚向心力的愿望。[①] 本质上说，阿尔卡地亚各城名字起源的个案，反映了该地人们试图通过神话叙述而建构家族居住空间的起源愿望。这里默认的一种事实就是，先有国王吕卡翁及其诸子的神话，后有阿尔卡地亚诸城名。阿尔卡地亚人希望借助于业已存在的神话而建构其族谱的叙述空间。

学者马丁·尼尔森指出，并非所有部落居住地的名字都取自谱系化的神话，有些部落地名的源头具有任意性，在特定历史时期，为了构造部落空间起源，人们甚至会随意创造一些新的神话，比如，关于雅典十个部落居住地起源的神话就是后人新近发明出来的。不过，其意图与前一种类型基本无甚区别：“不同民族拥有一位共同的祖先，这是一种关于其亲属关

① Ken Dowden. *The Uses of Greek Mythology*. London：Routledge，1992，p. 75.

系与互相依赖性的一种表述，为了创造一种行政实体，祖先给予了宗教上的支持。”[①] 不过，不是所有的学者都能够接受这种观点，近期一些学者侧重于从部落身份的界定来考察这类神话，将其政治性内涵扩展到了另外一个层面。譬如，学者艾拉德·马尔金（Irad Malkin）宣称，纯粹地理学上的区域没有任何内涵，人类一旦以某种方式将其命名，就赋予它一种特殊的意味。以名祖给某个地方取名是一种将自然空间转换为政治疆域的过程，即将空间合法化与谱系化的一种有效途径，因为“命名或许暗示了一种拥有与首要性的理念，不论在古代还是现代，这种观念都是显然的。比如，在一些空白的地图上匆匆忙忙标上‘维多利亚湖’或‘新南威尔斯’诸如此类的名字”。[②]较之于前辈学者，艾拉德·马尔金对这类神话的考察更注重其历史语境。这种阐释取向无疑具有明显后现代主义的意味，给族谱空间叙述带来了新的诠释空间。

希腊神话最为突出的特征就是英雄历险故事繁多，诸如英雄赫拉克勒斯、卡德摩斯（Cadmus）、珀尔修斯、柏勒洛丰（Bellerophon）等人的游历故事。这些神话中的英雄皆为希腊各个部落的名祖，比如，卡德摩斯是忒拜部落的祖先，珀尔修斯为阿尔古利斯部落的祖先，而柏勒洛丰为梯林斯人先辈。这样，神话英雄的历险故事就成为希腊各个部落与民族谱系叙述的主要内容，族谱与神话就相互交织在一起。就族谱叙事的内容而言，这些名祖游历故事中存在一种普遍的结构：英雄在历险途中要经过一些异族的土地，要斩杀很多妖魔鬼怪，征服一些野蛮民族，然后回归故里，获得应有的殊荣。举个简单的例子，梯林斯人的先祖柏勒洛丰，他先是驯服了神马帕伽索斯（Pegasus），后来在历险途中先后斩杀妖怪喀迈拉（Chimaera）、索律摩伊人（Solymi），又与亚马逊人（Amazon）战斗，最后伏击伊俄巴忒斯（Iobates）。这类族谱叙中关于祖先游历的叙述类型近期引起了不少学者的关注，不少研究者将其称为土地谱系叙述，由此形成了相

---

① Martin P. Nilsson. *Cults, Myths, Oracles, and Politics in Ancient Greece*. New York: Cooper Square Publishers, 1972, p. 65.

② Irad Malkin. "The *Polis* Between Myths of Land and Territory", *The Role of Religion in the Early Greek Polis*. Edited by Robin Hägg, Stockholm: Åström, 1996: 9—19.

关的阐释模式。

在众多英雄祖先历险叙述中，赫拉克勒斯的12件苦役故事尤其引人注意。早在20世纪70年代，学者马丁·尼尔森就已经指出，雅典人祖先赫拉克勒斯的故事绝非一般的英雄历险神话，它的背后有着极为复杂的政治与历史诉求。尼尔森指出，赫拉克勒斯历险故事的盛行时间在公元前346年左右，此时马其顿国王菲利普二世（Phillip II）统治了雅典城。但心性高傲的雅典人看不起马其顿国王，认为他是野蛮人，没有资格统治高贵的雅典人。为了将自己的身世谱系化，并为统治雅典奠定话语基础，菲利普二世就采纳了伊索克拉底（Isokrates）的建议，编造了自己是英雄赫拉克勒斯后裔的神话，然后大肆宣扬赫拉克勒斯的英雄业绩，以此彰显身世的高贵。[①] 尽管尼尔森的考察对象是赫拉克勒斯故事的书写时间与生成语境，而不是故事自身的内涵，但他所坚持的该叙述为政治神话的主张却给了后辈学者莫大启发。学者琼·M. 戴维森（Jean M. Davison）认为，赫拉克勒斯历险故事并非是一则单独的叙述，这个故事背后有一系列的历险故事群，其中的主角皆为希腊各个部落与民族的祖先，除了男性英雄之外，还有一些女性祖先的游历叙述，比如，希腊民族的祖先伊娥（Io）流浪四方的故事，阿尔哥斯人祖先达那伊得斯姊妹（Danaids）的流浪，等等。戴维森断言，这些族谱祖先历险或流浪的故事并非是简单的历险故事，而是关于土地谱系的叙述——表述居住空间的合法性。以伊娥的流浪故事为例，她在逃避赫拉追杀的过程中，经过了很多地方：阿尔哥斯、埃及、佛吕癸亚（Phrygian）、美西亚（Mysia）、吕底亚（Lydia）、奇里启亚（Cilicia），等等。这些地方通常是异国的土地，要么富饶，要么贫瘠，二者后来皆成为希腊人的殖民地。也就是说，关于全体希腊人祖先伊娥的流浪叙述是为希腊海外殖民地的开拓而服务的，即这类叙述是关于土地族谱的神话建构，而不是看似简单的流浪神话。另外，祖先流浪神话还反映了希腊人的我族中心主义理念，以及一种关于自身文明的认同感。那就是，非希腊民族居住的地方都是野蛮之地，其文明形态处于未开化

① Martin P. Nilsson. *Cults, Myths, Oracles, and Politics in Ancient Greece*. New York: Cooper Square Publishers, 1972, pp. 101—105.

状态。①

戴维森的这种观点得到了不少研究者的认可，比如，学者妮科尔·洛劳克丝，她宣称关于这类英雄祖先历险的叙述本质上是为希腊民族土地的拓展而准备的，"英雄的故事给予了所有领土扩张一种预兆与合法性。忒修斯选择了从特罗伊真（Troezen）到雅典这条最为险恶的路线，途径麦加拉、厄琉西斯（Eleusis）这些地方，因为该路线能够使得他征服这些文明世界的敌人，并且因为雅典人渴望将这些城市的占领合法化，在事实的前面或后面，这种征服要么来之不易，要么是一种纯粹的幻想。当这位英雄在从克里特去雅典途中，在得洛斯（Delos）这个地方停驻而手舞足蹈时，这种舞蹈肯定是对战胜牛怪米诺陶（Minotaur）而准备的一种庆贺，不过它在庇西特拉图家族（Peisistratids）的城邦中在也具有一定的功效：为它在爱琴海地区的图谋作一种实际证明。"② 这样看来，希腊族谱中名祖历险的叙述就具有一定的空间建构意味，看似历险的故事实则家族的土地谱系，它为家族乃至民族的土地扩展提供了叙述依据。需要指出的是，并非所有的民族都像希腊人那样，通过祖先的历险故事来建构土地谱系，其他民族有自己的方式。学者卡尔·谢菲尔德（Karl Schefold）指出，"神话祖先的家族树是希腊人富有创造性的发明——早期近东文明宁愿使用王表与官员表而不是英雄的族谱来表族谱。甚至到了后来的土耳其统治者那里，当登基的王子走向王座时，按照惯例要杀掉一些竞争的主张者；只有统治者才有资格确定其族谱序列。对于那些频频迁移的后人而言是没有这种机会的，希腊人在这一点上乐此不疲，很愿意去发展其族谱。"③ 尽管各民族建构土地谱系的手段有所不同，试图通过族谱叙述空间的建构而达到文明与自我身份的认同却是一种普遍的愿望，在这一点上，斯巴达人比希腊人

---

① Jean M. Davison. "Myth and the Periphery", in *Myth and the Polis*. Edited by Dora C. Pozzi and John M. Wickersham, Ithaca and London: Cornell University Press, 1991: 49—63, pp. 54—58.

② Nicole Loraux. *Born of the Earth: Myth and Politics in Athens*. Ithaca and London: Cornell University Press, 2000, p. 36.

③ Karl Schefold. *Gods and Heroes in Later Archaic Greek Art*. Translated by Alan Griffiths, Cambridge: Cambridge University Press, 1992, p. 78.

要更为精明。

较之于希腊人，斯巴达人的土地族谱更为精细，它借助于神话叙述而将家族领土空间机制化了，家族土地空间的每一次扩张都是通过神话表述来建构的，这是近期研究者关注的热点问题之一。在问题展开之前，有必要简单介绍一下斯巴达的族谱。据珀乌撒尼亚斯（Pausanias）表述，斯巴达的家谱始于拉科尼亚（Laconia）的叙述：

跟在赫尔墨斯后面，我们到了拉科尼亚的西部。根据拉凯戴孟人的传统，土著勒勒科斯（Lelex）是这片土地的第一位国王，他的国家被称为勒勒吉斯（leleges）。勒勒科斯有一个儿子叫做麦尔斯（Myles），还有一个小儿子波吕卡翁（Polykaon）。波吕卡翁后来退位后遭到了放逐，我在后面会阐释其放逐处所与原因。麦尔斯死后，他的儿子欧罗塔斯（Eurotas）成功获得了王位。欧罗塔斯开凿渠道，将平原上的水引到了大海里，水流所经之处形成了河流，他将其命名为欧罗塔斯河。欧罗塔斯膝下无子，遂将王位传给拉凯戴孟（Lakedaimon），后者的母亲是塔宇革忒（Taygete），一个山的名字就是以这位母亲的名字命名的，但根据相关记载，拉凯戴孟的父亲非宙斯莫属。拉凯戴孟娶了斯巴达人欧罗塔斯的女儿斯巴达。拉凯戴孟获得王权后，他首先改变了这片土地及其居民的名字，以自己的名字来命名。后来他又以其妻子的名字建造并命名了一座城市，我们知道，直到现在这座城市还被称为斯巴达。拉凯戴孟的儿子阿密克拉斯（Amyklas）在拉科尼亚建造了一座城市，以自己的名字来命名它，借此身后留下关于自己的一些记忆。许阿铿托斯（Hyakinthos）是阿密克拉斯最为英俊的小儿子，死在了其父前面，他的墓穴设在了阿密克莱（Amyklai）这个地方，在阿波罗雕像之下。许阿铿托斯死后，帝国传到阿尔伽劳斯（Argalos）手中，他是许阿铿托斯的长子。阿尔伽劳斯死后，王位传给了库诺拉塔斯（Kynortas），库诺拉塔斯有一个儿子叫俄巴劳斯（Oibalos）。俄巴劳斯从阿尔哥斯娶了一个妻子叫戈耳戈福涅（Gorgophone），她是珀尔修斯的女儿，二人生了一个儿子叫廷达瑞俄斯（Tyndareus）。廷达瑞俄斯与希波克翁（Hippokoon）争夺王位，他宣称王位应该由年长者继承。在伊卡里俄斯（Ikarios）及其党羽的帮助下，希波克翁战胜廷达瑞俄斯获得胜利，迫使后者在恐惧中退位。拉凯戴孟人说廷达瑞俄斯到了珀拉那（Pellana）这个地方，但美赛尼亚的一则传说说他逃到了美赛尼亚的阿法柔斯（Aphareus）那里。阿法柔斯是佩里厄瑞斯（Perieres）的儿子，是廷达瑞俄斯的兄弟，这是从廷达瑞俄斯母亲方面说的。故事说后来廷达瑞俄斯在美赛尼亚的萨拉麦（Thalamai）落了脚，当他在此居住时，就有了儿子。因此，廷达瑞俄斯后来被赫拉克勒斯带回了自己的国家，重获了王位。他的儿子后来也做了国王，就像阿特柔斯（Atreus）的儿子墨涅拉俄斯（Menelaos）那样，墨涅拉俄斯是廷达瑞俄斯的养子，阿特柔斯是赫耳弥俄涅（Hermione）的丈夫，赫耳弥俄涅是墨涅拉俄斯的女儿。在赫拉克勒斯族回归到忒萨门俄斯（Teisamenos）的过程中，俄瑞斯忒斯（Orestes）的儿子将美赛尼（Messene）与阿尔哥斯的王位给了他们。在拉哥尼亚就出现了忒门俄斯（Temenos）与美赛尼的克瑞斯丰忒斯（Kresphontes）两个王室，在拉凯戴孟，就像阿里斯托戴蒙斯（Aristodemons）的儿子是孪生子一样，这里出现了两个王室；因为他们所说的内容是被皮提亚人（Pythian）祭司所认可的。[①]

多数历史学者认为斯巴达的这个族谱存在不少虚构成分，比如，拉凯戴孟的父亲为宙斯之类的表述，因此难以展开富有创建性的探讨。与此相反的是，神话学者认为该族谱具有极大的研究价值，族谱中的虚构性因素恰恰是该族谱值得关注的地方。学者克劳德·卡拉姆指出，该族谱并非是斯巴达家族世代的真实叙述，而是斯巴达空间机制的神话表述。斯巴达人为了建构领土的空间政治地理学，就采取了一种比较独特的方式来叙述其王室谱系。克劳德·卡拉姆断言，斯巴达族谱中关于每一代王室行为的叙述都是围绕其领土的扩张而进行的：麦尔斯及其儿子欧罗塔斯是农业种植空间的拓展者，前者发明了磨盘，后者开凿并命名了欧罗塔斯河用来种植谷物；拉凯戴孟通过改变土地名字而确定斯巴达的政治身份与政治秩序，拉凯戴孟的妻子斯巴达借助于以名字命名城市而重构了斯巴达的政治中心，拉凯戴孟的母亲塔宇革忒将其名字命名一座山脉而确定了斯巴达的疆

---

① Pausanias, with an English translation by W. H. S. Jones and Henry Arderne Ormerod, *Description of Greece*. New York: G. P. Putnam's Sons, 1918—35, 3. 1. 1—5.

域，拉凯戴孟的儿子阿密克拉斯在拉科尼亚建造并以其名字命名了一座城市，这就将斯巴达疆界扩展至拉科尼亚境内；阿密克拉斯的儿子许阿铿托斯借助于建造墓穴而将领土延伸到迈锡尼的阿密克莱，许阿铿托斯的重孙俄巴劳斯通过迎娶戈耳戈福涅而将斯巴达的领域空间与阿尔哥斯的领域空间联合在一起；王位传至廷达瑞俄斯而发生改变，廷达瑞俄斯被兄长希波克翁放逐至美赛尼亚，就把斯巴达统治后者延展到了那里，后来他借助于赫拉克勒斯族的帮助而重获王权，斯巴达统治空间得以完整建构。[①] 克劳德·卡拉姆宣称，通过这种神话般的族谱叙述，斯巴达建构了其领土的空间机制。本质上说，斯巴达的土地谱系叙述仅仅是其领土扩张的象征过程，它是斯巴达空间的一种理性化的表述形式。或者说，斯巴达的土地谱系是其领土意识形态表述的一种手段与策略，在表述王室族谱的过程中建构了社会现实秩序。那么，斯巴达人为何会采用这种方式建构其领土空间机制与意识形态？克劳德·卡拉姆认为，“首先，或许因为通过这种推演的而不是对抗的叙述过程，族谱提供了一种线性的（历时的）发展进程，为了导向一种静态的表述（共时的）。”[②] 对于斯巴达土地族谱的叙述内涵，卡拉姆的阐释得到了众多学者的赞同，但关于该族谱表述的意图，卡拉姆的观点并未得到普遍认可，近期的不少学者试图通过后现代视角透视斯巴达族谱叙述的深层内涵。

学者艾拉德·马尔金认为，斯巴达的这个土地谱系与赫拉克勒斯族人的回归及多利安人的到来无关，它是一个自足的叙述体系，表述了斯巴达国家与领土的起源。从族谱的结构来看，它是体系化的并且是非常匀称的。斯巴达的族谱叙述中讲到斯巴达的第一代国王勒勒科斯是土著，这就表明了斯巴达土地的纯正性；王位传至拉凯戴孟，斯巴达王室的血统发生变化，与神明宙斯具有了关系，这就暗示了斯巴达领土的神圣性，斯巴达的政权开始受到神明的保护。另外，这个族谱表述了一些地名的

---

① Claude Calame. “Spartan Genealogies：The Mythological Representation of Spatial Organisation”，Translated by A. Habib，in *Interpretations of Greek Mythlogy*. Edited by Jan Bremmer，London：Routledge，1988：153—186，pp. 159—171.

② Ibid.，pp. 153—186.

起源：欧罗塔斯河、塔宇革忒山、拉凯戴孟地区、斯巴达城、阿密克拉斯城、阿密克莱地区，等等。艾拉德·马尔金指出，斯巴达族谱中这些地名均源自斯巴达人，与其他民族无关。斯巴达民族自我形象的历史表述表明拉凯戴孟人的政治实体在赫拉克勒斯族与多利安人到来之前就已经存在了。“斯巴达的存在是古已有之，而多利安人则是新来者。”[①] 从这个层面而言，斯巴达的族谱叙述实则国家身份的神话表述，又是斯巴达领土扩张的神话建构，它将斯巴达的空间机制的演变谱系化了，由此创造了一种自足的疆界表述结构。不难看出，艾拉德·马尔金将斯巴达的族谱叙述视为一则政治神话，认为它是对斯巴达国家及其领土存在正当性的神话表述，即土地谱系为意识形态的叙述提供了一种象征性的资源。

四 谱系表述的神话诉求

上述几种阐释模式的出发点是神话如何进入历史，神话如何以叙述形式建构族谱结构。在此基础上，研究者普遍承认的一种事实就是，神话所表述的族谱具有可信赖性，或者说，族谱基本是真实可信的，只不过其中存在一些虚构性成分。这种族谱叙述的基本目的是借助神话叙述建构一种现实的话语框架，以满足特定历史时期现实的社会需求。但这不意味着所有的族谱都是真实存在的，近期神话工作者的研究表明，在神话叙述中，神话会创造一些族谱，以此实现表述某种理念或意识形态的意图。这类研究的成功案例很多，其中不乏一些富有启发性的个案，笔者以神话文本中独目巨人的族谱叙述为出发点，简略介绍这方面的研究成果。

在荷马神话中，独目巨人（Cyclopes）的故事是比较著名的，希腊英雄奥德修斯在返乡途中造访过独目巨人波吕斐摩斯（Polyphemus）的居所，后者以粗暴野蛮的态度对待奥德修斯及其伙伴，最后奥德修斯使用智

---

① Irad Malkin. “The Polis Between Myths of Land and Territory”, in *The Role of Religion in the Early Greek Polis*. Edited by Robin Hägg, Stockholm: Åström, 1996: 9—19.

谋战胜了这位巨人。[①] 在《奥德赛》中，关于独目巨人波吕斐摩斯族谱的表述比较粗略，仅有几段诗文表明他是波塞冬的儿子。不过从神话简略的表述中可以看出，独目巨人生活在一种未开化状态：性情放肆而粗野，在岩洞中居住，不会农耕，不懂远航，也没有律法。另外，独目巨人族貌似妖怪，体形硕大。[②] 与独目巨人族谱相关的另一个种族是巨人族，但后来遭到了灭顶之灾。[③] 巨人族的父亲是波塞冬，他们身材巨大，与独目巨人的性情有些类似：粗野而傲慢。在荷马史诗中，淮阿喀亚人（Phaeacians/Phaeaces）与这两个巨人族的族谱出自同一体系。据荷马文本表述，奥德修斯在回乡途中路过这个国家，受到了国王阿尔喀诺俄斯（Alcinous）及其随从的热情招待，在他们的帮助下，奥德修斯最终得以返还故乡。荷马文本中关于淮阿喀亚人的表述颇多，这个民族生性热忱，衣食无忧，秩序井然，尊重律法，是神明的朋友。淮阿喀亚人的祖先是波塞冬，与独目巨人、巨人族同为一个家族谱系。据《奥德赛》表述，淮阿喀亚人的族谱世代如下：巨人族国王欧律墨冬（Eurymedon）之女珀里玻亚（Periboea）与波塞冬结合，生子瑙西托俄斯（Nausithous），瑙西托俄斯生有二子，分别为（Rhexenor）瑞克赛诺尔和阿尔喀诺俄斯，瑞克赛诺尔被阿波罗射杀，此人死时无子嗣，仅有一女阿瑞忒（Arete），阿瑞忒成人后嫁给了叔父阿尔喀诺俄斯。最初，淮阿喀亚人与独目巨人为邻，后遭受独目巨人骚扰，遂在首领瑙西托俄斯带领下集体迁移，搬到位于大洋深处的斯开里亚

---

① Homer, with an English translation by A. T. Murray, revised by George E. Dimock. *Odyssey*. Cambridge: Harvard University Press, 1995, Book 9, Lines 105—565.

② Ibid., Book 9, Lines 105—115, "ἔνθεν δὲ προτέρωπλέομεν ἀκαχήμενοι ἦτορ. Κυκλώπων δ᾽ ἐς γαῖαν ὑπερφιάλων ἀθεμίστων ἱκόμεθ᾽, οἵ ῥα θεοῖσι πεποιθότες ἀθανάτοισινοὔτε φυτεύουσιν χερσὶν φυτὸν οὔτ᾽ ἀρόωσιν, ἀλλὰ τά γ᾽ ἄσπαρτα καὶ ἀνήροτα πάντα φύονται, πυροὶ καὶ κριθαὶ ἠδ᾽ ἄμπελοι, αἵ τε φέρουσινοἶνον ἐριστάφυλον, καί σφιν Διὸς ὄμβρος ἀέξει. τοῖσιν δ᾽ οὔτ᾽ ἀγοραὶ βουληφόροι οὔτε θέμιστεςἀ, λλ᾽ οἵ γ᾽ ὑψηλῶν ὀρέων ναίουσι κάρηνα ἐν σπέσσι γλαφυροῖσι, θεμιστεύει δὲ ἕκαστος παίδων ἠδ᾽ ἀλόχων, οὐδ᾽ ἀλλήλων ἀλέγουσιν."

③ Homer, with an English translation by A. T. Murray, revised by George E. Dimock. *Odyssey*. Cambridge: Harvard University Press, 1995, Book 7, Lines 59—60, Line 206, "ὅς ποθ᾽ ὑπερθύμοισι Γιγάντεσσιν βασίλευεν. ἀλλ᾽ ὁ μὲν ὤλεσε λαὸν ἀτάσθαλον, ὤλετο δ᾽ αὐτός,"" ὥσπερ Κύκλωπές τε καὶ ἄγρια φῦλα Γιγάντων."

(Scheria) 岛屿，开始独立生活。[①] 上述这些谱系散见于荷马史诗各处，并没有构成系统的族谱叙述，也尚未形成系统化的谱系结构。看上去就是，荷马神话中关于波塞冬后裔的族谱的表述似乎是随意的，相互之间并无紧密关联。

学者雅哥·阿罗宁（Jaakko Aronen）指出，荷马神话中这些散落各处关于波塞冬后裔的族谱叙述并非是毫无意义的，也不是随意叙述的，他们有着非常重要的意义与深远的内涵。雅哥·阿罗宁将关于独目巨人、巨人族与淮阿喀亚人的表述，置于具体语境中进行考察。他宣称，根据荷马与赫西俄德神话文本的相关表述，能够得出这样几种描述性的叙述：独目巨人残酷无情且很粗野，他们的社会缺乏黄金时代具有的无忧无虑的生活因素。独目巨人对神明毫不虔诚，非常傲慢，仅怀一点畏惧之情。严格说来，他们的生活属于原始的未开化状态[②]；巨人族是一个原始的族群，性情粗野而傲慢，被现有的宇宙秩序排除在外；[③] 淮阿喀亚人是一个具有高度含混性的民族，他们过度骄奢，残暴无情，并不是希腊世界秩序的组成部分。[④] 雅哥·阿罗宁继而指出，尽管波塞冬的这三支后裔处于不同的空间中，但最后均被希腊现实的宇宙秩序排除，这一点可以从神话叙述中明显看出。独目巨人波吕斐摩斯被奥德修斯刺瞎了眼睛，巨人族被宙斯彻底剿灭，而淮阿喀亚人最终被神明封闭，生活在孤岛之中，永远不得与外界交往。

---

① 参见 Homer，with an English translation by A. T. Murray，revised by George E. Dimock. *Odyssey*. Cambridge：Harvard University Press，1995，Book 7，Lines 56—66，“Ναυσίθοον μὲν πρῶτα Ποσειδάων ἐνοσίχθων γείνατο καὶ Περίβοια, γυναικῶν εἶδος ἀρίστη, ὁπλοτάτη θυγάτηρ μεγαλήτορος Εὐρυμέδοντος, ὅς ποθ᾽ ὑπερθύμοισι Γιγάντεσσιν βασίλευεν. ἀλλ᾽ ὁ μὲν ὤλεσε λαὸν ἀτάσθαλον, ὤλετο δ᾽ αὐτός, τῇ δὲ Ποσειδάων ἐμίγη καὶ ἐγείνατο παῖδα Ναυσίθοον μεγάθυμον, ὃς ἐν Φαίηξιν ἄνασσε. Ναυσίθοος δ᾽ ἔτεκεν Ῥηξήνορά τ᾽ Ἀλκίνοόν τε. τὸν μὲν ἄκουρον ἐόντα βάλ᾽ ἀργυρότοξος Ἀπόλλων νυμφίον ἐν μεγάρῳ, μίαν οἴην παῖδα λιπόντα Ἀρήτην. τὴν δ᾽ Ἀλκίνοος ποιήσατ᾽ ἄκοιτιν.”

② Jaakko Aronen. “Genealogy as a Form of Mythic Discourse：The Case of the Phaeacian”，*Myth and Symbol I*. Edited by Synnøve des Bouvrie. Bergen：Norwegian Institute at Athens，2002：89—107.

③ Ibid.

④ Ibid.

一种疑问就是，为何神话叙述，尤其是荷马的神话文本，将波塞冬的这三支后裔置于希腊现实宇宙秩序之外？也就是说，这种族谱叙述的背后有何种深层内涵？雅哥·阿罗宁认为，不论是独目巨人，巨人族，抑或是淮阿喀亚人，他们的生活方式都是荷马时代的希腊人所不能接受的——独目巨人与巨人族的生活方式极其原始，而淮阿喀亚人的生活方式过于奢侈，这些都是希腊人所要摒弃的。希腊人所需要的是一种文明而简朴的生活方式——对神明持有虔诚的崇拜之情，并且与之具有亲密的关系。为了建构这种政治意识形态，希腊人就创造了上述三种族谱叙述，将其作为希腊现实文明机制的对比，以此警告自己的民族。此时，族谱就成为神话叙述的一种形式，表达了特定时期人们的现实诉求。在雅哥·阿罗宁看来，“如果我们承认，神话的终极职能是帮助人们理解周围的世界，宇宙的历史与运作，以及人类在宇宙中的地位，那么这种思考或许已经表明，族谱叙述是表述宇宙的观念性机制的一种策略；族谱有助于人们为表述世界的现状与价值而去建构原理。”① 这就意味着，波塞冬三支后裔家谱的结构微妙地服务于希腊人关于世界的概念性机制与价值体系，族谱叙述最终成为神话话语的一部分。

雅哥·阿罗宁的研究表明，荷马文本中波塞冬三支后裔族谱的表述是为了满足荷马时代意识形态的需要而被创造出来的，它与斯巴达的族谱建构有着完全不同的表述。尽管这种族谱叙述完全是虚构的，与现实社会中的家族谱系没有任何关联，但它同样服务于现实社会。此时，族谱就构成了神话话语的表述对象，与神话一样具有建构现实世界的功效。在这个层面，族谱与神话之间已没有根本性差异，二者共同创建了一种象征性的但非常理性的表述方式，将现有的存在机制化，重申了既定民族的文化身份。

从近期关于族谱的研究来看，多数学者从神话如何进入历史这一视角出发，考察神话在建构历史叙述与权力机制方面发挥的社会功能。一种普遍的事实就是，史学研究者看重的是族谱表述中的真实性成分，借此建立

---

① Jaakko Aronen. “Genealogy as a Form of Mythic Discourse：The Case of the Phaeacian”，*Myth and Symbol I*. Edited by Synnøve des Bouvrie. Bergen：Norwegian Institute at Athens，2002：89—107.

历史事件的时间坐标。与此相反的是，神话学者倾向于诠释族谱叙事中的虚构性因素，尤其是那些富有神话意味的虚构性事件。在家族谱系的具体解读中，神话阐释者往往以时间与空间为坐标进行考察，进而深入阐释神话如何在时间序列与叙述空间层面建构族谱叙述框架和结构。研究者通常会诠释神话怎样将文化英雄与家族祖先相联系：族谱时间从哪位神话英雄开始，又从哪位英雄形象结束，在族谱叙述时间的断裂处，如何将神话英雄的时间插入其中以此弥补时间序列的裂痕，等等。另外，在土地谱系的相关研究中，神话工作者往往会关注同一家族谱系叙述表述的空间范畴，诸如，国土的扩张怎样与王室之间的联姻结合在一起，王族的行为如何延展了国家疆界，等等。研究者所默认的一种事实就是，族谱本身所表述的王族是真实存在的，但在真实的族谱中存在一些神话叙述的成分，而恰恰是那些虚构性部分加强了族谱自身表述的功效，使得拥有族谱的种群获得了一种身份的合法性与优越性。

与这种真实性内涵考察相反的一种情况是，神话学者同时会注意一些神话中王族的族谱，考察这种族谱叙述如何成为神话话语的构成要素，并与神话一起建构特定社会的意识形态体系。多数研究者认为，这种家谱的结构微妙地服务于人类关于世界的概念性机制与价值体系，族谱叙述最终成为神话话语的一个组成部分。此时，虚构的族谱与真实存在的神话表述之间的界限趋于消解，研究者最终在族谱叙述中观察到，神话叙述在建构民族文化身份与文明形态认同方面具有相同的功能。

总的来说，上述三个层面的族谱叙述研究基本为一种功能主义的做法，研究者倾向于考察王权运作机制背后的神话叙述模式：族谱的真实性从何处终结，而虚构性又从哪里开始。多数研究者达成的一种共识就是，看似虚构的族谱背后有着真实的历史诉求，族谱的神话建构并非源自神话思维，而是神话书写时代意识形态的诉求所导致。先前族谱研究的那种探究族谱叙述源自何时与何地的做法被新的模式所替代：族谱如何被神话建构，其时间与空间结构又如何被神话叙述表述，族谱叙述怎样成为神话话语的组成部分，二者之间的界限是怎样被消解的，等等。这样，关于族谱研究中“是什么”的问题进而转换为“如何”和“怎样”的问题。这种转向本质上是一种研究范式的转换，不论在研究方法还是阐释模式上，它都具有巨大的革新价值。

第四节　古希腊人的神话观
——论秘索思与逻各斯

一　近期研究述评

就语源而言，"神话"（Myth）一词源于古希腊语"秘索思"（μυ=θοῶ），而"逻各斯"（Logos）则为希腊文 λόγοζ 这个语词的音译。从产生时间来看，秘索思出现的时间要比逻各斯早得多，它是口传时代的产物，而逻各斯更多地带有书写时代的特征。在柏拉图之前，秘索思与逻各斯之间并无明显疆界，自柏拉图将诗人驱逐出理想国之后，秘索思便与逻各斯分道扬镳，前者成为诗人讲述故事的手段，后者被哲学家视为阐释真理的工具。因此，关于秘索思与逻各斯的探讨便可划为两种类型：对立说与互补说。持对立观点的研究者将秘索思与逻各斯对立起来，宣称二者不论在形式还是表述内容上均是对立的；而坚守互补论的学者认为秘索思与逻各斯是互补的，为同一事物的两个方面。这两类探讨本质上均属二元论，带有一定的意识形态意味。

因秘索思与逻各斯的公开对立始于柏拉图，多数研究者便将柏拉图对二者的态度作为探讨的话题，其前提是默认柏拉图宣称的秘索思和逻各斯的对立关系。学者卢克·布里森（Luc Brisson）指出，柏拉图眼中的秘索思与逻各斯在意义上是对立的，这种意义的断裂属话语层面，它不单是不可验证性话语与可验证性话语之间的对立，还是叙述性话语与论证性话语之间的对立，而后一种对立只有在哲学层面才具有意义。① 布里森的这种观点遭到了学者克里斯托弗·罗威（Christopher Rowe）的拒绝，后者宣称秘索思与逻各斯之间的对立并非是柏拉图哲学的中心，因为人类所有的

① Luc Brisson，translated by Catherine Tihanyi. *How Philosophers Saved Myths：Allegorical Interpretation and Classical Mythology*. Chicago：University of Chicago Press，2004，p. 25.

话语都是靠不住的。[1] 学者凯瑟琳·A. 摩根（Kathryn A. Morgan）继而指出，秘索思与逻各斯之间是对立是后哲学时代的产物，在哲学出现前，二者之间根本不存在这种对立。“秘索思与逻各斯对立是早期哲学所建构的，这种对立已经成为一种富有刺激性的存在物。”[2] 概括地说，这类探讨一般将秘索思视为虚构的叙述，而逻各斯则是真实的话语，明显含有肯定后者而贬低前者的倾向。近期有不少学者反对这种观点，譬如学者布鲁斯·林肯（Bruce Lincoln）宣称，在前哲学时代的希腊，秘索思与逻各斯的内涵与柏拉图所说的截然相反：前者真实可信，而后者则充满了欺骗性与煽动性。[3] 一般而言，持对立观点的多数研究者从认知论视角探讨柏拉图眼中的秘索思与逻各斯内涵上的断裂，不大关注前哲学时代二者之间的关系。

另一类研究者则与之相反，认为秘索思与逻各斯之间的关系不是对立的，而是互补的。这类探讨通常从历时性视角出发，探讨秘索思和逻各斯在不同语境中的内涵。例如，学者肯·道登（Ken Dowden）认为，秘索思与逻各斯在荷马时代均指人类的言论，二者根本就不是一组对立的术语。[4] 让–皮埃尔·韦尔南（Jean - Pierre Vernant）继而指出，在指向言论这一概念时，秘索思属于逻各斯层面，二者之间根本不存在冲突，只不过前者带有浓郁的宗教气息，特指一种神圣的叙述，它更具真实性与可靠性。后来到了公元前 4 世纪，秘索思才与逻各斯有了明确的区分。[5] 以道登为代表的这类探讨的时间基本限定在哲学出现之前，对于哲学家与史学家对神话的改编不做深入考察。或者可以说，研究者还是认可柏拉图对秘索思的改造，认为后哲学时代的神话更多地带有与逻各斯对立的意味，在

① Christopher Rowe. “Myth, History and Dialectic in Plato’s *Republic* and *Timaeus Critias*,” *From Myth to Reason Studies in the Development of Greek Thought*. edited by Carlo Ferdinando Russo, Oxford: Oxford University Press, 1999: 263—278.

② Kathryn A. Morgan. *Myth and Philosophy from the Presocratics to Plato*. Cambridge: Cambridge University Press, 2000, p. 14.

③ Bruce Lincoln. *Theorizing Myth: Narrative, Ideology, and Scholarship*. Chicago: The University of Chicago Press, 1999, p. 10; Bruce Lincoln. “Competing Discourses: Rethinking the Prehistory of *Mythos* and *Logos*,” *Erethusa*. 30 (1997), pp. 341—363.

④ Ken Dowden. *The Uses of Greek Mythology*. London: Routledge, 1992, p. 4.

⑤ Jean - Pierre Vernant, translated by Janet Lloyd. *Myth and Society in Ancient Greece*. Sussex: Harvester Press, 1980, pp. 186—187.

此之前二者的关系并非如此。

较之于国外学界，国内学者关于秘索思与逻各斯的探讨较为统一，多数学者将二者视为一组对立而又互补的概念加以考察。譬如学者陈中梅认为，秘索思与逻各斯应该是一组对立互补的元观念，而不单是象征了神话与科学之间的独立。西方文化由此经历了由秘索思到逻各斯（M－L）的发展过程，介于二者中间的一个过渡性概念是塞玛（sēma）。西方思想史经历了由秘索思象征的感性认知到逻各斯主导的理性感知过程，塞玛在其中担当了过渡的角色。[①] 需要指出的是，陈中梅的这种看法仍未摆脱柏拉图的影响，属后哲学时代的二元对立论，它同时将二者的生成语境由古希腊转移到了西方文化场域。另外一位学者孙柏在此基础上指出，从语言学与认识论角度而言，秘索思催生了隐喻思维，而逻各斯则产生了转喻思维，二者共同构成了人类思维的两个方面，它们之间的区分不是绝对的，而是对立互补的。[②] 孙柏的这种说法已经脱离了具体的文化语境，将秘索思与逻各斯的内涵扩大了。不难看出，这类探讨本质上仍属二元论，为柏拉图式哲学观点的延续。基于此种认识，有学者倡导，应该从三值思维层面来看待秘索思与逻各斯：秘索思、逻各斯、可莫斯（komos）代表了古希腊文化中的感知、理性和情绪的三个层面，三者之间处于互动状态。[③] 这种做法无疑又是一种抽空时间语境而对秘索思与逻各斯的做内涵泛化的一种尝试，在无限扩展其内涵的同时，阐释者将秘索思与逻各斯的发展视为一种线性而静止的历程，使得问题的探讨过于简单化。

从上述探讨而言，多数研究者对秘索思与逻各斯的考察始于柏拉图，对二者在柏拉图之前的内涵缺乏足够的认知，对它们在古代文本不同语境的内涵做深入发掘得也不够充分。基于此，本书打算初步考证古希腊神话文本中秘索思与逻各斯的内涵，指出二者在此语境中的原初意义，还原它

---

① 陈中梅：《“投杆也未迟”——论秘索思》，《外国文学评论》1998年第2期；陈中梅：《柏拉图诗学和艺术思想研究》，商务印书馆1999年版，第453—497页；陈中梅：《言诗》，北京大学出版社2008年版，第291—332页；陈中梅：《神圣的荷马——荷马诗史研究》，北京大学出版社2008年版，第305—420页。

② 孙柏：《丑角的复活》，学林出版社2002年版，第21—22页。

③ 陈珂：《戏剧形态发生论》，中国戏剧出版社2009年版，第199页。

们在古希腊口传文化中的本相，进而揭示希腊人的神话观。

二　神话与逻各斯的现代内涵

自神话学诞生以来，尽管神话的定义不断改变，但这并不妨碍多数学者就神话的内容达成某种共识：一种与理性相对立的叙述，讲述神明、英雄或超然存在物的故事，它本质上为想象的产物，但在信仰上具有一定的真实性。这种理解将神话视为科学的对立面，神话因而成为虚假、虚构的代名词。少数持后现代观点的神话学者甚至认为“神话”本身就是现代学术的虚构，此术语纯属理性主义的建构。譬如法国学者米歇尔·狄廷（Marcel Detienne）宣称，“神话”一词根本就不存在，它纯粹是西方种族主义成见的产物，其目的是为了将西方与非西方、文明与野蛮、现在与过去区分开来。[①] 另一位法国学者克劳德·卡莱默（Claude Calame）更为尖锐地指出，古代希腊根本不存在与现代意义上的神话相匹配的术语，“神话并非一种本体论意义上的存在物，而是一种西方的范畴，它诞生于启蒙运动时期，系人类学早期思想的产物，‘神话’一词是从欧洲中心主义视角看待他者文化行为所催生的”。[②] 不难看出，神话在现代学术语境中遭遇到了空前挑战：不仅神话表述的内容是虚构的，而且“神话”一词也是现代学术建构起来的。这种视阈下的神话及其概念成为纯粹的虚构物，与现实、理性相距甚远。此时，神话的内涵就表现为虚构性，而虚构包含两个层面的内容：其一，表述内容的荒诞性。神话是一种叙述性话语，表达了一些基于想象的虚幻性故事，这些神话情节是不可验证的，无法以理性与科学的标准衡量；其二，概念自身的建构性。“神话”一词为现代学术的创造物，系欧洲在殖民早期我族中心主义视角下对待异族文化的工具，具有意识形态的意味。总之，神话被赋予了负面意义，被作为与事实、真理、科学乃至理性的对比，与想象、虚构、创造等词语的现代性意涵纠葛

① Marcel Detienne. *The Creation of Mythology*. Chicago and London: The University of Chicago Press, 1986, p. 19.

② Claude Calame. “The Rethoric of Muthos and Logos: Forms of Figurative Discourse,” in Richard Buxton (ed.). *From Myth to Reason? Studies in the Development of Greek Thought*. Oxford: Oxford University Press, 1999: 119—143.

不清。

与神话的虚构性内涵相反，现代科学主义视角下的逻各斯则成为理性、科学乃至真理的对等物，与神话形成鲜明对比。相对于神话而言，逻各斯的现代内涵主要为真实性，这是继柏拉图以来的哲学家追求的至高境界。所谓真实性，主要指逻各斯作为一种可验证的话语，而不是一种叙述性的话语，“而可验证话语遵循的规约为理性秩序。而其局部顺序建立在数学模式之上，根据规律做出必要的结论。这种话语的演说者带着这种结论探寻理性的证据”。[①] 这就意味着逻各斯表述的内容是真实而可信的，经得住科学的检验。另外，“逻各斯”一词更多地指称理性与智性，而不是非理性。逻各斯不仅是一种可验证的真实性话语，还是世界秩序与原理的抽象体现。“在形式上，它与神话始终是对立的，逻各斯所论证的实例不同于神话故事所叙述的内容；在基本意义上，逻各斯与神话也是对立的；在这个意义层面上，哲学家的抽象概念有别于神明的本领，后者的奇遇是神话表述的话题。”[②] 由此看来，现代性语境中的逻各斯被赋予了极为明显的正面意味，它与真实、真理及智性相关，是人类理性发展的体现。不论在形式还是在意义层面，逻各斯与神话均是对立的。

从时间上来看，神话一词进入英文词条是在19世纪初期，此时英帝国处于殖民扩张时期，神话被赋予了一定的新科学主义意味，用来专指诸如虚构、虚假、不可证明的一类叙述。进一步地说，神话的蕴含在古希腊随时间而改变，在柏拉图之前的时代，古希腊人的秘索思与现代意义上的神话有着天壤之别。概括地说，“希腊语中的秘索思指一种简洁的言论，要么是一则故事，一段对话，要么是一种计划的陈述。”[③] 秘索思出现的时间要比逻各斯要早得多，明显带有口传文化的特征。这种意义上的秘索思未必就是虚构的，它更多地含有真实与理性的成分。就语源学而言，英文书写形式的逻各斯源自希腊语λόγος，原意为“话语”（word），其动词的对

---

① Luc Brisson, translated by Catherine Tihanyi. *How Philosophers Saved Myths: Allegorical Interpretation and Classical Mythology*. Chicago: University of Chicago Press, 2004, p. 25.

② Jean-Pierre Vernant, translated by Janet Lloyd. *Myth and Society in Ancient Greece*. Sussex: Harvester Press, 1980, pp. 188—189.

③ Ibid., p. 186.

应形式为λέγω，意思是“我说”（I say），这个单词是专门用来描述散文的，含有理性的意味，但不排斥虚构的成分。总之，希腊语中的秘索思与逻各斯之间的关系并非是对立的，而是相互补充的。从古至今，秘索思与逻各斯之间的关系发生了巨变，二者的意义及相互关系同样经历了一系列变化，时至今日，它们已成为一组对立的词语，与原初的词义之间具有了断裂。那么，秘索思与逻各斯古希腊早期神话文本中具有何种内涵？它们在不同的语境中具有怎样的变化？这种断裂从何时开始的？是何种原因造成了断裂？它是怎样产生的？这是本书要探讨的一系列问题，当然，笔者不可能列举所有的古希腊神话文本，而只能从中选择较为典型的进行考察，重点是赫西俄德与荷马的文本。

三　赫西俄德的秘索思与逻各斯

从神话文本所反映的特征来看，赫西俄德的两部神话文本，即《神谱》、《工作与时日》更多地带有口传文化的特征，而赫西俄德宣称二者乃受缪斯女神之托而作：女神将象征权力的橄榄枝交给赫西俄德，并将神圣的声音注入进他心中，让他依神意歌唱过去与未来之事。[①] 从这个角度来看，赫西俄德的文本具有代缪斯立言的意思。颇有意味的是，当缪斯女神向赫西俄德教授神圣之歌时，她们这样宣称：“我们知道如何将那些虚构的故事说得像真的一样，如果我们愿意，我们也懂得如何讲述真事。”[②] 在这个句子中，缪斯女神将虚构的故事称为“逻各斯”，该词语的内涵与现代意义上的逻各斯相去甚远，反倒与“秘索思”这个语词的内涵比较接近。当赫西俄德歌颂众神的业绩时，他这样倾吐心声：“雷电之神宙斯，居住在层峦之上的神明，请你向下界观望并明察秋毫，侧耳听我倾

① 参见 Hesiod，M. L. West，ed. *Theogony*. Oxford：Oxford University Press，1966，Lines 30—35，“καί μοισκῆπτρον ἔδον δάφνης ἐριθηλέος ὄζον δρέψασαι, θηητόν.ἐνέπνευσαν δέ μοι αὐδὴν θέσπιν, ἵνα κλείοιμι τά τ᾿ ἐσσόμενα πρό τ᾿ ἐόντα.καί μ᾿ ἐκέλονθ᾿ ὑμνεῖν μακάρων γέ νος αἰὲν ἐόντων,σφᾶς δ᾿ αὐτὰς πρῶτόν τε καὶ ὕστατον αἰὲν ἀείδειν.ἀλλὰ τί ἦ μοι ταῦτα περ ὶ δρῦν ἢ περὶ πέτρην.”

② 参见 Ibid.，Lines 27—28，“ἴδμεν ψεύδεα πολλὰ λέγειν ἐτύμοισιν ὁμοῖα,ἴδμεν δ᾿, εὖτ᾿ ἐθέλωμεν，ἀληθέα γηρύσασθαι.”

诉衷肠，来使裁决公正，公义得以伸张。佩耳塞斯，我将对你讲述真实的事件。”① 需要指出的是，赫西俄德在这里将“秘索思”一词冠以“真实的事件”之名，似有柏拉图意义上的“逻各斯”之意。看上去就是，赫西俄德神话文本中这两处诗文中出现的逻各斯及“秘索思”与它们的现代性内涵之间具有极大的距离，甚至在意义上是相反的。这样就出现了一系列令人不解的问题：为何这两句引文中的逻各斯及秘索思与它们在现代语境的意义之间具有如此大的差异？赫西俄德神话文本究竟有多少这样的术语出现？它们在文本中的内涵分别是什么？其意义是否一致？

学者布鲁斯·林肯曾统计过赫西俄德神话文本中秘索思与逻各斯的用法，② 但基于某种功利性的目的，他并没有完全列出它们词语在具体语境中蕴含的意义，只重点阐释了其中的一些语句。笔者认为，欲探明秘索思与逻各斯的内涵，必须将其置于具体语境中，根据上下文来探求其意义。根据赫西俄德《神谱》及《工作与时日》的表述，秘索思与逻各斯出现的次数均为 6 次，但在具体的语境中，它们的意义存在细微的差别（见表 3—1、表 3—2）。

表 3—1　　赫西俄德文本中秘索思内涵

出　处	语　境	演说者	情　节	内　涵
《神谱》：第 24 行	持盾之神宙斯之女，奥林波斯的缪斯女神首次开口说话，我是听到这话的第一人③	缪斯女神	缪斯女神开口说话	神明的话语
《神谱》：第 169 行	但诡诈强大的克洛诺斯鼓足勇气回答了亲爱母亲的话语④	克洛诺斯	克洛诺斯说话	庄严而肯定的回答

① Hesiod, M. L. West, ed. *Works and Days*. Oxford: Oxford University Press, 1980, lins 8—10, “Ζεὺς ὑψιβρεμέτης, ὃς ὑπέρτατα δώματα ναίει.κλῦθι ἰδὼν ἀίων τε, δίκῃ δ᾽ ἴθυνεθέ μιστας τύνη.ἐγὼ δέ κε, Πέρσῃ, ἐτήτυμα μυθησαίμην.”

② Luc Brisson, translated by Catherine Tihanyi. *How Philosophers Saved Myths: Allegorical Interpretation and Classical Mythology*. Chicago: University of Chicago Press, 2004, pp. 11, 16.

③ 参见 Hesiod, M. L. West, ed. *Theogony*. Oxford: Oxford University Press, 1966, Lines 24—25, “τόνδε δέ με πρώτιστα θεαὶ πρὸς μῦθον ἔειπον,Μοῦσαι Ολυμπιάδες, κοῦραι Διὸς αἰγιόχοιο.”

④ Ibid., Line 169, “θαρσήσας δὲ μέγας Κρόνος ἀγκυλομήτης ἂψ αὖτις μύθοισι προσηύδα μητέρα κεδνήν.”

续表

出　处	语　境	演说者	情　节	内　涵
《神谱》第 665 行	当众神听完科托斯的话语后，他们斗志昂扬①	天神之子	克托斯宣誓	庄重的誓言
《工作与时日》第 194 行	恶人以谎言欺骗善者，以恶语伤害他们②	赫西俄德	恶人欺骗善者	恶人说谎的事实
《工作与时日》第 206 行	这时，老鹰轻蔑地对夜莺说道③	老鹰	老鹰抓住了夜莺	现实生活的真理
《工作与时日》第 263 行	你们这些王爷要杜绝这事，那些贪财受贿的王爷们，你们要使裁决公平；要彻底杜绝不公裁判的思想从心中滋生④	王爷	赫西俄德教诲王爷们	公正的裁决

从表 3—1 中可以看出来，秘索思这种话语的演说者一般是男性，这类角色在具体语境中一般都是强者。例如，在《神谱》第 24 节中，当缪斯女神开口对赫西俄德说话时，女神首先强调了自己的神性，贬谪了人类的无知。缪斯女神的话语神圣而庄严，其真实性更是不容怀疑，因为它们出自女神。再如，《工作与时日》中，老鹰与夜莺之间形成了鲜明的对比：老鹰是雄性的，夜莺是雌性的；老鹰是捕食者，夜莺是被捕食者；老鹰强大无比，夜莺软弱无力；老鹰凶残暴戾，夜莺软弱无力。当老鹰开始对夜莺说话时，它已生擒了一只声音婉转的夜莺，并且说出了现实生活中弱者顺从强者的真理："可怜的小东西啊，你为何要啼哭呢？你现在已经落入了比你强大得多的人手中，你就得去我要去的任何地方，虽然你是一名女歌手。只要我高兴，就可以拿你当餐饭，也可以放你高飞远走。试图与强者

① Hesiod，M. L. West，ed. *Theogony*. Oxford：Oxford University Press，1966，Lines 664—665，"ὣς φάτ᾽. ἐπῄνεσσαν δὲ θεοί, δωτῆρες ἐάων, μῦθον ἀκούσαντες."

② Hesiod，M. L. West，ed. *Works and Days*. Oxford：Oxford University Press，1980，Lines 193—194，"βλάψει δ᾽ ὁ κακὸς τὸν ἀρείονα φῶτα μύθοισιν σκολιοῖς ἐνέπων, ἐπὶ δ᾽ ὅρκον ὀμεῖται."

③ Ibid.，Line 206，"τὴν ὅγ᾽ ἐπικρατέως πρὸς μῦθον ἔειπεν."

④ Ibid.，Lines 263—264，"ταῦτα φυλασσόμενοι,βασιλῆς, ἰθύνετε μύθους δωροφάγοι, σκολιέων δὲδικέων ἐπὶ πάγχυ λάθεσθε."

作对的人就是傻瓜，因为他无法获胜，除了凌辱之外还要承受痛苦。”① 赫西俄德将老鹰说的这些话语称为“秘索思”，一种强大但又可以验证的真实性话语。从上述分析中不难看出，在赫西俄德的文本中，秘索思首先是作为一种强大而富有力量的话语出现的，它的演说者通常为男性，即便是女性，也是缪斯女神在开口说话。话语的演说者在对话中处于有利的地位，他们的言辞也比较质朴，没有过多的修辞；另外，秘索思是一种真实可信的话语，它所表述的内容一般是现实生活中的真相，而不是虚构之物。这样看来，在赫西俄德时代，秘索思并非是虚构性的言语，而是神圣而真实的话语，与现代性语境中神话的内涵截然相反。从涵盖的内容来看，赫西俄德文本中的秘索思等同于柏拉图眼中的逻各斯，是一种不可轻觑的真理。

秘索思在赫西俄德文本中的这种内涵，激发了我们对逻各斯的好奇，笔者下文拟考察逻各斯一词在其中的蕴含。从表 3—2 中能够看出，逻各斯的这种话语的演说者一般为女性或者是孩子，即便有的表述者是男性，比如，在《神谱》第 890 行中，宙斯是这种甜言蜜语的操作者，但明显带有一种欺骗性目的，这种话语是靠不住的，具有诱惑性与欺骗性。另外，逻各斯所表述的内容一般与谎言、不可靠的话语、虚构的故事等这类言语相关，这些话语听起来比较愉快且富有诱惑性，但同时会带来伤害，能够使听者陷入一种比较危险或者不利的境况中。譬如，在《工作与时日》第 78 行中，当潘多拉说出逻各斯这种话语时，它实际上是一种谎言，一种诱导人类走向堕落与危险的话语，但潘多拉的声音听上去相当迷人，具有很大的诱惑力，人类难以抵挡这种美丽的谎言。很多听到逻各斯这种语言的听者，最后都陷入了一种危险的境地之中：墨提斯听信宙斯的花言巧语，被后者吞进了肚子中；厄庇米修斯听信了潘多拉的谎言而使人类陷入万劫不复的境地。概括地说，逻各斯通常指的是一种靠不住的、不可验证的、不

① Hesiod, M. L. West, ed. *Works and Days*. Oxford: Oxford University Press, 1980, Lines 207—211, “δαιμονίη, τί λέληκας; ἔχει νύ σε πολλὸν ἀρείων. τῇ δ᾽ εἶς, ᾗ σ᾽ ἂν ἐγώ περ ἄγω καὶ ἀοιδὸν ἐοῦσαν. δεῖπνον δ᾽, αἴ κ᾽ ἐθέλω ποιήσομαι ἠὲ μεθήσω. ἄφρων δ᾽, ὅς κ᾽ ἐθέλῃ πρὸς κρε ίσσονας ἀντιφερίζειν. νίκης τε στέρεται πρός τ᾽ αἴσχεσιν ἄλγεα πάσχει.”

真实的话语，但一般比较动听，富有一定的诱惑性，具有一种巨大的危险性与杀伤力。逻各斯这种话语的最大特征就是虚构性，无法根据真实性规约来验证其表述内容，多半是美丽的谎言。

表 3—2　　　　　　　　赫西俄德文本中逻各斯内涵

出　处	语　境	对象	情　节	内　涵
《神谱》第 27 行	我们知道如何将那些虚构的故事说得像真的一样，若我们愿意，我们也懂得如何讲述真事①	缪斯女神	女神开口说话	故事
《神谱》第 229 行	恶意的厄里斯女神生了痛苦的劳役之神、遗忘之神、饥馑之神、多泪的忧伤之神，争斗之神、战斗之神、凶杀之神、屠戮之神、争吵之神、谎言之神、争执之神、违法之神、毁灭之神，这些神明的本性都一样，厄里斯又生了诅咒之神，当人类蓄意发假誓时，她便找上门来②	厄里斯的孩子们	厄里斯不和女神的后代	谎言
《神谱》第 890 行	但当她就要生产明眸女神雅典娜时，宙斯利用甜言蜜语欺骗了她，并将她吞进肚中，因为地母该亚与灿烂的天空之神乌剌诺斯有过忠告③	宙斯和墨提斯	宙斯欺骗墨提斯	甜言蜜语
《工作与时日》第 78 行	根据雷电之神宙斯的要求，阿尔戈斯的斩杀者赫尔墨斯设法将谎言、花言巧语及诡诈的本性放到了她心中，神使又赋予她说话的能力④	潘多拉	众神惩罚人类	谎言

① Hesiod, M. L. West, ed. *Theogony*. Oxford: Oxford University Press, 1966, Line 27, "ἴδμενψεύδεα πολλὰ λέγειν ἐτύμοισιν ὁμοῖα."

② Ibid., Lines 226—232, "αὐτὰρ Ἔρις στυγερὴ τέκε μὲν Πόνον ἀλγινόεντα Λήθην τε Λιμόν τε καὶ Ἄλγεα δακρυόεντα Ὑσμίνας τε Μάχας τε Φόνους τ᾽Ἀνδροκτασίας τε Νείκεά τε ψευδέας τε Λόγους Ἀμφι λλογίας τε Δυσνομίην τ᾽ Ἄτην τε, συνήθεας ἀλλήλῃσιν, Ὅρκον θ᾽, ὃς δὴ πλεῖστον ἐπιχθονίους ἀνθρώπους πημαίνει, ὅτε κέν τις ἑκὼν ἐπίορκον ὀμόσσῃ, Ὅρκον θ᾽, ὃς δὴ πλεῖστον ἐπιχθονίους ἀνθρώπους πημαίνει, ὅτε κέν τις ἑκὼν ἐπίορκον ὀμόσσῃ."

③ Ibid., Lines 888—891, "ἀλλ᾽ ὅτε δὴ ἄρ᾽ ἔμελλε θεὰν γλαυκῶπιν Ἀθήνην τέξεσθαι, τότ᾽ ἔπειτα δόλῳ φρένας ἐξαπατή σας αἱμυλίοισι λόγοισιν ἑὴν ἐσκάτθετο νηδὺν Γαίης φραδμοσύνῃσι καὶ Οὐρανοῦ ἀστερόεντος."

④ Hesiod, M. L. West, ed. *Works and Days*. Oxford: Oxford University Press, 1980, Lines 77—79, "ἐν δ᾽ ἄρα οἱ στήθεσσι διάκτορος Ἀργεϊφόντης ψεύδεά θ᾽ αἱμυλίους τε λόγουςκαὶ ἐπ ίκλοπον ἦθος τεῦξε Διὸς βουλῇσι βαρυκτύπου."

续表

出　处	语　境	对象	情　节	内　涵
《工作与时日》第 106 行	倘若你乐意，我将简略而熟练地为你讲述另一个故事——请你记在心上——众神与人类如何出自同一个源头①	宇宙时代	讲故事	故事
《工作与时日》第 789 行	每月中旬第六日非常不利于植物，但有利于生男孩，不利于生女孩，也不利嫁女儿。每月上旬的第六日不利于生女孩，但有利于生男孩，适宜进行阉割山羊与绵羊，也有利于建造绵羊围栏。这一日有利于生男孩，但这一日出生的人将喜欢挖苦、谎言、花言巧语与嚼舌根②	每月的第六日	每月第六日出生的人喜欢说谎	谎言

这样看来，赫西俄德文本的秘索思与逻各斯是一组对立的话语，二者的对立分别体现在以下几个方面：其一，性别差异。秘索思的表述者一般为男性，而逻各斯多半为女性，有时是未成年人。在希腊文化中，未成年人是没有性别特征的，通常被视为中性角色。其二，表述的结果。秘索思带来的一般是好的结果或胜利，而逻各斯则与战争、灾难相关，是一种不好的后果。其三，表述的内容的冲突。一般情况下，秘索思与真实、真理、正义相关，而逻各斯则意味着谎言、虚构及欺骗。赫西俄德文本中这一组概念的内涵与其现代性意义是对立且相反的（见表3—3）。

① Hesiod, M. L. West, ed. *Works and Days*. Oxford: Oxford University Press, 1980, Lines 106—108, "εἰ δ᾽ ἐθέλεις, ἕτερόν τοι ἐγὼ λόγον ἐκκορυφώσω εὖ καὶ ἐπισταμένως,σὺ δ᾽ ἐνὶ φρεσὶ βάλλεο σῇσιν,ὡς ὁμόθεν γεγάασι θεοὶ θνητοί τ᾽ ἄνθρωποι."

② Ibid., Lines 782—789, ἕκτη δ᾽ ἡ μέσση μάλ᾽ ἀσύμφορός ἐστι φυτοῖσιν, ἀνδρογόνος δ᾽ ἀγαθή. κούρῃ δ᾽ οὐ σύμφορ ός ἐστιν, οὔτε γενέσθαι πρῶτ᾽ οὔτ᾽ ἂρ γάμου ἀντιβολῆσαι. οὐδὲ μὲν ἡ πρώτη ἕκτη κούρῃ γε γενέσθαι ἄρμενος, ἀλλ᾽ ἐρίφους τάμνειν καὶ πώεα μήλων σηκόν τ᾽ ἀμφιβαλεῖν ποιμνήιον ἤπιον ἦμαρ. ἐσθλὴ δ᾽ ἀνδρογόνος. φιλέοι δέ᾽κε κέρτομα βάζειν ψεύδεά θ᾽ αἱμυλίους τε λόγους κρυφίους τ᾽ὀαρισμούς."

表 3—3　　赫西俄德文本中秘索思与逻各斯内涵对比

内　涵	秘索思	逻各斯
表述者性别	男性	女性或中性（未成年人）
表述结果	好的结果或胜利	不好的结果或失败
表述内容	真理、正义、真实	战争、灾难、虚构
特征	真实而可信的话语	虚构而不可信的话语

四　荷马的秘索思与逻各斯

早在1989年，学者理查德·P. 马丁（Richard P. Martin）曾统计过荷马诗史《伊利亚特》中秘索思出现的次数，他指出，秘索思及其动词变格形式在诗史中出现的次数多达167次，其中秘索思以名词形式出现的次数有155次。通常情况下秘索思的表述者为发布命令或自我夸耀的男性，这种人物一般比较强大。在马丁眼中，秘索思总是一种富有权威的男性在公开场合发表的富有力量的长篇大论。通常情况下，一则秘索思总是促使那些听众同意这种言论，只有那些地位与演说者相等的人才有资格对其进行质疑。[①] 不过马丁并没有对《奥德赛》的秘索思进行过统计学意义上的计量，也没有对逻各斯进行统计，更没有对二者之间的内涵做对比。另一位学者布鲁斯·林肯继而概略计算了荷马诗史中秘索思与逻各斯出现的次数，认为二者的内涵与赫西俄德神话文本的内涵差别不大，[②] 因而并未就其中的差异做详细区分。本书无意于彻底仔细统计荷马诗史中秘索斯与逻各斯出现的次数，而是打算就二者在一些比较重要的语境的内涵做出阐释，并对他们与赫西俄德文本中的内涵的差异做具体甄别。由于秘索斯在荷马诗史中出现的频率比较高，而逻各斯出现的概率则比较低。因此，笔者首先阐释逻各斯的内涵，关于秘索斯的

① Richard P. Martin. *The Language of Heroes: Speech and Performance in the Iliad*. New York: Cornell University Press, 1989, p. 22.

② Bruce Lincoln. *Theorizing Myth: Narrative, Ideology, and Scholarship*. Chicago: The University of Chicago Press, 1999, p. 17.

探讨置于其后。

在《伊利亚特》第15卷第392行中，帕特洛克罗斯坐在受伤的欧律皮罗斯帐篷里，用动听的话语安慰这位受伤的英雄。荷马这个时候使用了逻各斯这个术语来指称这种悦耳的言论。从诗史表述的内容来看，帕特洛克罗斯讲述的话语未必是真实的，但却非常动听，具有取悦帕特洛克罗斯的意味，它应该能够非常打动人心，使得遭受枪伤之苦的帕特洛克罗斯大得安慰。《奥德赛》第1卷第56行中，卡吕普索用甜言蜜语媚惑奥德修斯，试图让他忘记伊塔刻从而永远待在她身边。这种话语非常动听，但充满了欺骗性，某些时候还富有诱惑力，使得奥德修斯能够忘记自己的亲人与家乡。自然，这种话语是靠不住的，因为女神使用它来哄骗奥德修斯。比如，她许下诺言，要赐给奥德修斯不死与永生，让他与自己一起掌管仙岛的疆域。就是这种富有煽动性而动听的言论，被荷马冠以“逻各斯”之名。就逻各斯的表述者与其听者关系而言，二者比较亲密。譬如，帕特洛克罗斯与欧律皮罗斯则是战场上亲密的战友，有过生死之交。女仙卡吕普索与奥德修斯之间的关系比较特殊，前者虽为神族，但与身为凡人的奥德修斯有过7年的同居生活，最后还帮助他返还故乡。从叙述的意图来看，这些逻各斯的演说者通常希望听者能够接受自己的言论，从而达到劝勉或说服对方放弃一种生活现状而进入另外一种境地。例如，帕特洛克罗斯试图用具有抚慰性的话语安慰受伤的欧律皮罗斯，希望后者听后能够忘记苦痛。身列仙班的卡吕普索更渴望奥德修斯能够相信其甜言蜜语，放弃返回伊塔刻的念头而与她在仙岛上终身厮守。当然，这些动听的话语一般在私人场合讲述，公开场合是不适宜发表这类言论的。总之，荷马诗史中这些诗文的情境告诉我们，荷马文本中的逻各斯通常是一种动听而富有诱惑力的言语，具有欺骗性，它的演说者一般在私人场合说这这些话语，而不是在公开场合。这种话语并不一定要从女性的口中发出，但非常悦耳且颇能取悦人心（见表3—4）。

表 3—4　　荷马文本中逻各斯内涵

出　处	语　境	情　节	内　涵
《伊利亚特》第 4 卷第 339 行	佩特奥斯之子，宙斯养育的王者，还有你这诡诈狡猾①的人，你们为何退缩，等待别人向前冲？你们两个本应站在队伍最前面，勇敢面对战斗。因为你们是最先听到我邀请的人，在我们阿凯亚人为长者备办宴席时②	阿伽门农斥责部下	诡诈之言
《伊利亚特》第 15 卷第 392 行	当阿凯亚人与特洛伊人在壁垒边激战时，帕特洛克罗斯一直站在远离战船的地方，坐在受人尊敬的欧律皮罗斯帐篷里，一边用悦耳的话语安慰他，一边向他那黑沉沉的伤口敷上药草，以便减轻疼痛。但当他看到特洛伊人已越过壁垒，达那俄斯人则纷纷叫嚷溃退时，帕特洛克罗斯禁不住大声长叹，抡掌击股，满怀悲痛地对欧律皮罗斯放声论谈③	帕特洛克罗斯安慰欧律皮罗斯	动听悦耳的言论

① 学者布鲁斯·林肯其论著指出，在大英博物馆收藏的一块约公元前世纪的编号为 136 的纸草上，δόλοισι被λόγοισι所取代。参见：Bruce Lincoln. *Theorizing Myth*：*Narrative*，*Ideology*，*and Scholarship*. Chicago：The University of Chicago Press，1999，p. 9.

② Homer，with English translated by A. T. Murray，revised by William F. Wyatt. *Iliad*. London：Harvard University Press，1999，Book 4，Lines 338—342，"ὦ υἱὲ Πετεῶο διοτρεφέος βασιλῆος, καὶ σὺ κακοῖσι δόλοισι κεκασμένε κερδαλεόφρον τίπτε καταπτώσσοντες ἀφέ στατε, μίμνετε δ' ἄλλους; σφῶϊν μέν τ' ἐπέοικε μετὰ πρώτοισιν ἐόντας ἑστάμεν ἠδὲ μάχης καυστείρης ἀντιβολῆσαι."

③ Homer，with English translated by A. T. Murray，revised by William F. Wyatt. *Iliad*. London：Harvard University Press，1999，Book 15，Lines 390—400，"Πάτροκλος δ' εἷος μὲν Ἀ χαιοίτε Τρῶές τε τείχεος ἀμφεμάχοντο θοάων ἔκτοθι νηῶν,τόφρ' ὅ γ' ἐνὶ κλισίῃ ἀγαπή νορος Εὐρυπύλοιο ἧστό τε καὶ τὸν ἔτερπε λόγοις, ἐπὶ δ' ἕλκεϊ λυγρῷ φάρμακ' ἀκέσματ' ἔ πασσε μελαινάων ὀδυνάων. αὐτὰρ ἐπεὶ δὴ τεῖχος ἐπεσσυμένους ἐνόησεΤρῶας, ἀτὰρ Δαναῶ ν γένετο ἰαχή τε φόβος τε,ᾤμωξέν τ' ἄρ' ἔπειτα καὶ ὣ πεπλήγετο μηρὼ χερσὶ καταπρηνέσσ', ὀ λοφυρόμενος δ' ἔπος ηὔδα."

续表

出　处	语　境	情　节	内　涵
《奥德赛》第1卷第56行	就是他的女儿阻留了可怜悲伤的断肠人，用甜言蜜语将其诱惑，使他忘却伊塔刻。但奥德修斯一心渴望哪怕能够望见故园升起的飘渺炊烟，只求一死①	卡吕普索甜言蜜语媚惑奥德修斯	诱惑而动听的甜言蜜语

较之于逻各斯，荷马文本中“秘索思”一词出现的频率非常高②，表格难以罗列其详，笔者在这里仅列出几处较为典型关键的诗文。从表3—5中能够看出，秘索思的演说者多为男性英雄，他们一般是希腊军队中军权的掌握者，地位显赫且身份高贵，诸如阿伽门农、奥德修斯、涅斯托耳等人。另外，秘索思的表述者也有神明，像卡吕普索、赫利俄斯等。较之于人类，这些神明的地位非同寻常，荷马将他们说出的话语称为“秘索思”，含有一种不可侵犯的神圣意味。与逻各斯不同的是，演说者通常在公开场合，多数在军营或战场上发表秘索思这种言论。比如，阿伽门农在希腊军营里斥责特洛伊祭司克律塞斯并将其赶走，而狄俄墨德斯也是当着希腊士兵与统帅的面发表言论的：“不要使人接受阿勒克珊德洛斯的财物，也不要接回海伦。人人都知道，连傻瓜也知道，毁灭的绳索已经套在特洛伊人的脖子上。”③ 这些

① Homer, with an English translation by A. T. Murray, revised by George E. Dimock. *Odyssey*. Cambridge: Harvard University Press, 1995, Book 1, Lines55—59, “τοῦ θυγάτηρ δύστηνον ὀδυρόμε νον κατερύκει, αἰεὶ δὲ μαλακοῖσι καὶ αἱμυλίοισι λόγοισιν θέλγει,ὅπως Ἰθάκης ἐπιλήσεται: αὐτὰρ Ὀδυσσεύς, ἱέμενος καὶ καπνὸν ἀποθρῴσκοντα νοῆσαι ἧς γαίης,θανέειν ἱμείρεται.”

② 荷马诗史中“秘索思”一词出现的次数大约为160次，限于篇幅，这里难以一一罗列，笔者在此仅标出其中较为典型且比较关键的语句出处，它们分别如下：Homer, with English translated by A. T. Murray, revised by William F. Wyatt. *Iliad*. London: Harvard University, Press, 1999, 1.25, 1.33, 1.273, 1.361, 1.379, 1.388, 1.565, 2.200, 2.282, 2.335, 3.76, 3.87, 4.357, 4.412, 5.715, 7.404, 9.309, 9.62, 11.839, 14.127, 15, 202, 16.83, 16.199, 19.85, 19.107, 19.220, 20.369, 22.281, 24.571; Homer, with an English translation by A. T. Murray, revised by George E. Dimock. *Odyssey*. Cambridge: Harvard University Press, 1995, 1.273, 1.355, 2.77, 2.83, 5.98, 8.302, 10.189, 10.561, 23.62.

③ Homer, with English translated by A. T. Murray, revised by William F. Wyatt. *Iliad*. London: Harvard University Press, 1999, Book 7, Lines 400—402, “μήτ᾽ ἄρ τις νῦν κτήματ᾽ Ἀλεξάνδροιο δεχέσθω μήθ᾽ Ἑλένην: γνωτὸν δὲ καὶ ὃς μάλα νήπιός ἐστιν ὡς ἤδηΤρώεσσιν ὀλέθρου πείρατ᾽ ἐφῆπται.”

言论无疑非常有力，是一种真实而能够以事实验证的话语。当赫利俄斯向火神赫淮斯托斯报告阿弗洛狄忒与阿瑞斯私通时，他的话语是非常可靠的，众神后来观看了这一对情人尴尬而无处藏身的场景。由此可见，荷马诗史中的秘索思是一种强而有力的话语，它由那些地位显赫而身份高贵的人或神明口中发出，这些人通常在军营或公开场合发表言说，没有人能够反驳这些言语，因为它是真实可信的。

表 3—5　　荷马文本中秘索思内涵

出　处	语　境	演说者	场　合	内　涵
《伊利亚特》第 1 卷第 379 行	全体阿凯亚人发出同意的呼声，表示尊重祭司并接受其光荣的赎金，但这些并未打动阿特柔斯之子阿伽门农，他粗暴地赶走了祭司，并对其大发厉声①	阿伽门农	希腊军营	粗暴的话语
《伊利亚特》第 2 卷第 200 行	坐下，你这个蠢才。安静聆听那些比你杰出的人说话，你不好战，缺乏勇气，打仗和议事都不行②	奥德修斯	希腊军营	杰出者的话语
《伊利亚特》第 7 卷第 404 行	他这样说，全体阿凯亚人的儿子齐声欢呼，称赞驯马者狄俄墨德斯的话语③	狄俄墨德斯	希腊军营	英雄之言

① Homer, with English translated by A. T. Murray, revised by William F. Wyatt. *Iliad*. London: Harvard University Press, 1999, Book 1, Lines 376—379, "ἔνθ᾽ ἄλλοι μὲν πάντες ἐπ ευφήμησαν Ἀχαιοὶ αἰδεῖσθαί θ᾽ ἱερῆα καὶ ἀγλαὰ δέχθαι ἄποινα. ἀλλ᾽ οὐκ Ἀτρεΐδῃ Ἀγαμέ μνονι ἥνδανε θυμῷ, ἀλλὰ κακῶς ἀφίει , κρατερὸν δ᾽ ἐπὶ μῦθον ἔτελλε."

② Homer, with English translated by A. T. Murray, revised by William F. Wyatt. *Iliad*. London: Harvard University Press, 1999, Book 2, Lines 200—202, "δαιμόνι᾽ ἀτρέμας ἧσο καὶ ἄλλων μῦθον ἄκουε,οἳ σέο φέρτεροί εἰσι, σὺ δ᾽ ἀπτόλεμος καὶ ἄναλκις οὔτέ ποτ᾽ ἐν πολέμῳ ἐναρίθμιος οὔτ᾽ ἐνὶ βουλῇ."

③ Homer, with English translated by A. T. Murray, revised by William F. Wyatt. *Iliad*. London: Harvard University Press, 1999, Book 7, Lines 403—404, "ὣςἔφαθ᾽,οἳδ᾽ἄραπάντεςἐπίαχονυἷεςἈχαιῶνμῦθονἀγασσάμενοιΔιομήδεοςἱπποδάμοιο."

续表

出　处	语　境	演说者	场　合	内　涵
《伊利亚特》第 11 卷第 839 行	欧律皮罗斯，此事咋办？我们该如何安排？我现在要赶过去向英武的阿喀琉斯传达阿凯亚人人的护卫涅斯托耳托付的口信，不过见你受苦我也不能撒手不管①	涅斯托耳	希腊军营	英雄之言
《奥德赛》第 5 卷第 98 行	女神你问本神我为何来此，既然你问我，我就如实道来。是宙斯遣我前来，并非为我己愿②	卡吕普索	卡吕普索住处	女神之言
《奥德赛》第 8 卷第 302 行	此时强臂之神已走近他们，他未到利姆诺斯土地便返回。因为赫利俄斯为他监察，报告实情③	赫利俄斯	赫淮斯托斯家中	神明之言

从上述分析中可以看出，荷马诗史中秘索思与逻各斯基本上还是一组对立的词语，二者在很多地方都存在差异（见表 3—6）。就表述者而言，秘索思的演说者一般为地位比较高贵的男性英雄或神明，而逻各斯的持有者多为女性或一些具有温和品性的男性。在表述的场合上，男性英雄通常在公开场合尤其是军营发表自己的秘索思。这种话语非常有力而符合实情，一般人是难以反驳的。与此相反，逻各斯的演说者一般在私人场合表述自己的观点，他们希望通过自己动听而悦耳的话语来取悦对方，从而试

① Homer, with English translated by A. T. Murray, revised by William F. Wyatt. *Iliad*. London: Harvard University Press, 1999, Book 11, Lines 838—840, "τὸν δ᾽ αὖτε προσέειπε Μενοιτίου ἄλκιμος υἱός. πῶς τὰρ ἔοι τάδε ἔργα; τί ῥέξομεν Εὐρύπυλ᾽ ἥρως;ἔρχομαι ὄφρ᾽ Ἀχιλῆϊ δαΐφρονι μῦθον ἐνίσπω,ὃν Νέστωρ ἐπέτελλε Γερήνιος οὖρος Ἀχαιῶν. ἀλλ᾽ οὐδ᾽ ὧς περ σεῖομεθήσω τειρομένοιο."

② Homer, with an English translation by A. T. Murray, revised by George E. Dimock. *Odyssey*. Cambridge: Harvard University Press, 1995, Book 5, Lines 96—98, "εἰρωτᾷς μ᾽ ἐλθόντα θεὰ θεόν." αὐτὰρ ἐγώ τοι νημερτέως τὸν μῦθον ἐνισπήσω. κέλεαι γάρ. Ζεὺς ἐμέ γ᾽ ἠνώγει δεῦρ᾽ ἐλθέμεν οὐκὲ θέλοντα."

③ Homer, with an English translation by A. T. Murray, revised by George E. Dimock. *Odyssey*. Cambridge: Harvard University Press, 1995, Book 8, Lines 300—302, "ἀγχίμολον δέ σφ᾽ ἦλθε περικλυτὸς ἀμφιγυήεις,αὖτις ὑποστρέψας πρὶν Λήμνου γαῖαν ἱκέσθαι. Ἠέλιος γάρ οἱ σκοπιὴν ἔχεν εἶπέ τε μῦθον."

图阻止自己的听众放弃一些东西而跟从他。毋庸置疑，秘索思与逻各斯真实性方面也形成了对比：前者是一种符合实情而真实可信的言论，它具有十足的说服力，而后者则是一套诡诈而不可信的话语，但听上去非常悦耳，颇能打动人心。另外，秘索思表述的内容一般比较充沛，具有十足的理性成分，而逻各斯则比较简短，充满了虚构与诱惑。

表 3—6　　　　荷马文本中秘索思与逻各斯内涵的对比

内涵	秘索思	逻各斯
表述者性别	男性或神明	女性或男性
表述场合	公开尤其在军营	私人
表述内容	实情、事实	谎言、甜言蜜语
特征	真实、可信	诡诈而不可信

五　小结

就赫西俄德与荷马的文本而言，秘索思是一种话语或话语的表述方式，其最大的特征就是真实性，能够以真实性来验证。在某种方式上，秘索思具有一种无法抗拒的力量与权威性，通常是不能加以反驳的，因为它与真理、事实、实情甚至是神圣相关。秘索思的演说者一般是社会地位比较高贵，身份显赫的首脑人物，或者是神祇，而发表秘索思的地方一般是公开场所，比如，集会，军营或者是神明聚集的神殿。从这个意义层面而言，在古代希腊，至少是在赫西俄德与荷马的时代，根本就不存在现代意义上的“神话”一词，秘索思与神话是两个不同的范畴，前者为古希腊人表述宇宙及世界规律的一种话语或行为，而后者则是现代科学主义表达非理性现象的一种工具或概念。从叙述的范畴来看，赫西俄德与荷马文本中的秘索思远比现代意义上的神话所描述的内容宽泛，更具可信性。如果要将神话视为人类认识世界的一种方式，那么秘索思这个词语远比神话要真实。更为重要的是，秘索思作为神话的元概念而存在的，它在赫西俄德和荷马时代是人类真理的象征：一则秘索思就是一件事实，一段真实的话语，一种富有力量的言说方式，一套神圣的话语。或者说，在赫西俄德和荷马文本中，不存在作为虚构或故事的神话，只有作为真实性叙述或叙述方式的秘索思。尽管在书写形式或词根上有些渊源，现代意义上的神话与古希腊人的秘索思，至少与赫西俄德、荷马文本中的秘索思是两个不同的概念，从来就不存在从秘索思到神话的线性发展，只有古希腊人的秘索思，它与现代意义上的神话在内涵上截然不同。

作为与秘索思对立的概念，逻各斯同样是一种叙述或叙述行为，但它在内涵上更多地与虚构相关，与真理相去甚远。逻各斯的演说者多半为女性或未成年人，即便是男性，也是一些性情比较温和的男性。从赫西俄德语荷马文本中的语境来看，逻各斯的演说者与其他者之间具有一种对立或亲密的关系，他们在一些远离战场或公共场所讲述逻各斯。另外，逻各斯的演说者通常带有一种功利性的需求，渴望通过逻各斯而让自己的听众跟从自己。当然，逻各斯这种话语或行为带有很强的诱惑性，多半为花言巧语或甜言蜜语，更多地与谎言、虚妄和欺骗相关。赫西俄德、荷马文本的逻各斯与现代语境中的逻各斯在内涵上同样是对立的，它所描述的对象不论在内容还是在概念层面，均与柏拉图时代之后的逻各斯存在冲突。逻各斯自身的概念与内涵是不断变化的，至少在赫西俄德与荷马时代，它与哲学时代的逻各斯在内涵上是相反的。

从表述的内涵来看，赫西俄德语荷马文本中的秘索思与逻各斯是一组对立的概念，二者在许多方面都存在差异，尤其在内涵方面，它们之间存在根本的冲突。但这并不意味着古代希腊存在从秘索思到逻各斯的线性演变过程，也并不意味着存在逻各斯取代秘索思的理性化转换历程。在叙述的真实性层面，逻各斯后来取代了秘索思，但在赫西俄德与荷马时代，二者同时存在，是希腊人表述世界及自我的两种不同手段，只不过在内涵上有所不同而已。在与真实性相关的内涵层面，秘索思与逻各斯是对立的，在叙述层面，秘索思与逻各斯是互补的，二者共同建构了赫西俄德与荷马时代人类表述世界的方式。

第四章 神话与城邦

第一节 圣俗一体
——论荷马史诗中的城邦

一 城邦概念的界定

城邦的出现通常被视为国家和文明起源的重要标志之一，令人尴尬的是，迄今我们依然无法确定城邦出现的确切时间，尽管学者们倾向于认为古希腊为城邦的发源地。更为重要的是，学界尚缺乏一种统一的标准来界定城邦，[①] 以至于“城邦”一词通常成为一个漂浮不定的语词，在不同的研究领域中具有不同的内涵。譬如，传统的史学工作者认为，城邦就是以一个独立自主的城市为中心的国家，考古学者则通常断言，城邦就是由不同社会成员所组成的一种密集型的永久性居址。[②] 除此之外，更多的学者愿意将城邦界定为带有意识形态意味的术语：“由自由的人民围绕某个城市中心所形成的一个想象中的道德整体，是享有平等权利的公民的共同体。”[③] 需要指出的是，不管城邦一词在不同语境中具有怎样的意义与内涵——政

---

① P. Wheatley. “The Concept of Urbanism”, *Man*, *Settlement and Urbanism*. Edited by P. J. Ucko, R. Trigham, and G. M. Dinbleby, Cambridge: Schenkman Publishing Company, 1972, p. 601.

② L. Wirth. “Urbanism as a Way of Life”, *American Journal of Sociology*, 1938, (44), p. 9.

③ ［法］简·克劳德·卡里埃尔：《普罗米修斯神话、人类起源神话以及城邦——国家的出现》，［法］居代·德拉孔波等编《赫西俄德·神话之艺》，吴雅凌等译，华夏出版社 2005 年版，第 24 页。此处城邦是一个现代概念，其含义更多地指经济而非政治或司法。

治的、意识形态的或者社会学的，本质上说，所有关于城邦的认识均是一种脱离了语境的界定，阐释者试图使之具有普适性。更为重要的是，城邦一词的内涵是基于现代文明标准而提出的，比如，权力中心的形成，城市的出现，等级制度的肇始，等等。或者说，城邦是现代学术所建构的一个语词，是为了满足学者们的诉求而被创造出来的。

当论及荷马史诗中的城邦时，学者们倾向于将其视为“共同体”，但因各派理论的侧重点不同，“共同体”一词的内涵亦有所差异。早在1954年，学者莫尔斯·I. 芬利（Moses I. Finley）就对荷马史诗中的城邦一词做了初步的分析。芬利断言，荷马世界是由各个独立自治的家族组成的社会，除了家族之外，并没有更为统一的实体来界定个体与共同体之间的关系。不论是《伊利亚特》还是《奥德赛》，二者均不“存在古典意义上的城邦踪影。荷马的城邦仅仅意味着一座被加固的处所，一座城镇而已。家族被界定为一个人的生命，包括物质与精神上层面的内涵。”[①] 换言之，荷马史诗中的城邦与古典城邦的内涵相去甚远，前者更多地指向了家族共同体，具有血缘意义上的关联。芬利的观点影响了一批学者，不少学者在此立场上将城邦的内涵进一步拓展，试图发掘其具体所指。譬如，学者朗西曼（W. G. Runciman）就认为，荷马史诗中的公众既非公民，也非政治共同体意义上的臣民。因此，由这些公众组成的城邦自然算不上政治共同体，至多只能称为居民共同体。[②] 在继承芬利共同体思想的同时，朗西曼忽略了家族在城邦中的重要地位。不过，并非所有的学者都持这种观点，一些学者在认可芬利观点的同时，对荷马城邦的内涵做了更为深入的阐释。学者乔治·M. 卡尔霍恩（George M. Calhoun）指出，荷马史诗中城邦既是家族的共同体，也是建筑物的集合体。在很多情况下，荷马的城邦“通常是一座城镇，一些建筑的凝聚体，常常指的是那些加固了的建筑物，它们通常位于小山或易于防护的地段。”[③] 较之于芬利，卡尔霍恩强调了城

① Moses I. Finley. *The World of Odysseus*. New York：Viking Press，1954，p. 27.

② W. G. Runciman. “Origins of States：The Case of Archaic Greece”，*Comparative Studies in Society and History*. 24（1982）pp. 351—377.

③ George M. Calhoun. “Polity and Society：The Homeric Picture”，*A Companion to Homer*. Edited by Alan J. B. Wace and Frank H. Stubbings，London：St. Martin's Press，1962，p. 432.

邦政治共同体或建筑集合体的内涵，但他并没有明确提出荷马城邦的属性问题。直到20世纪70年代，学者卢斯（J. V. Luce）才将这一问题系统提出。卢斯指出，对于荷马及其听众而言，城邦是人类共同体的一种典型形式，它包括两个方面的内涵：首先，它是一个受堡垒所保护的管理中心；其次，对一个既定范围内的民族而言，它构成了人们主要的居住区。[①] 也就是说，卢斯关于荷马城邦的定义包括两个层面的内容，其一，政治共同体，这是概念或意识形态意义上的城邦，与政治相关；其二，建筑物的集合体，这是实体意义上的城邦，更多地包括空间结构的共性。不过，学者斯蒂芬·斯卡利（Stephen Scully）并不赞同将荷马城邦视为政治共同体的观点，他认为，荷马史诗中的城邦根本就没有政治意义上的共同体内涵，它仅仅是"共同居住在一起的居民的集体，一个家族的共同体，是部分家族的总和，本质上又不同于每一个独立的家族。这种集合包括了似是而非的一些自我矛盾的集体，荷马的城邦与古典时代的城邦是迥然有别的。人类的城邦既是世俗的，又是神圣的，神明与人类皆为其保护者；城邦是自然界的一部分，又是人类抵抗自然规律和自然秩序的人类世界"。[②] 就共同体的内涵而言，斯卡利与卢斯并无本质区别。但斯蒂芬·斯卡利将荷马城邦的属性分为神圣与世俗两个方面，同时又包括了空间与家族结构层面的共性。就这一点而言，他对荷马城邦的解读具有突破性意义。因此，就城邦的范畴而言，国外研究者关于荷马城邦意义的解读基本停留在"共同体"这一层面，多数阐释者强调的是其作为家族共同体这一概念的内涵，至于其实体性意义，较少有人关注。

较之于国外学界，国内关于荷马史诗城邦的探讨较为少见，并且，多数学者关注的是荷马时代的城邦，而不是荷马史诗中的城邦。尽管如此，探讨者并没有就荷马史诗中城邦的属性达成共识。早在1999年，学者郭长刚就指出，"荷马社会固然不像传统上认为的那样是氏族社会，但也尚未

① J. V. Luce. "The Polis in Homer and Hesiod", *Proceedings of the Royal Irish Academy*. 78, 1978: 1—15.

② Stephen Scully. *Homer and the Sacred City*. London: Cornell University Press, 1990, p. 15.

形成国家组织，它应是介于这两者之间的一种特殊的社会形态，即‘酋邦’”。[①] 这就意味着，荷马史诗中的城邦既非家族共同体，也非政治共同体，而是介于二者之间的“酋邦共同体”。不可否认，这种论调在某种程度上受到了酋邦理论的影响，但其说服力尚待进一步验证。针对荷马史诗关于城邦的表述内容，学者晏绍祥持一种较为谨慎的态度。他指出，荷马史诗中表述城邦的术语为 polis，它与现代意义上的城邦之间存在很大差异。“荷马社会中的 polis 并不是直接从原始社会末期的军事民主制演变而来的部落公社，亦非初期国家或者酋邦，而是在迈锡尼文明灭亡后、在公元前 2 千纪末和公元前 1 千纪初产生的新的国家形态。正是迈锡尼宫廷国家的崩溃、铁器的使用、小农的独立、希腊世界的孤立，造成了 polis 形成的基本条件。在荷马史诗中，这种新式国家显示了它们的存在。从外部形态来说，它是一个以城市为中心、包括周围乡村的居民集合体，从内部结构来说，虽然存在着巴赛列斯、贵族和平民的区分，但作为一个国家，它已经具有了后世希腊城邦所具有的基本特点，那里存在着集体行使权力的机构；初步的司法系统；由全体成年男子组成的军队；公共的神庙；世俗化的宗教权力等。”[②] 本质上说，晏绍祥并没有脱离政治共同体观点的影响，但他将其具体化了，认为城邦与国家形态有着直接的关联。

综观国内外学者的探讨，多数研究者将荷马史诗的城邦视为一种共同体，尽管关于共同体的内涵还存在分歧。这里存在的一个问题就是，这种关于共同体的界定是从现代学术立场出发的，并非是荷马时代或荷马史诗中人们的观点。那么，若从叙述者的荷马或荷马史诗的视角来看，城邦究竟具有怎样的内涵与属性？其意义与作为现代学术的城邦之间具有何种关系？上述问题是本书阐释的逻辑起点，也是需要加以说明的一点。也就说，本书无意于考究荷马时代城邦一词内涵的具体所指，而是重点阐释荷马史诗中关于城邦的表述，从中管窥荷马本人关于城邦属性的认知。

---

① 郭长刚：《论荷马社会的性质》，《史林》1999 年第 2 期。

② 晏绍祥：《荷马时代的“polis”》，《历史研究》2004 年第 2 期。

二 诸神之城：作为圣地的城邦

早在1978年，学者卢斯曾就荷马史诗中城邦一词出现的次数进行过初步的统计。他指出，城邦一词在荷马史诗共计出现了198次，其中《伊利亚特》出现了109次，《奥德赛》出现了89次。[①] 只不过，我们无法从卢斯的统计中得知关于城邦的详尽信息，比如，荷马史诗中出现了哪些城邦的名字？这些城邦的具体位置如何？它们各有什么特征？等等。事实上，从荷马史诗的表述来看，《伊利亚特》叙述了希腊本土城邦的情况，而《奥德赛》则更多地描述了异国人的城邦，比如，淮阿喀亚人（Phaeacians）富饶而美丽的城邦：城邦位于海滩之上，城外是一片野地，一道城墙将城区分开，城墙边有漂亮的港口，还有通道。城内有青铜墙壁的王宫，有波塞冬的神庙，还有四季盛产鲜果的果园，各类奇花异草，以及甘美的清泉。[②] 就描述城邦的词语而言，荷马史诗中分别出现了以下各类语词："神圣"、"普里阿摩斯"、"人烟稠密"、"人丁兴旺"、"城垣坚固"、"建构宏伟"、"居住舒适"，等等。上述各类修饰词涉及荷马城邦的三个构成因素：神圣性、城墙、民族。从修饰语出现的频率来看，"神圣的特洛伊"一词在荷马史诗中出现了28次之多，[③] 远远超过表述其他对象的词语。在这些语境中，涉及的城邦分别有特洛伊、厄提昂、泽勒亚、忒拜、斐莱、莱姆诺斯、派罗斯，等等。不可否认的一种事实就是，特洛伊被提及的次数最多，远远超过了其他城邦。看上去就是，特洛伊城在荷马眼中有着非同寻常的重要地位，而其神圣性则至关重要。那么，作为城邦的特

① J. V. Luce. "The Polis in Homer and Hesiod", *Proceedings of the Royal Irish Academy*. 78, 1978: 1—15.

② Homer, with an English translation by A. T. Murray, revised by George E. Dimock. *Odyssey*. Cambridge: Harvard University Press, 1995, 6. 263—267, 7. 86—94, 7. 112—132. *Odyssey*, 7. 86—94, 7. 112—132.

③ 因"神圣"一词在荷马史诗中出现的频率较高，其表述的城邦亦各异，难以罗列其详。笔者在此仅仅大致列出其在荷马史诗中的出处，它们分别是：*Iliad*, 1. 366, 4. 45, 4. 104, 4. 121, 4. 164, 4. 378, 4. 416, 5. 648, 6. 89, 6. 448, 7. 82, 7. 413, 8. 552, 9. 293, 11. 196, 13. 657, 16. 100, 17. 194, 18. 270, 20. 216, 21. 58, 24. 27, 24. 143; *Odyssey*, 1. 2, 4. 702, 9. 165, 10. 555, 11. 86.

洛伊，究竟是什么使得荷马对其格外关注？或者说，特洛伊城邦的神圣性体现在何处？这是首先需要阐释的一个问题，也是我们理解荷马史诗中城邦属性的基础。

从地理位置来看，特洛伊城在今天土耳其境内，位于伊达山的西南面，距离达达尼尔海峡不远，为联结欧亚的枢纽地带。这座看上去不大起眼的小镇在荷马史诗中却是一座属于诸神的城市，也是令人敬仰的人间圣地。从荷马史诗的表述来看，其中特洛伊城邦的描述性语汇并不多见，我们从中无从知道特洛伊及其地理位置的细节性信息。不过，从史诗散见各处的表述中，我们还是能够大体了解特洛伊城的相关情况。与多山的希腊城邦相反，特洛伊城位于特洛伊平原之上，神圣的河流斯卡曼德罗斯（Skamandros）穿过平原，不过，神祇通常将这条河流称为克珊托斯（Xanthos）河；另外，西摩埃斯河（Simoeis）也穿过特洛伊平原。斯卡曼德罗斯河与西摩埃斯河在特洛伊平原汇合，伊达（Ida）山是二者的源头。对于特洛伊人而言，斯卡曼德罗斯河与西摩埃斯河是神圣之河，前者曾经阻止希腊人阿喀琉斯杀戮大量的特洛伊人，而后者则盛产神马爱吃的仙草。斯卡曼德罗斯河畔是鲜花盛开的牧场，河边长满了榆树、柳树、柽树，河中则有百合、芦苇、莞蒲等水生植物。① 紧邻西摩埃斯河的是一座叫做卡利科洛涅（Kallikolone）的山，战神阿瑞斯曾经在这个地方鼓动特洛伊人作战。② 特洛伊城外是陡峭的山冈，凡人称之为“巴提埃亚”（Batieia），神明则将其叫做“善跳的阿玛宗人米里涅的坟墓”，特洛伊人及其盟军将其作为军队集合的地方。③ 在特洛伊与希腊人地阵营之间，有一座

---

① Homer, with English translated by A. T. Murray, revised by William F. Wyatt. Iliad. *London*: Harvard University Press, 1999, 10.466—467, 21.350—352, δέελον δ᾽ ἐπὶ σῆμά τ᾽ ἔθηκε συμμάρψας δόνακας μυρίκης τ᾽ ἐριθηλέας ὄζους.

② Homer, with English translated by A. T. Murray, revised by William F. Wyatt. *Iliad*. London: Harvard University Press, 1999, 21.51—53, φεύγοντ᾽ ἐκ ποταμοῦ, κάματος δ᾽ ὑπὸ γούνατ᾽ ἐδάμνα: ὀχθήσ ας δ᾽ ἄρα εἶπε πρὸς ὃν μεγαλήτορα θυμόν.

③ Homer, with English translated by A. T. Murray, revised by William F. Wyatt. *Iliad*. London: Harvard University Press, 1999, 2.811—815, ἔστι δέ τις προπάροιθε πόλιος αἰπεῖα κολώνη ἐν πεδίῳ ἀπάν ευθε περίδρομος ἔνθα καὶ ἔνθα,τὴν ἤτοι ἄνδρες Βατίειαν κικλήσκουσιν,ἀθάνατοι δέ τε σῆμα πολυσκάρθμοιο Μυρίνης: ἔνθα τότε Τρῶές τε διέκριθεν ἠδ᾽ ἐπίκουροι.

名为埃叙埃特斯（Aisyetes）国王的陵墓，普里阿摩斯的儿子波利特斯（Polites）曾经在这里侦探希腊军情。① 另有一座名叫伊洛斯的坟墓耸立在斯卡曼德罗斯河与希腊人阵营之间，墓顶有一棵高大醒目的柱子。② 此外，特洛伊平原上还有一棵非常神圣的橡树，被称为“宙斯的橡树”。雅典娜与阿波罗曾经在这棵树上化为秃鹫加入战斗，阿波罗也曾在树下鼓励阿革诺尔（Agenor）与阿喀琉斯拼杀。③ 当英雄萨耳珀冬（Sarpedon）受伤时，被放在宙斯的橡木下躺息，④ 而战斗正激烈之际，希腊英雄阿伽门农与特洛伊王子赫克托耳也在这棵树下彼此等候。⑤

“城邦并非本意义上的‘城市’：它包括一个市中心和对它加以控制，并从中获取生计的区域。这个区域范围有限，其边界通常立有界石。城邦形成一个标志分明的界限：它包括一些到处一样的特定的场所，一个广场、几座神庙，几座公共建筑物，后来又有剧院和体育馆。这些场所与城邦是如此密不可分以至于古人往往把它们作为社团的定义。当人们走进边界，就意味着来到了‘文明’和野蛮的分水岭。这些边界地带往往是那些即将归属城邦的人实现其融入的地方：比如在雅典，青年男子在成为社团的一分子之前，必须在阿提卡边界小住以接受一系列启蒙考验。”⑥ 对荷马而言，这种所谓的边界不是别的什么建筑物，而是作为城邦保护壁垒的城墙。并且，正是这堵高大厚实的城墙使得特洛伊人与其他城邦有了本质性的区别，因为他们的城墙是神圣的，是由神明建造的，而其他城邦的城墙并没有这种特殊的幸运。荷马在史诗中多次使用了“神圣的”这个语词来描述特洛伊城的性质。当论及特洛伊城的由来时，史诗五次叙述了神明创

---

① Homer, with English translated by A. T. Murray, revised by William F. Wyatt. *Iliad*. London: Harvard University Press, 1999, 2.791—794, εἴσατο δὲ φθογγὴν υἷϊ Πριάμοιο Πολίτῃ,ὃς Τρώων σκοπὸς ἷζε ποδωκείῃσι πεποιθὼς τύμβῳ ἐπ᾽ ἀκροτάτῳ Αἰσυήταο γέροντος,δέγμενος ὁππότε ναῦφιν ἀφορμηθεῖεν Ἀχαιοί.

② Ibid., 8.489—490, 8.560—563, 10.414—415, 11.369—372, 11.497—499, 24.349—351.

③ Ibid., 7.58—60, 21.547—549.

④ Ibid., 5, 692—693.

⑤ Ibid., 11.170—171.

⑥ ［法］克琳娜·库蕾：《古希腊的交流》，邓丽丹译，广西师范大学出版社 2005 年版，第 33 页。

建城邦的过程。[1] 如果将这些叙述结合起来，我们大致可以得出如下的印象：阿波罗和波塞冬因得罪宙斯被罚到人间服役，时值特洛伊国王拉俄墨冬（Laomedon）打算建造一座城池。经过双方协商，阿波罗与波塞冬为拉俄墨冬建造城墙，收取一定的报酬。当坚固厚实的城墙完工后，特洛伊国王拉俄墨冬食言，并扬言要将阿波罗与波塞冬流放荒岛并以此威胁二位神明。史诗在叙述这段故事时，其意图不在于揭露特洛伊国王拉俄墨冬恶劣的品性，而是强调洛伊城邦的神圣起源：神明建造的城墙神圣不可侵犯。尽管特洛伊城并非是创世神话中世界的中心，难以再现创世之初的神圣场景，但它是在神谕下建造的，系阿波罗与波塞冬的创造物，又是宙斯最为钟爱的城市。这种双重属性使得特洛伊成为富庶美丽的人间圣地，吸引了周围众多邻居仰慕的目光。希腊人不止一次地将特洛伊城称为“神圣的伊利昂”、“建造坚固的城防”，其态度不言而喻。希腊统帅阿伽门农遭遇赫克托耳指挥的特洛伊人的攻击之后，心灰意冷地对希腊人说道：“诸位朋友，阿尔戈斯的首领与统帅，伟大的宙斯，克罗诺斯之子使我愚钝蒙昧，他太凶残，曾经点头许诺，答应让我劫荡城墙坚厚的伊利昂后回归故园……让诸位听从我的吩咐，服从命令，登船起航，逃回我们亲爱的家乡，我们已无法攻破街道开阔宽敞的特洛伊。”[2] 从阿伽门农的话语中不难看出，特洛伊城墙固若金汤，因为神明所造之城，“其保护神必居于其中，永不离开。每个城市都是一座神庙，每个城市都可被称为是神圣的。”[3] 这样的城邦牢不可破，凭借凡人的气力是无法攻破的。希腊人耗时十年围攻特洛伊，若不是神明允许，同意特洛伊城邦的灭亡，他们根本无法毁灭这座神明所造的城邦。希腊联军在出发前，他们在奥利斯（Aulis）的圣泉边向着宙斯献祭，宙斯通过征兆向他们表明，他们会在攻打特洛伊的第十年毁灭这座神圣的城邦。[4]

---

① 史诗中表述神明创建特洛伊城的卷数分别为：*Iliad*，7.452—453，8.519，16.701，21.442—455，21.526.

② Homer，with English translated by A. T. Murray，revised by William F. Wyatt. *Iliad*. London：Harvard University Press，1999，9.18—28.

③ ［法］菲斯泰尔·德·古朗士：《古代城市：希腊罗马宗教、法律及制度研究》，吴晓群译，上海人民出版社2006年版，第168页。

④ Homer，with English translated by A. T. Murray，revised by William F. Wyatt. *Iliad*. London：Harvard University Press，1999，2.303—329.

本质上讲，神庙是神明在人间的居所，也是一个城市的标志性建筑。神庙的建造不仅宣布了人类与城邦保护神之间的关系，也表明了在城邦居住的人们对神明的虔诚情感。神圣的神庙和祭坛是神明与人类交流的媒介，人类通过它们感知神意，从而获得神明的佑护。伊萨克国王奥德修斯正是因为获得了宙斯与雅典娜女神的厚爱，尽管遭到海神波塞冬的屡屡阻滞与报复，最后还是回到了朝思暮想的家乡伊萨卡。“在美索不达米亚的传统中，是国王规划和建造神庙，但根据大神恩科或马杜克确立的示意图，同样，美索不达米亚的神先发明城市，再创造凡人，他们由建造神庙开始，更确切地说，由图画和文字开始。”① 尽管我们从荷马史诗中无从知道特洛伊的神庙是谁负责建造的，但却能够明白，特洛伊人出于极度的敬畏之情，在城邦各处修建了诸神的神庙与祭坛，并时常举行各种祭礼以此寻求庇佑。从史诗叙述中能够看出，特洛伊人建造了宙斯的神庙与祭坛，还有阿波罗的神庙。特洛伊城中建有太阳神的避难所，年迈的老祭司克律塞斯（Chryses）专门服侍阿波罗。宙斯与阿波罗在特洛伊战争中一直支持特洛伊人，但阿波罗更为同情特洛伊人，因为是他建造了特洛伊城墙，总是担心希腊人毁坏他的杰作。因此，当有人试图破坏特洛伊城墙时，阿波罗便出手打击。当希腊英雄帕特洛克罗斯（Patroclus）三次冲击特洛伊城墙的一角，阿波罗都用巨掌击打其盾牌，待到帕特洛克罗斯第四次发起冲击时，阿波罗直接以话语威胁：“赶紧退下，宙斯养育的帕特洛克罗斯，尊贵的特洛伊城墙命不该毁于你枪下，阿喀琉斯也不行，虽然此君远比你强大。”② 另外，特洛伊人还在宙斯的祭坛上常年摆放丰美的祭品，每当发生重大事件时，人们总是不忘向其献祭并祈祷。阿喀琉斯杀死赫克托耳之后，普里阿摩斯决意赎回儿子的遗体。临行前，他站在王宫的庭院中奠酒祈祷：“父亲宙斯，伊达山至高的统治者，让我到阿喀琉斯那里能够受到

① ［法］裘利亚·西萨、马塞尔·德蒂安：《古希腊众神的生活》，郑元华译，上海人民出版社 2008 年版，第 181—182 页。

② Homer，with English translated by A. T. Murray，revised by William F. Wyatt. *Iliad*. London：Harvard University Press，1999，16. 707—709，‘χάζεο διογενὲς Πατρόκλεες: οὔ νύ τοι αἶσα σῷ ὑπὸ δουρὶ πόλιν πέρθαι Τρώων ἀγερώχων,οὐδ᾽ ὑπ᾽ Ἀχιλλῆος, ὅς περ σέο πολλὸν ἀμείνων.

接待，获得怜悯，求您派遣一只预兆的羽鸟，快捷的信使，你钟爱的飞禽，强大无比，飞过右边的前方，让我目睹飞鸿，信心十足前往驾驭快马的达那奥斯人的船寨。”① 宙斯被这位年迈国王的虔诚所打动，最后派遣了一只神鹰预示事件的进展，允许普里阿摩斯去阿喀琉斯那里取回赫克托耳的遗体，并派遣了神明赫耳墨斯一路相助。不过并非是所有的神明都保护特洛伊人，有的神明是站在希腊城邦一方的，尽管特洛伊城中建有他们的神庙与祭坛。特洛伊人在卫城高处建造了雅典娜的神庙，其中有供养着女神的女祭司特阿诺（Theano）。特洛伊人与希腊人战事正酣时，普里阿摩斯的妻子赫卡柏（Hecaba）率领特洛伊年老的妇女前往雅典娜的神庙，献上十二头小母牛与工艺精美的织袍，祈求女神保护特洛伊人在战争中获胜：“尊敬的女神雅典娜，城市的守护神，女神中的大神。求你折断狄俄墨得斯的枪杆，让他头朝下栽倒在斯开埃城门前。”② 但这样的祷告并没有奏效，特洛伊最后还是被希腊联军毁灭。对荷马世界的人而言，根本不可能通过祈祷与众神建立一种像基督教的上帝与信徒之间那种亲密无间的关系，人类永远也不可能掌控自己的命运，即使是拥有源自神明血统身世显赫的英雄，也没有办法摆脱“神明编织的命线”。“英雄们不同于神马，也不同于神，英雄们落在时间的陷阱中，落在必死的命运中。”③ 但这并不意味着荷马城邦中英雄的死亡是毫无意义的，事实上，荷马城邦中英雄的死亡尽管富有悲剧性但却非常神圣，因为它是神明为人类规定的命运。

---

① Homer, with English translated by A. T. Murray, revised by William F. Wyatt. *Iliad*. London: Harvard University Press, 1999, 24. 308—313, Ζεῦ πάτερ Ἴδηθεν μεδέων κύδιστε μέγιστε δός μ᾽ ἐς Ἀχιλλῆος φίλον ἐλθεῖν ἠδ᾽ ἐλεεινόν,πέμψον δ᾽ οἰωνὸν ταχὺν ἄγγελον, ὅς τε σοὶ αὐτῷ φίλτατος οἰωνῶν, καί εὑ κράτος ἐστὶ μέγιστον,δεξιόν, ὄφρά μιν αὐτὸς ἐν ὀφθαλμοῖσι νοήσας τῷ πίσυνος ἐπὶ νῆας ἴω Δαναῶν ταχυπώλων.

② Ibid., 6. 305—307, πότνι᾽ Ἀθηναίη ἐρυσίπτολι δῖα θεάων ἆξον δὴ ἔγχος Διομήδεος, ἠδὲ καὶ αὐτὸν πρηνέα δὸς πεσέειν Σκαιῶν προπάροιθε πυλάων.

③ K. W. 格兰斯等：《荷马与史诗》，唐均译，F. L. 芬利主编《希腊的遗产》，张强等译，上海人民出版社 2004 年版，第 81 页。

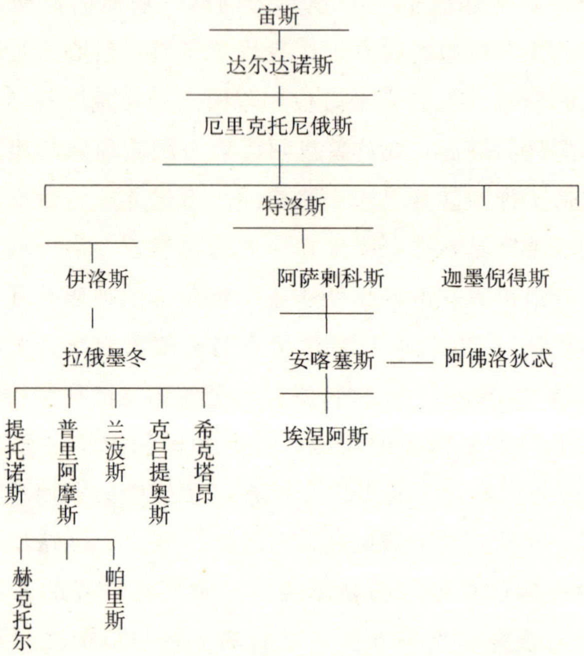

图 4—1　特洛伊王室谱系

基于对海伦的承诺,[①] 希腊各个城邦的贵族各自率众参加了对特洛伊的征战。其中包括罗克里斯（Locris）城邦的小埃斯（Ajax），雅典城的墨涅斯透斯（Menestheus），萨拉米斯的大埃阿斯，阿开俄斯的狄俄墨得斯，迈锡尼的阿伽门农，拉凯戴蒙的墨涅拉俄斯，格瑞利亚的涅斯托耳，伊萨卡的奥德修斯，阿尔戈斯的阿喀琉斯，等等。源自特洛伊及其盟军的英雄则有特洛伊王子赫克托耳，达尔达诺斯的埃涅阿斯，吕卡亚的萨耳珀冬，以及众多的英雄。尽管英雄们无法回避死亡，但他们的死亡是神赐的，是人类无法摆脱的宿命。但另一方面，一些城邦中英雄的死亡方式是神明指定的，具有某种神圣的意义。特洛伊

① 根据神话表述，海伦的父亲为斯巴达国王廷达瑞俄斯，他采取了奥德修斯的主意，让希腊所有贵族青年在向海伦求婚时，立下誓言表示决不对海伦的丈夫动武，并在后者遇到困难时，全力给予一些帮助。后来海伦嫁给了墨涅拉俄斯，当帕里斯拐走海伦后，墨涅拉俄斯通过其兄长阿伽门农向希腊诸城邦贵族发起呼召。希腊城邦的贵族们为了履行当初的诺言，就集合了各自的家族与部落的民众，随同阿伽门农兄弟将队伍开到了特洛伊。

王子赫克托耳与希腊英雄阿喀琉斯决斗时，他们的命运与死亡是诸神根据其在天平上的显示而定夺的："当他们第四次跑至泉水边，诸神之父取出金质的天平，判决两个凄惨的死亡命运，一个是阿喀琉斯，一个是驯马的赫克托耳。宙斯提起天平的中端，赫克托耳的命运下沉，指向了哈得斯，阿波罗立即将其抛弃。"① 尽管赫克托尔的死亡是神明所定，但却非常悲惨，他被暴虐的阿喀琉斯刺中咽喉，遗体也遭受了不该有的待遇。更为重要的是，赫克托耳的死亡是雅典娜女神促成的，女神幻化为赫克托耳的战友得伊福玻斯（Deiphobus）的形象，欺骗赫克托耳离开特洛伊城防，死在了阿喀琉斯的枪下。② 不过，荷马世界的英雄并不畏惧死亡，相反，他们将命定的死亡视为神赐的礼物，由此获得巨大的荣誉。萨耳珀冬曾经这样鼓动他的战友格劳科斯（Glaucos）跟他一起去冒险，突破希腊人的护墙，杀向盘踞在那里的敌人："格劳科斯，为什么吕底亚人那样用荣誉席位、头等肉肴和满斟的美酒敬重我们？为什么视我们如神明？我们在克珊托斯河畔还拥有那么大片的密布的果园、盛产小麦的肥沃土地。我们现在理应站在吕底亚人的最前列，坚定地投身于激烈的战斗毫不畏惧，好让披甲的吕底亚人这样评论我们：'虽然我们的首领享用肥腴的羊肉，引用上乘甜酒：他们作战勇敢，战斗时冲杀在吕底亚人的最前列。'朋友啊，如果我们躲过了这场战斗，便可长生不老，还可永葆青春，那我自己也不会置身前线厮杀，也不会派你投入能给人荣誉的战争；但现在死亡的巨大力量无所不在，谁无法躲避，那就让我们上前吧，要么给自己荣誉，要么拱手相让给他人。"③ 依照萨耳珀冬的观点，神明命定的死亡并不可怕，而是获取个人荣誉的绝佳途径。不过这位英雄最后还是被帕特洛克罗斯杀

① Homer, with English translated by A. T. Murray, revised by William F. Wyatt. *Iliad*. London: Harvard University Press, 1999, 22. 208—213, ἀλλ᾽ ὅτε δὴ τὸ τέταρτον ἐπὶ κρουνοὺς ἀφίκοντο, καὶ τότε δὴ χρύσεια πατὴρ ἐτίταινε τάλαντα, ἐν δ᾽ ἐτίθει δύο κῆρε τανηλεγέος θανάτοιο,τὴν μὲν Ἀχιλλῆος, τὴν δ᾽ Ἕκτορος ἱπποδάμοιο,ἕλκε δὲ μέσσα λαβών: ῥέπε δ᾽ Ἕκτορος αἴσιμον ἦμαρ, ᾤχετο δ᾽ εἰς Ἀΐδαο, λίπεν δέ ἑ Φοῖβος Ἀπόλλων.

② Ibid., 22. 226—246.

③ Ibid., 12. 310—328.

死，但因宙斯的怜悯，遗体被阿波罗洗净并被死亡和睡眠之神护送家乡，拥有了体面的葬礼。[1] 但英雄神圣的死亡并不体面，很多英雄的死亡方式是非常悲惨并痛苦的。帕特洛克罗斯是被赫克托割断喉咙致死的，阿喀琉斯被阿波罗的弓箭所杀，阿伽门农死于妻子之手。至于那些无名的希腊兵士者，有很多是被阿波罗神弓所射出的鼠疫射死的。尽管荷马在史诗中并没有过多描绘死亡的征兆，但这种瘟疫的杀伤力是非常大的，染身死亡者的痛苦不难想象。

学者米尔恰·伊利亚德（Mircea Eliade）指出，“神圣和世俗是这个世界上的两种存在方式，是在历史进程中被人类所接受的两种存在状况。”[2] 神圣通过作为世俗之物的“显圣物”而表现其存在，时间与空间皆可作为“显圣物”而出现。但伊利亚德的“显圣物”系自然抑或人为之物，均为外在于人类的存在，并不包括人类自身。事实上，在荷马世界的人们看来，神圣通过人类世界而彰显其存在，王室族谱尤其特洛伊王族谱系是这种“显圣物”的集中体现，因为它表述了人类与诸神之间的亲密关系。从荷马史诗的叙述中能够看出，作为神圣王权的代言人，特洛伊王族是神明的后裔。第一代王族达尔达诺斯（Dardanus）是宙斯与厄勒克特拉（Electra）的儿子，达尔达诺斯生子厄里克托尼俄斯（Erichthonus），厄里克托尼俄斯的儿子是特洛斯（Tros），特洛斯有三个儿子：伊洛斯（Ilus）、阿萨剌科斯（Assaracus）、伽倪墨得斯（Ganymedes），伽倪墨得斯因相貌俊美而被宙斯带到天庭作为其酒侍。伊洛斯生子拉俄墨冬（Laomedo），拉俄墨冬则生下了五个儿子：提托诺斯（Tithons）、普里阿摩斯（Primus）、兰波斯（Lamoos）、克吕提奥斯（Klytius）、希克塔斯（Hiketaon）。阿萨剌科斯的儿子为安喀塞斯，安喀塞斯与阿佛洛狄忒女神（Aphrodite）生下了儿子埃涅阿斯。普里阿摩斯有五十个儿子，其

---

① Homer, with English translated by A. T. Murray, revised by William F. Wyatt. *Iliad*. London: Harvard University Press, 1999, 12, 667—683.

② ［罗马利亚］米尔恰·伊利亚德：《神圣与世俗》，王建光译，华夏出版社 2003 年版，序言，第 5 页。

中长子为赫克托尔（Hector），较小的儿子为帕里斯（Paris）。[①] 从史诗叙述的王室谱系（见图 4—1）中可以明显看出，特洛伊人的祖先达尔达诺斯是宙斯的后裔，而埃涅阿斯则是阿佛洛狄忒的儿子，二者都有着神性的血统。尽管特洛伊王族宗谱是虚构的，其最终目的是为了彰显特洛伊王族血统的高贵性，继而将其统治合法化。但这种与神明血统上的直接关联使得特洛伊王族及其子民对其国家怀有一种神圣的使命感，同时赋予了英雄们保护城市的激情。当然，特洛伊并不是唯一与神明关系亲近的城市，希腊人的雅典城与女神雅典娜也有直接的关联，雅典第二代国王厄瑞克透斯是雅典娜与工艺之神赫淮斯托斯的后代，雅典城因而成为诸神格外厚爱的城市，雅典人也以此为豪，宣称其为希腊唯一纯粹的土著。[②]

在希腊人的记忆里，宇宙被划分为海洋、地下与天空三个部分，分别由三位主神统治：波塞冬居住在大海深处，哈得斯拥有黑暗和死者王国的迷雾，宙斯统领广阔的天空，大地和高耸的奥林帕斯则归众

---

① Homer, with English translated by A. T. Murray, revised by William F. Wyatt. *Iliad*. London: Harvard University Press, 1999, 20. 215—240, αἰεὶ γάρ τοι ἀμύνουσιν θεοὶ αὐτοί.εἴ τοι Τρῶας ἔδωκε Κρόνου παῖς πάντας ὀλέσσαι,ἐξ ἐμέθεν γ᾽ ἐλάσας πεδίον κάτα μέρμερα ῥέζε:πλήθει γὰρ δή μοι νεκύων ἐρατεινὰ ῥέεθρα,οὐδέ τί πῃ δύναμαι προχέειν ῥόον εἰς ἅλα δῖαν στεινόμενος νεκύεσσι, σὺ δὲ κτείνεις ἀϊδήλως.ἀλλ᾽ ἄγε δὴ καὶ ἔασον: ἄγη μ᾽ ἔχει ὄρχαμε λαῶν.τὸν δ᾽ ἀπαμειβόμενος προσέφηπόδας ὠκὺς Ἀχιλλεύς:'ἔσται ταῦτα Σκάμανδρε διοτρεφές, ὡς σὺ κελεύεις.Τρῶας δ᾽ οὐ πρὶν λήξω ὑπερφιάλους ἐναρίζων,πρὶν ἔλσαι κατὰ ἄστυ καὶ Ἕκτορι πειρηθῆναι ἀντιβίην, ἤ κέν με δαμάσσεται, ἦ κεν ἐγὼ τόν.' ὣς εἰπὼν Τρώεσσιν ἐπέσσυτο δαίμονι ἶσος:καὶ τότ᾽ Ἀπόλλωνα προσέφη ποταμὸς βαθυδίνης:'ὢ πόποι ἀργυρότοξε Διὸς τέκος οὐ σύ γε βουλὰς εἰρύσαο Κρονίωνος, ὅ τοι μάλα πόλλ᾽ ἐπέτελλε Τρωσὶ παρεστάμεναι καὶ ἀμύνειν, εἰς ὅ κεν ἔλθῃ δείελος ὀψὲ δύων, σκιάσῃ δ᾽ ἐρίβωλον ἄρουραν. ἦ, καὶ Ἀχιλλεὺς μὲν δουρικλυτὸς ἔνθορε μέσσῳ κρημνοῦ ἀπαΐξας: ὃ δ᾽ ἐπέσσυτο οἴδματι θύων,πάντα δ᾽ ὄρινε ῥέεθρα κυκώμενος, ὦσε δὲ νεκροὺς πολλούς, οἵ ῥα κατ᾽ αὐτὸν ἅλις ἔσαν, οὓς κτάν᾽ Ἀχιλλεύς τοὺς ἔκβαλλε θύραζε μεμυκὼς ἠΰτε ταῦρος χέρσον δέ: ζωοὺς δὲ σάω κατὰ καλὰ ῥέεθρα, κρύπτων ἐν δίνῃσι βαθείῃσιν μεγάλῃσι.δεινὸν δ᾽ ἀμφ᾽ Ἀχιλῆα κυκώμενον ἵστατο κῦμα.

② Ibid., 2. 546—549, οἳ δ᾽ ἄρ᾽ Ἀθήνας εἶχον ἐϋκτίμενον πτολίεθρον δῆμον Ἐρεχθῆος μεγαλήτορος, ὅν ποτ᾽ Ἀθήνη θρέψε Διὸς θυγάτηρ, τέκε δὲ ζείδωρος ἄρουρα,κὰδ δ᾽ ἐν Ἀθήνῃς εἷσεν ἑῷ ἐν πίονι νηῷ.关于这位国王诞生的神话故事参见本书族谱部分相关章节。

神所共有。① 尽管人类在大地上居住，但他们并不是主人，而是诸神的臣民。这就意味着，“大地不是作为凡人居住和拥有的地方，而是众神的领土，是和奥林帕斯并列的不可分割的一部分。”② 作为人类居住地的城邦自然也不例外，它同样是诸神的领地。在苏美尔神话中，神明恩奇（Enki）是人类的造物主，也是埃利都（Eridu）城的创造者与所有者。但荷马世界的神明并不亲自创造城邦，而是通过神谕发布旨意，待到城邦建成之后再去居住。从这个意义上讲，“城市几乎不是一个居住地，它是诸神的居所、是保卫神灵的堡垒、是圣洁之地。”③ 并且，众神可以选择自己喜爱的城邦，将其作为自己的领地。宙斯特别喜爱特洛伊城的祭品与香火，而赫拉则尤其喜欢阿耳戈斯、斯巴达和迈锡尼，④ 雅典娜选择了雅典城作为领地，阿波罗将特涅多斯（Tenedos）与克里萨（Crisa）看作保护地，波塞冬最终得到了城邦特雷泽纳的保护者身份。在圈定特定城邦作为领地的同时，众神还直接参与了城邦的事物。⑤ 在特洛伊人与希腊人交战期间，诸神各自支持自己的城邦，分作两派展开争拼。“天神和凡人的父亲在天上炸起可怕的响雷，裂地之神波塞冬在地下广袤无垠的丰饶大地与陡峭险峻的群山……与裂地之王波塞冬交战的是福波斯·阿波罗，他手持羽箭站立，战神阿瑞斯与目光炯炯的雅典娜女神对峙，赫拉遭到了阿耳忒弥斯女神的猛烈进攻，她是射神阿波罗的妹妹，勒托则受到了分送幸运的赫尔墨斯的攻

---

① Homer, with English translated by A. T. Murray, revised by William F. Wyatt. *Iliad*. London: Harvard University Press, 1999, 15. 189—193. τριχθὰ δὲ πάντα δέδασται, ἕκαστος δ᾽ ἔμμορε τιμῆς:ἤτοι ἐγὼν ἔλαχον πολιὴν ἅλα ναιέμεν αἰεὶ παλλομένων, Ἀΐδης δ᾽ ἔλαχε ζόφον ἠερόεντα,Ζεὺς δ᾽ ἔλαχ᾽ οὐρανὸν εὐρὺν ἐν αἰθέρι καὶ νεφέλῃσι.

② ［法］裘利亚·西萨、马塞尔·德蒂安：《古希腊众神的生活》，郑元华译，上海人民出版社 2008 年版，第 111 页。

③ ［法］菲斯泰尔·德·古朗士：《古代城市：希腊罗马宗教、法律及制度研究》，吴晓群译，上海人民出版社 2006 年版，第 257 页。

④ Homer, with English translated by A. T. Murray, revised by William F. Wyatt. *Iliad*. London: Harvard University Press, 1999, 4. 45—53, ναιετάουσι πόληες ἐπιχθονίων ἀνθρώπων, τάων μοι περὶ κῆρι τιέσκετο Ἴλιος ἱρὴ καὶ Πρίαμος καὶ λαὸς ἐϋμμελίω Πριάμοιο.οὐ γάρ μοί ποτε βωμὸς ἐδεύετο δαιτὸς ἐΐσης λοιβῆς τε κνίσης τε: τὸ γὰρ λάχομεν γέρας ἡμεῖς. τὸν δ᾽ ἠμείβετ᾽ ἔπειτα βοῶπις πότνια Ἥρη:‘ἤτοι ἐμοὶ τρεῖς μὲν πολὺ φίλταταί εἰσι πόληες Ἄργός τε Σπάρτη τε καὶ εὐρυάγυια Μυκήνη.

⑤ Ibid., 4. 45—49, 24. 69—70.

击，火神赫淮斯托斯对阵斯卡曼德罗斯的河神，人间将这条河流称为克珊托斯。”[①] 赫拉、雅典娜直接上了战场，甚至司掌爱情的阿佛洛狄忒女神也加入了作战的队列。宙斯与阿波罗总是在关键时刻设法帮助特洛伊人，即便是阿喀琉斯杀死了赫克托耳，阿波罗还在保护赫克托耳的遗躯免于太阳的炙烤，宙斯则授意忒提斯女神劝说阿喀琉斯接受国王普里阿摩斯的赎礼，并交还赫克托耳的遗体。[②] 甚至特洛伊王子帕里斯拐走拉凯戴蒙（Lakedaimon）的王后海伦，也是出于阿佛洛狄忒女神的承诺。[③] 不难看出，荷马眼中的城邦不仅仅是神明的创造物，还是诸神的领地，城邦的任何重大事务均无法摆脱神明的控制。城邦因而成为诸神发布神谕与旨意的地方，也是展现其权力的场所。正是这种属性，使得荷马史诗中的城邦蒙上一种格外的神性光辉，特洛伊城尤其如此。但城邦并非仅仅属于神明，它还是人类生活的场所，被打上了世俗的烙印。

三　人类居所：作为世俗中心的城邦

作为物质实体，城邦不是一个抽象的概念，而是一个庇佑公民生活的场所，而城墙乃是城邦最具有防御性的建筑。柏拉图认为，古代世界的城邦，尤其是城邦的城墙，“对城市的健康状况决不会有什么好处，反过来会往往容易助长居民灵魂中的某种软弱性。城墙使居民们藏到它背后以免同敌人交手，并日夜组织防御来确保自己的安全。城墙使他们错误地认为，保卫自己最安全的办法是把自己挡在城墙和城门背后，于是蒙着头睡大觉，仿佛他们来到尘世就是为了过放纵的生活。”[④] 尽管柏拉

---

① Homer，with English translated by A. T. Murray，revised by William F. Wyatt. *Iliad*. London：Harvard University Press，1999，20. 56—74.

② Ibid.，24. 74—76，ἀλλ᾽ εἴ τις καλέσειε θεῶν Θέτιν ἆσσον ἐμεῖο,ὄφρά τί οἱ εἴπω πυκινὸν ἔπος, ὥς κεν Ἀχιλλεὺς δώρων ἐκ Πριάμοιο λάχῃ ἀπό θ᾽ Ἕκτορα λύσῃ.

③ Ibid.，3. 64. 特洛伊王子拐走希腊美女海伦，并非是人间悲剧，而是神明之间的争执引起的。因为当初宙斯为海洋女神忒提斯举行婚礼时，忘记邀请不和女神厄里斯参加。厄里斯出于报复，在婚宴上设下一个金苹果，上面题着“送给最美丽的女神”。赫拉、雅典娜与阿佛洛狄忒为争夺金苹果，各自许诺给充当裁判的帕里斯不同的礼物。帕里斯犹豫再三，最后将金苹果判给了阿佛洛狄忒。后来帕里斯造访斯巴达时，女神阿佛洛狄忒为履行诺言，将希腊美女海伦送给了帕里斯。

④ ［古希腊］柏拉图：《法律篇》，张智仁、孙增霖译，上海人民出版社 2001 年版，第 194 页。

图的批评有些过激，但其话语却表明了古希腊城邦在人类生活中的重要地位。对于荷马时代的人们来说，城邦是他们的家园，而城墙则是确保他们生存的堡垒。[①] 特洛伊的城墙之上建有望楼，高大的城门备有结实而精致的长门闩。[②] 对特洛伊人而言，城墙是其抵御外敌入侵的堡垒，几乎所有涉及国家存亡的重要事件都是围绕城墙而发生的：海伦与普里阿摩斯、特洛伊长者之间的会面，赫克托耳最后告别安德洛玛刻，阿喀琉斯追赶赫克托耳，特洛伊人追悼赫克托耳，[③] 这些富有戏剧性的场景几乎都发生在特洛伊城墙下。对于特洛伊人而言，战争时期的城墙将两个截然不同的世界分割开来：城外是入侵的敌人，城内是城邦保护的人们。特洛伊战争历时十年，希腊联军在城外屠杀了难以计数的特洛伊人，但他们却始终难以攻破坚固的特洛伊城墙。遭遇阿喀琉斯及希腊士兵追杀的特洛伊众多兵勇，当他们跑进特洛伊城门后便逃脱了死亡，倚靠着宽厚的雉墙喘息。[④] 阿喀琉斯追杀特洛伊王子赫克托耳时，也只能沿着特洛伊的城墙疾跑，根本无法进入特洛伊人的城门。在特洛伊城门下杀死赫克托耳后，阿喀琉斯残酷地对待其遗体，将其绑在战车后托至希腊阵营。城楼之上，赫克托耳的亲人则为赫克托耳的不幸伤心欲绝，悲泣之声不绝于耳。由此可见，战争时期的特洛伊城墙具有非同寻常的地位，它是特洛伊人抵御外敌的场所，也是保障其世俗生活得以正常进行的实体性建筑，具有双重性质。

就城邦的世俗性结构而言，荷马史诗并没有提供更多的细节。我们只能从史诗的叙述中得知，除了神明的神庙与祭坛之外，城邦中还建有宫殿、街道、居民区，还有麦田、果园、牧场，不管是希腊人的城邦，抑或特洛伊与其他民族的城邦都是如此。伊萨卡城内是奥德修斯的宫殿，其中

---

① 根据学者斯卡利的统计，《伊利亚特》中仅仅讲到了九座拥有城墙的城邦：特洛伊，忒拜，吕涅索斯，埃及的忒拜，比奥提亚的忒拜，梯林斯，卡吕冬，法阿亚、戈尔图那，《奥德赛》中论及带城墙的城邦更少，其中根本就没就伊萨卡、派罗斯与拉凯戴蒙诸城的城墙做相关叙述。具体参见 Stephen Scully. *Homer and the Sacred City*. London：Cornell University Press，1990，p. 41.

② Homer，with English translated by A. T. Murray，revised by William F. Wyatt. *Iliad*. London：Harvard University Press，1999，18. 275—276.

③ Ibid.，3. 146—243，6. 485—496，22. 144—207，24. 710—775.

④ Homer，with an English translation by A. T. Murray，revised by George E. Dimock. *Odyssey*. Cambridge：Harvard University Press，1995，22. 1—4.

居住着奥德修斯及其家人。对于伊萨卡人而言，奥德修斯的宫殿一点也不神圣，而是一个十足的世俗之地。奥德修斯十年未归，伊萨卡的贵族子弟们在王宫中行乐享受，任意挥霍奥德修斯的家产，他们甚至与宫中的女仆有沾染。奥德修斯回到伊萨卡之后，他在王宫内射杀了所有的求婚人，连同占卜者；而忒勒玛科斯（Telemachus）则割下了猪倌墨兰提俄斯（Molanthius）的鼻子与耳朵，剜去阳具并将其肢解；[①] 此外，忒勒玛科斯还将与求婚人有染的十二名女奴一并吊死在绳索上，《奥德赛》做出了如下生动的描绘："女奴们双脚离地，仿佛一群翅膀修长的画眉或野鸽，落入灌木丛中的罗网，本为寻地栖息，却陷入了可怕的卧床；就像这样，女奴们的头颅排成一行，绳索套住了她们的脖颈，使其忍受最为悲苦的死亡。她们蹬腿挣扎，仅只片刻工夫。"[②] 此时，奥德修斯的宫殿已经成为他和忒勒玛科斯杀死伊萨卡人的战场，贵族与奴仆的鲜血满地流淌，奥德修斯最后不得命令女奴们以清水冲洗并用硫磺与火熏燃。另外，奥德修斯的王宫还是家畜出入的场所，院门外堆满了牛和骡子的坟堆，他心爱的犬狗躺卧在院门前的粪便中，浑身爬满了虱子。[③] 只不过荷马的世界似乎是贵族的世界，史诗中关于普通民众的居所并没有做过多的叙述，《奥德赛》中也仅仅提到了奥德修斯奴仆欧迈俄斯居住的牧猪场状况。[④] 特洛伊人的宫殿内住着普里阿摩斯国王及其家人，其中包括赫克托耳、帕里斯，以及众多的奴仆。不幸的是，这座宫殿最后也成为火葬赫克托耳的场所，众人在这里将英雄赫克托耳送到了另外一个世界。

"希腊城邦非常独特，它们不同于中世纪崛起的西方城邦。中世纪的

---

① Homer, with an English translation by A. T. Murray, revised by George E. Dimock. *Odyssey*. Cambridge: Harvard University Press, 1995, 22.475—477.

② Ibid., 22.467—473, ὡς δ᾽ ὅτ᾽ ἂν ἢ κίχλαι τανυσίπτεροι ἠὲ πέλειαι ἕρκει ἐνιπλήξωσι, τόθ᾽ ἑστήκῃ ἐνὶ θάμνῳ,αὖλιν ἐσιέμεναι, στυγερὸς δ᾽ ὑπεδέξατο κοῖτος,ὣς αἵ γ᾽ ἑξείης κεφαλὰς ἔχον, ἀμφὶ δὲ πάσαις δειρῇσι βρόχοι ἦσαν, ὅπως οἴκτιστα θάνοιεν. ἤσπαιρονδὲ πόδεσσι μίνυνθά περ οὔ τι μάλα δήν.

③ Ibid., 17.294—299, τὸν δὲ πάροιθεν ἀγίνεσκον νέοι ἄνδρες αἶγας ἐπ᾽ ἀγροτέρας ἠδὲ πρόκας ἠδὲ λαγωούς:δὴ τότε κεῖτ᾽ ἀπόθεστος ἀποιχομένοιο ἄνακτος,ἐν πολλῇ κόπρῳ,ἥ οἱ προπάροιθε θυράων ἡμιόνων τε βοῶν τε ἅλις κέχυτ᾽.

④ Ibid., 14.5—22.

城邦与国家分离；它们各自是一个封闭的世界，在城墙里住着一些可以享受特殊政治和经济待遇的公民。与此相反，希腊城邦‘虽然与某个城市唇齿相依……但却又不能与城市混为一谈。’所有生活在城市周边领土——其范围比城市本身要大——上的居民均属‘城邦居民。’城市只是城邦的一个组成部分，当然也是最重要的部分……从政治角度上看，城邦是城市与乡村的结合体。”[①] 从荷马史诗中可以看出，特洛伊城中居住着诸多的居民——男人、女人、老人、孩子、祭司、国王，等等。城内的人们在城市中诞生、结婚、死亡，经历了从出生到死亡的过程，城外的人们同样也是如此。从荷马史诗的表述中我们能够看到，城邦之内是活着的人们的天下：孩子们在其间玩耍，妇女们操持家务，男人们保护城邦，贵族享受生活，奴仆服侍主人，所有这一切都充满了十足的生活气息。城邦内是高大的王宫，宽阔的街道，甚至还有牧场、果园、泉水，城邦外则是广袤的土地，以及众多的墓穴。城邦外是死者的世界——乡村的土地上埋葬着死者的遗骨，还有死者的墓穴与祭坛。希腊人将其死去的兵士埋在了特洛伊城外的土地上，甚至阿喀琉斯也决定死后与其战友帕特洛克罗斯的遗骸葬在特洛伊的海滩上。[②] 很难从史诗中知道赫克托耳到底被葬在了何处，但却能够明白，赫克托耳最后被葬在了特洛伊城外的坟地里，墓穴周围是严密结实的石块。由此可见，特洛伊城是生者与死者共同居住的地方，尽管众多死者的墓穴距离城门较远。同样，忒拜国王埃埃提昂（Eetion）死后也葬在了城邦之外的空地上，周围还植有众多的榆树。[③] 而那些被奥德修斯射杀的求婚人，则被其亲人埋在了伊萨卡城邦之外的墓场。[④] 不论是特洛伊还是希腊城邦，均是人类及死者共同建构的世界，城内生活着忙忙碌碌的人们，城外埋有逝者的遗骨。在这个意义上，城邦是生者与死者共

① ［法］费尔南·布罗代尔：《地中海考古》，蒋明炜、吕华、曹青林、刘驯刚译，社会科学文献出版社2005年版，第204页。

② Homer, with English translated by A. T. Murray, revised by William F. Wyatt. *Iliad*. London: Harvard University Press, 1999, 23. 245—248.

③ Ibid., 6. 417—420.

④ Homer, with an English translation by A. T. Murray, revised by George E. Dimock. *Odyssey*. Cambridge: Harvard University Press, 1995, 24. 417—419.

同的家园，一个光明与黑暗并立的二元空间，城市与乡村联合起来的共同体。

亚里士多德认为，作为整体的城邦，其成立前提应该包括两项必不可少的因素："众多的公民，以及相应的疆域等。"[①] 亚里士多德这里强调的是公民的数量与性质而非性别，他明确强调："一个城邦的最佳人口界限，就是人们在其中能够有自给自足的舒适生活并且易于监视的最大人口数量。"[②] 不幸的是，荷马在史诗中并没有提供城邦具体的人口数量，亚该亚人在围攻特洛伊城邦的十年间，他们的军营中也没有一个孩子出生过；特洛伊人城邦中也没有诞生出更多的孩子，海伦与帕里斯并没有生出孩子来，只有赫克托耳的儿子阿斯提阿那克斯（Astynanx）在战争期间出生。相反，荷马倒是不惜气力地叙述了城邦中男女两性的故事：希腊联军为了一个美貌的女人海伦不惜出动数量庞大的海军攻打特洛伊，耗用十年时间围困隔海的异族人城邦；奥德修斯历经艰辛漂泊二十年，只是为了回到妻子珀涅罗珀的身边；埃阿伽门农与阿喀琉斯为了争夺特洛伊女俘虏布里塞伊斯（Briareus），二人发生剧烈冲突，阿喀琉斯因失去布里塞伊斯而拒绝继续攻打特洛伊，将统帅的军队带回希腊本土。那么，在荷马的城邦世界，男女两性究竟具有怎样的关系？男性与女性的职责与义务有何区别？它是否有别于古希腊城邦时代对两性的界定与范畴？

尽管荷马并没有就男女两性在城邦中的职责做教条式的规诫，但他在史诗中对二者应该担负的义务作了具体阐释。对于希腊男人而言，保护城邦中的女性与孩子是神明赋予他们的义务。斯巴达国王墨涅拉俄斯（Menelaus）为了夺回被帕里斯拐走的妻子海伦，通过其作为迈锡尼国王的兄长阿伽门农而联合希腊所有城邦中的贵族，发动了长达十年围攻特洛伊的战争。而特洛伊王子赫克托耳为了保护特洛伊妇女与孩子，尤其是自己的妻儿，与希腊英雄阿喀琉斯交战并最终献出了生命。当然男人为此所拥有的权力便是在公开场合发表言论，不论是在城邦之外的阵营还是在城邦之

① ［古希腊］亚里士多德著，苗力田主编：《亚里士多德全集（第九卷）政治学：1325b40》，中国人民大学出版社1993年版，第238页。

② 同上书，第241页。

中。甚至奥德修斯刚成人的儿子忒勒玛科斯在面对母亲珀涅罗珀时抱怨游吟诗人斐弥俄斯（Phemius）吟唱的故事令其肝肠寸断时，这样重申男人的权力：“谈话是所有男人的事情，尤其是我，因为这个家的权力属于我。”① 不过荷马笔下的奥德修斯似乎不大喜欢打仗与谈论，而更愿意从事手艺活，他用院中不可连根拔起的橄榄树干做了固若磐石的婚床，并镶嵌了黄金、白银和象牙。② 一种普遍的情况就是，为了履行义务，男人们必须从事户外工作，而女人们则通常待在城邦中操持家务。特洛伊城内有两条冷热交汇的河流形成的泉水，特洛伊的妇女们经常在这里洗涤男人们的战袍与衣物。③ 即便是特洛伊的王妃安德洛玛刻，也不得纺纱织布编织衣物，并督促女奴们干活。④ 同样，奥德修斯的妻子珀涅罗珀（Penelope）在王宫中指挥众多的女奴从事日常劳动，甚至还要为奥德修斯的父亲编织寿衣。女奴们在王宫中洗衣做饭，碾磨大麦与小麦，为主人日常起居而劳苦自己。看上去就是，荷马城邦中的女性只能待在城邦中操持家务而无法走上战场与男人并肩作战，不过这种结论似乎下得过早，因为它并不适用于阿玛宗人（Amazones）。根据荷马的叙述，阿玛宗人为女性组成的一个部族，她们强悍而好战，曾经帮助特洛伊人对抗希腊人，与科林斯国王伯勒洛丰交手后而败北。⑤ 虽然无法从荷马的表述中得知阿玛宗人的具体生存情境，但至少能够明白，这个族群中的女性与希腊、特洛伊男人一样，担负着保护家园的职能。

普遍的一种事实就是，“我们所知的无数史实无可置疑地表明希腊男子很敬重他们的妻子，产生这种敬意不可能仅仅因为她们是性伴侣和生育后代的人。在希腊的丈夫那里我们当然不能指望发现所谓的‘献殷勤’

---

① Homer，with an English translation by A. T. Murray，revised by George E. Dimock. *Odyssey*. Cambridge：Harvard University Press，1995，1. 358—359，μῦθος δ᾽ ἄνδρεσσι μελήσει πᾶσι, μάλι στα δ᾽ ἐμοί: τοῦ γὰρ κράτος ἔστ᾽ ἐνὶ οἴκῳ.

② Ibid.，23. 190—201.

③ Homer，with English translated by A. T. Murray，revised by William F. Wyatt. *Iliad*. London：Harvard University Press，1999，22. 153—156. ὅθι εἵματα σιγαλεντα πλύνε σκον Τρ ώων ἄλοχοι καλαί τε θύγατρες τὸ πρὶν ἐπ᾽ εἰρήνης πρὶν ἐλθεῖν υἷας Ἀχαιῶν.

④ Ibid.，6. 491.

⑤ Ibid.，3. 188—190，6. 185—186.

(gallantry) 这个词。在希腊古语中，‘女人’和‘妻子’是没有分别的。Gyne（γυνή）这个词泛指女性，不论年龄或婚姻状况。贵为王后或是平民女子，用gynai（γύναι）来称呼都是恰当的，没有不敬之感。同时我们会注意到这个词本身的词义是‘生养孩子的人’（Plato，Cratylus，414a)，其词源也显示出希腊人在女性中最为敬重自己孩子的母亲。”① 这样的事实在荷马史诗中同样存在，并且，荷马的表述情境远远超过了这些。赫克托耳在告别妻子安德洛玛刻时，毫不掩饰自己的真实情感，深情款款地告诉她：“我的心与灵魂明明白白地知道，神圣的特洛伊将要灭亡，连同普里阿摩斯及其手握长矛的兵将，特洛伊人将会遭遇苦难，王后赫卡柏，普里阿摩斯，我的兄弟，众多的兵士，都将会倒在尘土里。但我更为你的苦难肝肠寸断，想到你被身披铜铠甲的阿开亚人带走，泪沾衣裳，被强行夺走自由。你将在阿尔戈斯织布，忍受别人的指使，到墨塞伊斯抑或许佩瑞亚圣泉汲水，做那些强加身上的重活。见你泪水涟涟，有人会如此感叹：‘这是赫克托耳的妻子，驯马的特洛伊人中最为善战的英豪，在伊利昂被围困的时间。’有人这样说你，给你增添烦忧。你失去了丈夫，一个使你免受奴役的男人。我愿一死了之，葬身一抔黄土，在我听闻你被人所虏，高声呼救。”② 没有哪种告白更比赫特托尔的话语更饱含浓情蜜意，正是这种深厚的夫妻情意使希腊老人涅斯托耳（Nestor）在雅典娜隐去之后，大

---

① ［德］汉斯·利希特：《古希腊人的性与情》，刘岩、王琼、许勉君、詹俊锋、栗萍、李承译，广西师范大学出版社2008年版，第27页。

② Homer，with English translated by A. T. Murray，revised by William F. Wyatt. *Iliad*. London：Harvard University Press，1999，6. 447—465，εὖ γὰρ ἐγὼ τόδε οἶδα κατὰ φρένα καὶ κατὰ θυμόν: ἔσσεται ἦμαρ ὅτ᾽ ἄν ποτ᾽ ὀλώλῃ Ἴλιος ἱρὴ καὶ Πρίαμος καὶ λαὸς ἐϋμμελίω Πριάμοιο.ἀλλ᾽ οὔ μοι Τρώων τόσσον μέλει ἄλγος ὀπίσσω,οὔτ᾽ αὐτῆς Ἑκάβης οὔτε Πριάμοιο ἄνακτος οὔτε κασιγν ήτων, οἵ κεν πολέες τε καὶ ἐσθλοὶ ἐν κονίῃσι πέσοιεν ὑπ᾽ ἀνδράσι δυσμενέεσσιν,ὅσσον σεῦ, ὅτε κέν τις Ἀχαιῶν χαλκοχιτώνων,δακρυόεσσαν ἄγηται ἐλεύθερον ἦμαρ ἀπούρας:καί κεν ἐν Ἄργει ἐοῦσα πρὸς ἄλλης ἱστὸν ὑφαίνοις, καί κεν ὕδωρ φορέοις Μεσσηΐδος ἢ Ὑπερείης πόλλ᾽ ἀεκαζομένη, κρατερὴ δ᾽ ἐπικείσετ᾽ ἀνάγκη: καί ποτέ τις εἴπῃσιν ἰδὼν κατὰ δάκρυ χέουσαν: Ἕκτορος ἥδε γυνὴὃςἀριστεύεσκε μάχεσθαι Τρώων ἱπποδάμων ὅτε Ἴλιον ἀμφεμ άχοντο. ὥς ποτέ τις ἐρέει: σοὶ δ᾽ αὖ νέον ἔσσεται ἄλγος χήτεϊ τοιοῦδ᾽ ἀνδρὸς ἀμύνειν δούλιον ἦμαρ.ἀλλά με τεθνηῶτα χυτὴ κατὰ γαῖα καλύπτοι πρίν γέ τι σῆς τε βοῆς σοῦ θ᾽ ἑλκηθμοῖο πυθέσθαι.

声祈呼："尊贵的女神啊，请赐给我吉兆和绝佳的名声，赐予我和我的孩子们，赐予我那贤惠的妻子。"① 当然，这种情感并非是单向的，荷马城邦中的女人同样对自己的丈夫怀有极为忠贞的情操。赫克托耳奔赴战场前，安德洛玛刻紧握他的双手，泪如泉涌："倘若你命归黄泉，我还有什么盼头，不如葬身泥土，生活失去了慰藉，只剩下痛苦，一旦你遭遇厄运。"② 同样的，珀涅洛珀为等候奥德修斯，坚守了二十年，以女人特有的坚贞与智慧对付那些求婚人，直到奥德修斯回归故园。对于荷马时代的人们而言，城邦是男人与女人共同组成的二元世界，荷马的城邦既是男人保护的对象，也是女性彰显美德的地方。

只不过，荷马城邦之中并非都是英武的男人与忠贞的女人，也时常会发生男人与女人之间的冲突，某些时候甚至会出现二者相互杀戮的情况。海伦在丈夫款待谈和的特洛伊人时，跟着帕里斯王子去了特洛伊城，做了特洛伊的王妃；而阿伽门农的妻子克吕泰涅斯特拉（Clytaemnestra）在丈夫打仗期间则与埃癸斯托斯（Aegisthus）私通，在阿伽门农归家之后，在情妇的协助下，杀死了迈锡尼的国王阿伽门农。③ 类似的一则故事就是，阿尔戈斯国王安菲阿剌俄斯（Amphiaraus）的妻子厄里费勒接受了波吕尼刻斯贿赂的哈耳摩尼亚（Harmonia）项链，泄露了丈夫的藏身之地，使得后者不得不跟送诸位勇士攻打忒拜，最后葬身该地。④ 尽管这样的事件不是很多，但足够让赫西俄德对着自己的兄弟佩耳塞斯（Perseus）发出这样的警告："你千万不要上当，让妇女用甜言蜜语蒙骗了你，她们目光盯着

① Homer, with an English translation by A. T. Murray, revised by George E. Dimock. *Odyssey*. Cambridge: Harvard University Press, 1995, 3. 380—381, ἀλλὰ ἄνασσ᾽ ἵληθι, δίδωθι δέ μοι κλέος ἐσθλόν,αὐτῷ καὶ παίδεσσι καὶ αἰδοίῃ παρακοίτι.

② Homer, with English translated by A. T. Murray, revised by William F. Wyatt. *Iliad*. London: Harvard University Press, 1999, 6. 410—413, ἐμοὶ δέ κε κέρδιον εἴη σεῦ ἀφαμαρτούσῃ χθόνα δύμεναι: οὐ γὰρ ἔτ᾽ ἄλλη ἔσται θαλπωρὴ ἐπεὶ ἂν σύ γε πότμον ἐπίσπῃς ἀλλ᾽ ἄχε᾽: ο ὐδέ μοι ἔστι πατὴρ καὶ πότνια μήτηρ.

③ Homer, with an English translation by A. T. Murray, revised by George E. Dimock. *Odyssey*. Cambridge: Harvard University Press, 1995, 3. 194—198, 3. 234—235, 24. 96—97.

④ Ibid., 11. 326—327, 15. 244—247.

你的粮仓。”[①] 荷马并没有像赫西俄德那样对女性抱有偏见，他只是用自己的声音唱出了城邦中不和谐的男女关系，就像吟唱那些恩爱缠绵的故事一样。对于荷马而言，城邦是男人与人共同建构的世界，它既属于男人，也属于女人；它既是阳性的，也是阴性的。换言之，城邦中既有典范夫妻的甜言蜜语，也有不幸家庭的悲惨故事。诸神阳光普照下的城邦是一个十足的世俗之地，城邦中并非到处充满温情的气息，阴暗的地方同样会散发出死亡的味道。

某种程度上，荷马世界带有浓郁的农业社会痕迹，荷马的城邦也具有明显的农耕特色，史诗中不乏与农业相关的表述。从《奥德赛》中可以知道，奥德修斯不仅拥有数量众多的家畜，[②] 还拥有硕果累累的果园，园中栽有梨子、苹果、无花果、葡萄等各类果木。[③] 当然，除了这些果园之外，各个城邦还拥有大量的田庄，比如，阿耳戈斯城的英雄堤丢斯（Tydeus）就占有大量的麦田，麦地周围是成片的果林，以及放养羊群的牧场。[④] 这些麦地、果园、牧场，同样是荷马世界人们活动的重要场所。不难想象，荷马世界的人们平时是如何在这些场所从事相关的劳动的：采摘果实，采伐薪木，收获庄稼，喂养猪群，放养羊群，然后酝酿美酒，碾磨麦粉，纺线织布……从相关的叙述中同样可以知道，这些地方同时沾染了人类死亡的气息。奥德修斯在果园与其父亲密谋，商量如何对付那些求婚人的亲人；[⑤] 而阿喀琉斯追杀赫克托耳时，跑过特洛伊人的无

---

① Hesiod, M. L. West, ed. *Works and Days*. Oxford: Oxford University Press, 1980, Lines 372—375, μὴ δὲ γυνή σε νόον πυγοστόλος ἐξαπατάτω αἱμύλα κωτίλλουσα, τεὴν διφῶσα καλιήν. ὃς δὲ γυναικὶ πέποιθε, πέποιθ᾽ ὅ γε φηλήτῃσιν.

② 奥德修斯拥有 12 群牛，12 群绵羊，11 群山羊，12 群猪。参见 Homer, with an English translation by A. T. Murray, revised by George E. Dimock. *Odyssey*. Cambridge: Harvard University Press, 1995, 14. 13—19, 14. 100—104.

③ Homer, with an English translation by A. T. Murray, revised by George E. Dimock. *Odyssey*. Cambridge: Harvard University Press, 1995, 24. 340—344.

④ Homer, with English translated by A. T. Murray, revised by William F. Wyatt. *Iliad*. London: Harvard University Press, 1999, 14. 122—124.

⑤ Homer, with an English translation by A. T. Murray, revised by George E. Dimock. *Odyssey*. Cambridge: Harvard University Press, 1995, 24. 355—360.

花果树林，[1] 最终将其杀死在特洛伊城门下。果园盛产果实，但也容易滋生暴力事件，神圣之地继而完全沦为人类屠宰同类的战场。神明赐给人类的土地上洒满了人类杀戮同类的鲜血，丰产的大地不单是自然抚育人类的圣地，也是人类自我消亡的世俗场地，甚至特洛伊神圣的斯卡曼德罗斯河流也成为阿喀琉斯砍杀特洛伊兵勇的绝佳场地。在追赶特洛伊及其联军的过程中，希腊英雄阿喀琉斯将他们赶到了斯卡曼德罗斯河边，就是在这条哺育人类的神圣河里，他杀死了众多的特洛伊及其联军子弟，其中包括普里阿摩斯的儿子吕卡昂（Lucaon），河神阿克西奥斯（Axios）的孙子阿斯忒罗帕奥斯（Asteropaios），特尔西洛科斯（Thersilochos），米冬（Mudon），阿斯提皮洛斯（Astupulos），姆涅索斯（Mnesos），斯拉西奥斯（Thrasios），埃尼奥斯（Ainios），奥非勒斯特斯（Opheleste），并且，阿喀琉斯从河流中生擒了十二名青年士兵，[2] 在后来祭奠帕特洛克罗斯的葬礼中将其全部活活烧死。特洛伊及其联军的鲜血与尸体堵塞了斯卡曼德罗斯的河道，河神最后不得不出面干涉，“阿喀琉斯，凡人中没有比你更为强大，但你的暴虐也远远超过他们，因总有神明庇佑。即便宙斯让你杀死所有的特洛伊人，也请你将其驱向平原杀砍。我的清澈河水已塞满尸首，已无法流向神圣的大海，尸体堵塞了河道，而你还在不断砍杀。住手吧，军队的统领，我对此深感惊惶。”[3] 在这里，神圣的河流完全沦为阿喀琉斯击杀特洛伊联军的战场，河神的干涉最后也无法阻止阿喀琉斯的暴虐行为。

“在希腊思想史上，城邦的出现是一个具有决定性意义的事件。”[4] 但

---

① Homer, with English translated by A. T. Murray, revised by William F. Wyatt. *Iliad*. London: Harvard University Press, 1999, 22. 145.

② Ibid., 21. 26—211.

③ Ibid., 214—221, ‘ὦ Ἀχιλεῦ, περὶ μὲν κρατέεις, περὶ δ᾽αἴσυλα ῥέζεις ἀνδρῶν: αἰεὶ γάρ τοι ἀμύνουσιν θεοὶ αὐτοί. εἴ τοι Τρῶας ἔδωκε Κρόνου παῖς πάντας ὀλέσσαι,ἐξ ἐμέθεν γ᾽ἐλάσας πεδίον κάτα μέρμερα ῥέζε:πλήθει γὰρ δή μοι νεκύων ἐρατεινὰ ῥέεθρα, οὐδέ τί πη δύναμαι προχέειν ῥόον εἰς ἅλα δῖαν στεινόμενος νεκύεσσι, σὺ δὲκτείνεις ἀϊδήλως.ἀλλ᾽ ἄγεδὴ καὶ ἔασον: ἄγη μ᾽ ἔχει ὄρχαμε λαῶν.

④ ［法］让—皮埃尔·韦尔南：《希腊思想的起源》，秦海鹰译，生活·读书·新知三联书店 1997 年版，第 37 页。

城邦的诞生绝非一件容易的事情，它需要各个方面的条件。前文已经论及，亚里士多德认为，城邦是一种政治共同体，公民与疆域是必不可少的两个基本条件。但对于荷马史诗而言，城邦并非是公民的共同体，而是居民的共同体与聚集地。就性质而言，居民以家族为单位，组成了荷马社会城邦的主体。从荷马史诗所表述的内容来看，希腊城邦由不同的家族所统治，这些家族尽管谱系各异，但都具有独立的统治权。比如，阿伽门农的家族统管着迈锡尼诸城，厄瑞克透斯王族统治阿提卡地区。普里阿摩斯及其后裔则是特洛伊城的统治者，他们的王子是特洛伊战争的主角。只不过，这种以家族为核心的城邦结构具有等级特征。“组成统治阶层的王族贵族在谱系上是和普通社员群众（德莫斯）分开的，他们通过那时尚未丧失作用的亲缘组织（部落和胞族）领导群众。”① 尽管如此，一旦遭遇外敌侵略，城邦内部各个成员会立即联合起来，保护城邦的共同利益。当然，妇女和孩子是不参战的，他们是战士保护的主要对象，也是城邦沦陷的受害者。赫克托耳曾经不止一次地鼓励特洛伊友军及其盟邦：“我要你们尽心出力，保护特洛伊妇女和无助的儿童，使其免遭好战的阿开俄斯人杀戮。”② 为了保护城邦的利益，很多居民不惜献出宝贵的生命。特洛伊王子赫克托耳为了捍卫特洛伊城邦的利益死在希腊英雄阿喀琉斯枪下，众多的特洛伊战士也为此死在希腊人手下。不难看出，虽受诸神管辖与保护，但城邦最终是人类的世界，它是一个有等级结构的社会共同体，不同社会层面的人在其间生存。

“当我们想到社会等级，我们会把它和平等的观念对立起来，平等连同自由一起被写在1789年的《人权宣言》当中。创造了民主这个概念的古希腊社会并非不知道平等的思想，但是这种平等，甚至是在雅典，一

① ［苏联］安德列耶夫：《古希腊罗马城邦和东方城市国家》，张竹明译，［苏联］安德列耶夫等：《古代世界的城邦》，张竹明等译，华东师范大学出版社2011年版，第63页。

② Homer，with English translated by A. T. Murray，revised by William F. Wyatt. *Iliad*. London：Harvard University Press，1999，17. 223—224，ἀλλ᾽ ἵνα μοι Τρώων ἀλόχους καὶ νήπια τέκνα προφρονέως ῥύοισθε φιλοπτολέμων ὑπ᾽ Ἀχαιῶν.

直都是仅为男性公民所保留的，也就是为少数人所享用的。”① 就这点而言，荷马的城邦世界同样如此，它为男人们创造了太多的空间，同时也为社会上层保留了更多的权力。不过这并不意味着荷马的世界不存在其他的社会等级，相反，荷马的城邦中存在很多社会底层的人们，他们同样是史诗的叙述对象。从史诗中能够看出，不论是希腊社会还是特洛伊社会，除了王族与贵族之外，还存在更多处于社会底层的人们：士兵、行吟诗人、使者、祭司、占卜者、信使、雇工、商人、农民、果农、奴隶、乞丐，等等。不言而喻，这些人在城邦之中的地位是极为低劣的，只不过我们在荷马史诗中很难找到专门描绘他们生活的场景，只能从相关的叙述中得知这些人的境况。不过荷马好像不大愿意提及这些人，他一般不会讲到这些人的名字。关于这一点，荷马本人有过明确的宣言：“我不会一一说出普通士兵的名字，即便我长着十条舌头，十张嘴巴，和一个不知疲倦的歌喉，一颗青铜铸就的心魂，除非奥林帕斯的文艺女神缪斯，宙斯携带大盾的女儿们提醒我有多少兵士来到伊利昂。”② 尽管如此，这并不妨碍我们从荷马散见各处的叙述中观察其城邦中的底层人群，尤其是那些处于贫穷之中的人们。荷马在《奥德赛》中讲到了奥德修斯曾经在返回伊萨卡的途中路过自己的猪场，在那里他遇到了忠实的猪倌欧迈俄斯（Eumaeus）。虽然猪场非常宽敞干净，圈养着三百六十头生猪，但这位猪倌的生存状况似乎并不乐观。欧迈俄斯住在简陋的棚屋之中，床上只有一块野山羊皮做成的铺盖，也只有一套可以穿着的衣衫。尽管他有房屋、妻子和一块土地，但这些是奥德修斯的赏赐，因为欧迈俄斯无数个夜晚与猪群为伴，睡在寒冷的岩壁下。③

---

① ［法］皮埃尔·维达尔—纳杰：《荷马的世界》，王莹译，中国人民大学出版社 2007 年版，第 67 页。

② Homer，with English translated by A. T. Murray，revised by William F. Wyatt. *Iliad*. London：Harvard University Press，1999，2. 488—492， πληθὺν δ᾽ οὐκ ἂν ἐγὼ μυθήσομαι οὐδ᾽ ὀνομήνω, οὐδ᾽ εἴ μοι δέκα μὲν γλῶσσαι, δέκα δὲ στόματ᾽ εἶεν,φωνὴ δ᾽ ἄρρηκτος, χάλκεον δέ μοι ἦτορ ἐνείη,εἰ μὴ Ὀλυμπιάδες Μοῦσαι Διὸς αἰγιόχοιο θυγατέρες μνησαίαθ᾽ ὅσοι ὑπὸ Ἴλιον ἦλθον.

③ Homer，with an English translation by A. T. Murray，revised by George E. Dimock. *Odyssey*. Cambridge：Harvard University Press，1995，14.

不过对于雇工而言，他不必忍受这些，其待遇看上去比猪倌要好一些。在奥德修斯的宫殿中，伊萨克贵族欧律马科斯（Eruumachos）曾经这样向着扮成乞丐的奥德修斯建议："外乡人，你愿不愿意让我雇用你，到边远的农场做雇工？帮我垒石砌墙，种植高大的树木，我给你的报酬非常丰厚，常年给养食物，所需要的衣衫，以及鞋子。可是你啥也不干，只知作恶，不愿在田间劳作，宁可四处乞讨，填饱你饕餮的胃口。"① 至于乞丐，就不用多说，这些人在奥德修斯的宫殿中乞讨为生，其中的一个叫做阿尔乃俄斯（Arnaios）的乞丐常年在伊萨卡乞讨，最后死在奥德修斯掌下。② 上述这些阶层在荷马城邦中艰难地生存着，他们与那些生活安逸奢靡的贵族形成了鲜明的对比。也正是这些贫穷的阶层，构成了荷马城邦皆为世俗的一面，它告诉人们，尽管城邦是神明的领地，但在高大的神庙中散发着馨香的祭坛之外，还有那些凡人们为生存而挣扎。城邦不单是彰显诸神威力的神圣场所，更是折射人间悲苦的凡俗之地。

四 结语

荷马史诗中的城邦并不是现代意义上的术语，它更多地指向了社会共同体这一范畴，具有双重内涵。在荷马社会，城邦首先是诸神的城邦。众神创建并管辖城邦，神明策划并参与了城邦的所有重大事务。几乎所有的城邦都由具有神性血统的统治者所管理，并且，贵族的族谱与神明具有直接的关联。城邦因此具有神圣性，它使得生活其中的人类具有一种源自内心的崇高感。本质上讲，城邦的这种神圣性并非源自神明，而是借助于神话叙述而得以实现的。换言之，希腊早期社会神话的威力赋予了城邦这种神圣性，神话使得城邦成为早期希腊社会的核心。

---

① Homer, with an English translation by A. T. Murray, revised by George E. Dimock. *Odyssey*. Cambridge: Harvard University Press, 1995, 18. 357—364, 'ξεῖν', ἦ ἄρ κ' ἐθέλοις θητευέμεν, εἴ σ' ἀνελοίμην, ἀγροῦ ἐπ' ἐσχατιῆς—μισθὸς δέ τοι ἄρκιος ἔσται—αἱμασιάς τε λέγων καὶ δέ νδ ρεα μακρὰ φυτεύων; ἔνθα κ' ἐγὼ σῖτον μὲν ἐπηετανὸν παρέχοιμι,εἵματα δ' ἀμφιέσαιμι ποσίν θ' ὑποδήματα δοίην.ἀλλ' ἐπεὶ οὖν δὴ ἔργα κάκ' ἔμμαθες, οὐκ ἐθελήσεις ἔργον ἐποί χεσθαι, ἀλλὰ πτώσσειν κατὰ δῆμον βούλεαι, ὄφρ' ἂν ἔχῃς βόσκειν σὴν γαστέρ' ἄναλτον.

② Ibid., 1—99.

荷马的城邦并非仅仅属于诸神，它还是人类的居所。人们在城邦中出生，成长并老死。城邦既是人类生活的家园，也是埋葬死者的墓场。无论作为社会共同体的城邦还是居民的集合，妇女、孩子、老人、战士，等等，所有居住在城邦之内的人们都是城邦保护的对象，而家族是划分这些群体的主要依据。人类依赖城邦生活，城邦则因人类而存在。

一言以蔽之，荷马的城邦是神圣与世俗的混合体，它为诸神与人类共同拥有。但荷马的城邦并不具备现代城邦的概念与范畴，也没有政治学意义上的内涵。荷马的城邦世界本质上是一种居民共同体，社会成员之间具有较为明显的等级差异。另外，荷马史诗中的城邦并不是一种抽象的概念，而是作为一种建筑实体与空间区域而存在，它为生活其间的人类提供了活动的场所。作为空间实体的城邦是城市与乡村的结合体，它的区域既包括城市的空间，也涵盖乡村的原野。城邦是和平时期居民生活的场所，也是战时的堡垒。

第二节　神话学神庙起源研究的人类学转向

一　神话学的人类学转向

较之于其他人文社会科学，人类学是一门年轻的学科，它源自欧洲人早期的殖民活动。经过近两个世纪的发展，人类学已经成为一门具有巨大渗透力的学科，其影响逐渐深入到史学、考古学、艺术学、教育学、文学等，由此出现了一系列具有浓郁跨学科意味的学科：历史人类学、考古人类学、宗教人类学、艺术人类学、教育人类学、文学人类学，等等。甚至以技术分析占据主导模式的科学技术研究领域，也出现了诸如科学技术人类学这类将技术研究与文化研究阐释并举的学科。[①] 上述诸多新兴学科的明显特征就是，研究者以人类学意识重新审视传统人文阐释的对象，继而创造一种以文化阐释为主导的范式。比如，宗教人类学从文化相对主义立

① 人类学对科学技术研究的革新，以及由此而产生的一系列研究新范式，具体参见刘珺珺。《科学社会的“人类学转向”和科学技术人类学》，《自然辩证法通讯》1998 年第 1 期。

场出发，强调宗教的多样性与活态性，同时将眼光转移到身体的文化驯化，性别差异在宗教的体现，仪式中的暴力因素，萨满教的通神现象，巫术对宗教的深远影响，等等。[①] 基于此种多元文化并存的立场，宗教人类学研究者颠覆了先前那种将信仰视为神圣不可侵犯的宗教理念，并创建了一种以表述宗教多样性与差异性为主流的宗教阐释新范式。

诸多学者将整个人文社会科学的这种研究取向称为“人类学转向”，以此昭示人类学的学科整合功能。就措辞而言，“转向”一词“是学术史研究中用来标志重要的学术思想或学术范式大变革的专用语汇。在过去的20世纪人文社会科学发展中，学界已经讨论的比较多的重要转向有早期的‘语言学转向’和后期的‘生态学转向’……‘转向’并不意味着所有的或者大部分的研究都朝向这一个方向发展演变；它毋宁是要提示一种引导重要学术变革的趋势和动向。与此同时存在的还有其他动向，甚至不排除与人类学转向相反的动向之存在。”[②] 进一步说，转向是对现有学术范式的革新，更是阐释视角与思维方式的大转换。人文社会科学的人类学转向本质上由人类学思维方式对其他学科的渗透与影响所致，也是各不同学科之间互动与对话的结果。只不过因研究对象的不同，各学科的人类学转向在表述形式与阐释模式方面尚存差异。

就神话研究而言，在过去的一个世纪中，神话学全面接受了人类学思维模式的影响，从而创建了诸多新范式。以詹姆斯·乔治·弗雷泽、简·艾伦·赫丽生为代表的人类学者接受了人类学思想的全方位熏陶，颠覆了以语言考据为主的神话阐释传统，进而将仪式纳入了神话研究的视野之内。这批以剑桥学派为代表的仪式论者认为，神话并不像麦克斯·缪勒所说的那样，是由语言的扭曲与变形造成的，相反，神话是在阐释仪式的过程中生成的。[③] 由此出现的一种研究趋向就是，研究者将神话与仪式并置起来进行双

---

① 关于宗教人类学探讨话题及研究视角的转换，读者可以参见［英］菲奥纳·鲍伊《宗教人类学导论》，金泽译，中国人民大学出版社2004年版。

② 叶舒宪：《文学人类学教程》，中国社会科学出版社2010年版，第39—40页。

③ William Robertson Smith. “Lectures on the Religions of Semites”, in *Myth and Ritual*: *An Anthology*. Robert A Segal, eds. Oxford: Blackwell Publishers, 1998, p. 28;［英］简·艾伦·赫丽生：《古希腊宗教的社会起源》，谢世坚译，广西师范大学出版社2004年版，第317页。

向阐释。多数学者重点关注神话与仪式的关联上，试图从个案的具体分析中得出一种具有通则性的规约。譬如。维多利亚时代的学者简·艾伦·赫丽生就试图通过古希腊神话与仪式在宗教中的地位而探讨神话与仪式之间的关系，并试图确定二者生成的先后顺序。[①] 20世纪后半期，因受人类学者反思人类学与克利福德·格尔兹“厚描”这种显微式阐释模式的影响，部分神话学者开始转向对神话与仪式中暴力因素的考察，并从社会秩序建构功能层面解释神话与仪式之间的互动关系。这方面的典范当属法国学者勒内·基拉尔与旅居美国的德国学者沃尔特·伯克特，二者所开创的暴力“厚描”模式颠覆了以往关于神话是神圣叙述的神话观，并将暴力事件视为神话考察的重要范畴。[②] 这个时期的神话研究同时还出现了另外一种重要的趋向，那就是神话的结构分析，其主要代表当属法国学者列维—斯特劳斯，除此之外还有米歇尔·狄廷，让—皮埃尔·韦尔南等人。上述这类研究者的一种普遍做法就是，将神话视为一种文化现象，从不同的神话文本中寻找其内在的同一性结构。例如，法国神话学者米歇尔·狄廷就从关于阿都尼斯的不同神话版本中发现了相同的结构：贫瘠与不孕。阿都尼斯的形象因此也就有了新的理解：他是色情与短寿的象征，也是不孕与病态的代名词。[③] 当然，不可否认的一种事实就是，这种解读神话的方式与结构人类学关于结构的思想不无关系。以上神话学阐释模式的主要特点在于将人类学的相关知识纳入神话学

① 赫丽生关于仪式与神话中间关系的探讨较为繁复，此处不赘言，具体的归纳与梳理参见王倩《20世纪希腊神话研究史略》，陕西师范大学出版总社有限公司2011年版，第16—18页；赫丽生本人的相关论述，参见［英］简·艾伦·赫丽生《古希腊宗教的社会起源》，谢世坚译，广西师范大学出版社2004年版，第14、316—329页；Jane Ellen Harrison. *Mythology*. New York and Burlingame: Harcourt, Brace & World Inc, 1963, p. ix.

② 关于勒内·基拉尔与沃尔特·伯克特理论的相关介绍，参见王倩《20世纪希腊神话研究史略》，陕西师范大学出版总社有限公司2011年版，第21—41页；勒内·基拉尔与沃尔特·伯克特二人的相关阐释，主要参见 René Girard. *Violence and the Sacred*. Baltimore and London: The Johns Hopkins University Press, 1979; René Girard. Girard Reader. New York: Crossroad, 1996; Walter Burkert. *Structure and History in Greek Mythology and Ritual*. Berkeley: University of California Press, 1979; Walter Burkert. *Homo Necans: The Anthropology of Ancient Greek Sacrificial Ritual and Myth*. Berkeley: University of California Press, 1983; Walter Burkert. *Greek Religion*. Cambridge: Harvard University Press, 1987.

③ 米歇尔·狄廷关于阿都尼斯神话的阐释极为详细，相关的细节探讨参见 Marcel Detienne. *The Garden of Adonis: Spices in Greek Mythology*. Princeton: Princeton University Press, 1994。

领域，继而以人类学思维方式解读神话。除此之外，神话学的人类学转向还体现在研究视角的转换上，这方面的典范当推新比较神话学。

众所周知，比较神话学的先驱麦克斯·缪勒解读神话的主要取向乃是将希腊神话与印度神话做比较，最终从语言学角度探求希腊神话的起源。这种阐释方式的本质是将希腊神话与欧洲神话置于阐释的中心，而二者之外的神话处于边缘地带。不过这种状况在二战后多有改观，新比较神话学彻底打破了这种欧洲中心主义的阐释视角，将印欧神话纳入了神话研究的领域。[①] 以乔治·杜梅齐尔为代表的一批学者，在印欧神话中发现了普遍存在的三分现象。[②] 由此产生的一种普遍趋向就是，越来越多的学者将目光转向了两河流域神话与非洲神话，而不是希腊神话或欧洲神话，甚至有不少学者转而考察埃及神话、两河流域神话与希腊神话中间的关系——影响或平行的关系，这些人当中就有沃尔特·伯克特、查理斯·彭迦拉斯，以及马丁·伯纳尔等人。[③] 再到后来，就出现了女性主义神话学，将人类学的文化相对主义原则贯穿在对神话性别的研究上。女性主义神话学将女神及女性形象视为神话阐释的重点，继而发掘被男性叙述视角所遮蔽的相关内容：女性的地位、女性在社会中的角色，女性的自身界定与表述，等等。不可否认的一种事实就是，以上神话学研究的主要对象是文本，研究者关注的是神话文本中的表述内容。但人类学关于写文化的探讨介入神话学领域之后，这种局面便发生了改变，单纯的文本阐释很快转向了图像及其实物，神话学迎来了一个具有重大变革意味的时代——图像阐释时代。

---

① 尽管欧洲学者将印欧人视为欧洲人的始祖，但印欧神话及印欧世界却存在于欧洲之外的安纳托利亚地区。因此，理应将新比较神话学将阐释目光从欧洲神话转向印欧神话的视角转换视为对神话学研究范式的一种革新。

② Dumézil，George，translated by Alf Hiltebeitel. *The Destiny of a King*. Chicago：University of Chicago Press，1973.

③ 因写作主题所限，此处不可能将这些学者的阐释作细节分析，有兴趣的读者可以参见如下论著：Walter Burkert. *Babylon. Memphis*，*Persepolis*：*Eastern Contexts of Greek Culture*. Cambridge：Harvard University Press，2004；Charles Penglase. *Greek Myths and Mesopotamia*：*Parallels and Influence in Homeric Hymns and Hesiod*. London：Routledge，1994；Martin Bernal. *Black Athena*：*The Afroasiatic Roots of Classical Civilization*. Vol. 1. London：Free Association Books，1987.

人类学对民族志文学性的探讨，使得多数学者对于民族志持有一种反思态度，而更多的学者转而质疑民族志表述的真实性，并对于人类学的表述与写作方式进行批判。[①] 这种人类学思潮给神话学带来的一种变革就是，神话学者开始批判神话文本的真实性，并试图在图像与实物中寻找神话的历史性内容。早期的一些学者，诸如马丽加·金芭塔斯，就试图通过考古实物与图像寻找一个久已失落的文明——女神文明，并对现有的以技术为主导的现代工业文明进行了猛烈的批判。[②] 后期的一些神话研究者，像南诺·马瑞纳托斯等人，则更加注意希腊神话图像与近东神话图像之间的相似之处，并以一种整体性视角——一种近东文化共同体的语境下——重新审视米诺文明与近东文明之间的互动关系。[③] 当然，我们并不否认新史学与认知考古学对神话学的影响，但较之于人类学，上述两个学科对神话学的知识性渗透程度毕竟小了许多。某种程度上讲，神话学图像阐释的力度远不如新史学与认知考古学，其理论框架至今尚处于建构之中。但这种阐释模式却使神话学者的眼光由文本和仪式转向了图像形式的神话，并促使他们尝试着以一种图像学的知识谱系去分析神话图像所包含的思想性。近期的不少学者提出了人文社会科学研究的图像学转向，殊不知，人文社会科学研究转向图像并不等于图像转向，它只意味着研究对象的改变，而不是研究视角及思维模式的转换。从根本上说，人文社会科学的图像学转向（包括神话学的图像转向），是以一种人类学而不是图像学的思考方式思维模式来看待图像或神话图像的，它依然被界定在人类学转向的范畴之内。

本质上讲，转向意味着范式的转换。在美国学者托马斯·库恩（Thomas Samuel Kuhn）眼中，范式更多意义上指的是科学共同体所共同

---

① ［美］詹姆斯·克利福德、乔治·E. 马库斯：《写文化——民族志的诗学与政治学》，高丙中、吴晓黎、李霞等译，商务印书馆 2006 年版。

② Marija Gimbutas. *The Civilization of the Goddess*: *The World of Old Europe*. San Francisco: Harper & Row, 1991; Marija Gimbutas. *The Goddesses and Gods of Old Europe*, 6500—3500 *BC*: *Myths and Cult Images*. Berkeley: University of California Press, 1982; Marija Gimbutas. *The Living Goddesses*. Berkeley: University of California Press, 1999.

③ 相关的阐释参见 Nanno Marinatos. *Minoan Kingship and the Solar Goddess*: *A Near Eastern Koine*. Urbana: University of Illinois Press, 2010.

拥有的具有替代作为常规科学研究规则之功效的一种范例或模型。[①] 更为重要的是，范式通常与革新联系在一起，范式的转换也就意味着范式的更新——研究理论、方法、规约乃至理念的变革。从这个意义上而言，转向其实不仅与研究主体相关，还与阐释的客体有着密切的关联。就神话研究而言，人类学转向在某种程度上还意味着神话概念由语言学范畴朝人类学范畴方向的拓展，由此带来的是一系列关于神话的定义、属性、结构、功能等诸方面新的界定。当然，这方面的探讨要从20世纪初期神话—仪式学派的创新性阐释开始。

20世纪以简·爱伦·赫丽生为代表的一部分神话学者的主要观点就是，神话不是语言的隐喻，更不是语言的病态表现，相反，神话是表述仪式的语言形式。这就意味着神话是仪式的衍生物，而不是语言的产物。作为仪式的神话因而具有整合人类宗教情感的功效，它表达了人类对于宗教的神圣体验。较之于19世纪流行的语言学神话理念，这种关于神话的界定无疑是一种研究意识与思维模式的巨大变化，神话的范畴从一个场域转向了另外一个场域，其根本属性亦发生变化。不过剑桥学者倡导这种神话理念很快在20世纪后半叶被新仪式论者所倡导的神话观所置换，神话因而成为另外一种完全不同的范畴。以勒内·基拉尔为首的一些学者关于神话属性的一种界定就是，神话并非是以往所界定的那样，是神圣宗教或神圣仪式的表述形式，相反，神话是一个暴力文本，富有欺骗性的神话叙述掩盖并扭曲了真实的暴力行为，神话某种程度真实地再现了暴力迫害的事实。不可否认的一种事实就是，此种对神话属性的祛魅是富有颠覆性的，因为它以一种彻底的批判方式解构了以往关于神话神性属性的界定，继而将其视为文化编码的一个组成部分。需要指出的是，新仪式论者基于文化立场的阐释方式某种程度上与结构主义神话学有些相似，但它关于神话属性的宣言与后者之间存在明显的差异。

结构主义神话学关于神话属性的认识论基础乃是，神话是人类思想的折射，也是文化系统中的一个组成因素，通过分析不同神话体系中的结

---

① 参见［美］托马斯·库恩《科学革命的结构》，金吾伦、胡新和译，商务印书馆2006年版，第168页。

构，可以发现其中蕴含的文化信息。在此预设前提下，结构主义神话学研究者普遍认同的一种观点即是，作为文化编码的神话包含了人类思想的诸多结构性关系：对立的、交织的、平行的，二元对立的关系在神话结构中占据主导地位。这样看来，结构主义神话学的神话观要比新仪式主义那种将神话视为暴力文本的神话理念更为宽泛，毕竟暴力只是文化的一种现象，而不是文化的全部。在神话功能的界定上，结构主义神话学与新仪式主义有着很大的分歧。新仪式论者所持有的神话观表明，神话的功能是以语言的形式遮蔽并隐藏人类历史上真实的暴力杀戮，而结构主义神话学者则宣称，神话具有调节文化冲突的整合性功效。概括地讲，不论是新仪式主义还是结构主义，二者探讨的基点均为宽泛的文化人类学视角，神话均未摆脱文化编码与文化基因的本质属性。就阐释的资料而言，新仪式主义与结构主义神话学仍将神话文本视为主要的资料，尽管多数学者的资料源自民族志关于神话与仪式表述，但文本之外的图像与实物这类资料并未被大规模采用。不过，随着人类学物质主义研究思潮的不断介入，20 世纪 70 年代之后的神话研究开始转向对图像形式神话的解读，此种趋向下的神话属性探讨具有了另外一种意味。

就阐释内容而言，多半神话研究者关注的焦点是神话图像所蕴含的认知因素：宇宙观、生死观、性别意识、决策能力、测量技术、规划理念、象征理念，等等。比如，学者珍妮弗·尼尔斯与南诺·马瑞纳托斯的研究就表明，神话图像可以通过特定的神话事件与神话场景而建构国家意识形态，继而达到驯化大众的目的。[①] 基于此种认识，阐释者往往将神话图像视为一种特殊的物质形态而进行解读，重点考察其象征性与实在性。一种普遍的趋势就是，多数研究者将神话图像看作一种具有双重属性的范畴，它建构并成为意识形态的一部分。可以看出，此种阐释模式具有一种明显的反文本意味，因为研究者很大程度上将神话文本视为神话图像的叙述形

① Jenifer Neils. "Myth and Greek Art: Creating a Visual Language", *A Cambridge Companion to Greek Mythology*. Edited by Roger D. Woodard, Cambridge: Cambridge Press, 2007: 286—304; Nanno Marinatos. "The Life Cycle of the archaic Greek Warrior and Hero: The Interplay of Myth and Genre in Imagery", *Myth and Symbol I: Symbolic Phenomena in Ancient Greek Culture*. Synnøve des Bouvrie eds. Bergen: Norwegian Institute at Athens, 2002, pp. 153—169.

式，只不过在某些特定的语境下，神话文本与神话图像所表述的内容并不完全契合。

不难看出，人类学思维模式关照下的神话范畴经历了这样几种转换：仪式→暴力文本→文化编码→图像。这个过程很清楚地表明了人类学思想对神话学的深远影响，同时也彰显了人类学在神话研究中所具有的整合性功效。只不过当论及具体问题时，人类学对神话学的影响就有不同的表现形式。就神话学关于神庙起源的阐释而言，人类学转向的探讨逻辑上包括以下几个层面的内容：神庙属性与功能的界定，神庙空间与创世神话之间的关联，神话仪式时间的神话象征，神庙经济的神话基础，神庙体制与神话之间的关联，等等。从理论层面来说，上述范畴均为神庙发生机制探讨的重要因素，但神庙属性的特殊性——人神共同拥有的神圣场所——论文仅仅重点探讨神庙空间与创世神话、神庙仪式结构与神话象征之间的关系，其他层面不做涉及。

二　神庙空间的神话起源

就措辞而言，“神庙”一词在中国并无确切的对接语词，因为在古代汉语表述中，只有“庙”这样一个具有浓郁本土色彩的术语。《尔雅·释宫》曰：“室有东西厢曰庙，无东西厢有室曰寝；无室曰榭，四方而高曰台，陕而修曲曰楼。”[①] 尽管我们从中无法探究庙的形态与大小，但却能够看到，庙与寝二者在建筑结构上有相似之处——皆以室为主体。《礼记·王制》中则有这样的表述：“天子七庙，三昭三穆，与太祖之庙而七。诸侯五庙，二昭二穆，与太祖之庙而五。大夫三庙，一昭一穆，与太祖之庙而三。士一庙。庶室为后。”[②] 从中不难看出，在中国古代社会中，庙与等级、身份相关，某种程度上成为建构政治意识形态的工具，亦是彰显个人社会地位的声威符号。另外，上述两段引文从侧面表明了中国古代社会关于庙的认知：首先，庙是一种气势庄严、结构恢宏的建筑物，它以室为主体，以东西两厢作为依托。依据《尔雅·释宫》的解释，“宫谓之室，室

① （清）阮元校刻：《十三经注疏》，中华书局 2003 年版，第 2598 页。

② 同上书，第 1335 页。

谓之宫。"[①] 这种称谓表明了这样一种事实，不论宫抑或室，二者皆为古人居住之建筑物，其建构应较为高大，在此基础上添加东西两厢的庙则更为繁复；其次，庙是一种富有象征意味的声威符号，与社会等级制度密切相关。个人身份与地位越高，拥有的庙就越多，处于社会顶层的帝王建有七庙，而社会底层的庶族则无权建庙。以上两点为中国古人关于庙之属性的两种认识，也是最为基本的界定。庙因此具有双重属性：作为建筑实体的庙与作为声威符号的庙。作为建筑实体的庙，其建筑结构与尺寸均有一定的限制；作为声威符号的庙，它更多地与权力、等级乃至于暴力之间具有密切关系。当然，这是中国古代文化机制中的庙，它有着本土的现实性诉求——政治的、文化的，抑或意识形态的，亦别于笔者探讨的西方文化语境中的神庙。

准确地说，西方文化语境中的神庙更多地与神明相关，是一个表述圣地的专有名词。神庙是人类献给神明的圣地，其所有权属于神明。也就是说，神庙是神明形式集权力与意志的地方，它神圣不可亵渎。在这个神圣的场域中，一般建有祭坛，还有放置神像的神龛，以及专门服侍神明的祭司。在一些固定的时间内，人们在祭司的带领下，在神庙的祭坛上献上祭品，其中包括动物与香料。法国学者裘利亚·西萨指出，在古代希腊，"荷马之后，希腊语在说神庙时用'圣地'……祭坛旁，经常是祭坛对面，在同一块献给神的地方，竖立着他的所谓的'居所'，即凡人献给神的雕像、图像、塑像，'使神居住'的屋子。在荷马史诗中，众神已经知道了寺庙，有时由石头筑成，有门和钥匙，里面有雅典娜等神的雕像，古人登上卫城，在女神的膝盖上放上绣着繁复图案的布。"[②] 在这里，裘利亚·西萨将神庙视为一种神圣的建筑物，某种程度上与中国古代庙的性质有些类似。多数学者与裘利亚·西萨的持类似的观点，认为神庙是一个神圣的场所，同时也是一种结构复杂的建筑物，它由人类建造，但最后由

① （清）阮元校刻：《十三经注疏》，中华书局 2003 年版，第 2597 页。

② ［法］裘利亚·西萨、马塞尔·德蒂安：《古希腊众神的生活》，郑元华译，上海人民出版社 2008 年版，第 178 页。

神明享用。[①] 但近期的一些学者开始批判这种观点，认为它实际上限制了神庙的外形与尺寸，具有一定的误导性。譬如，学者南诺·马瑞纳托斯就指出，应当以“神明的居所”代替“神庙”这一称谓，因为现有的界定无法还原神庙在古代文化语境中的本性。[②] 马瑞纳托斯这种观点的好处在于，它将神庙的属性从实在性转移到了象征性层面，神庙不再限于实体性建筑，而是可以有一些具有象征性的符号替代，比如圣树、神圣动物，乃至于神像。这种关于神庙属性的界定使得神庙研究转向了图像及符号，神庙的结构性分析继而由神庙的象征性符号阐释所取代。不过，这种趋向首先要从神庙建筑空间的起源探讨开始，而在介绍这类研究取向之前，要简单梳理一些神庙起源研究的理论依据。

较早为神庙起源研究奠定理论基础的，当属神话学者米尔恰·伊利亚德。在米尔恰·伊利亚德众多的理论性术语中，能够体现阐释神庙空间起源的，莫过于“神显”、“神圣与世俗”和“神圣空间”这三个语词。米尔恰·伊利亚德指出，“神圣和世俗是这个世界上的两种存在模式，是在历史进程中被人类所接受的两种存在状况。世界上的这两种生存方式并不仅仅与宗教史或社会学相关；它们并不仅仅是历史学的、社会学的或文化人类学的研究对象。从根本的意义上说，神圣或世俗的两种生存样态依赖于人类在这个宇宙中已经占有的不同位置。”[③] 根据米尔恰·伊利亚德的理论，“神圣”是一种不可化约的现象，但它并不能够表现自身，相反，它要借助于“世俗”来象征性地表现自己。一旦世俗之物成为“神圣”的象征，它就成为“神显”。当然，伊利亚德眼中的“神显”总是一个历史事件，它有多种象征性表现符号：太阳、月亮、石头、树木、河流、高山、

① 持这种观点的神话学者较多，其中包括马丁·尼尔森、沃尔特·伯克特，等等。这些学者基本将神庙视为一种具有实体性的建筑物与圣地，而不是具有象征意味的神明的居所。相关参考资料参见：Martin P. Nillson. *A History of Greek Religiom*. New York：W. W. Norton & Company. Inc1964，pp. 80—82；Walter Burker，translated by John Raffan. *Greek Religion*. Cambridge：Harnard University Press. 1985，pp. 31—32.

② Nanno Marinatos. *Minoan Kingship and the Solar Goddess*：*A Near Eastern Koine*. Ubbana：University of Illinois Press，2010，p. 66.

③ ［罗马利亚］米尔恰·伊利亚德：《神圣与世俗》，王建光译，华夏出版社 2003 年版，序言，第 3 页。

庙宇、城市、仪式、神话、神像，等等。本质上讲，这些象征符号使一个“神显”得以延续，其功效乃是将“人的处境转换为宇宙论的模式同时将宇宙论转换为人的处境。说的明白一些就是，它揭示了人的存在结构与宇宙在在之间在结构上是连续不断的。”① 在这个意义上，神庙是神圣空间的象征性符号，它同时也是“神显”之物，具有一种普遍的神话宇宙论意义：神庙象征着均质的神圣空间——世界与宇宙的中心——体现了创世之际宇宙的神圣状态。“事实上，神圣空间的观念包括这样一种想法，就是重复那个元初的神显，这个神显将这个地方标示出来，切断其与周围世俗空间的联系，从而使这个地方神圣化了……因此神显并非仅仅使一块不甚起眼的世俗空间成为神圣；它还进一步确保神圣性的持续存在。在那个地方，神显重复自身。通过这种方式，空间变成力量和神圣的永不枯竭的源泉，使得人类只要进入这个空间就具有那种力量，就能够和神圣进行相互交流，这种空间通过神显而变成一个永恒的神圣‘中心’，这种基本观念主导并解释了整个复杂而详细的信仰体系。”② 当然，这种情况并不完全适应于希腊神庙，因为希腊神庙有着自己的独特属性。

一种基本的事实是，希腊神庙既是供奉诸神的圣地，也是避难所，能够保护那些逃跑的奴隶与流亡者。更为重要的是，希腊神庙“既是人与众神之间交流的场所，又是人间社团交流的中心。与众神的交流是通过祭献、浇祭、祈祷、献祭物、瞻礼以及请教神谕等形式进行的……通常，仪式结束时有一顿大餐，享用作为牺牲的牲畜。向到场的全体公民平分食物的做法形成一种规矩，旨在使社团制度化：成为加入了城邦这个政治团体的象征。很清楚，献祭是社团重要活动之一：凡拒绝参加活动者自动与城

① Mircea Eliade. “Methodological Remarks on the Study of Religious Symbolism”, in Mircea Eliade and J. M. Kitagawa, eds. *The History of Religions*: *Essays in Methodology*. Chicago: Chicago University Press, 1963, p. 103.

② ［罗马利亚］米尔恰·伊利亚德：《神圣的存在：比较宗教的范畴》，晏可佳、姚蓓琴译，广西师范大学出版社 2008 年版，第 347 页。

邦处身之外。”[①] 这就意味着历史时期的希腊神庙具有很强的现实功能，它基本上是为满足城邦社会的社会诉求而被建造的，某种程度上成为建构城邦意识形态的工具。从这个意义上说，“一座希腊神庙不是一个小宇宙，而是城邦的一部分。神庙属于精神世界及城邦社会秩序。也就说，神庙属于政治意义上的宇宙范畴，这是爱奥利亚哲学家所赋予的一个术语。同样地，一些主要城邦的大神庙起到如同公共地方（广场）或决议中心（市政厅）的宣传位置的作用，轮流管理公共事务的市政府或行政官员在此聚集。”[②] 这样一来，希腊神庙就与神话宇宙论相去甚远；相反，埃及神庙与两河流域的神庙与神话宇宙论之间具有密切的关系，关于它们起源的探讨自然被列为神话学者阐释文明起源的重要途径，而神庙的地理位置则是学者们讨论问题的起点。

20 世纪早期的一些研究者，诸如美国学者亨利・富兰克弗特，因受埃及学与亚述学的影响，并从事对埃及文两河流域的考古发掘工作，较早发现了埃及神庙地理位置的宇宙论象征意义。亨利・富兰克弗特的研究表明，不论埃及神庙建于何地，它总是被视为埃及创世神话中第一个出现的原始之丘，“事实上，每一个神庙都被设想为位于原始之丘上，这是强调参与身份和相互关系的原始倾向的另一个例子。这种设想甚至适用于埃及历史中很晚建立的神庙。因为在一个静态的世界里，一种变化，一种革新都被看作是使世界伊始就欲出现的（并因此是潜在的）实物明晰化。”[③] 需要指出的是，亨利・富兰克弗特此种观点是建立在埃及神话宇宙论的基础之上的，这里还需做简单介绍。在埃及神话中，宇宙及其秩序是神明创造的，而其标志是第一块土地即原始之丘的诞生。在古埃及的赫利奥波利斯（Heliopolis）神话中，原始之丘是天神阿图姆（Atum）的化身，诞生于原

---

① ［法］科琳娜・库蕾：《古希腊的交流》，邓丽丹译，广西师范大学出版社 2005 年版，第 46 页。

② Giulia Sissa and Marcel Detienne，Translated by Janet Lloyd. *The Daily Life of the Greek Gods*. Stanford：Stanford University Press，2000，pp. 191—192.

③ ［美］亨利・富兰克弗特：《王权与神祇（上）》，郭子林、李岩、李凤伟译，上海三联书店 2007 年版，第 220 页。

始之水，象征着宇宙与秩序的出现。[①] 当亨利·富兰克弗特做出这种结论时，伊利亚德关于神圣与世俗的观点尚未形成。因此，富兰克弗特只能从现象学视角做出描述，并将其表现形式进一步细化："神庙与原始丘的等同等于对本质的分享，并在神庙的名字中以及借助斜坡或阶梯的建筑布置等表达出来。每一个神庙都是在出口处升高，通过连续的庭院和大厅进入到圣所中。这样圣所便位于一个瞩目的点上。这个点比入口处高很多。雕像、太阳船或神的崇拜物保存下来的地方位于原始之丘上。某种证据表明，法老（本身是神）的御座也是模仿了原始之丘的形状。通过阶梯可以到达它那里，并且有时它被放在一个双层楼梯上。在文字中，单个或双层楼梯象征原始之丘。"[②]

尽管亨利·富兰克弗特没有在理论上阐释神庙与神话宇宙论之间的关系，但这并不妨碍众多的学者沿着这条现象学的路径做出更为细致的观察。学者露西娅·加伯林（Lucia Gablin）继而指出，"埃及的神庙具有反映创世时代宇宙的功效。它们往往等同于神明的地界。一座神庙的建造就是创世的再现。每一座神庙都被看作耸立在原始之丘上，并且，城市的名字反映了这些崇拜中心。譬如，孟菲斯被称为'神明出现的原始之丘'，底比斯则被称为'怒恩第一次出现的岛屿，那时世界尚是一片混沌。'"[③] 这就意味着，埃及神庙是神圣不可侵犯的，它是创世之神的化身，也是他们的居所。沿着这种视角，露西娅·加伯林的研究进一步表明，埃及神庙的建筑空间体现了神庙与创世神话之间的关系：每一座神庙的圣湖象征着创世之际的原始之水，围绕神圣区域建成的蜿蜒的波浪形泥墙则隐喻了拍打创世之丘边缘的混沌之水。[④] 不可否认，露西娅·加伯林的阐释极为细致，但它仅仅是一种基于现象学基础之上的外部研究，并没有就神庙的内部结构与埃及神话宇

① R. T. Rundle Clark. *Myth and Symbol in Ancient Egypt*. London：Thames and Hudson Inc. 1959，p. 38.

② ［美］亨利·富兰克弗特：《王权与神祇（上）》，郭子林、李岩、李凤伟译，上海三联书店 2007 年版，第 221 页。

③ Lucia Gablin. "Creation Myths"，*The Egyptian World*. Edited by Toby Wilkinson. London and New York：Roytledge，2007：296—309.

④ Ibid.

宙论之间的对应关系做相关分析。不过，这并不意味着其他研究者在此驻足不前，相反，在露西娅·加伯林之前，已经有不少学者在关注此类问题，他们的研究从另外一个方面揭示了神庙作为创世象征的神话宇宙论意义。

以学者拜伦·E. 沙斐尔（Byron E. Shafer）为代表的一批研究者指出，埃及神庙是一个微型的小宇宙，其建筑结构体现了埃及神庙宇宙论的思想。作为建筑实体的埃及神庙，它由大门、塔楼、通道、围墙、圣殿、圣湖、方尖碑、地下室等建筑物构成。尽管埃及各地神庙的外观各有不同，但上述建筑要素却是普遍存在的，它们共同建构了埃及神庙的宇宙论象征意义。以埃及新王国时期的神庙为例，其建筑布局具有浓郁的神话宇宙论意味：神庙的大门象征着太阳神每天经过的地平线，“围墙与圣湖是努恩，圣殿是首次创世之地，多柱式大厅及墙基隐喻低处的沼泽地，柱子象征着植物，天花板指代天空，地板为大地，地下室是冥府，塔楼隐喻东方地平线上的高山，轴线则是太阳运行的轨道。”① 这样看来，整个神庙的建筑及空间就是宇宙的缩影，它反映了埃及人的神话宇宙观——宇宙是天空、大地与冥府构成的三分世界，神明、人类、死者共同组成了宇宙的生命圈。这只是神庙建筑结构上的神话宇宙论意味，它同时也表明了神庙建筑空间的神话源泉。其他一些研究者的考察表明，埃及神庙的神话宇宙论意义不仅仅体现在空间布局方面，还体现在一些建筑细节上。学者兰尼·贝尔（Lanny Bell）对埃及神庙进行了考察后发现，卡尔纳克神庙（参见图 4—2、图 4—3、图 4—4）有两条主要的轴线：主轴线为东西方向，象征着太阳神每天的运行路线，另外一条为南北方向，类似于尼罗河的方向。对于卢克索神庙而言，围墙上的装饰则象征着太阳神自东而行的路线。② 这就意味着，神庙不同的建筑细节具有同样的神话宇宙论意义。拉肯黑尔德·B. 芬尼斯塔德（Racnhild Bjerre Finnestad）的研究继而补充了另外一种意义：神庙的边界象征着白天与黑暗之间的界限，生死的边界，

---

① Byron E. Shafer. “Temples, Priests, and Rituals: An Overview”, *Temples of Ancient Egypt*. edited by Byron E. Shafer, Ithaca and New York: Cornell University Press, 1997, p. 8.

② Lanny Bell. “The New Kingdom ‘Divine’ Temple: The Example of Luxor”, *Temples of Ancient Egypt*. edited by Byron E. Shafer, Ithaca and New York: Cornell University Press, 1997, pp. 158, 177.

秩序与混乱的区别。① 不可否认，以上诸种观点无疑非常富有启发性，它受惠于20世纪后半叶兴起的象征人类学及阐释人类学所开创的显微表述模式。当然，神话学对人类学的知识的借鉴及思维方式的应用并非仅仅体现在神庙的神话宇宙论象征层面，它还启发一些研究者进一步探讨埃及神庙与神明身体之间的象征关系。

图 4—2　卡尔纳克神庙廊柱

图片出自人民网，作者宋丽云，网址：http：//travel. people. com. cn/GB/156051/15037276. html。

图 4—3　埃及卢克索神庙柱厅

图片出自橡树摄影网，作者拍照去。网址：http：//www. xiangshu. com/read. php？ tid＝2369255。

① Racnhild Bjerre Finnestad. "Temples of the Ptolemaic and Roman Periods：Ancient Traditions in New Contexts", *Temples of Ancient Egypt*. edited by Byron E. Shafer，Ithaca and New York：Cornell University Press，1997，p. 210.

图 4—4　卢克索神庙塔楼

图片出自人民网，作者宋丽云，网址：http：//travel. people. com. cn/GB/ 156051/15037283. html。

基督教徒将信徒的身体视为上帝的圣殿，上帝的灵运行其中，身体因此具有了一种神圣性。中国的道家则将人的身体视为一个微型的宇宙，经过不断的修炼，清除身体之中的垃圾，这个小宇宙便不断保持一种平衡的状态，个人因而获得永恒的生命。在这里，人类的身体与圣殿、宇宙之间具有一种等同关系。一些学者的研究显示，埃及的神庙与身体之间同样具有这种象征关系，只不过它有着更为深远的神话宇宙论意义。学者埃里克·霍尔农（Erik Hornung）认为，埃及的神庙同时也是神明身体的象征，它能够被人格化，尤其在拉姆西斯时代，神庙是作为人形的神明形象而出现的。[①] 一些学者继而指出，若落实到具体的建筑结构，神庙的这种象征意义进一步体现为对造物主身体的象征化：大门象征着再生，神庙是子宫。[②] 当然，这种情况并不限于古代埃及，其他地区同样存在这种情况。赫丽生的研究表明，古代希腊同样存在这种情况，德尔菲阿波罗神庙同样是神明身体的象征，只不过它以一种特殊的形式出现：神庙中一块叫做瓮

① Erik Hornung. E. Bredeck，trans. *Idea into Image*：*Essays on Ancient Egyptian Thought*. New York：Timken Publishers，1992.

② Byron E. Shafer. "Temples，Priests，and Rituals：An Overview"，*Temples of Ancient Egypt*. edited by Byron E. Shafer，Ithaca and New York：Cornell University Press，1997，p. 8.

法罗斯的石头象征着大地的肚脐即世界的中心。[①] 埃利亚德的考察则显示，拉萨神庙在藏人眼中也是天神的肚脐的象征，因而被称为“天地枢纽’——世界中心。[②] 在这样一种神话宇宙论语境下，就像学者芬尼斯泰德所发现的那样，人们在神庙中走动就等同于在神明的身体内游走，与神明进行交流。[③] 神庙因而成为人神沟通的中介，同时能够承载神圣与世俗这两种属性的事件。

不难看出，以上各种研究的中心观点就是，神庙是一种神圣的建筑物，也是宇宙中心的象征。研究者阐释的基本模式乃是寻求神庙的原型——实在的或象征的——但均未摆脱神话原型理论及神圣与世俗二元对立的思维模式。在解读神庙建筑结构的过程中，多数学者均将神庙视为一种具有实体性的建筑，继而探讨神庙与神话宇宙论之间的关联。换言之，这些研究者关注的核心问题是“神庙是什么”，在此条目下就出现了神庙是创世圣地，神庙是世界中心，神庙是神明身体，诸如此类的话题。本质上说，“是什么”为事物外延的描述，而不是对其本质的分析，因而，“神庙是什么”关注的是神庙与神话之间的外在关系，并非是神庙属性的界定。进入21世纪之后，随着神话学自身理论的发展以及人类学关于文化共同体的不断探讨，更多的学者倾向于在一种比较的视野下进行贯通式研究，神庙研究核心话题由原来的“神庙是什么”继而被“什么是神庙”所取代，研究者由探求神庙的神话原型转向了分析神庙的神话象征符号。需要指出的一点是，这种阐释范式转换的预设前提是改变对神庙本质属性的传统看法，并且首先在措辞上有所改变。

这里要加以补充的一种事实就是，对神庙一词称呼的改变并非是基于对神庙属性的认识，而是针对西方学者所无法解决的一个难题——克里特

---

① ［英］简·艾伦·赫丽生：《古希腊宗教的社会起源》，谢世坚译，广西师范大学出版社2004年版，第395—404页。

② ［罗马利亚］米尔恰·伊利亚德：《宇宙与历史：永恒回归的神话》，杨儒宾译，（台北）联经出版事业公司2001年版，第111页。

③ Racnhild Bjerre Finnestad. “Temples of the Ptolemaic and Roman Periods：Ancient Traditions in New Contexts”, *Temples of Ancient Egypt*. edited by Byron E. Shafer, Ithaca and New York：Cornell University Press, 1997p. 219.

时期并不存在圣庙——这一争论而提出的。因为根据考古发掘，考古工作者尚未在克里特发现像近东那样具有独立意味的大型宗教性实体建筑，这一现状使得很多学者非常困惑并深感不安，他们为此将克里特的神庙称为“宫殿圣殿”、“屋舍圣殿”、“公众神殿”、“长凳神殿”、“山顶圣殿”、“洞穴圣殿”，以及“泉水圣殿”，等等，但却无法将“神庙”一词纳入克里特考古学的范畴之中。毕竟，“神庙”一词意味着一种实体性与物质性兼具的宏伟建筑，克里特的考古发掘至今未发现这类建筑物。作为一名从事多年考古发掘的考古学者兼神话学者，南诺·马瑞纳托斯敏锐地觉察到这一问题的严重性，她以一种跨文化的视角考察了近东文化中的神庙称呼与表现符号，果断地指出，“我们应该以‘神明的居所’来取代‘神庙’这种称呼，别忘了在古人的语词中，‘神庙’被称为‘神明的居所。这样我们便不再被一种特殊的建筑类型或尺寸所束缚。”[①] “神明的居所”这一词语所带来的一种关于神庙的认知就是，既然神庙是神明在人间的居住之地，那么它既可以是实体性的建筑物或建筑群，譬如，宫殿、避难所和圣殿，也可以是一些具有象征意味的实物及其符号，诸如圣树、泉水及其表现符号。

根据南诺·马瑞纳托斯的研究，“神明的居所”这一措辞指向了这些范畴：实体性建筑图与具有象征意味的概念化符号，在这样一种理念的关照下，神庙就有了各种形式：城市、宫殿、山脉、大门、祭坛、圣树、柱子、御座、石头，除此之外，还有各类符号，比如象形符号、半圆形花饰符号，神像、旗杆，等等。这样一来，南诺·马瑞纳托斯就在理论上解决了克里特没有神庙这样一个难题，由此而来的一种发现就是，克里特存在大量的神庙，可以根据类型学将其划分为两类：“其一，宫殿，其突出特征是三重门与宇宙论符号，诸如半圆形花饰及形符号；其二，露天圣殿，该类型的圣殿拥有一个而不是三个大门，其中包括一株大树或圣殿内的一块石头。”[②] 南诺·马瑞纳托斯的研究表明了这样一种事实，作为神明居所的神庙，它在图像中可以通过源自神话宇宙象征符号体系中的各种具象化

① Nanno Marinatos. *Minoan Kingship and the Solar Goddess*：*A Near Eastern Koine*. Ubbana：University of Illinois Press，2010，p. 66.

② Ibid.，p. 77.

的视觉性符号而被加以表现，诸如，象形符号，大门，柱子，圣树，石头，山脉，御座，以及圆形花饰，等等。更为重要的是，将神庙视为神明的居所这一举措，将神庙起源研究的阐释模式由原型转向了象征符号，研究者开始关注“神明是什么”这一本质论话题。由此出现的一系列问题就是，作为神明居所的神庙有哪些表现形式？作为神圣存在的神庙，其象征符号分别是什么？为何会出现这些象征符号？这些象征符号是如何形成的？上述问题是以往神庙起源研究中所没有关注的，也是今后神庙起源阐释所重点探讨的一些话题。当然，这类话题关注的就不单单是神庙空间，而是象征符号及其发生机制。这是另外一个侧层面的问题了，此处不再展开。

三　神庙仪式结构的神话宇宙论象征

20世纪后半叶出现的象征人类学的核心观点是，文化本质上为象征符号所建构，各种不同的文化体系具有不同的象征性表现符号：仪式、身体、性别、服饰、衣着、方位、图腾、神话、宗教、巫术、亲属制度，等等。一些具有反思意识的研究者，诸如，埃德蒙·罗纳德·利奇（Edmund Rronald Leech）、维克多·特纳（Victor Turner）、玛丽·道格拉斯（Mary Douglas）、克利福德·格尔兹，等等，这些人对结构人类学主张的人类象征结构的一元性主张非常反感，继而倡导人类象征结构的多元性。在研究旨趣上，这些学者多半对于仪式的象征结构，尤其是日常仪式的细节有着浓厚的兴趣。尽管在具体的一些观点上有所分歧，多数研究者达成的一种共识就是，作为人类文化体系的象征符号之一，仪式承载了人类文化及情感的历史记忆，同时又容纳了复杂的历史事实和想象。因此，仪式的分析既能够为人类学文化体系的建构提供一种活态的民族志案例，又能够充当反思传统的视觉化知识谱系。在阐释对象上，象征人类学将仪式的结构作为解读文化象征意义的主要符号，重点考察日常仪式及其符号所具有的文化象征与建构功能。比如，学者维克多·特纳对非洲中部的恩丹布人（Ndembu）的伊瑟玛（Isoma）仪式的象征符号——白鸡/红鸡、左手/右手、公鸡/母鸡、裸体/盛装、男人/女人等的分析中发现，仪式及其象征符号某种程度上充当了建构本地人关于宇宙秩序认知及情感表述的工具。“伊瑟玛仪式中的象征和它们之间存在的关系，并不只是使恩丹布人的世界变得有序的一套认知性分类体系。它们同样也是（而且也有着重要的意义）一套唤起性的工具体系，能够唤醒、引导和控制各种强烈的情感，比如仇恨、恐惧、爱慕，以及忧伤。它们同样也富有目的性，有着‘意动’的层面。在忧伤的情况下，不仅恩单布人的‘头脑’，他的整个身体都会参与到生命和死亡的存在性行为当中去，而这正是伊瑟玛仪式所要涉及的内容。”①

全面接受了象征人类学影响的神话学，尤其是神庙仪式起源研究，其阐释模式在20世纪后半叶发生了根本性的改变，研究者由原来探求仪式的神话原型继而转向了对神话仪式，特别是神庙日常仪式的结构的阐释。在研究取向上，多数学者倾向于从仪式的象征符号、结构、过程、场景、地点、时间等诸方面探讨神庙仪式与神话宇宙论之间的象征关系。在理论的应用上，神话学同时采用了维克多·特纳倡导的仪式结构思想，同时借鉴了克利福德·格尔兹的认知人类学主张，又改造了神话原型理论，最终创造了神庙仪式阐释的新模式：仪式结构的神宇宙论象征分析。催生这一阐释趋向的还有认知考古学关于情境性与边界的相关界定，但因考古学知识并非本章的阐释重点，笔者前文中有相关论述，此处不再赘言。② 若落实到具体的研究对象上，此种阐释范式首先体现在对埃及古代神庙仪式的解读上。

早期的一些神话研究者，诸如亨利·富兰克弗特这类学者，其研究旨趣往往在于探寻神庙仪式构成要素与创世神话之间的一一对应关系，从而在象征层面探讨仪式的神话宇宙论价值。亨利·富兰克弗特指出，孟菲斯神庙中举行的仪式中，仪式的主角国王其实象征着创世神话中造物主阿图

① ［英］维克多·特纳：《仪式过程：结构与反结构》，杨儒宾、黄剑波、柳博赟译，中国人民大学出版社2006年版，第41页。

② 20世纪以来，神话学在其发展过程中全面接受了两门学科的影响——人类学与考古学——前者的影响具体体现在神话学研究模式及阐释对象方面，而后者的影响主要表现在对认知考古学理论与术语的借鉴与移植上。关于考神话学对考古学理念及术语的借鉴，参见前文“神话学艺术起源新探”一节。

姆的儿子何露斯，而承载众人的大帆船则是造物主身体的象征，举行仪式的小教堂是赛特神，石灰料是奥西里斯。杰德柱子的树立象征着造物主的再生和复活，国王的战斗隐喻了创世神话中有序对于无序的战胜，捆绑已逝国王的木乃伊布料之一被称为赛特，一些线的抛撒象征着赛特骨髓的运动，另外一种紫色的布料乃是奥西里斯的象征。[①] 也就是说，孟菲斯神庙中举行的神秘仪式其实是创世神话的隐喻：通过老国王的去世，新国王获得王权，宇宙秩序得以革新，就像创世之际那样，造物主通过不断地斗争与创造，确立了宇宙及其秩序。当然，这只是神庙仪式的一种功能，实际上，神庙仪式还发挥了另外一种更为重要的功效。就像亨利·富兰克弗特特意强调的那样："我们还必须记住这样的仪式不只是具有象征性，事实上它们是宇宙事件的一部分或宇宙事件的外在表现形式，也就说它们是人类对宇宙事件的参与。从公元前三千年到希腊化时代，我们在巴比伦都能发现持续几天的新年节日。在庆祝活动中，创世的故事被咏吟，模拟的战斗被上演，在演出中国王扮演胜利的神。在埃及，我们知道几种节日的模拟战斗，这些节日的主要内容是庆祝死亡的失败以及再生或复苏。"[②] 当然，这只是亨利·富兰克弗特本人的理解，在伊利亚德眼中，这是神圣事件及神圣事件的世俗化，反映了人们渴望回归神圣的迫切心理。因为从理论上讲，"每一个宗教节日和宗教仪式都表示着对一个发生在神话中的过去、发生在'世界的开端'的神圣事件的再次现实化。对节日的宗教性参与意味着从日常的时间序列中逆出，意味着重新回归由宗教节日本身所在现实化的神圣时间之中。"[③]

需要指出的是，多数学者使用的资料往往以文献资料为主，他们援引的例子多半来自金字塔文以及纸草文书这类书写资料，即便是亨利·富兰克弗特，他关于神庙仪式的很多知识也是从金字塔文中获取的。甚至到了

① [美] 亨利·富兰克弗特：《王权与神祇（上）》，郭子林、李岩、李凤伟译，上海三联书店 2007 年版，第 187—201 页。

② [美] 亨利·富兰克弗特、约翰 A. 威尔森、[丹] 陶克尔德·雅克布森：《人类思想发展史：关于古代近东思辨思想的讨论》，郭丹彤译，黑龙江人民出版社 2005 年版，第 26 页。

③ [罗马利亚] 米尔恰·伊利亚德：《神圣与世俗》，王建光译，华夏出版社 2003 年版，第 32 页。

21世纪，部分学者关于神庙仪式的阐释也是以文献为基本资料。譬如，学者皮里杰·拉平凯伟（Pirjo Lapinkivi）关于苏美尔圣婚仪式的研究表明，尽管神庙的主角、场景与时间各不相同，但苏美尔的圣婚仪式基本是对早期创世神话宇宙论的一种展演，而他们“具有神性的国王杜穆兹，就像造物主那样带领其子民走向正义之路，他就像人民的太阳一样照亮了从黑暗中诞生的世界。”[①] 另外，早期神话学者关注的对象往往是一些较为重要的仪式，诸如王权仪式、新年仪式、圣婚这类神庙仪式，对于一些较为烦琐的日常仪式并不关心；换言之，所谓神庙仪式很大程度上是古代文献中记载的神庙仪式，而不是神庙浮雕或图像中表述的仪式。这一点与人类学关于仪式的阐释恰恰是对立的，后者将田野考察中的仪式作为阐释问题的唯一可靠证据。不过，随着象征人类学显微式“厚描”阐释模式的渗透，以及人类学关于“写文化”反思的影响，更多的神话研究者开始将目光指向了神庙仪式的细节阐释，并且使用仪式、图像等具有民族志意味的资料来解读神庙仪式及其结构中蕴含的神话宇宙论思想。当然，很多时候这种研究成果体现在具体神庙仪式的阐释中，其中尤以埃及的卢克索神庙之内举行的仪式为典型（见图4—5）。

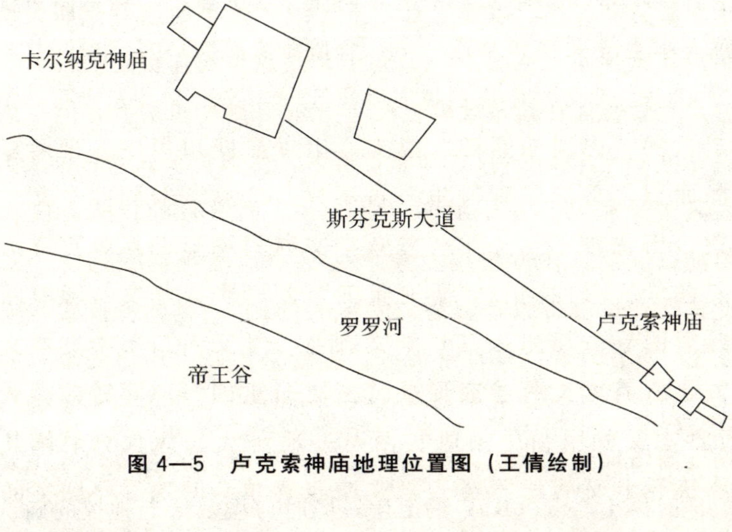

图4—5　卢克索神庙地理位置图（王倩绘制）

① Pirjo Lapinkivi. *The Sumerian Sacred Marriage*: *in The Light of Comparative Evidence*. Helsinki: Neo-Assyrian Text Corpus Project, 2004, p. 251.

卢克索神庙为新王国时期所建，后经拉美西斯二世扩建，为祭拜太阳和阿蒙及其妻子穆特（Mut）的场所。卢克索神庙位于尼罗河东部的古城底比斯附近，毗邻卡尔纳克神庙。卢克索神庙的轴线呈南部方向，与尼罗河流淌方向一致。埃及的神庙一般为自内而外建构而成，卢克索神庙也不例外。这座神庙由外而内可以分为三个部分：圣殿、柱厅、前厅。圣殿位于神庙最里面，放置神像、神器与圣船。圣殿外面是一条叫做亚历山大通道的过道，然后是一个多柱大厅。柱厅内有 32 根纸草形状的圆形大柱子，柱子分为 4 排，每排 8 根。多柱厅再过去就是一个叫做阿蒙霍特普三世的大厅，大厅长 56 米，宽 45 米，三面由双层柱廊环绕，大厅北部最初为神庙入口，后被废止。阿蒙霍特普三世大厅因一条阿蒙霍特普三世过道与多柱厅和中央大厅相连，阿蒙霍特普三世多柱大厅柱子共 14 根，每根约 16 米高，柱顶为盛开的纸草造型，非常美观。中央大厅全名为拉姆西斯二世中央大厅，长 57 米，宽 51 米，由 27 根纸草型柱子环绕，西北角有图特摩斯二世圣殿，大厅南北立有拉姆西斯二世的巨型雕像。神庙的最外面为拉姆西斯二世的塔楼，两座巨型的拉姆西斯二世巨像坐立在塔楼边，护卫着塔楼的大门。塔楼边原来有两个巨大的方尖碑，现存一座，另外一座被法国人置于巴黎协和广场。塔楼边有一条长约 3 公里的斯芬克斯大道，它曾经一度将卢克索神庙（见图 4—6）与卡尔纳克神庙连接起来。

尽管卢克索神庙在建筑规模上没有卡尔纳克神庙宏大，但在该庙举行的奥佩特（Opet festival）仪式却非常著名。奥佩特仪式乃古埃及人祭拜阿蒙—拉及其妻子穆特、儿子洪苏（khonsu）而举行的仪式，仪式极为繁复，需要加以说明。在古代埃及象形文字中，奥佩特一词为“密室”之意，因此该祭礼也就可以理解为“密室的仪式”。奥佩特仪式在埃及阿赫特（Akhet）季节的第二个月份举行，也就是埃及农历第二个月的第十五日或第十九日举行。仪式在图特摩斯三世时期为十一天，后来到拉美西斯二世时期逐渐增加到二十四天或二十七天。奥佩特的主要内容主要是庆贺阿蒙—拉神的再生与卡（Ka）的诞生，同时与埃及法老神权的确认与再生相关。仪式开始之际，众人列队从卡尔纳克神庙出发，到卢克索神庙中瞻仰其设在内部的阿蒙圣殿，然后再将其神像送回卡尔纳克神庙。在埃及法

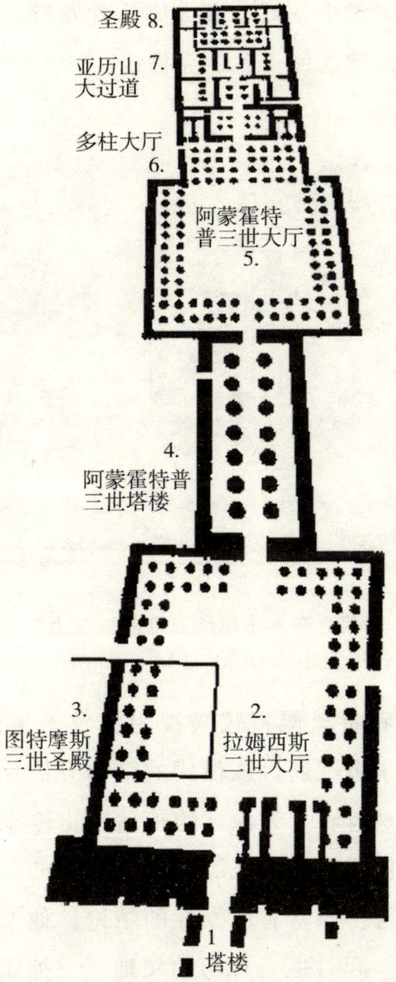

图 4—6 卢克索神庙结构图（王倩绘制）

老女哈特谢普苏特（Hatshepsut）统治时期，阿蒙神像置于船中，由脸蒙面纱的大祭司祭司在陆地上扛着送往卢克索神庙之中，达到卢克索神庙后从水路返回卡尔纳克神庙。仪式的队列极为庞大，其中有王室贵胄、祭司、舞者、歌者、乐者等艺人，还有普通民众。大祭司走在队伍的前列，手持熏香，拨弄叉玲，一行人载歌载舞，停停歇歇，最后达到卢克索神庙。抵达卢克索神庙之后，众人将阿蒙—拉、穆特及洪苏的神像置于其神殿之内，然后退去，祭司与法老进入阿蒙神殿祭拜，向阿蒙神烧香并敬献祭物。待到过往与祭司走出圣殿，众人则一片欢呼，然后尽享美食，最后再经由水路将圣船与神像送回卡尔纳克神庙。[①]

图 4—7　阿蒙之舟：卡尔纳克神庙壁画上的奥佩特仪式

图片出自：http://www.philae.nu/akhet/Opet.html，Barbara Ann Richtor 拍摄。

早期的一些研究者将奥佩特仪式视为埃及的丰产仪式或者是王权仪式，近期的一些神话学者则通过该仪式的结构分析，发现它并不是表面看上去的那样简单，而是有着更为深远的神话宇宙论意蕴。学者兰尼·贝尔指出，整个的奥佩特仪式结构都充满了创世神话的象征意味，需要仔细解读这些仪式细节后方可得出富有启发性的结论。他发现，整个卢克索神庙是一个微型的小宇宙，同时也是神明的领地——神庙之外是无序，神庙之内是秩序，而神庙之内举行的仪式模拟了宇宙秩序的图景。当仪式行进到卢克索神庙中时，要关上并打开神庙的大门（很多神庙都有两个大门，卢克索神庙也是如此）关上大门等于将混乱拒之门外，打开大门则意味着接受了新的秩序。通过大门、庭院将神像送入圣殿的过程其实是将神明送到其创世之初的地方——世界的中心——神明在那里创造了世界。而神庙内部的神殿则是神明的栖息地，圣殿之内的大门为创世神话中天空、大地与冥府交汇的地方，打开圣殿的大门象征着人类进入了创世神话中神明的领

① 所用资料源自 http：//www.philae.nu/akhet/Opet.html。

地，人类从世俗世界到了神圣世界。在奥佩特仪式中，不论是神庙的大门还是圣殿的大门均是由国王打开的，这就意味着宇宙秩序的再生与再创造。从这个角度而言，“奥佩特仪式的神话宇宙论意义非常重大，除了让国王在崇拜中扮演一定的角色之外，它还确保了卢克索造物主阿蒙—拉的再生，卡尔纳克神庙造物主再生，以及宇宙的再创造。在每年岁末之际，神明非常疲倦，农业循环已脱离其既有轨道。神明及其创造需要补给，补充新的能量。垂死的神明需要到其创造的世界去看看，选定纯洁，并控制宇宙之外那些无法操控的混乱力量，排除宇宙创造之初的那些浊气。”① 这种见地无疑富有启发性，它道出了卢克索神庙及其仪式在神话宇宙论的地位，同时也表明了二者起源于神话思维这种事实。只不过，这种结论是基于卢克索仪式的考察而提出的，很大程度上并不具备普遍性，毕竟，奥佩特仪式是埃及的重大节日，它有着既定的历史语境与现实诉求。但这并不妨碍更多的学者沿着这种方向去继续探讨其他神庙仪式的神话宇宙论意蕴，并且，很多学者已经开始探讨神庙日常仪式的细节问题。

众所周知，神庙为举行仪式之地，按照其举行频率，大致可以将仪式分为两类：庆典仪式与日常仪式。以上所列各类仪式研究皆为庆典仪式，同时也是一些较为重大的仪式，它们是神话学者关注的重点。近期的一些学者开始将目光转向神庙的日常仪式，它们试图从中发现些普遍性的规律，从个案的阐释中找到具有共性的东西。学者拉肯黑尔德·B. 芬尼斯塔德指出，埃及神庙的日常仪式主要可以分为三类：日出仪式、正午仪式与日落仪式。每一种仪式背后都隐含了一种古老的神话宇宙论思想。设在埃德福（Edfu）的何露斯神庙中也不例外，它每天早上的接神仪式看似简单，实际上却充满神话象征意味。早上接神仪式中颂唱的歌曲实际上是赞美神明创世的功绩，以及神明自身诞生的过程；开门仪式象征着白天战胜了黑夜，造物主从黑暗中升起，世界秩序开始更新。“晨祭涉及

---

① Lanny Bell. “The New Kingdom ‘Divine’ Temple: The Example of Luxor”, *Temples of Ancient Egypt*. edited by Byron E. Shafer, Ithaca and New York: Cornell University Press, 1997, p. 157.

三个主要的概念：看见神明，神明的出现，神明的到来。这些概念相互补充交织，皆属于一种宗教的宇宙论，即在宇宙中的阳光是一种有神性的，至关重要的创造性因素。太阳神每天不断更新，就在此时，世界在太阳神的再生中诞生，与神明一起出现。”① 这样看来，整个的晨祭仪式其实是一个关于造物主如何诞生，宇宙如何更新的神话叙述。芬尼斯塔德继而断言：“造物主如何到来，世界如何存在于其光线中，这是神庙仪式的主题。各种建筑、图像、文本与仪式的叙述传递了关于阳光的一种宗教价值观。”②

需要加以说明的是，上述这种显微式的考察某种程度上并不具备普遍性，但对于神庙仪式的阐释却具有极大的启发性，它使众多读者看到了神庙仪式乃至于神庙建制背后的神话宇宙论思想。明显能够看出，神庙仪式的结构分析其实是借鉴了结构人类学关于结构由深层结构与表层结构建构而成的观点，将仪式视为一种整体性符号而加以分析，继而寻找神庙仪式符号与神话宇宙论之间的对应关系。仪式由各种因素组成，其中包括仪式的场地、空间结构、时间结构、进程、服饰、食物、乐器、舞蹈、祷文、器物、道具、主体、观众、祭物、路线，等等。这些要素与神话之间具有何种关联？它们是怎样选定并被建构的？这些因素在仪式发挥了怎样的功效？为何要选定这些因素作为仪式的主要内容？上述这些问题都是神庙仪式起源研究需要探讨的问题，也是未来神庙阐释的新问题。至于这种阐释方式是否适用于中国与其他国家神庙的研究，还需要时间的进一步检验。最为重要的一点就是，研究者在阐释过程中必须具备一种比较的视野，能够在不同的仪式行为及符号中看到其共性，并运用一种跨文化的整体性视角解读这些神庙仪式背后蕴含的神话思想。毕竟，在前哲学时代，神话是人类思考宇宙及其存在的主要方式，它是人类思想的最初源泉。

---

① Racnhild Bjerre Finnestad. “Temples of the Ptolemaic and Roman Periods：Ancient Traditions in New Contexts”，*Temples of Ancient Egypt*. edited by Byron E. Shafer，Ithaca and New York：Cornell University Press，1997，p. 207.

② Ibid.，p. 213.

四 小结

20世纪以来的神庙起源研究某种程度上在走着一条“转向人类学”的整体性阐释之路，较之于19世纪的语言学阐释套路，它明显具有人类学视野学维度。也就是说，神庙仪式的发生机制问题开始进入研究者的视野，仪式与神话之间的问题继而成为探讨的核心问题，其中尤以神庙仪式的空间与时间起源问题为主题。神话研究者全面吸收了人类学关于仪式的理论与方法，并以一种人类学阐释的模式探讨神庙与神话宇宙论之间的因果关系。另一方面，这种人类学转向并非是研究视角与方法的借鉴，而是人类学思维模式的全面转换。说得具体一些就是，20世纪尤其是20世纪后半叶的神庙起源研究，已经突破了欧洲中心主义的阐释模式，转向了对埃及神庙与两河流域神庙的全面探讨。早期那种以希腊神庙为中心的阐释模式被以埃及和近东神庙为主体的比较研究所取代，甚至以南诺·马瑞纳托斯为代表的部分学者开始以一种近东文化共同体的比较视角考察米诺神庙与埃及神庙、苏美尔神庙、叙利亚神庙之间的共性问题。非欧洲中心主义视角的转化使得神庙研究取得了巨大的突破，过去很长时间内难以解决的问题得到了解决。譬如，米诺时代有无宫殿的疑难问题因南诺·马瑞纳托斯倡导的近东文明共同体理念的提出而得以解决，神庙作为建筑实体的理念而随之改变。

根本上说，此种“眼光向东”的研究模式与人类学文化相对主义密不可分，同时与反思人类学关于文化及历史书写问题的探讨不可分割。美国人类学者埃里克·沃尔夫曾经指出，新时代的历史书写“必须超越我们用来描述西方历史的惯常手法，必须考虑西方人民和非西方人民是如何共同参与这个世界性进程的。人类学家考察的大多数群体长期以来就一直卷入由欧洲扩张造成的变迁当中，而且他们对这些变迁同样是贡献甚巨。我们再也不能仅仅满足于只书写一种‘胜者为王’的历史，或者只满足于书写被支配族群的屈服史了。社会史学家和历史社会学家已经表明，普通大众虽然确实是历史过程的牺牲品和沉默的证人，但他们同样也是历史过程的积极主体。因此，我们必须发掘没有‘历史的人民’的历史——‘原始人’、农民、劳工、移民以及被征服的少数族群的鲜活历史”。[①] 神庙起源研究“眼光向东”的非欧洲中心主义阐释转向正是此种人类学思潮影响的结果。

当然，神庙起源研究的人类学转向并非仅仅是人类学思潮影响所致，它同时与神话学自身理论与方法的不断发展有关，更与神话学与人类学、考古学、符号学等诸学科的互动与对话密不可分。本质上说，神庙起源研究已经不单单属于神话学，它还是宗教学、哲学、人类学，乃至于考古学和经济学等学科探讨的话题。跨学科甚至是破学科的研究趋向越来越明显，也越来越迫切，单纯的神话学阐释已经不能满足神庙起源的问题，一些话题的探讨需要借助于人文社会科学方法与理论，同时也需要自然科学的帮助。

第三节　英雄与神谕：希腊土地制度起源研究的两种模式

一　问题的提出

首先需要注意的是，关于希腊土地制度起源的研究存在多种模式，并非只有两种范式，任何一位研究者均可从不同的视角对其加以阐释并归纳出各种研究模式。毕竟，“模式是人为建构出来的，因而或多或少有些武断。而且，好比从不同的角度，光可以说成是波或者粒子，对其他现象也可以从两个甚至更多的角度作出富有成效的阐释。也就是说，可以使用两种或者更多的不同模式来阐释。”[②] 譬如，旅居美国的犹太学者马丁·伯纳尔根据希腊历史叙述的架构，将西方学界近百年关于希腊文明起源的研究

① ［美］埃里克·沃尔夫：《欧洲与没有历史的人民》，赵柄祥、刘传珠、杨玉静译，上海世纪出版集团、上海人民出版社2006年版，第1—2页。

② ［美］马丁·伯纳尔：《黑色雅典娜导言》，载于陈恒主编《历史与当下》，李霞译，上海三联书店2005年版，第98—99页。

划分为两种模式，即古代模式与雅利安模式。[①] 本书所强调的英雄模式与神谕模式，指的是从神话学视角出发而做出的阐释框架，并非是从其他学科视角出发而形成的叙述范式。

之所以将神话学关于希腊土地制度起源研究划分为上述两种基本模式，乃是基于如下考虑：首先，现存的希腊土地制度起源表述看似真实，实则多半系虚构，更多地是从神话视角做出的一种富有成效的叙述性建构。以希腊在非洲北部利比亚的殖民地锡兰尼（Cyrene）而言，该地的土地起源叙述带有明显的神话创造色彩。从品达的《德尔菲人》到希罗多德的《历史》，阿波罗尼乌斯的《阿尔戈英雄》，以及卡利马科斯（Callimachus）的《阿波罗颂歌》，上述这些文本中皆有关于锡兰尼殖民地起源的叙述。尽管叙述的侧重点与采用的手段各不相同，但都表述了这样一种事实：锡兰尼是在神谕呼召下而建立的，它源自神明的旨意。本质上讲，这种土地起源的叙述其实是神话式的，因为它将希腊在非洲的殖民地锡兰尼归结于神明的干预与神谕的导引，土地起源从而成为神话叙述创造的产物。其次，就希腊土地起源叙述的内容而言，主要涉及两种神话形象：英雄与神明。英雄的历险伴随着希腊殖民地的扩张，比如，希腊英雄赫拉克勒斯的历险伴有一系列对异国的殖民行为，阿耳戈斯英雄们寻找金羊毛的过程中征服了一些东方的国家。而神明对土地扩张的允许乃是通过神谕发布的，像希腊联军对特洛伊发动的十年战争，以及希腊人在利比亚的锡兰尼殖民地的建造，等等。可以这样断言，英雄的历险与神话神谕的发布促成了希腊土地的扩张，它们某种程度上成为希腊土地制度的叙述性起源。考虑到上述两个层面的叙述特征，笔者将希腊土地起源叙述研究称为英雄模式与神谕模式，以突出神话叙述的创造性功能。

本质上讲，不论是英雄模式还是神谕模式，其根本目的乃是将神话从其虚构属性中解放出来，继而还原神话作为文化编码的本相，并在历史语境中考察神话具有的集体认同与文化整合功能。因为长久以来，“神

---

① Martin Bernal. *Black Athena*：*The Afroasiatic Roots of Classical Civilization*. Volume 1，The Fabrication of Ancient Greece 1785—1985. London：Free Association Books，1987，introduction.

话和历史一直都被定义为两种相对立的基本范畴，好像神话都是编造的、纯虚构的，因而看起来仅仅是对所发生事实的虚假描述，而历史则是一种严肃而可信的对实际所发生的解释，这在经验主义的来源和话语范畴内是名副其实的。批判的历史学家们，从修昔底德到兰克，还有他们的现代追随者傲慢地视神话为对历史事实完全原始和虚构的表达，他们普遍地不能解释在这些古老的历史的理解和作品的模式下，心理和历史条件所形成的原因，亦无法解释他们所接受的更高的形而上学的真理，以及从根本上，他们为何仍坚持某种集体主义想象和所有宗教、民族国家和文明的文化传统的原因。"[①] 英雄模式与神谕模式要解决的一个根本问题乃是，神话与历史之间具有怎样的关联？换言之，神话如何进入历史并成为建构历史的基本要素？较之于现代传统史学将神话视为虚构叙述的观点，英雄模式与神谕模式的表述的基本观点乃是，历史通过话语叙述进入并成为神话叙述的一种要素。达成这种目标的路径很多，其中不乏富有功效的手段，譬如，统治者通过族谱叙述而建构国家领土空间，统治者借助于神谕发布创建海外殖民地，利用英雄历险神话扩展国家的版图，等等。在这种思维模式下，神话与历史就具有了一种新的关系："神话和历史是近亲，因为二者都通过讲述某种故事而说明事情的原委。"[②] 可以将这种观点称为神话历史（Mythistory），即历史的神话属性。"神话历史是现代史学生成的本质属性，因为像所有现代艺术与人文科学一样，它由对神话的认知组成。"[③] 其阐释的基本任务就是将神话作为建构历史意识形态与集体身份的重要手段而重新评估：英雄历险故事究竟表达了怎样的政治意图？共同祖先和领土的神话有何种现实诉求？为何殖民地的建立都伴有神谕的发布？

不可否认，英雄模式与神谕模式并非存在本质性区别，因为词语之间具

① Joseph Mali. *Mythistory*：*The Making of a Modern Historiography*. Chicago：The University of Chicago Press，2003，p. xii.

② William H. McNeill. *Mythistory and Other Essays*. Chicago and London：The University of Chicago Press，1986，p. 3.

③ Joseph Mali. *Mythistory*：*The Making of a Modern Historiography*. Chicago：The University of Chicago Press，2003，p. xii.

有不可避免的含糊性，其使用亦如此。根本上讲，英雄模式与神谕模式都是表述希腊土地制度起源研究的词语，只不过前者强调土地扩张过程中英雄的历险行为，而神谕模式则突出神明在土地叙述建构中扮演的操控角色。当然，二者之间在叙述内容方面具有某种叠合性，某些英雄的历险同时伴随着神谕的指示，甚至神明在游历的过程中也存在不同程度的风险。譬如，卡德摩斯在为寻找妹妹欧罗巴的过程中经历了一系列的历险，并在神谕的指示下建立了忒拜城。需要加以指出的是，英雄模式某种程度上强调希腊土地制度生成的过程，而神谕模式则突出希腊海外殖民地的建立，二者的叙述重点各有不同。在生成时间上，英雄模式与神谕模式各有其起点，但却经历了不同的发展过程。关于这一点，下文会逐一分析与阐释，此处不赘述。

二 英雄模式

英雄模式考察的核心内容为英雄神话与希腊土地制度起源之间的因果关系，尤其是英雄神话所具有的政治功能。英雄模式试图探讨的一个问题就是，英雄历险故事与希腊土地扩展之间具有何种关系？或者说，为何希腊神话中具有众多的英雄历险故事？这个问题看似简单，实则非常重要，因为它探讨的是神话背后的意识形态，亦即英雄神话所发挥的意识形态建构功能问题。在这样一种情况下，多半研究者将英雄历险神话视为政治神话，由此揭示神话与政治、神话与权力、神话与意识形态之间的互动关系。在此过程中，研究者眼中的神话性质发生了根本性的变化：它不再是一种纯粹虚构的故事，也不是具有神圣性的叙述文本，而是一种历史的叙述框架，成为建构历史的主要手段。需要强调的是，在通常情况下，英雄模式并不探讨历史的虚构性或神话性，而是考察英雄神话或神话的真实性，以及英雄神话在具体历史语境中所具有的政治功能："在传统文明的内部，所有构成集体智力结构和精神层面的东西中，它都起着作用，以求建构、分类、系统化、消化、建设一种共同的思想，一种共享的学问。"[①]

① ［法］让—皮埃尔·韦尔南：《神话与政治之间》，余中先译，生活·读书·新知三联书店2005年版，第341—342页。

尽管希腊神话中充斥着各类英雄历险故事，但英雄模式阐释问题的范式却具有统一性，有着基本类似思路与解读程序。首先，研究者确定神话中英雄的社会属性，其中包括英雄的身份、地位，以及英雄的家谱，某些情况下还要考察英雄神话的发生地。其次，从不同的英雄神话中找出共同的主题或故事情节，比如，征服异国土地或斩杀妖怪之类的历险主题，以及迎娶女人之类的故事情节，等等。在此过程中，阐释者要确定神话故事或主题发生的时间与空间，尤其是地理空间范围，以便在具体分析中加入相关的历史因素。最后，根据不同的英雄故事，确定该神话在既定社会中具有的功能，并进一步探讨神话背后的意识形态建构问题。此种范式具有不同形式的版本，而学者妮科尔·洛劳克丝关于希腊英雄忒修斯神话的阐释模式堪称典范。在阐释英雄神话的过程中，妮科尔·洛劳克丝首先确定了忒修斯作为雅典国王的身份，并一一考察了他从特罗伊真到雅典历险先后经过的地方，诸如麦加拉、厄琉西斯等地。然后，妮科尔·洛劳克丝指出，就在特修斯途经上述地方时，他先后杀死了强盗珀里斐忒斯（Periphetes）、辛尼斯（Sinnis）、斯卡戎（Sciron）等人，这些强盗生活在雅典之外的文明世界，杀死这些强盗象征着雅典对其他城市土地的征服。最后，妮科尔·洛劳克丝总结了忒修斯历险神话蕴含的现实诉求：征服雅典城邦之外的土地，为雅典占有这些地方提供话语基础。[①] 需要指出的是，英雄模式并不是在短时期内形成的，它经历了一个从认识英雄神话属性到阐释其神话功能的过程，在此期间，研究者解读英雄神话的视角各有不同，其关注的问题因此也有所差异。

早期的一些学者，诸如马丁·尼尔森，开始注意到英雄神话的政治属性。尼尔森指出，对于希腊人而言，英雄神话不是虚构的故事，而是他们的古代历史。从根本上说，英雄神话之所以被创造出来，乃是为了满足一些民族与部落的现实性诉求。诸如忒修斯、赫拉克勒斯历险的神话，以及许多关于城镇与土地起源的名祖神话，皆具有政治意味。这些神话之所以被创造出来，是为了满足政治宣传的意图。或者可以这样说，“英雄神话

① Nicole Loraux，Selina Stewart，trans. *Born of the Earth*：*Myth and Politics in Athens*. Ithaca and London：Cornell University Press，2000，pp. 36—38.

服务于证明对一个国家或地域的拥有，它们服务于占领一个城市领域的合法性论证，以及发表一些政治舆论的合理表述……其中的一些是为了证明对一些领土的占有，另外一些之所以被创造出来，是为了将来的领土扩张而做一种宣称。”[①] 除此之外，马丁·尼尔森还将英雄历险神话进一步细分为雅典神话、祖先神话与名祖神话。并指出这类神话在具体的历史语境中所具有的政治功能。在这里，尼尔森强调了英雄神话的政治属性与政治功能，但他并没有将其称为政治神话，在使用“政治神话”这一词语时，马丁·尼尔森显然非常谨慎，某些时候，他宁愿将部分英雄历险神话称为创建神话而不是政治神话，比如，卡德摩斯创建忒拜城的神话，他认为这是一则地道的创建神话。因为在他看来，某些英雄历险神话相当古老，神话在城市之前就已经出现了。这些关于土地与城邦创建的神话并不具有政治属性，因此无法将其称为政治神话。[②] 从英雄模式这一称呼来看，马丁·尼尔森显然并不是其创造者，但他关于英雄历险神话与希腊政治、历史之间具有真实关联的观点却颇具启发性，使在他之后的不少研究者开始关注神话如何进入历史这一话题。甚至妮科尔·洛劳克丝这类后起学者在论证神话与历史之间的关系时，这样宣称：“神话与英雄故事是希腊历史意识编撰的一个有机组成部分；这一点已无需强调。”[③] 在关于英雄历险这一主题上，马丁·尼尔森并没有就故事情节的类同性做出更多阐释，他仅仅指出，安菲翁（Amphion）和仄托斯（Zethus）兄弟俩建造忒拜城墙的神话与另外一些英雄历险故事，诸如居鲁士（Cyrus）的故事，具有一些共同的叙述要素：“神话中的兄弟俩被抛弃到荒郊野外，快要饿死之际，他们被牧羊人搭救，这种情况正如路斯，瑞穆斯或居鲁士的遭遇。”[④] 尽管如此，尼尔森关于英雄历险神话通过英雄族谱叙述的形式

---

① Martin P. Nilsson. *Cults, Myths, Oracles, and Politics in Ancient Greece*. New York: Cooper Square Publishers, Inc, 1972, p. 49.

② Martin P. Nilsson. *The Mycenaean Origin of Greek Mythology*. Berkeley: University of California Press, 1972, pp. 122—123.

③ Nicole Loraux, Selina Stewart, trans. *Born of the Earth: Myth and Politics in Athens*. Ithaca and London: Cornell University Press, 2000, p. 36.

④ Martin P. Nilsson. *The Mycenaean Origin of Greek Mythology*. Berkeley: University of California Press, 1972, p. 124.

进入历史这一观点却对后世学者产生了很大影响，更多的学者开始关注名祖神话的政治内涵，并在此基础上探讨英雄族谱与土地起源叙述之间的关系。

后起的新史学带给西方史学界的一种挑战性观点就是，对于当下而言，历史并不存在，它已经消失了，人类永远无法回到过去，只能借助于各种保留下来的历史痕迹而认知历史：文本、图像、仪式、实物，等等。或者可以说，历史是多面的，它同时具有双重属性：真实与虚构。在这样一种语境下，不少历史研究者将神话纳入历史研究的范畴之中，希望从神话中寻找历史虚构性的一面。这些研究者最终要解决的问题不是神话的真实性，就像唐纳德·R. 凯利（Donald R. Kelley）先生所宣称的那样，“如何把神话恢复到历史条件之下——如何从‘遥远过去’传说的背后找回真实。”[①] 恰恰相反，他们要做的乃是，如何从神话般的历史表述中发现历史的虚构性即神话因素。与这种研究范式相对立的乃是，神话研究者恰恰从新史学的历史观中看到了神话在建构历史过程所具有的真实性属性，他们将神话视为历史的叙述性源头，在此基础上探讨神话如何通过英雄神话建构历史，并在历史时期发挥塑造意识形态的功能。追随尼尔森的一些神话学者利用新史学的研究路径，并结合尼尔森的英雄族谱叙述观点，对希腊神话进行了一些颇具成效的尝试性解读。

学者罗伯特·帕克指出，神话是历史的产物，也是历史时期人们的公共文化财产。因此，在阐释神话的内涵时，必须将其置于具体的历史语境中。就雅典的早期神话而言，它是雅典地区独有的一种现象。在这些神话中，城市的起源与典章制度构成其主题。也就是说，雅典的早期神话，其中包括雅典第一代国王与第二代国王的神话，本质上是政治神话。这些英雄神话表述的不是雅典人祖先的故事，而是关于雅典的早期历史，是为了满足公元前 4 世纪雅典的政治诉求而被创造出来的。“这则神话同样支持了雅典人以土生人而自豪的观点。实际上它还表明了一种狡猾的主张，即雅典人是从土地诞生的，同时保存了‘受祝福的神之子’

① ［美］唐纳德·R. 凯利：《多面的历史：从希罗多德到赫尔德的历史探寻》，李霞译，生活·读书·新知三联书店 2003 年版，第 29 页。

这种称呼。通常而言，在语言中，‘土生人’这一词语多少含有与‘移民’对立的‘土著’这一意思：神话以一种强烈的逻辑直观主义的方式阐释了‘本土性’这一概念，就像它从本土的大地里自然诞生的一样。在相信此种观念时，雅典人可能是对的，即他们比周围的希腊民族要更为长久地占有了这片土地。从历史的现实性视角而言，雅典人创造了每个国家想要的东西，一则神话使得自己的市民以自己的出生为自豪，没有哪一个民族会如此。土生人的理念是集体功利主义的一种形式。雅典人集体藐视其他民族（首先是多里安人），就像贵族瞧不起平民一样。可以这样说，雅典人是希腊唯一合法的居民，其他所有的民族都是移民，他们是一群带有异族血统的乌合之众……只有雅典人与他们的土地之间具有一种儿子与母亲之间的关系；他们比其他的希腊人都要地道，因为他们通过长子继承而不是攫取获得了土地；他们甚至是平等地出生的，因为他们在同一片大地里诞生。”[①] 帕克的意思很明白，雅典诸王土生的神话实为政治神话，它强调了雅典人对雅典土地拥有权的合法性，同时也表明了雅典土地制度的神圣源头。较之于尼尔森，帕克更愿意将此类神话称为政治神话，只不过他更加注重神话的情境性，将神话纳入其生成语境中考察。帕克的阐释模式强调的一个核心问题就是，作为虚构故事的神话如何进入真实的历史？他的考察给出的回答是，神话通过英雄族谱的方式参与了雅典历史的叙述，某种程度上，神话创造了一个伪历史架构而参与民族或国家意识形态的建构。较之于新史学研究者，帕克强调神话的真实性在建构历史过程中发挥的塑造性作用：神话远远早于历史而存在，神话是历史的史前史，作为神圣叙述的神话比任何历史要素都具有凝聚力，它是人类精神与文化共同体的源头。

本质上讲，帕克的英雄模式强调雅典土生人神话的政治属性，倾向于从寻找历史的神话叙述源头这一话题探讨雅典诸王神话。另一方面，文明起源问题并非只是追寻文明源头与发生，它还要探讨文明发生的过程与动力机制问题，同时要考察各项制度的传承。在雅典土生人这一神话主题

---

① Robert Parker. "Myths of Early Athens", *Interpretations of Greek Mythology*. Edited by Jan Bremmer, London: Routledge, 1988, pp. 194—195.

下，更多的学者倾向于从土地制度的变迁视角解读它。学者肯·道登（Ken Dowden）对早期雅典的名祖神话进行考察后指出，早期雅典诸王诞生的神话，诸如第一位国王刻克洛普斯，及第二位国王厄里克托尼俄斯或厄瑞克透斯的故事，这些故事强调了雅典人与雅典娜女神之间存在的亲近关系。表面看来，这是雅典人对其纯正血统所做的一种神话叙述，实际上，雅典人关于两位国王的神话讲述了雅典土地制度的继承问题，它强调了雅典土地制度从一位神性国王传到另外一位神性国王手中的事实，此类英雄族谱的故事表述的不是英雄族谱的神圣性，而是土地制度的延续性。“本地的族谱是持续性故事的一种虚构，这实际上是一种静止状态的描述，叙述了它是如何从过去延续到当下的。”① 肯·道登试图通过英雄族谱叙述阐释雅典土地制度的继承问题：它如何从雅典的第一位国王刻克洛普斯那里，传承到雅典第二代国王厄里克托尼俄斯或厄瑞克透斯那里，在继承土地制度的过程中，雅典人如何保护了土地制度的神圣性。肯·道登要探讨的内容已不再局限于英雄神话的政治性，他要考察的还有英雄历险背后的历史性问题，即英雄族谱如何与土地制度叙述有机结合，创造出一个具有神圣性的历史事件——雅典土地制度的起源与继承。不难看出，肯·道登关注试图从雅典土生人神话中找到神话进入历史的途径，关键之处是确定神话的性质。在他看来神话尤其是希腊神话，“是一个民族的遗产。希腊神话的体系是所有献身其中的人的沟通工具。只有那些能够辨别神话的人才是希腊人，就像只有说希腊语的人才是希腊人一样。一个族群在其神庙上雕刻了一则神话，它要告知的对象不是自己的群体，而是那些参观神庙的人。”② 这就意味着，肯·道登眼中的希腊神话具有表述族群身份与意识形态的功效，而雅典的土生人神话结构微妙地服务于雅典人关于土地起源的概念性机制与价值体系。

一种普遍的事实就是，历史时期的希腊城邦基本上是男人的世界，而雅典的民主也只属于雅典公民，并不属于全体雅典居民。“从字源上来说，‘公民’原意为属于城邦的人。不过，在古代希腊的任何时代任何城

① Ken Dowden. *The Uses of Greek Mythology*. London and New York：Routledge，1992，p. 87.

② Ibid.，p. 170.

邦，它决不是指全体成年居民而言。妇女不是公民，奴隶不是公民，农奴不是公民，边区居民不是公民，外邦人也不是公民。”① 作为城邦空间要素的土地，其所有权自然也不属于妇女，它是成年男性的专有物。那么，在叙述这种男性独享的土地制度起源时，希腊神话是如何表述的呢？这是近期的一些神话学者所关心的问题，也是希腊土地制度起源研究中异常关键的话题，因为涉及希腊城邦土地制度的继承。妮科尔·洛劳克丝的研究范式表明，就土地制度的继承而言，雅典神话提供了一个极为典型的例子。妮科尔·洛劳克丝断言，第一，雅典的土生人神话表明了这样一种观点，土地诞生的是男性而不是女性。土地之中诞生了雅典的第一代国王与第二代国王，却没有诞生女性。尽管大地是女性的，但她却只诞生女性而不是男性。人类第一位女性潘多拉是火神创造的，而不是从土地中出生的，这就表明了雅典土地的功能是诞生男性公民而不是女性公民；第二，雅典的土地制度是男性而不是女性创造的。雅典第一代国王克洛普斯选择了雅典娜女神而不是波塞冬作为城邦的保护神，这就意味着雅典城邦制度是男性的。因为雅典娜女神是从宙斯脑袋而不是女人的子宫中诞生的。因此，雅典的土地制度必然属于男性而不是女性；第三，雅典的土地所有权必然由男性公民继承，女性是没有土地继承权的。雅典的第一代国王克洛普斯是大地女神盖亚的儿子，而第二位国王厄里克托尼俄斯则是雅典娜与火神赫怀斯托斯的儿子，二者后来成为雅典城的国王，也成为雅典土地的拥有者。除此之外，雅典的土生人神话并没有叙述女性拥有雅典土地的故事，这就表明了雅典土地制度应该由男性来继承。② 说到底，妮科尔·洛劳克丝的英雄模式关注核心是雅典土地制度与性别之间的关系，她以一种性别社会学的知识阐释了雅典早期诸王神话的社会学内涵。当论及神话与历史之间的关系时，妮科尔·洛劳克丝的态度非常明确，她果断断言：“官方宗教举行最盛大的仪式关注厄里克托尼俄斯的诞生，这种富有声望祖先的历史是

---

① 顾准：《希腊城邦制度——读希腊史笔记》，中国社会科学出版社 1982 年版，第 11 页。

② Nicole Loraux，Selina Stewart，trans. *Born of the Earth*：*Myth and Politics in Athens*. Ithaca and London：Cornell University Press，2000，pp. 1—39.

雅典神话话语有机体的一个组成部分，它在泛雅典时期的神秘仪式中占据了绝对重要的地位。”[①] 也就是说，雅典早期历史是雅典神话的一个组成部分，神话性是历史的本质属性。这种观点非常接近后来的学者们提出的神话历史概念，只不过妮科尔·洛劳克丝并没有明确使用神话历史这一词语而已。

从相关的研究中能够看出，20 世纪 90 年代之前的神话学者较为关注雅典早期诸王诞生神话所具有的社会学意义。不少研究者倾向于从起源学的视角关注神话所具有的功能，认为神话的主要功效就在于阐释事物的起源。不可否认，这种观点明显带有功能主义的色彩，同时颇受列维—斯特劳斯所倡导的神话具有文化整合功能这一观点的影响。甚至妮科尔·洛劳克丝这类学者在认识到雅典神话的与其历史之间的关联之后，还发出了这样的感叹：“如果与起源无关，神话就什么也不是。”[②] 不过，20 世纪后期的神话研究者并未局限于雅典土生人神话这一主题，而是从更多的英雄神话入手，继而探讨英雄神话与土地起源制度起源之间的关系。这些学者给英雄模式带来的一种革新就是，他们抛弃了早期研究者使用的英雄历险神话这一术语，继而以领土神话（territorial myth）与土地神话（land myth）这类语词取代之。甚至诸如艾拉德·马尔金（Irad Malkin）这样一些神话学者针对领土神话与土地神话之间的差别做了精确界定：“领土神话表达了群体与其所居住的或渴望拥有的政治性既定土地之间的关联；土地神话通常以地名的谱系为主要特征，说明国家与自然景观之间的关系。”[③] 较之于 20 世纪前半叶的英雄历险神话，这样的定义明显带有一种功能主义的意味，因为它是从族群和政治两个维度对英雄神话进行分类与界定的。土地神话与领土神话这两个概念的革新效果在于，它以土地与领土为核心来阐释英雄历险神话，其研究对象不再局限于英雄，还包括神明、祖先，乃至于妖怪这类神话形象。单就这一

---

① Nicole Loraux，Selina Stewart，trans. *Born of the Earth：Myth and Politics in Athens*. Ithaca and London：Cornell University Press，2000，p. 33.

② Ibid.，p. 4.

③ Irad Malkin. “The Polis between Myths of Land and Territory”，*The Role of Religion in the Early Greek Polis*. Edited by Robin Hägg，Stockholm：Åström，1996：7—19，p. 7.

点而言，英雄模式的内涵就发生了很大变化，其阐释方式带有十足的祛魅意味。

就领土神话而言，英雄模式要解决的一个问题是，为何希腊神话中充斥着众多的英雄历险故事主题？寻找答案的关键是确定这些神话的生成时间。学者琼·M. 戴维森（Jean M. Davison）指出，“这类神话在公元前8—6世纪的希腊本土较为流行，某种程度上，历险神话反映了人们对于地理学的兴致，它通过探险、掠夺、贸易、殖民等行为得以进行。”① 熟悉希腊历史的人都知道，公元前8—6世纪这个时间段较为特殊，因为它是希腊城邦制度最后形成的时间，也是希腊殖民地制度走向成熟的时期，希腊母邦与殖民地城市之间的殖民与被殖民关系正式确定。历险神话在这个时期生成，并非是历史的偶然，而是有着非常现实的政治诉求。戴维森认为，这些历险神话的主角多半为希腊各个民族的祖先，也是希腊城邦的创建者，而他们所经过的地方，多半为异国的土地，美丽富饶，但同时充满了危险性的因素：要么被妖怪所占据，要么居住着蛮族，但历险者最后终于通过或征服了这些地方。学者艾拉德·马尔金指出，表面看来，这类神话讲述的是英雄的历险故事，其实它以英雄历险为主题，表述了希腊领土与殖民地的开辟过程。“在两个世纪之内（公元前8—6世纪），神话的地方化开始向西移动，每一个神话都伴随着领土的获得或者殖民地的建立（伊拉萨、巴凯、欧赫斯皮瑞德斯）。神话附加到土地上的附加物遵循着一定的挑战与响应模式：比如，一旦伊拉萨（Irasa）获得胜利，神话就迁移到了新的边界。”② 那么，神话为何要讲述这类故事呢？答案非常简单：将希腊领土与殖民地的开拓合法化并真实化。需要指出的是，后期的英雄模式在阐释历险故事时，其研究对象已经不再局限于英雄，部分神话学中甚至将神明妖怪纳入其研究对象。比如，学者琼·M. 戴维森就将希腊神话中的伊俄作为研究对象，深入

① Jean M. Davison. “Myth and the Periphery”, *Myth and the Polis*. Edited by Dora C. Pozzi and John M. Wickersham, Ithaca and London: Cornell University Press, 1991: 49—63.

② Irad Malkin. “The Polis between Myths of Land and Territory”, *The Role of Religion in the Early Greek Polis*. Edited by Robin Hägg, Stockholm: Åström, 1996: 7—19, p. 7.

阐释伊俄流浪神话的意义："对于公元前6—5世纪的希腊人而言，伊俄流浪神话的意义就在于，它将传统族谱真实化和合法化了，而传统族谱恰恰是他们的历史所依靠的——一定程度上他们能够发现自己与伊俄之间具有关联。"①

表面看来，英雄模式是一种阐释方式，它解释了历险神话与土地之间制度起源之间的关联。但实际上，英雄模式是一种神话认识论，它反映了神话学者对神话本质属性的理解，以及神话与历史之间的关联的认知。不难看出，多半神话研究者将神话视为一种独立于历史而存在的范畴，它因其独特表述世界的方式而与历史发生关联。学者们达成的一种普遍的共识就是，一方面，神话是虚构的叙述，凭借其具有的文化整合功能参与历史的建构，使得历史具有某种虚构性；另一方面，神话是历史的史前史，神话性是历史的本质属性。

三　神谕模式

神谕模式指的是探讨神谕与土地起源之间关系的一种阐释方式，它强调神谕对希腊政治的塑造性作用。这类模式通常将神谕视为神话话语的一个组成部分，阐释神谕在特定历史语境与历史事件中发挥的功效。神谕模式带有明显的功能主义色彩，其阐释者多半使用马林诺夫斯基倡导的"特许证"神话理论解读神谕，重点考察它与政治制度，尤其是殖民土地制度之间的关联。本质上说，这种阐释模式依然在考察神话与历史之间的关系，只不过多数研究者采用了历史分析的情境性原则，注重从时间与空间两个维度出发考察神话文本。较之于英雄模式，神谕模式要解决的一个问题就是，历史如何进入神话？回答该问题的逻辑起点是，神谕是什么？或者可以说，神谕是历史现象还是神话话语？它在历史进程或神话话语中具有怎样的地位？换言之，神谕模式关注的既不是历史的属性，也不是神话的性质，而是历史进入神话的路径问题，只不过它以神谕为载体。

① Jean M. Davison. "Myth and the Periphery", *Myth and the Polis*. Edited by Dora C. Pozzi and John M. Wickersham, Ithaca and London: Cornell University Press, 1991, 49—63.

这样还要解决的一个疑问就是，为何神谕会成为学者们探讨问题的焦点？关于这一点，我们可以从两个方面加以理解。首先，神谕，尤其是希腊神谕，在古代社会占有极为重要的地位，它与人们的生活乃至于整个的社会生活具有不可分割的关系。在古代希腊，神谕是人们寻求神意的主要途径，神谕规范并决定了人类生活的方方面面：城邦的建造，王权的兴衰，战争的胜利与否，灾难的出现，祭礼的进行，政策法规的制定，等等。只要读一读希罗多德的《历史》便会知道这一点，更不用说荷马史诗或赫西俄德的文本。甚至我们在米诺时期的金戒指上发现了人们寻求神谕的场景：通灵者通过依靠圣石、摇动或触摸大树、梦幻等各种方式感知神意，并利用昆虫、蝴蝶与鸟类、流星等各类异象占卜与预言。[①] 其次，考古发掘为神谕的解读提供了不可或缺的实证性材料。19 世纪以法国考古学家为主体的考古队，在德尔菲进行了一系列考古发掘，他们发掘出大量的神庙与相关建筑，这些建筑物为希腊神谕发布的重要场所。考古学界继而以德尔菲为主题进行了考古学探讨，而德尔菲神谕则是学者讨论的主要话题。这种探讨对史学与神话学产生了较大影响，同时为神谕的深入阐释提供了考古学资料。

当然，神谕模式在其初始阶段，并没有探讨神话与历史之间的关联度问题，它首先阐释的是神谕的属性与类型。早期的一些学者，诸如赫伯特·威廉·帕克（Herbert William Parke）与唐纳德·欧内斯特·沃梅尔（Donald Ernest WilsonWormell）等人，他们所从事的是一些关于神谕的整理性工作，其中包括在众多的希腊与拉丁文献资料中整理出 615 条德尔菲神谕。[②] 甚至赫伯特·威廉·帕克先生后来的论著《希腊神谕》也是基于前期工作而做出的关于希腊神谕的整理。[③] 在整理神谕的基础上，帕克与沃梅尔二人将德尔菲神谕分为两类：历史的与虚构的。当然，这样一种关于神谕的分类似乎关注的是神谕的属性，而不是神谕的类型问题，

① Nanno Marinatos. *Minoan Kingship and the Solar Goddess*: *A Near Eastern Koine*. Urbana：University of Illinois Press，2010，pp. 88—94.

② Herbert William Parke and Donald Ernest Wilson Wormell. *The Dephic Oracle*. Oxford：Basil Blackwell，1956.

③ Herbert William Parke. *Greek Oracles*. London：Huchinson University Lubrary，1967.

因为它根据真实与虚构这种二元对立的模式来归类，而真实与非真实仅仅是一种主观的感觉，并非是客观的存在。在美国学者约瑟夫·方廷罗斯（Joseph Fontenrose）那里，神谕的归类问题才得到真正意义上的探讨。约瑟夫·方廷罗斯基于神谕的存在方式，将其分为四种类型：历史的、准历史的、传说的、虚构的。[①] 本质上讲，这种研究探讨的是神谕的历史性问题，即将神谕视为一种历史现象，以史学的实证研究方式对其加以阐释。多数学者对神谕的真实性较为关注，而忽略了神谕的虚构性。实际上，虚构性恰恰是神谕的本质属性，也是其进入神话范畴的有力工具，并成为建构历史神话性的一种方式，只不过早期的学者并没有意识到这个问题而已。

一种普遍的事实就是，在关于神谕的分类与整理中，多数学者将目光投向了希腊宗教圣地德尔菲，他们关于神谕的基础性工作也因此集中在德尔菲神谕上。帕克与沃梅尔二人共同编撰的《德尔菲神谕》一书开启了这方面的先河，约瑟夫·方廷罗斯同样将其研究对象定位在德尔菲神谕上，写出了《德尔菲神谕：回应与操作》这样具有实证性性质的论著。甚至马丁·尼尔森这类学者在划分神谕的类型时，也在不自觉地沿袭众人的归类法，将希腊神谕分为德尔菲神谕与匿名神谕。[②] 不难看出，德尔菲神谕成为研究者关注的重点，德尔菲神谕问题也成为20世纪神谕研究的核心问题。为何是德尔菲神谕？回答这个问题并不困难，关键之处在于理解德尔菲在希腊宗教中所占据的地位。

就地理位置而言，德尔菲位于希腊中部，为希腊的地理中心。但德尔菲并不因其地理位置的优越而成为神谕研究的中心，更为重要的是它在希腊宗教乃至于希腊精神中的地位。早期的德尔菲因崇拜大地女神盖亚而出名，后来阿波罗取代了盖亚的地位，德尔菲神谕便以阿波罗的名义而发出。历史时期的德尔菲因发布神谕而出名，德尔菲神谕也成为指

---

① Joseph Fontenrose. *The Delphic Oracle: Its Responses and Operations*. Berkeley: University of California Press, 1978, p. 5.

② Martin P. Nilsson. *Cults, Myths, Oracles, and Politics in Ancient Greece*. New York: Cooper Square Publishers, Inc, 1972, pp. 123—142.

导希腊私人生活与社会生活的向导。希腊政治制度的指定、战争的胜利、仪式的举行、城邦的建造、殖民地的建立，几乎所有的政治事件都与德尔菲神谕相关。某种程度上，德尔菲已经成为希腊人精神中心，也是希腊人依靠的精神圣地。正是基于德尔菲及其神谕在希腊历史时期的重要地位，多数学者将德尔菲神谕作为重要的研究对象。这种趋向一直持续到 20 世纪后半叶，甚至学者艾拉德·马尔金在其论著《古希腊宗教与殖民地》一书中专门开辟一章探讨德尔菲神谕对希腊殖民地建立者的影响。[①] 即便是在 21 世纪，亦有部分学者对德尔菲神谕有着浓郁的研究兴趣，譬如，休·鲍登（Hugn Bowden）写出了《古代雅典与德尔菲神谕：占卜与民主》这样的学术论著。[②] 尽管对德尔菲神谕持有浓厚的兴趣，后来的一些研究者并没有沿着早期学者的学术路径前进，即对神谕资料的整理与归类，他们在前人研究的基础上，开始探讨神谕在历史时期发挥的功能。这样的工作在 20 世纪 70 年代就已经开始了，起步较早的当属马丁·尼尔森。

众所周知，希腊神话起源于口传时代，并且，那个时代的人们深信神话就是他们的历史，此时的神话自然不会带有任何的政治意味。尼尔森断言，“在公元前 6 世纪，具有鲜明政治意味的神话或被雅典人改编之后的神话开始出现，其目的是维护其政治主张。在这个时代，神话是一种鲜活的现实，人们对此深信不疑。因此，神话被人们加以利用成为一种颇具积极功效的武器，以此用来宣扬政治主张。波斯战争之后的这个世纪，情况大为改变。历史学者开始书写历史，他们通过系统化与理性化两种路径将希腊历史从神话中分离出来。理性化总是意味着一种批评，至少是一种无言的批评。悲剧家根据其意图改编神话及其形式，他们使神话成为改变未来的主导因素。神话不再依靠口头传统而存在于人们的思想之中；它们一方面依靠学习，另一方面依靠诗人的虚构得以传承。

① Irad Malkin. *Religion and Colonization in Ancient Greece*. Leiden：E. J. Brill，1987，Part One，“The Founders of Colonies and Apollo’s Oracles”，pp. 17—88.

② Hugn Bowden. *Classical Athens and the Delphic Oracle*：*Divination and Democracy*. Cambridge：Cambridge University Press，2005.

不过神话的政治功效并未终止，我们在后来时代看到了很多例子，但神话更多地被那些受过教育的人而不是普通大众所使用。还有另外一种最为重要的东西被用来宣传政治意图，它深深存在于人们的记忆深处。那就是神谕，它在文明的城邦时代被精心使用。”[①] 不难看出，尼尔森认为神谕是独立于神话而存在的一种范畴，但在宣称雅典政治宣言方面，神谕具有与神话类似的功效，即将雅典的政治宣言合法化。尼尔森眼中的神谕与神话基本没有任何关系，却与历史和政治之间具有密切关联。但他却没有回答这样一个问题：神谕为何具有建构政治宣言的功能？或者说，神谕凭借什么而参与了当时雅典城邦的建构？它是通过何种方式而进入历史的？

确切地说，德尔菲神谕参与希腊政治的时间在公元前 8 世纪到公元前 4 世纪，这个时段恰恰是希腊城邦的繁荣期。并且，德尔菲神谕参与希腊历史是通过殖民地的创建而进行的。多数学者对此达成的一种共识就是，既然德尔菲不是希腊的政治中心，而是宗教中心，那么德尔菲神谕自然就是宗教现象，它属于宗教参与历史的范畴。学者艾拉德·马尔金认为，德尔菲神谕“为希腊殖民地的创建提供了具体的和象征性的框架，通过圣殿的建造、祭礼的确立，圣火的传递，神圣日历的规范化，以及祭坛的建造，等等。”[②] 这种阐释方式基本为结构主义与功能主义的做法，其核心是作为宗教现象德尔菲神谕在具体的历史语境中发挥的功效。进一步说，这种功能主义的解释方式基本为一种外向型的研究，它倾向于关注德尔菲神谕与外部世界的关联：战争、殖民地、政治事件，而不是神谕内部的结构关系。或者可以这样理解，研究者依然关注的是神谕与历史之间的外部关联，而不是神谕自身的叙述结构。

在解构主义之前，史学工作者一直将史学视为一种严肃的科学研究，他们认为，历史就是真实的事件，史学因此属于或应该属于一种精确的科学。此种理念使得 19 世纪以来历史家们试图使他们的学科在一个科学

---

① Martin P. Nilsson. *Cults, Myths, Oracles, and Politics in Ancient Greece*. New York: Cooper Square Publishers, Inc, 1972, p. 123.

② Irad Malkin. *Religion and Colonization in Ancient Greece*. Leiden: E. J. Brill, 1987, p. 1.

的时代受到知识界的尊重，也使得他们将历史与神话划分为两种截然不同的范畴。“后启蒙运动的历史编撰学的普遍趋势就是要把神话从‘确实发生过的东西’的记录中根除。因此，历史学家中对‘神话’一词最为盛行的做法就是将其视为一种显然错误的解释方式。”① 不过，随着新史学的产生，以及人类学关于“写文化”的反思，这种科学主义的历史观便很快得到了颠覆与解构，不少学者分别从各自的研究领域发出了不同的声音。马修·约翰逊断言，过去与现在之间存在一条无法跨越的鸿沟：“我们无法触摸到、观察到或者感觉到过去，过去已经完全逝去……所有的陈述都是在此时、此地和现在提出来的，正如我所写出的和您所读到的。它们不属于过去。只有在虚构的小说中或者当你相信鬼魂之说时，过去和现在才可能既相互冲突又相互融合。”② 这就意味着，历史及其研究也不过是在建构一个已经消失的过去，不管历史学家如何努力，使用何种方法，他们根本无法通过有限的资料而复原过去并使得人们回到过去。

更为重要的是，更多的学者意识到，历史研究不过是一种诗学研究，因为不可能有纯粹的历史，即不带任何个人观点也不为任何人服务的历史事实本身。可以设想得出的最客观的历史仍不免是一种选材和一种诠释，它必定受制于某种特殊的兴趣和基于某种特殊的信仰。那么，历史编撰就是对已经消失的过去的叙述与再建构。在这个层面上，学者海登·怀特指出，“史学家表现出一种本质上是诗性的行为。他预构了历史领域，并将它设置成施展其特定理论的场所，他正式用这种理论来说明在该领域中‘实际发生了什么’。接下来，这种预构行为可能采用许多形式，这是一些用他们得以形成的语言模式来描述的类型。”③ 那么，就学科范畴而言，历史研究就具有与艺术、文学等学科一样的诗学性质。这种认识使得海登·怀特更为果断地断言：“历史在当今意义上不是，也永远不可

① ［美］彼得·赫斯：《神话、历史和理论》，陈启能、倪为国主编《书写历史》，李宇靖译，上海三联书店2003年版，第115—131页。

② ［美］马修·约翰逊：《考古学理论导论》，魏峻译，岳麓书社2005年版，第14—15页。

③ ［美］海登·怀特：《元史学：19世纪欧洲的历史想象》，陈新译，译林出版社2004年版，第2页。

能是一门科学。承认这点是有益的，并且，认为历史解释的不同模式包含着政治的、伦理的暗示而不固守客观性、公正性标准也是有益的，在整个历史学编撰史上，这种客观性、公正性的标准在突破时期比在保守时期更为人们所重视。”① 上述这些关于历史及其编撰的新认识使得更多的学者开始重新思考并审视历史与神话的本质属性，对二者的界定也随之发生了变化。

威廉·H. 麦克尼尔（William H. McNeill.）指出，某种程度上，科学的历史学本身只不过是一种与公认的假设相关的信仰体系。不幸的是，包括科学在内的所有体系都是神话式的。“我们所熟知的历史记载，都是以各种人类集团无休止的兴衰起落为内容，每个集团都以它自己的信仰、理想和传统为团结的纽带。从古代苏美尔和法老的埃及到近代，派别、宗教、部落、国家的内聚力的基础都是共享的真理。今天，人类社会依然分裂成及其众多、各个有别的集团，每个集团都信奉它自己的真理，以此真理对待自己以及成员之外的人。一切都表明这种社会的和意识形态的分裂会无限期地延续下去。”② 在这样一种情境下，每一个集团都将其信奉的体系称为真理，而将其他集团的信仰系统视为神话。在后现代时期，被奉为真理的历史不过是神话历史，历史学家能够尽力去做的，只能在“终极真理、一般真理和神话之间达到较好的平衡。关于人类行为永恒的、普遍的终极真理是一个不可企及的目标，不管它作为一种理想是如何讨人喜欢。”③ 尽管麦克尼尔没有就历史与神话的概念做具体界定，但关于历史与神话的理解使得他认识到，历史与神话皆因通过讲述故事去说明事物的起源而具有类同性，二者堪称近亲。也正是在这种认识论基础上，另外一位美国学者彼得·赫斯做出了这样一种论断：所谓历史，就是“‘对过去发生的事物的叙述’和‘过去发生的事物’。‘神

---

① ［美］海登·怀特：《旧事重提：“历史编撰史艺术还是科学?”》，陈启能、倪为国主编《书写历史》，陈恒译，上海三联书店 2003 年版，第 27 页。

② ［美］威廉·H. 麦克尼尔：《神话—历史：真理、神话、历史和历史学家》，《现代史学的挑战：美国历史协会主席演说集》，王加丰译，中国美国史研究会编，王建华等译，上海人民出版社 1990 年版，第 475—488 页。

③ 同上。

话'一词相比之下较难定义……当我们立足于'神话'这种哲学和批判的意义之上时，我们可以把它定义为一组经常处于叙述形式之中的，未经批判地被一种文化或语言社群所接受的，并服务于建立或证实它的自我概念的假设。'神话'在这种意义上包括太多的传统故事和一些当代文学，也包括诸如表演性摔跤、一些广告等的'文本'。在更为普遍的意义上，它包括任何一组自身的'真实性'，不需要通过逻各斯来证明的相关的陈述。"① 当然，这些关于历史与神话的界定某种程度上是对神话与历史的后现代界定，并非是基于神话与历史的史前史而提出的一种理解，它并不妨碍更多的学者对历史与神话的本质属性进行更为彻底的反思。

法国学者克劳德·卡莱默（Claude Calame）指出，现代科学对许多范畴与概念的界定基本上都是基于一种非常功利的现代性诉求而出发的，神话与历史也不例外。就神话的概念而言，它是现代科学的一个范畴，类似于传统的"发明"。"当我们论及神话时，神话本身并不存在，也不与任何一种普遍的文化现实相对应。本质上，神话只是现代人类学学者出于怀疑状态所发明出来的一个概念，后来希腊人自己逐渐认可了它，因为在希腊传统中，神话是指希腊历史现实中一些确切的情节。就这种传统而言，'传奇'与'历史'是对等的：对希腊人而言，一种叙述的可信度不在于它与现实保持一致，而是在于它对其精神的凝聚力做了一种判断。自然，希腊人发明了所谓的'神话'这个概念，但他们的神话概念与现代人类学学者所接受的共识（communis opinio）性神话概念迥然不同。离开了纯粹的欧洲中心主义视角，我们称之为神话的东西既没有本质也没有真实性可言。"② 明显能够看出，克劳德·卡莱默并不赞同后现代学者倡导的神话与历史观，更不满意他们对神话概念所做的本质主义的界定，因为他们将神话与历史从其历史情境中剥离出来，继而使得

---

① ［美］彼得·赫斯：《神话、历史和理论》，陈启能、倪为国主编《书写历史》，李宇靖译，上海三联书店 2003 年版，第 115—131 页。

② Claude Calame. "Narrating the Foundation of a City: The Symbolic Birth of Cyrene", *Approaches to Greek Myth*. Edited by Lowell Edmunds. Baltimore: The Johns Hopkins University Press, 1990: 277—340.

二者失去了存在的文化土壤。在他看来，如果非要界定神话与历史，并探讨二者之间的关系，一种较为可行的途径就是，将神话与历史置于其生成语境中，在此基础上进行切实可行的话语分析。正是这样一种情境下，克劳德·卡莱默的神谕模式开始出现。这种神谕模式有别于20世纪多数学者的神谕模式，因为其基本出发点不是探求神谕在构建希腊殖民地过程中发挥的功效，而是以此为线索探寻神话与历史之间的互动关系。

在现代学术界，不论是神话抑或历史，二者都首先作为一种范畴而出现，而从范畴到范畴，或者从概念到概念的界定基本上都是一种本质主义的做法，任何抽空概念存在的历史语境所做的任何考察均毫无意义。基于此种认识论，克劳德·卡莱默将希腊殖民地锡兰尼创建的神谕纳入考察范围，以此作为阐释历史与神话概念的个案。锡兰尼位于今天利比亚北部地区，曾经为希腊人殖民地。多数考古学者都赞同这样一种观点，即希腊人在公元前7世纪后半期创建了锡兰尼殖民地。在希腊人相关的文本中，关于锡兰尼的表述涉及品达的《德尔菲人》，希罗多德的《历史》，阿波罗尼乌斯的《阿尔戈英雄》、卡雷马科斯（Callimachus）的《阿波罗颂歌》。克劳德·卡莱默指出，尽管各个文本叙述的锡兰尼殖民地创建的过程与细节各不相同，但从叙述学的视角来看，它们却具有一些相同之处：第一，叙述动作的发送者均为神明，神谕是在神明的授意下发出的；第二，神谕的接受者为人类，具体说来应该是英雄，也就是殖民地的创建者。第三，叙述中的语义要素涉及泥土与矿物元素，这些均与锡兰尼的土地相关。这些叙述上的相同之处说明，锡兰尼殖民地的建立是出于神意而不是人类的意愿，希腊人的殖民是受到德尔菲神明保佑的一种行为。也就是说，神话中关于锡兰尼的叙述为希腊殖民地锡兰尼的建立提供了象征性的框架。更为重要的是，关于锡兰尼的叙述不单单是希腊神话话语的一部分，它还是希腊历史的构成部分。那么，关于锡兰尼的神话说明了什么？克劳德·卡莱默的立场非常鲜明：第一，“不论是历史般的历史还是传奇般的历史，它总是被在当下发挥功能的叙述所建构起来的。”[①] 第二，“从品达的《德尔菲人》到卡雷马科斯的《阿波罗颂歌》，通过希罗多德的《历史》，以及《创建协议》，生于巴凯（Barce）的麦涅克勒斯（Menecles）的历史，或者阿波罗尼乌斯的《阿尔戈英雄》，锡兰尼殖民地的传奇故事经历了不同的发展，但这些不同的版本并没有呈现我们所理解的那种从神话到历史的轮廓。此处并不存在从秘索思到神话的理性化转换。”[②] 第三，“在古希腊，如同别处一样，连接过去的唯一途径便是象征。从希腊‘秘索思’到希腊神话的成功制造，在调节时代的混乱状况方面，体现了希腊人的诗性创造；神话又在表述过去的同时关照了现实，从而发挥出其调停社会的功能。”[③] 这样看来，克劳德·卡莱默眼中的历史与神话是两个不同的范畴，但它在古代希腊那里并无明显界限，相反，二者是交织在一起的。较之于历史，神话更富有弹性，它可以因其特殊属性而进入历史与当下，发挥着调节社会的功能。就锡兰尼殖民地叙述而言，神话是历史的源头，作为神话话语的历史仅仅是神话叙述的一个组成部分。

神谕模式的这一发展过程某种程度上是神话学自身发展的产物，其中涉及研究者关于神话概念及其属性的认知转换。这一转换过程中出现了一个重要的阐释原则，那就是情境性。这是克劳德·卡莱默所极力倡导的主张。这一原则的提出标志着神话学研究问题的逻辑起点从本质论转向了存在论，从范畴到范畴界定神话的阐释传统被摒弃，现象学的考察模式开始步入神话研究领域。表面看来，情境性原则是神话研究的方法论，因为它提倡研究者将问题置于历史语境中加以阐释，但实际上，这种主张反映了神话学关于神话属性的理解的改变，它否认了神话作为一种自古至今概念的存在，而宁愿将其理解为现代学者的创造物。因此，情境性原则应该是21世纪神话学认识论转换的标准，也是整个西方神话学文明探源最为本质

① Claude Calame. “Narrating the Foundation of a City：The Symbolic Birth of Cyrene”, *Approaches to Greek Myth*. Edited by Lowell Edmunds. Baltimore：The Johns Hopkins University Press，1990：277—340.

② Claude Calame，Daniel W. Berman，trans. Myth *and History in Ancient Greece*：*The Symbolic Creation of a Colony*. Princeton：Princeton University Press，2003，p. 114.

③ Ibid.，p. 119.

的转变。

四 小结

就阐释内容而言，英雄模式强调英雄历险神话与希腊土地起源之间的因果关系，而神谕则倾向于探寻神谕神话与希腊殖民地起源之间的关联。本质上说，英雄模式与神谕模式要寻找的是希腊土地起源叙述背后的动力机制问题。20 世纪以来众多学者的研究表明，促使希腊人表述希腊土地起源的动力乃是希腊神话所具有调节社会秩序与文化差异的功能。在表述希腊土地及其起源的过程中，希腊神话为前者提供了象征性框架。或者说，希腊神话为希腊土地及其机制生成提供了叙述性源头。神话不仅仅为希腊殖民地的开辟提供了话语的合法性，还为希腊土地制度的起源创造了一种具有历史性的叙述源头。

撇开内容方面的差异，英雄模式与神谕模式最终要解决的一个共同问题是，神话与历史究竟具有怎样的关联？这里涉及的话题非常广泛，其中包括如下一些疑难问题：什么是神话？神话的本质属性是什么？神话如何进入历史？什么是历史？历史是如何被叙述并建构的？就神话与历史的概念而言，多数学者摒弃了科学的神话与历史理念，继而以一种现象学的视角审视神话与历史，站在一种存在论的立场上界定二者内涵。尽管问题的探讨与其生成语境之间具有不可分割的关系，对于某既定情境中问题的探讨并不妨碍多数学者达成共识：作为两种不同的存在范畴，神话与历史之间并无明显界限，在科学意识尚不发达的历史时期，尤其在古代希腊，英雄神话就是古希腊人的历史。并且，作为神话话语的历史，不可避免地带有神话性，神话性是其本质属性。套用一句较为流行的学术话语就是，神话历史是历史的本相，神话因其象征性而进入历史，并为历史叙述提供了象征性框架。

一种普遍的趋向就是，就在多数学者从神话学视角探求希腊土地起源的叙述性结构过程中，神话学自身经历了从方法论到认识论的转变。情境性原则的提出不仅仅更新了神话学文明起源研究的阐释路径，并且改变了神话学者惯常的神话观。本质主义的阐释模式继而被存在论的分析范式所取代，而其背后的理论依据则源自人类学与考古学。作为一门交叉性学科，神话学与其他学科之间保持了频繁的交往，对人类学与考古学理论的借鉴最终使得神话学摸索出一套颇具效力的土地起源阐释模式。认识论与宇宙观相关，意味着神话学对于神话及其他相关事物本质属性认知的改变，此种转换必将对未来神话学及相关学科研究范式带来深远影响，也许这样的期盼更具挑战性。

第五章　余论

第一节　比较神话学文明探源证据法及可能性意义

一　四重证据法

就理论依据而言，比较神话学文明起源路径研究中所说的证据法直接源自中国人文科学研究的方法论，即四重证据法。因此，在探讨比较神话学文明探源证据法之前，必须对四重证据法做深入阐释。当然，有限的篇幅内不可能面面俱到，本书仅仅就证据间性与阐释效力做相关探讨。

作为一门新兴的交叉学科，文学人类学侧重于从跨科学、跨文化的整体性视野看待中国文学及其现象，其基本旨趣在于颠覆长久以来西方文本主义主宰的文学观，重构以“文学共同体”为中心的中国本土的文学理念及框架，继而还原本土文学的本来面目。[①] 作为文学人类学文学观的“文学共同体”，其目的是重构中国本土的文学框架，以一种现象学的视角还原本土文学的本相，那么，实现这一宏伟意图的基本路径是什么？那就是“四重证据法”，这也是文学人类学研究的主要方法，确切地说，应该是一种研究范式。所谓“四重证据”，指的是如下四个方面的研究资料：其一，传世文献及传统文字训诂，谓之第一重证据；其二，传

① 叶舒宪：《文学人类学教程》，中国社会科学出版社 2010 年版，第 94—102 页。

世文献中所没有的新出土文字资料，包括甲骨文、金文及竹简帛书等书写文献，这是第二重证据；其三，汉语传世文献和出土文献之外的、具有人类学特色的材料，包括民间口传叙事、仪式、礼俗、民俗学、民族学提供的跨文化资料，这是第三重证据；其四，考古出土的和传世的实物及其图像，这些为第四重证据。叶舒先先生曾这样概括四重证据："从研究方法上概括，笔者主张将文化研究的多重叙事概念与国学研究的所谓四重证据法联系起来：一重证据指传世文献；二重证据指出土文献和文字；三重证据指人类学的口传与非物质文化遗产方面，包括民俗学的民族学的大量参照材料；四重证据指图像和实物。若着眼于叙事学的角度，也可以将文化书写（writingeulture）方式划分成五种：（1）口传叙事；（2）传世的文字文本叙事；（3）出土的文字文本叙事；（4）图像叙事与物的叙事；（5）仪式和表演的叙事。"[①] 叶舒宪先生之所以将整合这些资料的研究方法之为"四重证据法"，意在突出该方法论的本土阐释效力及对古史研究方法的更新作用。表面看来，"四重证据法"似乎有一种工具论的色彩，从命名上可以看出这一意味，因为叶舒宪先生将其称之为"立体"释古的主要方法。但实际上，"四重证据法"不单是一种方法论意义上的古史重构路径，而是人类学重构本土文学的框架的基本路径，其背后是"文学共同体"这一宏观文学理念。这一点从叶舒宪先生本人列出的四重证据法与证据法、文化文本的五重叙述对照表中（表 2、表 3）[②] 可以看出。从这两张表中可以明显看出，支撑"四重证据法"的是作为文化叙事的"文学共同体"观念，只不过这里强调了现象学层面的文学现象，而没有更多地凸显多民族文学观这一概念。不难看出，按照这种对文学的理解，文学人类学的"四重证据"对应的是文学的三种存在样态：文本文学、口传文学、活态文学（其表现形式有图像叙事、仪式叙事及物的叙事）。"四重证据法"是研究各种文学存在形式的基本方法，其阐释效力远远大于那些从西方理论中借用的文本批评模式。这方面的实例不需多列，单看近期文学人类学学者及叶舒宪本人多年

① 叶舒宪：《物的叙事：中华文明探源的四重证据法》，《兰州大学学报》2010 年第 6 期。

② 叶舒宪：《文学人类学教程》，中国社会科学出版社 2010 年版，第 376 页。

的相关研究成果就明白了。[1] 相关功能对照如表 5—1、表 5—2 所示。

表 5—1　　　　考据学与证据法的功能对照

考据学方法分类	证据法分类	文化—符号学的叙事分类
1. 一重证据	书证（间接）	文字叙事
2. 二重证据	书证（直接）	文字叙事
3. 三重证据	证词或旁证	口传叙事　仪式叙事
4. 四重证据	物证或图像证	物的叙事　图像叙事

表 5—2　　　　文化五重文本叙事与四重证据对照

文化—符号学的叙事分类	考据学方法分类	证据法分类
1. 文字叙事	一重证据，二重证据	人证之书证
2. 口传叙事	三重证据	人证之证词
3. 图像叙事	四重证据	物证
4. 物的叙事	四重证据	物证
5. 仪式（礼乐）叙事	三、四重证据	人证＋物证

① 文学人类学的发展经过了几代学人的努力，早期的文学人类学研究者，诸如郑振铎、闻一多、周作人、茅盾、鲁迅等人，主要借用西方的人类学视角来研究中国文学，并没有从事真正意义上的田野考察。到了近期，文学人类学研究取得了丰硕的研究成果，这方面的成就主要包括如下一些论著：方克强：《文学人类学批评》，上海社会科学院出版社 1992 年版；萧兵：《楚辞》的文化破译，湖北人民出版社 1991 年版；萧兵：《中庸》的文化审察，湖北人民出版社 1997 年版；萧兵：《孔子诗论的文化推绎》，湖北长江出版集团、湖北人民出版社 2006 年版；萧兵：《美人鱼》，上海文艺出版社 2007 年版；萧兵：《蝴蝶梦》，上海文艺出版社 2007 年版；叶舒宪：《英雄与太阳：中国上古史诗原型重构》，上海社会科学院出版社 1991 年版；叶舒宪：《文学人类学探索》，广西师范大学出版社 1997 年版；叶舒宪：《诗经》的文化阐释，湖北人民出版社 1994 年版；叶舒宪：《老子》的文化解读，（合著），湖北人民出版社 1994 年版；叶舒宪：《高唐神女与维纳斯》，中国社会科学出版社 1997 年版；叶舒宪主编：《文学与治疗》，社会科学文献出版社 1999 年版；叶舒宪：《山海经》文化寻踪，（合著），湖北人民出版社 2004 年版；叶舒宪：《千面女神》，上海社会科学院出版社 2004 年版；叶舒宪：《神话意象》，北京大学出版社 2007 年版；叶舒宪：《熊图腾》，上海锦绣文章出版社 2007 年版；叶舒宪：《河西走廊》，云南教育出版社 2008 年版；叶舒宪：《文学人类学教程》，中国社会科学出版社 2010 年版；徐新建：《民歌与国学——民国早期“歌谣运动”的回顾与思考》，四川出版集团、巴蜀书社 2006 年版；徐新建：《苗疆考察记：〈在田野中寻找本文〉》，上海文艺出版社 1997 年版；徐新建主编：《灾难与人文关怀——“汶川地震”的文学人类学纪实》，四川大学出版社 2009 年版；彭兆荣：《文学与仪式：文学人类学的一个文化视野》，北京大学出版社 2004 年版；彭兆荣：《人类学仪式的理论与实践》，民族出版社 2007 年版；潘年英：《在田野中自觉》，民族出版社 2006 年版；程金城：《中国文学原型论》，甘肃人民美术出版社 2008 年版；杨朴：《二人转的文化阐释》，文化艺术出版社 2007 年版；乌日古木勒，《蒙古突厥史诗人生仪礼原型》，民族出版社 2007 年版；黄中祥：《传承方式与演唱传统—哈萨克族民间演唱艺人调查研究》，民族出版社 2009 年版；夏敏：《喜马拉雅山地歌谣与仪式：诗歌发生学的个案研究》，黑龙江人民出版社 2005 年版；史忠义、户思社、叶舒宪主编：《国际文学人类学》，百花文艺出版社 2006 年版；（中国台北）高莉芬：《绝唱——汉代歌诗人类学》，台北里仁书局 2008 年版；（中国台北）巴苏亚·博伊哲努：《台湾原住民的口传文学》，台北常民文化事业股份有限公司 1996 年版；（中国台北）巴苏亚·博伊哲努：《叙事性口传文学的表述》，台北里仁书局 2001 年版。

需要指出的是，“四重证据法”的说法是在“三重证据法”的基础上提出的，而后者并非始于叶舒宪本人，它是中国古史研究的几代学人共同努力的结果。先是王国维提出了“二重证据法”的说法[①]，后有郭沫若、闻一多、郑振铎、顾颉刚、张光直、饶宗颐等人的努力，使得叶舒宪有机会提出“三重证据法”与“四重证据法。”值得一提的是，叶氏“第四重证据”的提出标志着文学人类学研究范式的图像学转向，其背后是叶舒宪本人对历史、文学书写模式的质疑与反思。叶氏指出：“提出第四重证据法的理论依据，一方面是呼应人类学的‘物质文化’研究潮流，另一方面也是顺应着新史学走出单一的文本资料限制，在权力叙事的霸权话语之外，重构人类文化史和民俗生活史的方法潮流。在这些新材料探索方面，需要研究者明确的问题有：物的叙事和图像叙事，在何种程度上足以替代文字叙事呢？人类学和考古学对无文字社会的文化重构经验，在何种程度上适用于有文字社会呢？第四重证据和第一重证据所给出的信息发生出入甚至相互矛盾时，该如何权衡辨识，处理其各自的可信性或不可信性。”[②] 从这些主张及其阐释实践来看，叶舒宪先生的“四重证据法”中“第四重证据”占有绝对的优势，它在阐释效力上要大于前三种证据。这是叶氏对书写话语霸权的批判，也是对人类学“写文化”思潮的回应。图像叙述与实物叙述在阐释效力上具有绝对的优势，这种观点看上去颇有冲击力。但果真如此吗？饶宗颐先生早就指出：“出土文物如果没有文献作为媒介说明的根据，直接的报道，只有考古学上的数据。这和当时的人地关系无法取得某历史事件的联系与说明。仅有‘物’的意义，没有‘史’的实证。许多人相信纸上记载，我认为二者要相互提携，殊途而

① 参见王国维《古史新证》之总论，清华大学出版社 1994 年版，第 2 页。王国维在其《古史新证》中言：“吾辈生于今日，幸于纸上材料之外更得地下之新材料。由此种材料，我辈故得据以补正纸上之新材料，亦得证明古书之某部分全为实录，即百家不雅驯之言，亦不无表示一面之事实。此二重证据法，惟在今日始得为之。虽古书之未得证明者，不能加以否定，而其已得证明者，不能不加以肯定可断言也。”

② 叶舒宪：《国学考据学的证据法研究及展望——从一重证据法到四重证据法》，《证据科学》2009 年第 4 期。

必同归，百虑务须一致总是可靠可信的史学方法。”[①] 尽管饶宗颐先生针对的只是书写材料与图像材料在证史方面的功效问题，没有涉及“四重证据”中的其他证据，但他的看法无疑是很有见地的。撇开史学方法，从图像学自身的研究而言，作为存在的图像更具有欺骗性。神话学的研究表明，不论是史前时期还是历史时期，神话图像都与权力机制和意识形态的建构密切相关。在某些特定的历史情境中，神话图像往往担当了将国家意识形态合法化的角色，更有甚者，神话图像将意识形态抽象化，继而成为意识形态的构成部分。性别意识、王权、宗教理念、宇宙观，所有这些都是借助于神话图像来建构的。另外，神话图像在建构某些意识形态的同时，掩盖了某些意识形态类型。[②] 所谓“图像证史”的说法在图像掩盖意识形态的语境中并不存在，此时的图像很有可能将研究者引向一种误区之中，它往往使得阐释者容易得出与历史本相相反的结论。从这个角度而言，图像在阐释历史与文学效力上并不具有超越文本的绝对优势，它至多具有与书写叙述的同等效力，只不过在反书写霸权的后现代语境中，图像因其与文本叙述方式的迥异而受到了研究者的青睐。从叶舒宪先生倡导的“四重证据法”来看，重视田野、实物与图像而轻视文本的倾向确实存在，当然，这并不意味着放弃书写资料，而是表明文学人类学者力图超越书写文本走向多种研究路径的新思维。不过这种直接考察实物与图像的研究范式确实能够带来新的

---

① 饶宗颐：《论古史的重建》，《饶宗颐二十世纪学术文集》，《第一册第一卷之神话传说与比较古史学》，（台北）新文丰出版股份有限公司 2003 年版，第 11 页。

② 这方面的研究资料比较多，有兴趣的读者可以参见：Lana Troy. *Patterns of Queenship in ancient Egyptian Myth and History*. Uppsala：Acta Universitatis Upsaliensis，1986；J. Faris. “From Form to Content in the Structural Study of Aesthetic Systems”，D. Washburn（ed）. *Structure and Cognition in Art*. Cambridge：Cambridge University Press，1983；Jenifer Neils. “Myth and Greek Art：Creating a Visual Language”，*A Cambridge Company to Greek Mythology*. Edited by Roger D. Woodard，Cambridge：Cambridge Press，2007，pp. 286—304；Zainab Bahrani. “Race and Ethnicity in Mesopotamian Antiquity,” *World Archaeology*. 2006，Vol. 38（1）：48—59；Christiane Sourvinou - Inwood. “Myths in Images：Theseus and Medea as a Case Study”，Lowell Edmunds ed. *Approaches to Greek Myth*. Cambridge，UK：Cambridge University Press，2003，pp. 393—445；Marjatta Nielsen. “Greek Myth - Etruscan Symbol”，*Myth and Symbol I：Symbolic Phenomena in Ancient Greek Culture*. Synnøve des Bouvrie edited. Bergen：Norwegian Institute at Athens，2002，pp. 171—198；Synnøve des Bouvrie. “The Symbol of the Warrior in Greek Tragedy?” *Myth and Symbol I：Symbolic Phenomena in Ancient Greek Culture*. Ibid.，pp. 287—311.

发现，关于这一点，文学人类学学者的身体力行早就有所证明。

接下来要面临的一些问题就是：在实际的文学阐释中，研究者如何掌握各种证据之间的张力？如何确定各种证据之间的相关度？哪些证据可以用，哪些证据不能用？各种证据之间在阐释文学及其现象时，其底线与限度是什么？上述这些问题指向了证据的相关性，这一点是"四重证据法"在实际操作时必须要注意的一点，否则容易犯下堆砌资料而不知所云的错误。从学科定位上而言，文学人类学拥有比较文学的跨文学视野，同时也具备人类学"眼光向下"的传统，但若一味堆砌资料而不顾它们之间的关联度，就会成为一种浮夸的拼凑行为。人类学者埃文斯—普理查德(E. E. Evans - Pritchard)曾经严厉批评过这种做法。他将这种方法称为剪刀加浆糊式拼贴马赛克的行为，并指出："与其说它是比较研究法，不如说它是一种描述，差不多就是心理学家过去所说的'猎奇法'。大量偶然的事例被拼凑在一起，以阐释某种一般性的观念，并支持作者论述那种观念的论文。从来不曾有过以未被选择的事例来检验其理论的尝试。当从一个任意的猜测推导出另一个任意的猜测（被称作假说）时，连最起码的谨慎也被忽视了。归纳法（求同法、求异法和共变法）的最简单的准则也被忽视了。"[①] 这种批评是针对弗雷泽的《金枝》而言的，但却涉及比较的原则以及各类证据的使用问题，应该引起文学人类学研究者的注意。

那么，就"四重证据"而言，各类证据之间在阐释文学现象时，其有效性有无大小之分？这个看似有些老套的话题涉及证据的运用，也涉及比较的限度问题。饶宗颐先生曾经就史学的证据问题做过相关论述，他宣称，"我个人认为民族学的材料只可帮助说明问题，从比较推理取得一种相关应得的理解，但不是直接记录的正面证据，仅可作为'辅佐材料'，而不是直接史料。民族学的材料，和我所采用的异邦之同时、同例的古史材料，同样地作为帮助说明则可，欲作为正式证据，恐尚有讨论之余地。"[②] 尽

① ［英］E. E. 埃文斯—普理查德：《原始宗教理论》，孙尚扬译，商务印书馆 2001 年版，第 12 页。

② 饶宗颐：《谈三重证据法——十干与立主》，《饶宗颐二十世纪学术文集》，《第一册第一卷之神话传说与比较古史学》，（中国台北）新文丰出版股份有限公司 2003 年版，第 17 页。

管饶宗颐先生说的是古史重构的证据问题，但他将民族学资料与异邦古史资料作为间接证据的说法还是值得注意的。叶舒宪先生认为饶宗颐先生的主张固然出于谨慎，但饶氏关于民族学证据即第三重证据不具备足够解释力的说法欠缺宏观眼光。叶先生认为，“按照饶氏的理念，将考据学材料完全当成实证方法的依据，那么‘旁证’当然不如直接证据有力。但是在这样的否认下，旁证或者旁证群的理论模式意义，就无法得到很好的认识。”① 对此，叶先生给出了一些例证，来说明第三重证据的有效性，主要的例子是中国神话中玄鸟生商的故事中的“玄鸟”考证。他运用第三重、第四重证据表明，“玄鸟”就是猫头鹰。并进而指出：“这里的证明原理在于，运用跨文化比较多维视野和材料，又要超越简单比附的误解，关键在于是否能够找出不分具体的时空限制之要素，即上通到人类神话思维普遍类比规则方面，给予通观的诠释。”② 不难看出，叶氏对于“三重证据”与“四重证据”的阐释效力是非常自信的，他将其视为揭开书写资料的秘密的钥匙。叶先生最后将比较的视野上升到了神话思维，认为神话思维具有超越文化时空的限制，在人类认知层面具有的普遍性。因此，所谓的证据相关性，在这里就是神话思维的普遍性认知，在这种思维机制下，各类证据可以相互证明，没有文化语境之分，也没有时空限制。

叶舒宪先生认为，文学人类学视野中的四重证据之间是互动的，是可以相互贯通的，这一点没有问题。问题的关键就是，当我们阐释同一对象时，该如何使用各种资料？看上去这只是个技术性的问题，但实际上它涉及了各类材料的相关性，是一个很重要的问题。比如，当阐释者使用同一类证据来阐释问题时，比如第四重证据时，能不能用出自现代的第四重证据来证明源于古代的第四重证据？或者可以这样说，同样是关于猫头鹰的视觉资料，当古代的视觉资料与现代的视觉资料表述的内容有所出入时，该如何处理？甚至当中国文献与国外文献表述的猫头鹰信息不一致时，到底哪一种证据更为可信？尽管各类证据可以相互疏证，但至少应该有一个底线或者最低的限度。这方面的问题暂时还没有确切的答案，但我们不妨

① 叶舒宪：《文学人类学教程》，中国社会科学出版社 2010 年版，第 361 页。

② 同上书，第 364 页。

从国外神话学文明起源研究中借鉴相关的经验，以此反观文学人类学的阐释模式。

二　比较神话学文明探源证据及其关联

就比较神话学文明起源研究的路径而言，研究者依靠的证据基本上可以套用文学人类学的“四重证据法”来表述，但在实际的阐述过程中，比较神话学形成了自己的研究范式与理论框架，在一些地方又不同于中国学者提出的“四重证据法”。严格说来，比较神话学尚没有明确提出神话学文明起源的方法论体系问题，但在一些资料的使用上，却达成了某些共识，形成了一些具有普适性的阐释原则与规约。但这并不意味着比较神话学文明探源的证据法是无迹可寻的，实际上，若从方法论层面看待比较神话学文明起源研究的证据法，我们可以发现，比较神话学已经形成了一套颇有阐释效力的理论架构与体系。

从研究资料使用的类型来看，比较神话学者主要依靠出土文献与传世文献，考古实物与图像，人类学民俗与仪式，以及相关的口头神话叙述来探讨文明起源问题。需要指出的是，不少学者在实际操作中往往不是凭借一种材料解决问题，而是围绕同一问题使用多种方法与证据。比如，考古学出身的学者南诺·马瑞纳托斯就使用了考古实物、神话图像、文献、民俗、仪式等各种材料来阐释地中海米诺文明王权起源问题。[①] 当然，也有少数学者就是单凭一种材料来探讨问题的，麦克斯·缪勒就单凭比较语言学证据探讨了希腊文明与印度文明之间的关系，[②] 乔治·杜梅齐尔就使用了文献来探讨印欧社会三分的社会等级制度问题。[③] 早期的神话学者因视野与研究方法所限，在探讨文明起源时，往往采用了某种单一的证据类型来阐释问题，上述的缪勒与杜梅齐尔就属这种情况。随着比较神话学理论与方法的不断发展，以及其他学科的不断介入，诸如人类学、考古学、图

① Nanno Marinatos, *Minoan Kingship and the Goddess*: *A Near Koine*, Chicago: University of Illinois Press, 2010.

② F. Max Müller. *Comparative Mythology*. New York: Arno Press, 1977.

③ George Dumézil, translated by Alf Hiltebeitel. *The Destiny of a King*. Chicago: Univesity of Chicago Press, 1973.

像学理论与方法的引入，更多的学者越来越注重多种证据与方法的并用。不过，因文明起源问题的特殊性，早期的考古学与史学工作者在这方面建树颇多，二者阐释模式的影响，神话学者在不觉中倾向于从考古实物与文献并用的路径阐释问题，例如，马丁·尼尔森就采用文献与考古实物并用的方式探讨希腊城邦的起源问题。[①] 因人类学将神话作为一种重要的研究对象，早期的神话学者往往是人类学者，在探讨文明起源问题时，他们往往比较注重人类学资源，诸如仪式、口头传说之类的东西来阐释文明发生机制。早在19世纪末，维多利亚时代的神话学者赫丽生就使用了人类学仪式探讨神话与仪式之间的关系，[②] 后来的一些学者受到这种影响，开始采用人类学资料与文献、考古实物相结合的方式探讨文明起源问题，其中较为典型的当属胡克（S. H. Hooke）。[③] 需要指出的是，虽然这部分学者往往倾向于从王权仪式与神话之间的关联探讨文明发生问题，在具体问题的探讨中往往还使用了大量的考古实物与图像来说明问题。尽管这些学者比较重视人类学仪式与口传资料，但在实际的操作中，往往采用了多种证据并用的方式探讨问题。也就是说，比较神话学文明起源研究的路径基本上还是与文学人类学的“四重证据法”保持一致的，只不过国外的学者并没有在方法论上明确提出文明起源的证据法架构，他们关心的是一些具体话题的探讨，似乎不大热衷方法论建设问题。

从四重证据法的理论体系来看，其倡导者叶舒先生近期的主张中有轻视文献，偏重考古实物与图像的倾向。这一点从他近期发表的一系列论文，尤其是关于中华文明探源的证四重证据法探讨中能够明显看出。[④] 在叶氏看来，四重证据——考古实物与图像可以直接诉诸物质文化的诊释模式，更具有直观证明的特点，同时有助于反过来认识文献叙事中的疑难问

① Martin P. Nilsson，*The Mycenaean Origin of Greek Mythology*. Berkey：University of California Press，1932，第2章第6部分。

② Jane Ellen Harrison. *The Religion of Ancient Greece*. Chicago：Open Court Pub. Co，1908；Jane Ellen Harrison. *Themis：A Study in the Society Origins of Greek Religion*. Cambridge：The University Press，1912.；Jane Ellen Harrison. *Prolegomena to the Study of Greek Religion*. New York：Meridian Books，1955.

③ S. H. Hooke. eds. *Myth，Ritual，and Kingship*. Oxford：Oxford University Press，1958.

④ 叶舒宪：《物的叙事：中华文明探源的四重证据法》，《兰州大学学报》2010年第6期。

题。他明确指出："物的叙事带来的信息足以解释文献叙事的所以然，从而帮助今人重新进入历史。其基本认识原则是：以往的神话研究大都属于纯文学研究，所看到的只是文学文本。未来的神话研究将拓展到文字以外的新材料，称为物质文化或物的叙事，亦即'第四重证据'。由此进入的是'文化文本'(culture as text)。"[①] 当然，也有青年学者指出，叶氏这种"多重证据法"的框架中，"忽视了媒介参与历史建构、形塑社会关系性质的作用，因而也忽略了媒介霸权、符号暴力与文化意识形态对'多重证据法'的支配性作用……因此，应该充分注意'多重证据法'的媒介文化意涵，将文化媒介和反思性的质疑联系起来加以考虑，警惕'多重证据法'中的媒介霸权、符号暴力与文化意识形态。"[②] 那么，较之于文学人类学对四重证据的偏好，比较神话学的文明起源研究如何看待考古实物与图像的阐释效力，又怎样评判证据之间的张力及其关联？神话学者如何处理证据张力与间性问题？上述这些问题是无论如何也无法回避的，必须在理论上加以探讨并引起足够的重视。

较之于文学人类学，比较神话学对文明起源研究的证据类型尚无厚此薄彼主张，在神话学者看来，所有的证据与资料都同等重要，都是为论证具体问题而服务的，只不过在论证过程中，证据所发挥的作用有所差异而已。从方法论与理论建设体系而言，神话学文明起源探源已初步形成了一套关于神话图像阐释的规约与普适性原则。其中最为关键的就是图像阐释的情境性原则，即神话图像的阐释首先要关注其生成语境，其中包括图像生成的历史时间、空间、所在的地理区域环境，以及图像自身的结构性意义。这里的情境性包括图像所在的文化类型，地理区域，历史时段，以及图像在其位置中与其他图像之间的关系，等等。在阐释史前图像的意义时，研究者并不能将各种图像都纳入研究对象，只有同一文化、时间或空间范畴内的图像才能够作为证据，跨文化、时间与空间的图像无法充当阐释的证据。概括地讲，情境性原则要求神话研究者将图像置于其生成语境中加以阐释，它大致包括三个层面的内容：其一，图像生成的自然环境。

① 叶舒宪：《物的叙事：中华文明探源的四重证据法》，《兰州大学学报》2010 年第 6 期。

② 代云红：《"媒介场"视域中的多重证据法》，《江苏行政学院学报》2010 年第 6 期。

研究者要将图像放到其生成的自然环境之中，这种情境性规约意在了解图像与其生成自然环境之间的关联，其中还包括图像及其媒质之间关系的考察。其二，图像的文化空间。只有属于同一文化类型的图像之间才可以做比较，不同文化类型的图像是无法做直接比较的。其三，图像的历史背景。这种要求研究者在解读图像意义时，将其置于既定历史范畴内，然后考察图像的时间与空间属性。[①] 我们可以这样比较神话学图像阐释的情境性规约：第一，对于同一类图像或不同类图像而言，不能以今证古，只能以古证今，这是一个时间上的要求，也是对图像属性的一种限制；第二，当属于同一文化类型的各类图像表述的内容存在出入或相互冲突时，研究者可根据源自异文化各类图像表述的内容来确定其可信度；第三，源自当本土文化的图像与异文化提供的图像存在差异时，原则上采用本土文化图像来阐释问题，异文化的图像只能作为旁证或佐证加以考虑。这是基于图像情境性而考虑的，并非是一种民族主义的做法。需要指出的是，比较神话学图像阐释的情境性原则并不等于“特殊主义”，后者完全拒绝或排斥阐释的通则性理论，情境性原则的核心从文化持有者的角度出发理解各类证据，它强调在各类证据之间保持一种充分的张力。当然，强调情境性原则的间性问题并不排斥具有普遍性的神话思维阐释原则，事实上，证据的情境性原则恰恰是在承认神话思维公共性的基础上进行的。

不可否认，神话学图像阐释的情境性原则受到了考古学中类型学与年代学知识的影响，同时借鉴了图像学关于图像结构意义阐释的理论。但另一方面，神话学的情境性原则具有普遍适用性，以及它所提出的一些主要观点，譬如，将神话图像视为意识形态并作为意识形态建构重要手段的主张越来越多地被考古学与历史学所认同，并产生了一定的影响。在证据阐释的有效性方面，神话学文明起源研究并无明确主张，不过，当遭遇到考

---

① 这方面的资料可以参见 Joan Goodnick Westenbolz “Inanna and Ishtar in the Babylonian World”, *The Babylonian World*. Edited by Gwendolyn Leick, New York and London: Routledge, 2007, pp. 332—347; Ione Mylonas Shear. *Kingship in the Mycenaean World and Its Reflections in the Oral Tradition*. Philadelphia, PA: INSTAP Academic Press, 2004; T. H. Carpenter. “Greek Religion and Art”, in Daniel Ogden ed., *Companion to Greek Religion*. Oxford: Blackwell Publishing Ltd, 2007, pp. 398—420.

古实物与图像所提供的信息与文献记载冲突的情况时，神话学者一般倾向于肯定考古实物与图像，而忽略文献记载。比如，学者英伍德在解读公元前5世纪雅典瓶画上一组追杀场景时，实物自身提供的信息与神话文本有所出入，她凭借丰富的考古学经验与图像学知识，认定它们表述的是忒修斯追杀美狄亚的神话场景，而不是神话文本表述的神明追求人间美女的故事情节。①

客观地讲，近期的神话学文明起源研究在保持多种证据并用的立体阐释传统时，更多的学者热衷于图像资料，倾向于从神话图像视角探讨前文字书写时代文明要素的发生机制问题。具体说来就是，研究者较多地关注神话图像与权力象征、神话图像与意识形态建构之间的关系。学者们达成的一种共识就是，在史前社会，神话图像具有象征权力与建构等级制度的功能，神话图像成为人们建构社会秩序的一种工具与手段。② 较之于文献、人类学仪式与民俗资料。考古实物与图像具有直观性特点，更适合作为物质文化文本而被解读。从关于神话图像的方法论体系与阐释倾向而言，进入21世纪，比较神话学文明起源探源出现了图像阐释的转向。多数学者在参照神话图像理论的同时，借鉴考古学的类型学与年代学知识，同时引用图像学相关知识，对神话图像展开了系统而深入的研究。一种动向就是，在研究史前无文字时代的文明时，在缺乏文献、仪式等资料的情况下，神话学者运用相关的图像学、神话学与考古学知识，将考古实物与图像作为文明起源研究的直接证据。当然，考古实物与图像并非是唯一的资料，如果存在其他证据，比如，文献、人类学与民族学资料，可以将三者结合起

① Christiane Sourvinou - Inwood. "Myths in Images：Theseus and Medea as a Case Study" in Lowell Edmunds（ed）. *Approaches to Greek Myth*. Baltimore，Md.：Johns Hopkins University Press，1990：395—445.

② Bruce Lincoln. "Retheorizing Myth"，in *Myth and Symbol I*：*Symbolic Phenomena in ancient Greek Culture*. Synnøve des Bouvrie eds. Bergen：Norwegian Institute at Athens，2002，pp. 215—231. Ariel Golan. *Prehistoric Religion*：*Mythology*，*Symbolism*. Jerusalem：A. Golan，2003；Christiane Sourvinou - Inwood. "Myths in Images：Theseus and Medea as a Case Study"，Lowell Edmunds eds. *Approaches to Greek Myth*. Cambridge，UK：Cambridge University Press，2003：393—445；Nanno Marinatos. "The Life Cycle of the archaic Greek Warrior and Hero：The Interplay of Myth and Genre in Imagery"，*Myth and Symbol I*：*Symbolic Phenomena in ancient Greek Culture*. Ibid.，pp. 153—170.

来论证问题。需要指出的是，神话学阐释考古实物与图像的方法不同于考古学与图像学，它在遵循情境性原则的基础上，同时结合了神话考古的相关规约，对实物与图像的象征性与结构性意义均有不同程度的认知。不可否认，这种图像转向上与后现代对文字的颠覆，人类学对写文化的质疑，以及人文领域对物质文化研究的重视密不可分。更为重要的是，神话学自身已经形成了一套具有普适性的图像分类与阐释的理论体系与规约。理论架构的不断完善与研究方法的推进，研究成果的不断积累，所有这些使得神话学文明起源研究的路径出现了图像转向，这种研究范式的转换也在另一方面推进了神话学图像研究的进度。

三　神话学文明探源证据演进历史轨迹

从比较神话学文明探源的路径来看，文献、仪式与民俗、考古实物、神话图像这几种类型证据的综合应用使得文明起源研究进入了一个立体阐释的跨学科时代。表面看来，这种阐释模式属于方法论层面的革新问题，但本质上它是由比较神话学跨学科研究范式与属性所决定的。从证据演进的时间来看，文献的使用是最早开始的，人类学仪式与民俗资料紧随其后，考古实物与图像的使用则是近期研究的一种趋向。也就说是，神话学文明探源经历了从文献到仪式、民俗，再到考古学实物与图像的过程。隐藏在这种轨迹背后的是这样一种事实：神话学在其发展历程中，与语言学、人类学、考古学与图像学等学科之间保持了一种极为密切的互动关系，在方法论上借鉴并应用了上述诸学科的研究范式与理论，最终形成了文明起源研究的跨学科研究范式（见图5—1）。

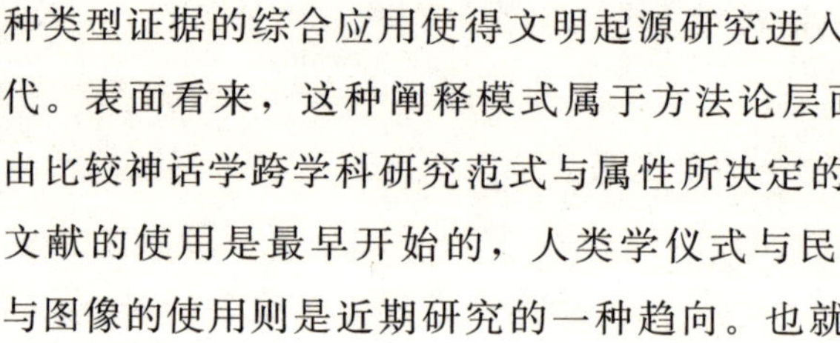

图5—1　比较神话学证据与学科关联图

就像所有的学科一样，诞生于18世纪的比较神话学与比较语言学有着直接的关联，可以毫不夸张地讲，比较神话学的兴起与发展都是紧随比较语言学步伐而进行的。对于19世纪的比较语言学而言，其研究对象主要是梵语，使用这种语言的民族为古代印度人，与古代印欧民族有着某种关联。比较语言学者后来又发现了印欧语系，即大多数欧洲语言与波斯语与梵语都源自同一种被称为印欧语言的元语言。在持这种观点的同时，语言学者就强化了古希腊语、古罗马语、梵语与拉丁语言之间的关系。当然，所有这些都是借助于文献资料进行的。受此影响的比较神话学自然也不例外，因为其研究对象，其中主要包括神话与传说，多数都记载于这些语言类型的文献中。鉴于此，比较神话学早期的一些研究多半依靠文献资料进行，其探讨话题也围绕印欧民族与印欧语言而展开。比如，麦克斯·缪勒就借助于希腊神话中神名与古印度神名关联，探讨希腊语与梵语之间渊源关系。[①] 而乔治·杜美齐尔则利用文献资料，探讨了印欧社会三分等级制度的问题。[②] 19世纪末期，随着考古学发现的不断丰富，埃及的象形文字与巴比伦楔形文字的破译，比较神话学在出土的文献中发现了更多的新资料与新证据，比较神话学文明起源研究开始转向了出土文献的研究，与此同时，埃及文明与两河流域文明成为研究者关注的对象，这样，比较神话学的研究对象就不再局限于印欧民族，而是转向了埃及与苏美尔、美索不达米亚这样一些地区。后来的一些神话学者，诸如沃尔特·伯克特、马丁·伯纳尔，[③] 等等，在利用文献资料的同时，将目光从印欧民族扩展到地中海沿岸，对希腊、埃及与美索不达米亚等地的文明起源做比较研究。较之于前期的神话学者，这些研究者的视野更为开阔，解决问题的

---

① F. Max Müller. *Comparative Mythology*. New York：Arno Press，1977.

② George Dumézil，translated by Alf Hiltebeitel. *The Destiny of a King*. Chicago：Univesity of Chicago Press，1973.

③ Walter Burkert. *The Orientalizing Revolution：Near Eastern Influence on Greek Culture in the Early Archaic Age*. Cambrideg：Harvard University Press，1992；WalterBurkert. *Babylon，Memphis，Persepolis：EasternContext of Greek Culture*. Cambrideg：Harvard University Press，2004；Martin Bernal. *Black Athena：The Afroasiatic Roots of Classical Civilization*. v. 1. London：Free Association Books，1987；Martin Bernal. *Black Athena：Black Athena：The Afroasiatic Roots of Classical Civilization*. v. 2. New Brunswick：Rutgers University Press，1991；Martin Bernal. *Black Athena：Black Athena：The Afroasiatic Roots of Classical Civilization*. v. 3. New Brunswick：Rutgers University，2006.

手段与路径也更为多样。更为关键的是，后期学者的文明起源已经具有了一种跨学科与跨文明的思维模式，思考问题的视角不再局限于某种具体的文明样态，而是在一种整体性的比较视野中看待文明的共性与个性，并探寻其背后的深层原因。

从学科互动与证据关联来看，比较神话学与人类学有着更为直接的渊源关系。早期的一些比较神话学研究者，多半系人类学者，譬如，弗雷泽、赫丽生。这些学者在阐释神话的同时，将神话与人类学仪式联系起来，这样，文献与仪式就成为阐释者解决问题的两种主要路径。人类学田野考察所提供的一些仪式资料、民俗与民族志，极大地开阔了神话学研究者的视野，原始民族与异民族的文明成为欧洲学者关注的主要对象，而这些研究者也被冠以神话—仪式学派，其学说被称为神话—仪式理论。一战之后，神话—仪式理论暂时受到冷落，直到20世纪60年代，神话—仪式才重新得到了关注，神话学文明起源研究也重新获得了生机，这方面的研究主要是英国学者对古代王权研究所取得的一些成就，其中尤以胡克为典型。① 饶有趣味的是，比较神话学研究者在阐释文明起源相关问题时，论证问题的资料不仅以仪式为主，探讨的话题也围绕仪式而进行。比如，早期阐释王权仪式的神话原型时，多数研究者通常将神话作为一种思维模式与叙述范式，以此作为王权仪式的原型而进行讨论。研究者达成的一种共识就是，作为文化基因的神话已经成为一种思维范式，潜藏在人类无意识深处，它塑造并催生了王权仪式的模式。② 迄今为止，神话学研究者尚没有就仪式与文献之间的张力问题达成任何共识。确切地说，比较神话学者并没有深入探讨过这类问题：当仪式叙述与文献记载的细节有所冲突时，究竟哪一种证据更具合法性？不过，这并不表明学者们并没有思考过这类问题，我们在具体问题的探讨中可以看到，在遭遇到仪式细节与文献表述有所出入这种情况时，研究者一般倾向于信赖仪式而忽略文本。比如，学

---

① S. H Hooke, ed. *Myth, Ritual, and Kingship*. Oxford: Oxford University Press, 1958.

② ［罗马尼亚］米尔恰·伊利亚德：《神圣与世俗》，王建光译，华夏出版社2003年版；Mircea Eliade, translated from the French by Willard R. Trask. *The Myth of the Eternal Return: Cosmos and History*. Princeton: Princeton University Press, 1971.

者雷蒙德在遇到埃及神庙仪式时间与神话文本表述不一致的情况时，就毅然放弃神话文献，转向民间流传的仪式时间。[①] 就神话学文明起源研究整体趋势而言，人类学仪式尚没有完全取代文本的可能性，相反，倒是二者之间的结合越来越多地受到了学者的重视。至于在具体问题探讨中，二者具有怎样的阐释效力与互动，尚待深入探讨。

就像人类学一样，考古学的每一次重大发现都会给神话学带来重大变革，考古学方法论嬗变也因此改变了神话研究的范式。海因里希·谢里曼19世纪发现了迈锡尼文明，使得学者们看到了神话的真实性，神话研究也因考古发现而在方法论层面得以提升，由单纯的文本考据转向了实物阐释。亚瑟·伊文思在科诺索斯的发现则使得人们再次看到了米诺文明与神话之间的关系。后来的一系列学术突破，埃及象形文字与巴比伦楔形文字的破译，这些文字中所记载的神话故事给神话学研究带来了革命性的变化。考古学者发现的《天堂王权》（*Kingship in Heanven*）一书，使得神话研究者看到了赫西俄德《神谱》与赫梯神话之间的渊源，乌迦特神话文本的发现则又使学者们发现了荷马史诗与乌迦特神话之间的关联。上述这些考古发现使得神话学研究由传世文转向了出土文献与出土文物，神话学文明探源也因此在方法上借助于考古学相关理论而得以进行。譬如，学者马丁·尼尔森在探讨迈锡尼文明时，就直接利用考古发现，将考古资料与神话文本相互结合，提出希腊神话源自迈锡尼的洞见。[②] 后来的学者马丽加·金芭塔丝则根据考古学实物中的女性形象与神话、人类学仪式，提出古欧洲存在女神文明的假说。[③] 需要指出的是，部分神话学者在利用考古

---

① E. A. E. Remond. *The Mythical Origion of the Egyptian Temple*. New York：Manchester University Press，1969，pp. 320—327.

② Martin P. Nilsson. *The Mycenaean Origin of Greek Mythology*. Berkey：Univerity of California Press，1932；

③ Marija. Gimbutas. *The Language of the Goddess*. London：Thames and Hudson，1989.

Martin P. Nilsson. *The Mycenaean Origin of Greek Mythology*. Berkey：Univerity of California Press，1932；Marija. Gimbutas. *The Civilization of the Goddess*：*The World of Old Europe*. San Francisco：Harper SanFrancisco，1991；Marija. Gimbutas. *The Goddesses and Gods of Old Europe*，6500—3500 *BC*：*Myths and Cult Images*. Berkeley：University of California Press，1982；Marija. Gimbutas. *The Living Goddesses*. Berkeley：University of California Press，1999.

实物阐释问题的过程中，将考古实物从其语境中割裂开来，从而忽略了实物的情境，引来了一些考古学界的批评，比如，马丽加·金芭塔丝关于女神文明的观点遭到了考古学者的非议。[①] 不过，因多数学者努力，神话学对考古学资料的利用整体说来还是比较合理的，加之部分考古学者加入了神话学的研究，比如，南诺·马瑞纳托斯，神话学文明起源研究不论在方法论还是在实质性研究都取得了实质性突破。

一种普遍的情况就是，因受到了以考古学者科林·伦福儒、弗兰纳里（K. V. Flannery）、马库斯（E. J. Marcus）为首的认知考古学理论影响，神话学文明起源研究在阐释考古实物与图像时，将考古实物、神话图像与权力、意识形态的建构直接联系起来。较之于考古学实物阐释的认知系统建构，神话学文明起源研究的重点在于探讨神话图像在建构史前权力体系、意识形态，尤其是王权意识形态方面所发挥的功能。这方面的探讨主要围绕神话图像的神圣属性、象征意义及与权力概念之间的关联而进行。[②] 当然，认知考古学研究的范畴极为宽泛，其中主要包括人类的测量能力、感知能力、宗教意识、艺术感受、埋葬意识，等等。意识形态方面的内容仅仅是人类感知世界的很少的一个组成部分，借助于神话图像与符号来建构权力与意识形态方面的研究属于文明探源中一个较为重要的话题，对于研究史前无文字社会与文字不普及的社会形态具有较为重要的价值。另外，不少学者在探讨具体话题时，以一种整体性比较的眼光审视神话图像，使得一些问题的结论具有了普适性。比如，关于王权仪式的神话原型，地中海文明共同体，以及史前意识形态与神话图像之间象征性，所有这些问题的讨论已经超越了神话学自身的范畴，对考古学、史学，乃至于整个人文学科都具有重要的借鉴意义与价值。从神话学文明起源研究动向来看，未来几年内依然有神话图像研究热潮存在的可能性，未来的研究中是否会出现文明探源的认知神话学趋向，这一点尚待观察。

---

① 这方面的内容参见本书第二章关于女神文明的相关阐释，此不赘言。

② 具体研究成果参见本书第一章相关内容，此不赘言。

四　神话学文明探源证据法的可能性意义

在当下国际学界，文明探源为多学科交叉研究领域，其探讨更加重视人类学和其他学科的参与，其中包括比较神话学。在我国，以国家工程的形式出现的21世纪“中华文明探源工程”，集中了以考古学为主的多学科专家共同攻关，参与的学科包括考古、历史、天文、地理，古植物、古动物、科技史、化学和物理探测等十多个。就研究主体而言，这一课题仍然主要由历史学家和考古学家来承担，同时缺少了神话学方面的参与，因此表现出较强的传统国学倾向和较弱的人文学阐释特点。就证据使用的类型而言，部分历史学工作者偏重于文献资料的考证，对一些书写资料缺乏必要的怀疑与思辨精神，过分依赖历史文献。而许多考古学者也深受传统国学的影响，以考古发现能够证明文献记载为最具成就感，除了主要用于断代和确定文化关系的地层学和类型学最基本的考古方法之外，也没有设法独立构建或借鉴国外有效的理论和方法。尽管过去我们在中华文明探源工程中取得了重大突破，但关于中华文明起源研究的方法论与证据法问题，依然没有达成共识，也没有形成较为完善的理论系统。在科学领域里，理论是对现象产生原因假设的一种逻辑推理和因果机理的阐释或说明。因此，有必要建立一套具有中国特色的文明探源方法体系，从而形成文明探源的中国路径，与国外文明起源研究达成有效的对话与交流。

从这个层面而言，比较神话学文明探源证据法理论系统的建构，将有助于补充“中华文明探源工程”的方法论体系，同时为神话学参与中华文明起源研究提供方法论层面的借鉴。较之于国外神话学，国内神话研究尚处于文学本位主义占据主流地位的现状，不少学者依然将神话视为文学的一种范畴，并没有看到神话图像在文明起源研究中占据的重要地位与价值。比较神话学证据法，尤其是神话图像研究的相关理论，将有助于补充中华文明起源研究中图像阐释这一项目，加强考古学与人文阐释之间的交流与互动。中华文明探源中，大量的考古器物上均有难以解读的神话图像，比如，饕餮、熊、猫头鹰、鱼，等等。面对这些神话图像，倘若利用神话图像叙述，结合神话图像阐释的情境性规约，将会复原出一个被久已遗忘的史前文明社会，同时揭开史前人类认知世界的真面目。

文学人类学是一门具有跨学科视野的新兴学科，从研究方法而言，文学人类学具有跨学科性质，它采用了民俗学、宗教学、考古学、语言学、人类学等多学科手段对文学及其现象进行研究。作为文学人类学方法论与研究路径的“四重证据法”，不论在证据张力还是在证据间性方面，均有许多地方尚待完善。比较神话学文明起源研究中关于考古实物、神话图像、仪式、文献等各类证据之间张力的探讨，以及神话图像阐释的原则与规约，将有助于文学人类学完善本土文学研究的方法论体系，补充四重证据即考古实物与图像阐释的基本原则。比如，神话学文明起源研究中规定，在论证同一话题时，应该优先考虑同一种文化语境与时间、空间情境中的图像，不能以今证古，更不能将图像与其生成的文化与历史语境割裂开来。如果参考西方神话学的这些洞见，我们可以这样理解文学人类学“四重证据法”的情境性规约：第一，对于同一类证据或不同证据而言，不能以今证古，只能以古证今，这是一个时间上的要求，也是对证据属性的一种限制；第二，当属于同一文化类型的各类证据表述的内容存在出入或相互冲突时，研究者可根据源自异文化各类证据表述的内容来确定其可信度；第三，源自当本土文化的证据与异文化提供的证据存在差异时，原则上采用本土文化证据来阐释问题，异文化的证据只能作为旁证或佐证加以考虑。上述这些方面的理论对文学人类学四重证据法关于考古实物与图像证据理论体系的建构，以及证据的使用，具有极为重要的借鉴与参照作用。另外，神话学文明起源研究中将神话图像作为一种叙述手段，参与史前无文字社会权力与意识形态建构的理论模式，将有助于文学人类学对无文字社会或文字不普及社会的文学及文学现象研究，进而重构中国本土的文学理念与文学研究框架。

“五四运动”之后，西方的学科制度在中国全面建立，文学、历史、哲学之类的学科观念逐渐深入并作为一种普遍的常识被国人接受，中国文史哲不分家的学术传统自此宣告结束，西方科学式的学科分割研究模式由此在中国学界确立。当然也必须承认，西方学科机制的引入在某些方面确实带来了革新，比如，研究视野的扩大，研究方法的更新，等等。但另一方面，这种“以邻为壑”的学科划分同时使得研究者成为“只管一段”的铁路警察：研究文学的不必懂历史，研究历史的也不必懂文学，搞哲学的也不需要读历史书籍，等等。不难想象，这种科学主义的现代学科机制培养的研究者将来会有何种成就，现代化进程中的中国学术研究由此遭遇到巨大的挑战：在日益全球化的学术对话中，中国学术逐渐失去了话语表述权，“失语症”已经成为各个学科普遍面临的问题，西方的学术话语已经宰制了中国的学术界，中国学者在本土研究对象与外来学术概念之间逡巡不前，文学研究也不例外。因此，重构中国的文学体系，其中包括文学理念的重构、研究视野的重塑，以及研究方法的更新，新的研究范式的确立，等等，所有这些问题已经成为中国文学界的一大热点。

20世纪90年代，已经有不少学者在尝试性从事这方面的探讨，“这些检讨主要是针对过去观念世界中的共识或前提，认为这些被当做常识或基础的东西不一定对，这就是重写‘历史’，这是20世纪90年代后期整体的社会变化和观念变革所带来的，是一个巨大的变化。”[①] 譬如，关于文学史的重写问题，全球化语境中中国文学的本土化与民族化问题，文学的自觉化与话语重构问题，多民族文学史观的问题，等等。需要指出的是，这种重构性的工作基本上是以西方的文学理念来关照中国本土文学，无法从根本上解决问题。说得难听一些就是，由于缺少自省意识，中国本土文学体系的重构依然是困难重重，一味照搬外国文学理论的做法使得中国文学研究者在全球化语境中失去了话语表述权，由此出现了中国文学在跨文化对话中的“失语症”现象。当然，最为关键的是打破目前西方知识体系宰制的文本主义的文学理念与研究方法，重构中国文学本土理念与研究方法。实际上，被不少学者奉为圭臬的“文学”是西方知识界的一种创造物，即被建构出来的一个术语。美国学者乔森纳·卡勒（Jonathan Culler）指出：“如今我们称之

① 葛兆光：《思想史研究课题讲录——视野、角度与方法》，生活·读书·新知三联书店2005年版，第18页。

为 literature（著述）的是 20 个世纪以来人们撰写的著作。而 literature 的现代含义：文学，才不过 200 年。1800 年之前，literature 这个词和它在其他欧洲语言中相似的词指的是‘著作’或者‘书本知识’……如今，在普通学校和大学的英语或拉丁语课程中，被作为文学研读的作品，过去并不是一种专门的类型，而是被作为运用语言和修辞的经典学习的。比如维吉尔的作品《埃涅阿斯纪》，我们把它作为文学来研究。而在 1850 年之前的学校里，对它的处理则截然不同。”[①] 这就意味着，“文学”是一个被现代文明所驯化了的语词，已经成为某些社会精英与少数阶层的独享物，远离了普通民众的日常生活。更为重要的是，这种西方科学式的文学观被移植到中国之后，与本土文学观念产生了冲突，屈从之后的中国本土文学遭受到了被重新切割的命运，很多文学样态依照西方的文化概念被分门别类：诗歌、散文、小说与戏剧，这样的分类法使得中国很多本土文学类型无法被划入文学范畴之内。比如，西北的“花儿”就难以在现有文学体系内找到其位置，这一点让不少从事“花儿”研究的学者颇为苦恼。[②]

西学东渐以来，中国文学基本上一直在按照西方的科学模式呈现，由此所造成的本土文学与西方视角之间的断裂现象已无须多言，单看现有的文学研究范式就明白是怎么回事儿了。这种知识框架之下的文学就是僵硬的文字尸体，文学研究也成为少数作家文本的阐释。在西方仅有近 200 年历史的受西方书写思维掌控的文学理念成为具有五千年历史的中国本土文学研究的工具，而真正的中国多民族、多声部的活态文学从来就没有真正呈现出来。从这些现状来看，神话学文明起源研究的证据法及其理论体系，将有助于中国文学学者摆脱以文本为主的研究模式，建构一个以文学图像、文本、仪式为主的文学研究理论体系，同时重构一个图像叙事、文本叙事、仪式叙事并存的多民族文学共同体，进而重构中国文学的本土理念与研究范式。在这种视角下的文学就与礼仪、音乐、歌谣、神话、信仰、民俗、巫术、图像等文化事象密切相关，文学成为展现中国文化的有力途径。当然，重构中国文学理念与研究方法并不是一件容易的事情，需

① ［美］乔森纳·卡勒：《文学理论》，李平，辽宁教育出版社 1998 年版，第 21—22 页。

② 安少龙：《从“多民族文学史观”看“花儿”研究》，《民族文学研究》2008 年第 1 期。

要一代乃至数代学人的艰苦努力，但理论具有先导性作用，倘若在不断的践行中能够合理有效吸取各个方面的经验与理论，它也不是一个遥远的学术梦想。神话学文明起源研究方法论与证据法的引介，这方面会起到一种他山之石的功效。

第二节 回归秘索思:神话学文明探源范式反思

一 神话学文明探源的核心问题

尽管神话学文明起源研究涉及的问题极为繁复，诸如神话与权力建构、神话与意识形态、神话与城邦、神话与权力象征，等等。但若从问题意识出发，上述问题其实可以归结于神话与历史之间的关联。根本上说，神话与历史之间的关联是神话学文明探源要解决的核心问题，也是神话学长久以来一直争论不休的话题。神话与历史这一问题下还涉及对神话与历史的认知，首先，对于神话，研究者需要面对这样几个概念：神话的界定、范畴、存在样态、功能。其次，对于历史而言，研究者还要阐释这样几个问题：什么是历史？历史以何种面目出现？历史的本质属性是什么？如果将上述问题综合起来，那么神话学文明起源研究就要回答这样一个看似非常抽象的问题：神话如何进入历史？

面对神话如何进入历史这一问题，从事神话学文明起源研究的学者有两种反应：第一，将神话恢复到历史条件之下，即如何从关于过去的神话叙述中寻找真实的历史，其中主要包括历史的真实性信息与历史事件。譬如，关于亚马逊人的神话故事背后是否反映了一个真实的母系王国的存在，印欧神话中三个等级的社会秩序是否就是雅利安民族三分制社会机制的写照，等等。第二，将神话纳入历史进程——神话如何参与了历史的建构。譬如，神话如何建构王权象征符号及意识形态？神话怎样通过叙述为城邦的诞生提供象征性结构？第一种态度早在18世纪神话学诞生之际就已存在，它有着近两百年的发展历史。笔者将其称为古典模式，旨在突出阐释者对待神话与历史的二分态度。第二种态度则是20世纪中叶之后伴随新史学关于历史本相的再评价而出现的，其中涉及关于神话与历史之间的关联问题与史学界关于神话历史这一概念相关。因此，本书赋予它神话历史模式这一称呼，意在强调神话与历史之间的关联。

根本上说，不论是古典模式还是神话历史模式，二者都将神话视为独立于历史存在的一种范畴。但古典模式与神话历史模式并非是截然有别，只不过二者阐释问题的立足点有所不同而已。古典模式将神话视为与历史相对立的一种存在范畴，希望通过对神话的解码，探寻神话故事背后包含的真实性信息，即能够以理性验证的相关信息。神话历史模式则以承认神话是历史性叙述为前提，在此基础上探寻神话在历史进程中发挥的文化整合性作用。因两种涉及问题太多，笔者下文分别加以阐释，并在此过程中对相关概念的内涵与外延做出梳理。

二　古典模式

古典模式其实是一种实证主义的阐释模式，它与早期的欧赫墨罗斯主义和神话历史主义密切相关。与二者有所不同的是，古典模式承认神话中含有的文明或历史的真实性成分，而研究者要做的就是从神话中寻找这种真实性。本质上讲，古典模式认为神话就是真实的历史，只不过这种真实性以编码的形式存在于神话中，必须借助于特定的理论与阐释方式才能够破译神话背后蕴含的真实性成分。而阐释者要做的，就是先对这些神话编码进行归类，然后在具体的文化语境中解读这些编码。

从方法论来看，古典模式肇始于麦克斯·缪勒的比较神话学，后者开启的通过语言寻找神话中真实性要素的方法极大地启发了研究者，尤其是倡导三分结构的乔治·杜梅齐尔。就研究资料而言，杜梅齐尔并无创新，他依然采用语言学资料从事神话学文明起源研究，杜梅齐尔的贡献就在于，他从印欧神话中发现了印欧社会即雅利安人三分的社会结构。通俗地说就是，古代印欧神话中普遍存在神圣、体力与丰产三个层面，它们折射了雅利安人的社会结构的三个等级次序：僧侣、战士与平民。[1] 也可以这

① 参见 George Dumézil，Alf Hiltebeitel translates. *The Destiny of a King*. Chicago：University of Chicago Press，1973，pp. 1—8.

样理解，杜梅齐尔通过神话发现了古印欧社会的三分结构模式。尽管杜梅齐尔本人一再强调这种三分结构的假说仅仅适用于古代印欧社会，但越来越多的学者在欧洲社会发现了这种三分的结构模式，师从杜梅齐尔的日本神话学者吉田敦彦甚至将三分的社会结构理论应用在日本文明起源研究上。吉田敦彦的研究表明，“日本神话从细节到构造都和印欧语族的古老神话拥有惊人的一致性。我们也逐渐正在明白，甚至日本神话当中的一些传说的根源都和希腊、日耳曼、凯尔特等印欧语系诸民族的神话之间拥有着不能简单被认为是偶然的类似的、特殊的类似点。”[①] 这种结构上的类似性使得吉田敦彦进一步思考这样一个问题：为何日本神话与印欧神话之间会具有此种类似性？答案非常确定：亚欧大陆最西端的印欧语系民族文化圈的神话影响了日本，并且对日本的古典神话的成立起到了决定性的重要作用。那么，这种影响是如何进行的？也就是说，是借助于何种方式而得以发生的？吉田敦彦给出的回答非常肯定：“首先是经由阿尔泰系统的游牧民族作为媒介，将活跃在亚欧大陆草原地带的伊朗系统的游牧民族的神话传播到了朝鲜半岛，又经由朝鲜半岛最终传播到了日本。而且事实上，我们在斯基泰或者是古代朝鲜诸国的神话中已经发现了许多可以印证关于这条传播道路学说的材料。”[②] 不难看出，吉田敦彦并非是要确定日本神话与印欧神话之间的类似性，当然不能否认他对此怀有极大的热诚并且做了很多富有成效的工作，他的最终目的是借助日本神话与雅利安神话结构上的相似性寻找日本文明的起源，以及印欧文明传播到日本的大致路线。

这样看来，以杜梅齐尔及其弟子为代表的早期古典模式其实是通过神话结构而探寻文明发生问题。其普遍性的做法是通过神话结构而透视文明发生机制，或者探寻一种文明如何并经由何种路线催生了另外一种文明。根本上讲，此种做法是将神话视为一种文明共同体的构成性要素，研究者试图通过神话寻找文明内部的关系。在证据的使用上，杜梅齐尔及其弟子

① ［日］吉田敦彦：《日本神话的源流》，西安外国语大学研究生部况铭译，前言部分。此书即将在中国大陆出版，笔者有幸先睹，特向译者致谢。

② 同上。

主要依靠语言学资料，并未涉及考古学、人类学等学科提供的实物与图像资料。不过这种阐释模式很快便有了另外一种形式的变体，那就是以马丽加·金芭塔丝为首的学者所倡导的神话考古学派。

就使用证据而言，以金芭塔丝为代表的这类研究者主要立足于史前考古发掘的实物与图像资料，以及人类学、民族学所提供的仪式性证据，进而考察神话中蕴含的文明起源信息。需要特别加以强调的是，金芭塔丝等人在进行阐释时，无疑将神话的范畴由书写扩展到了仪式，尤其是图像层面。因为她将出土的那些女性雕像及相关图像、符号皆视为古欧洲的大女神形象，并将这些形象视为大女神不同职能的体现。单就这一点而言，金芭塔丝的做法无疑是对古典模式的颠覆，但另一方面，她关于大女神按照三种职能——给予和维持生命、死亡与再生——将其加以归类的做法本质上源自杜梅齐尔的三分思想。另外，金芭塔丝关于女神负责丰产的思想同样源自杜梅齐尔关于平民负责丰产的理论。这一点从金芭塔丝对杜梅齐尔的批评中能够明显看出："杜梅齐尔的三功能全部是关于男性的职能，这与万神殿中那些女神所反映的社会结构截然相反，这是其不足之处。应当将第三个职能转移给古欧洲的女神，丰产或生殖女神。"① 较之于杜梅齐尔，金芭塔丝更愿意相信这样一种事实，即考古学者发掘出的史前女神形象背后隐藏了一个被忽视已久的文明形态——女神文明。这种以女神为崇拜中心的文明类型是现存所有文明形态的源头，也是人类最早的文明样态。② 可以看出，这种模式的逻辑出发点依然是将神话视为一种真实的历史，与杜梅齐尔等人的假设前提并无本质区别。不过这种通过神话寻找文明源头的做法有别于早期的杜梅齐尔学派，前者通过神话结构考察某一种文明内部的结构模式，金芭塔丝的神话考古方法侧重于通过神话图像寻找

① Marija Gimbutas. *The Language of Goddess*. London: Thames and Hudson, 1989, p. xvi.

② 关于女神文明的阐释，参见本书关于"女神转向与女神文明"部分，以及王倩《20世纪希腊神话研究史略》，陕西师范大学学出版总社有限公司2011年版，第232—238页。马丽加·金芭塔丝本人的阐释主要参见：Marija Gimbutas. *The Language of the Goddess*. London: Thames and Hudson, 1989; Marija Gimbutas. *The Civilization of the Goddess: The World of Old Europe*. San Francisco: Harper & Row, 1991; Marija Gimbutas. *The Goddesses and Gods of Old Europe, 6500—3500 BC: Myths and Cult Images*. Berkeley: University of California Press, 1982; Marija Gimbutas. *The Living Goddesses*. Berkeley: University of California Press, 1999.

文明形态起源的最初样态，并对现有的文明概念进行解构与颠覆。

文明起源研究探讨的不仅是源头，还有文明发生的机制、过程、发展、文明的互动与融合等相关问题。早期的古典模式基本着眼于考察文明的源流，某种程度上忽略了文明之间的共性问题。一个突出的特征就是，多数学者依然持有一种欧洲中心主义的论调，将研究对象局限于欧洲而不是欧洲以外的其他地区。即便是马丽加·金芭塔丝这样的研究者，依然将女神文明局限于古欧洲地区。进入 21 世纪之后，这种状况有了很大改观。旅居美国的希腊学者南诺·马瑞纳托斯提出的近东文明共同体探源方式很大程度上改变了这一现状。在证据的使用上，南诺·马瑞纳托斯采用了四重证据来阐释近东文明共同体，但在证据的相关度上她主要以神话图像为主要依据，将其他证据作为佐证而加以利用。南诺·马瑞纳托斯提出的主要观点就是，在米诺文明的宫殿时期即公元前 1650 年—前 1400 年，克里特与安纳托利亚、叙利亚，黎凡特、埃及等地共享一种类型的文明样态，可以将之称为近东文明共同体。近东文明共同体拥有相同的神圣王权政体、宗教信仰、象征符号体系、神话宇宙论。在近东文明共同体下，各个地区的国王、王后享有类似的政治与宗教权力，宗教上普遍崇拜太阳女神，并且将带有双峰的圣山、弯曲的祭坛、圆形花饰、双面斧作为太阳旅行的标志或太阳盘的变体。① 就文明探源的方式而言，南诺·马瑞纳托斯依然沿袭了古典模式那种从神话中寻找真实的文明信息这种思路，只不过她将神话的范畴进一步扩展到了实物与图像。较之于马丽加·金芭塔丝，南诺·马瑞纳托斯探寻的不是克里特文明的源头问题，而是近东文明共同体内部诸文明之间的交流与融合问题，诸如王权机制、神话宇宙论、宗教象征符号体系，等等。不可否认，“近东文明共同体”这一语词依然带有欧洲中心主义的色彩，但它至少表明了研究者将地中海视为文明发生的整体性区域这种立场。

不难看出，古典模式的持有者非常肯定神话的真实性，认为神话反映了特定时期的历史状况。研究者要做的，就是分析神话的结构，并通过神话反映的相关信息寻找相关的文明起源问题，诸如文明的发生地，一种文

① Nanno Marinatos. *Minoan Kingship and the Solar Goddess*：*A Near Eastern Koine*. Urbana：Chicago：University of Illinois Press，2010，pp. 193—196.

明对另外一种文明的影响，以及文明共同体内部诸文明之间的互动，等等。这种阐释模式倾向于从时间与空间两个维度探究文明的起源与发生，换言之，它关心的是文明起源而非神话。在古典模式的研究者看来，神话只不过是探讨文明问题的路径罢了，他们并不关心神话本身在文明发生过程中所具有的功能、作用以及属性问题。说到底，古典模式走的是一条从神话到历史，再从历史到文明的研究路线。这样的研究属于历史问题而非哲学问题，因为它探讨的是具体文明形态的起源问题，一些问题的结论并不具有普适性。也就是说，古典模式解决的是某种类型的文明的起源问题，具体说来应该是某种文明的时间与空间发生。根本上说，某种类型文明的时空源头仅仅是文明发生的历史性表现，而不是文明发生的根本问题。文明的发生是一个动态的生成过程，其间涉及文明诞生的动力机制、过程、发展以及去向问题。与此同时，研究者还要面对这样一个看似不可能解决的抽象问题：神话在文明起源中究竟扮演了什么角色？或者说，神话与文明究竟具有怎样的关联？这样的问题应该属于文明起源的哲学问题，而不是古典模式探讨的历史问题。美国学者亨利·富兰克弗特曾经这样断言："我认为抽象的文明起源问题无解，因为那毕竟是哲学问题而非历史问题。"① 事实上，随着新史学的兴起，欧美学界关于史学及历史属性的认识发生了根本性改变，原本看来无解的抽象的文明起源问题受到了越来越多的学者的关注，在新的学术语境下，神话学文明探源出现了另外一种模式，那就是神话历史模式。确切地说，神话历史模式与"神话历史"一词具有密切关联。因此，在梳理神话历史模式之前，首先介绍一下神话历史的概念。

三　神话历史的内涵

"神话历史"这个词语并非神话学研究者创造的一个术语，它源自新史学。并且，"神话历史"是新史学在特定时期的产物，与历史观念的改变密切相关。在术语的使用上，美国学者威廉·H. 麦克尼尔率先使用了神话历史这一词语。1985 年，威廉·H. 麦克尼尔在美国历史协会第 100

① ［美］亨利·富兰克弗特：《近东文明的起源》，子林译，上海人民出版社 2009 年版，第 1 页。

届年会上以会长身份发表了题为《神话历史：真理，神话，历史和历史学家》的演说辞，[①] 在这篇演讲稿中，麦克尼尔首次在概念与内涵上对神话历史做了相关界定。麦克尼尔颇为自信地指出，史学并非是历史先辈所说的那样是一门科学，相反，史学是一种以主观阐释和叙述为主的哲学或诗学，并且，历史也不是真实的，它是真实与虚构的混合体。因为“所有的人类集团都喜欢被奉承。为了按照某个民族的意愿来描述其历史，历史学家总是处于不断的诱惑之中。结果导致真实与虚假相混，历史中夹杂着意识形态。”[②] 在后现代时代，历史学家不可能像以前那样表述所谓的“真理”与“真相”，他们只能采用更多的诠释的方法，在“真理、事实和神话之间取得平衡”。当历史学家致力于叙述某种“公共事务”（这一概念非常含糊，麦克尼尔并未做任何阐释，笔者此处只能引用），并且使得读者理解并接受这种“事实”时，便产生了“最好被称为神话历史”的东西。不难看出，在麦克尼尔眼中，神话历史本质上是一种虚构与真实并存的历史，它是用来表述人类历史属性的一个词语。此处的神话历史强调的是历史的两面性——虚构与真实——而不是神话的真实性。在使用神话历史这一概念与术语时，麦克尼尔强调了这样一种观点：历史叙述不过是历史事件的阐释，历史的根本属性是神话性——虚构。因此，作为科学的历史并不存在，只有作为阐释学或诗学的历史。在麦克尼尔的神话历史概念下，神话并非是历史的代名词，而是虚构的同义词，它与真实相去甚远，是与真实的历史相对立的一种术语。在生成的先后顺序上，麦克尼尔并未对神话与历史做任何甄别，他的立足点是史学的诗学性质或虚构性，对于神话，威廉·H. 麦克尼尔并未多做解释。

继威廉·H. 麦克尼尔之后，美国新史学的另外一名代表唐纳德·R.

---

① William H. McNeill. “Mythistory or Truth, Myth, History, and Historians,” *American Historical Review* 91 (1986), pp. 1—10. 该文原来刊载于《美国历史评论》1986年第91卷，后来收入麦克尼尔论文集《神话历史即其他论文》(*Mythistory and Other Essays*. Chicago: The University of Chicago Press, 1986, pp. 3—22) 一书，中文译文曾经刊载于《史学理论》1987年第1期，后被收入《现代史学的挑战：美国历史协会主席演说集》（中国美国史研究会编，王建华等译，上海人民出版社1990年版）一书，第475—488页。

② William H. McNeill. “Mythistory or Truth, Myth, History, and Historians,” *Mythistory and Other Essays*. Chicago: The University of Chicago Press, 1986: 3—22.

凯利对神话历史在内涵与概念上做了更为全面的阐释，神话历史一词因此具有更为复杂的内涵。早在1990年，唐纳德·R. 凯利在其论文《兰克时代的神话历史》中就已经把神话历史作为一个现代史学界的修正主义运动而提出来，[①] 唐纳德·R. 凯利在这里极力反对兰克学派在历史学界的支配地位，极力倡导一种以阐释学为主基调的新史学观念，即神话历史。在唐纳德·R. 凯利眼中，历史一词的含义相当含糊，通常指的是一种记忆形式，历史在外延与内涵上皆呈多面性。它既有真实性的一面，也有虚构性的一面，在这一点上，唐纳德·R. 凯利对历史的理解与麦克尼尔是一致的。较之于威廉·H. 麦克尼尔，唐纳德·R. 凯利更愿意对神话做一种近乎功能主义的界定："和历史一样，神话可以被理解为一种记忆形式，或者一种纪念形式，用来认识过去或体现过去——或者可以被理解为是对已逝者的敬意。"[②] 唐纳德·R. 凯利指出，自希罗多德到李维，以及他们的现代史学早期的追随者，其中最为著名的当属马基雅维利和维柯，这些史学家一直在走着一条神话历史的道路。确切地说，这些历史学者一直认为历史由神话构成，历史与神话共享一种诗学的阐释传统。作为一种记忆形式，神话保留了历史的最初面目，是历史最初的形式。这就意味着，唐纳德·R. 凯利的神话历史观中包含了这样一种认识，"历史起源于神话并且逐渐摆脱了这种神话特性，直到马基雅维利和奎恰尔迪尼时代，它获得彻底觉悟为止——或者可能是伏尔泰和吉本时代，或者可能是蒙森和兰克时代，或者可能是这个世纪'新'的经济、社会和文化史等。"[③] 换句话说，神话是历史最初的面目，它在历史之前产生并存在。并且，作为记忆的历史本质上就是神话式的——一种具有诗性的记忆形式。这样看来，唐纳德·R. 凯利的神话历史概念更多地倾向于承认历史含有的神话性，即叙述上的诗性，以及神话所包含的真实性——表述历史的最初面

---

① Donald R. Kelley. "Mythistory in the Ages of Ranke", in *Leopold von Ranke and the Shape of the Historical Discipline*. ed. G. G. Iggers and J. M. Powell. Syracuse, New York: Syracuse University Press, 1990, pp. 3—20.

② [美] 唐纳德·R. 凯利：《多面的历史：从希罗多德到赫尔德的历史探寻》，陈恒、宋立宏译，生活·读书·新知三联书店2003年版，第25页。

③ 同上书，第1页。

目。凯利因此告诫后现代时期的历史学者，“历史研究，就像历史所描述所反映出来的人类自身状况那样，不能完全将自己从非理性和潜意识中剥离出来；作为人类记忆的一种形式，历史不能彻底摆脱其原初的传统。”[①] 明显能够看出，不论在内涵还是外延上，唐纳德·R. 凯利的神话历史观皆有别于麦克尼尔的神话历史观。在承认历史的阐释属性的前提下，唐纳德·R. 凯利倾向于从叙述层面理解神话与历史之间的共性，强调神话作为历史的最初面目出现这样一种事实；威廉·H. 麦克尼尔则在突出历史的虚构性与真实性共存这样一种事实基础上，强调西方历史叙述如同神话一样具有虚假性。凯利看到了历史与神话在诗性叙述层面的共同特征，而威廉·H. 麦克尼尔则指出了历史与神话在编造事实方面的共性。根本上说，唐纳德·R. 凯利的神话历史观远比威廉·H. 麦克尼尔的神话历史观在内涵上更为丰富，它为约瑟夫·马里（Joseph Mali）的神话历史概念提供了理论框架。

神话历史概念的提出与新史学关于史学性质的再界定密切相关，它要破除的是历史作为科学这样一种宏大历史观，强调历史是诗学或阐释学的本质属性。但这种史学观注定要在专业的历史学圈子里备受冷落，就像麦克尼尔预言的那样。[②] 但这并不意味着神话历史的概念就此被终止，相反，它被欧洲以外的历史学者所接受，并被赋予新的架构。进入 21 世纪之后，身为以色列特拉维夫大学（Tel Aviv University）历史学教授的约瑟夫·马里，对神话历史做了更为深入的阐释。不可否认，约瑟夫·马里的神话历史概念建立在现代历史编撰学的基础之上，即以历史书写为前提。本质上说，这是对历史书写的一种再审视，“将神话视为已经进入和成为历史的一种故事。这种历史编撰学或可称为神话历史，其批评的任务就是将这些故事视为无可回避、具有终极价值以及个人与公共身份的历史而重新加以评估。例如，那些定义和区别了民族共同体共同祖先和领土的神话，或者更为根本地说，那些关于诞生与死亡、丰产与净化、诅咒与拯救的原始

① Donald R. Kelley. Versions of History from Antiquity to the Enlightement. New Haven, Conn.: Yale University Press, 1991, p. 3. 转引自 Joseph Mali. *Mythistory: The Making of a Modern Historiography*. Chicago: The University of Chicago Press, 2003, p. 9.

② William H. McNeill. “Mythistory or Truth, Myth, History, and Historians,” *Mythistory and Other Essays*. Chicago: The University of Chicago Press, 1986: 3—22.

神话，等等，上述这些神话虚构了人类的道德、文化戒律。正如本书的副标题所示，神话历史是现代历史编纂学的本质属性，因为像所有现代艺术与人文科学一样，关键之处在于它对神话的承认。”① 尽管如此，约瑟夫·马里眼中的神话历史探讨的并非仅仅是历史问题，它还包括神话问题，只不过神话历史这一词语依然局限于历史属性的探寻。从约瑟夫·马里的表述来看，历史神话的概念用来描述历史编撰的属性，它指向了历史诗性的一面，强调历史作为阐释学的学科属性。

就阐释范畴而言，约瑟夫·马里的神话历史包括两个方面的内容：作为历史的神话与作为神话的历史。所谓作为历史的神话，这并不意味着神话就是历史，而是指向这样一种事实，即作为独立于历史而存在的一种范畴，而是说，神话因叙述了人类历史的起源和超然存在的历史事件，从而为人类共同体提供了一种具有历史意义的情感象征模式或原型。因为“一则神话无论多么富有传奇意味，它并不表示编造或纯粹的虚构，因为它通常包括共同体历史中所含有或涉及的关键性问题，诸如共同体的共同的祖先和边界的传奇。这些问题需要并能启发出关于历史的神话，因为它们不仅适于形而上学的神秘事物，诸如共同体的最初起源和命运，而且更为关键的是，这些真实的叙述是共同体成员所信赖并经历的事实，即便（或者正好因为）它们是神话的而非逻辑的或历史演绎的。”② 不难看出，约瑟夫·马里在这里强调神话的凝聚力或整合社会文化情感的功能，但他首先承认神话在历史之前产生，并且承认神话作为历史的“史前史”而存在。另外，作为神话的历史指的是历史编撰的性质，该指称突出史学的阐释学本性。当约瑟夫·马里使用作为神话的历史这一称呼时，他指的是欧洲历史编撰的诗学性质。需要指出的是，此处作为神话的历史并非指的是历史的虚构性质，而是说历史与文学、艺术等其他人文学科一样具有诗学性质。

在对史学属性的认知上，约瑟夫·马里与唐纳德·R. 凯利均将史学视为阐释学，但他们探讨的内容有所不同。唐纳德·R. 凯利的神话历史概念强调

---

① Joseph Mali. *Mythistory: The Making of a Modern Historiography*. Chicago: The University of Chicago Press, 2003, p. xii.

② Ibid., p. 4.

神话作为历史元初面目这一主张，而马里的神话历史以承认神话作为历史性叙述为前提，探寻神话如何进入历史。当论及神话与历史之间的关系时，约瑟夫·马里坚持认为，神话被证明是根本的起源性叙述。因此，神话是第一位的，历史是第二位的。总体而言，神话历史在凸显历史作为诗学这一学科属性时，承认神话对于历史的创造性价值。

从神话学视角来看，神话历史其实在探寻这样一个问题：神话如何进入历史？换言之，神话在历史生成过程中扮演了何种角色？这是关于神话功能的探讨，即神话何为的问题。就文明起源而言，神话如何进入历史这一问题意识下还包括如下一些问题群：神话如何创造王权象征符号？神话怎样建构王权意识形态？神话如何成为王权仪式时间与仪式空间的叙述原型？神话在城邦空间建构上发挥了何种功效？神话又是怎样进入城邦意识形态，其中包括城邦正义、城邦土地制度、城邦经济制度、城邦宗教崇拜体系的？上述这些问题实乃神话学文明起源研究所要解决的一系列问题。这些问题最终指向了神话与历史之间的关联问题，但首先承认神话对于历史的创造性价值，正如神话历史这一概念所强调的那样。因此，笔者这种文明探源模式称为神话历史模式，以此突出神话在建构文明发生进程中的关键性地位。

四 神话历史模式

神话历史模式倾向于将神话看作一种存在共同体，进而探讨神话在建构王权象征符号、意识形态以及城邦诸要素等方面发挥的整合性功能。具体说来，神话如何进入历史这一问题可分为三个层面进行阐释：第一，作为王权象征的神话，这一认识涵盖了神话与权力机制、意识形态之间的互动关系，其中还包括神话在建构意识形态方面的功效。第二，作为原型的神话，此处的原型某种程度上是文明构成要素的源头，比如，王权仪式、族谱、王权象征物，等等。第三，作为城邦发生动力机制的神话。神话是催生城邦诞生的源编码，它为城邦空间、正义、经济制度的发生提供了叙述性的历史框架。需要特别指出的是，上述这些问题的阐释是在神话学情境性规约下进行的，很多问题的结论并不具有普适性，但因研究者阐释的问题带有普遍性意义，探寻这些问题的过程因此具有一种借鉴意义，笔者下面分别加以归纳。

在以往的文明探源中，多数考古学者与历史学者将文字、大型礼仪中心、城邦、王权要素视为文明诞生的标志，文明起源研究因此偏重于物质性层面的探究，说到底是以西方的物质性科学观来衡量文明的起源。部分学者指出，在文明的界定上，应当排斥将文明概念物质化的倾向，并将精神层面的要素纳入文明范畴之中。① 以诺曼·叶斐为代表的部分学者则认为，“古代政治文明的核心是王权。王权的观念以及王权的象征表现不但先于国家出现，而且是国家出现的基础和手段——在国家形成的过程中，政治领袖们以王权与霸业的观念为框架和号召来争夺和实现对领土和人民的控制。因此，对国家和文明起源的研究从对政治（王室，都城和集权）的研究扩展到对关于王权观念的发展和王权象征表现的研究。”② 在这样一种认识论转向下，神话学研究者将神话图像纳入了文明探源考察要素之中。一种普遍的做法乃是，多数学者将神话图像视为以视觉形式出现的神话，继而阐释神话图像在建构王权象征、王权意识形态、政治形态等负面具有的功能。

以约翰·贝尼斯和诺曼·叶斐为首的一批研究者试图确定神话图像在东方文明，尤其是古代埃及文明与美索不达米亚文明中对权力的建构性作用。他们率先在理论上提出了东方文化的高度象征性这种特征，然后将作为权力象征的神话图像视为古代财富与权力的象征。③ 这种理论上的阐释使得神话图像的实在性与象征性为多数学者所认知，也促使更多的神话学者进一步意识到神话图像在建构王权意识形态发展方面所具有的象征性作用。譬如，学者肯普·巴里（Barry J. Kemp）与凯特加·戈比斯（Katja Goebs）就对神话图像在建构埃及王权意识形态方面发挥的功能进行了探寻。④ 他们的

---

① 譬如，学者马丽加·金芭塔斯就极力反对现有将文明视为物质共同体的界定模式，认为应当将艺术成就、美学成就等非物质层面的因素纳入文明共同体之中。具体参见 Marija Gimbutas. *The Civilization of the Goddess*：*The World of Old Europe*. Harper & Row，1991，p. viii.

② 叶斐、李昊：《王权、城市与国家：比较考古学视野中的中国早期城市》，荆志淳、唐际根、高嶋谦一编《多维视角：商王朝与中国早期文明研究》，科学出版社 2009 年版，第 276—290 页。

③ John Baines and Norman Yoffee. “Order，Legitimacy，and Wealth in Ancient Egypt and Mesopotamia”，in *Archaic States*. Gary M. Feinman and Joyce Marcus，Santa Fe，ed.，New Mexico：School of American Research Press，1998，p. 235；John Baines and Normal Yoffee. “Order，Legitimacy，and Wealth：Setting the Terms”，*Order*，*Legitimacy and Wealth in Ancient States*. Cambridge：Cambridge University Press，2000，Ibid.，p. 16.

④ 相关阐释参见本书神话“图像与意识形态”部分，此处不赘述。

研究表明，神话图像通过叙述，将过去、现在与未来连接在一起，从而为埃及王权意识形态奠定了象征性框架。正如学者 R. T. 朗德尔·克拉克（R. T. Rundle Clark）所指出的那样，对于埃及的神话图像来说，它具有两种功效："其一，赋予宇宙一种既定的秩序，促成了何露斯神（Horus）的最后胜利，以及法老王权的诞生。其二，仅仅是逐渐理解的——提供了描述意识发展与起源的一套象征模式。"[①] 尽管这种结论是建立在对埃及王权的考察上，但它并不妨碍更多的学者对希腊、美索不达米亚乃至于中国的王权意识形态建构进行探寻。纵观研究者的阐释，不难得出这样一种结论：神话图像通过图像而表述一种具有历史性价值的经验，为王权象征及意识形态的建构提供了一种象征性的参照架构。

王权象征物仅为文明的一种外在表现，当涉及文明的具体所指时，它更多地与王权仪式、族谱相关。以学者布莱克曼（A. M. Blackman）及施皮格尔（J. Spiegel）为首的神话学者近期的研究表明，[②] 神话通过将仪式时间与空间的神圣化，使得王权仪式回到了神话创世之际的时间与空间之中，它为王权仪式提供了时间与空间上的原型，并就此建构一种神圣的王权仪式模式。当论及王室族谱的神话建构时，希腊神话研究者的一些阐释颇具影响力。学者罗伯特·帕克及妮科尔·洛劳克丝、约翰·M. 威克沙姆、克劳德·卡莱默等人的研究揭开了神话在王族谱系叙述方面发挥的建构性作用。[③] 上述这些

① R. T. Rundle Clark. *Myth and Symbol in Ancient Egypt*. London：Thames and Hudson，1993，p. 32.

② 上述两位学者的具体研究成果参见 A. M. Blackman. "Myth and Ritual in Ancient Egypt，" in S. H. Hooke，eds. *Myth and Ritual*. London：Oxford University Press，1933，pp. 15—39；J. Spiegal. "Das Auferstehungsritual der Unaspyamide，" *Annales du Service des Antiquité de l' égypte*. Iiii，pp. 339—439. 转引自 H. W. Fariman. "The Kingship Rituals of Egypt，" in *Myth，Ritual，and Kingship*. Edited by S. H. Hooke，Oxford：Oxford University Press，1958：74—104。

③ 上述研究者在这方面用力颇多，具体参见 Robert Parker. "Myths of Early Athens"，*Interpretations of Greek Mythology*. Edited by Jan Bremmer，London：Routledge，1988，pp. 187—214；Nicole Loraux. *Born of the Earth*：*Myth and Politics in Athens*. Ithaca and London：Cornell University Press，2000，pp. 29—35；John M. Wickersham. "Myth and Identity in the Archaic Polis"，*Myth and the Polis*. Edited by Dora C. Pozzi and John M. Wickersham，Ithaca and London：Cornell University Press，1991，pp. 16—31；Claude Calame. "Spartan Genealogies：The Mythological Representation of Spatial Organisation"，Translated by A. Habib，*Interpretations of Greek Mythlogy*. Edited by Jan Bremmer，London：Routledge，1988，pp. 153—186.

学者的研究表明，神话通过虚构族谱的方式进入历史叙述，使得王室族谱成为神话叙述的一个部分。与此同时，族谱的神话化使得统治者的统治获得了合法性承认。从这个视角来看，历史仅仅是神话叙述的一个组成部分，神话在历史之前就已经产生了，这种观点与史学界倡导的神话历史概念是相互契合的。

另一种观点就是，神话并非仅仅是作为王权的原型而参与历史的建构，它还是一些文明要素譬如城邦诞生的动力机制。当然，这样的观点是建立在希腊文明研究的基础之上的。就阐释内容而言，研究者用力最多的是神话与希腊土地制度之间的关系。20 世纪以来以琼·M. 戴维森、艾拉德·马尔金、克劳德·卡莱默为代表的一些学者的研究表明，[①] 促使希腊人表述希腊土地起源的动力乃是希腊神话所具有调节社会秩序与文化差异的功能。在表述希腊土地及其起源的过程中，希腊神话为前者提供了象征性框架。或者说，希腊神话为希腊土地及其机制生成提供了叙述性源头。神话不仅仅为希腊殖民地的开辟提供了话语的合法性，还为希腊土地制度的起源创造了一种具有历史性的叙述源头。明显能够看出，神话学者此时已经由探寻神话作为文明的起源转向了神话在文明起源中所具有的创建功能。神话学文明探源模式发生了改变，由对神话的属性界定转向了对神话功能的探寻。

那么，神话究竟是如何进入历史的？或者说，神话是通过何种路径与历史发生关联的？我们前面的问题在这里就找到了答案。就神话在创建文明要素方面发挥的作用，这个问题可以分为三个层面来回答。对于王权象征符号

① 具体参见 Jean M. Davison. "Myth and the Periphery", *Myth and the Polis*. Edited by Dora C. Pozzi and John M. Wickersham, Ithaca and London: Cornell University Press, 1991, pp. 49—63; Irad Malkin. "The Polis between Myths of Land and Territory", *The Role of Religion in the Early Greek Polis*. Edited by Robin Hägg, Stockholm: Åström, 1996, pp. 7—19; Irad Malkin. *Religion and Colonization in Ancient Greece*. Leiden: E. J. Brill, 1987, Part One, "The Founders of Colonies and Apollo's Oracles", pp. 17—88; Claude Calame. "Narrating the Foundation of a City: The Symbolic Birth of Cyrene", *Approaches to Greek Myth*. Edited by Lowell Edmunds. Baltimore: The Johns Hopkins University Press, 1990, pp. 277—340; Claude Calame, Daniel W. Berman, trans. Myth *and History in Ancient Greece*: *The Symbolic Creation of a Colony*. Princeton: Princeton University Press, 2003.

而言，神话通过图像叙述而进入王权意识形态；就族谱叙述而言，神话以神话思维的方式编造族谱时间链而将王室族谱神话化；神话同时借助于英雄流浪神话和神谕神话为土地制度提供叙述框架。这就意味着，神话进入历史的方式是多样化的，它对历史的建构性功能也是多层面的。上述各种路径如图5—2所示。在这个过场中，运动的方向是单向的，是从神话到历史的单向路线图示，当然，我们不否认有历史进入神话的情况存在，但它不属于神话学文明探源的阐释范畴，是史学工作者的研究范围，此处不做阐释。

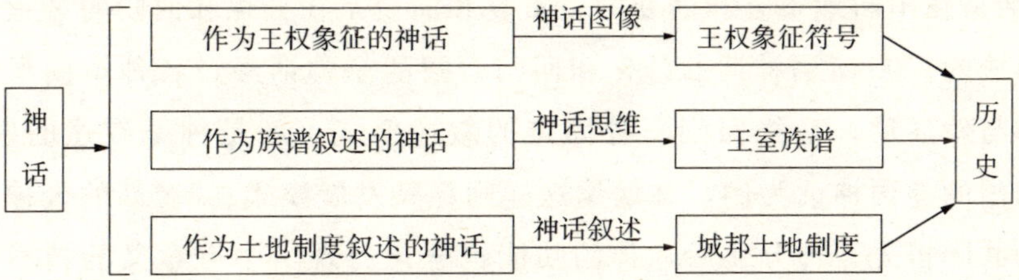

图5—2 神话进入历史路径图示

这里要指出的是，上述神话历史模式基本属于欧美神话学研究者做出的探寻。尽管他们的研究对象涉及所谓的“东方文明”——主要是古代埃及文明与两河流域，以及古代印度文明，但其视角依然停留在欧洲，尤其是关于古代城邦土地制度的起源研究方面。很明显，神话学者的文明探源模式中并不包括历史与历史之间关系的理论探索，即关于神话与历史之间关联的直接探讨。毋宁可以这样说，从事神话学文明探源的学者更趋向于在情境性规约下考察神话与文明诸要素之间的关系。在他们看来，历史是一种独立于神话而存在的范畴，在对两种范畴关系做抽象的探寻是一种富有冒险意味的事情，它属于哲学问题而非神话学任务。更为重要的是，上述研究者的探寻并没有根据新史学的神话历史理论而进行，尽管他们在神话与历史关系的探索上与神话历史理论存在叠合之处。不过，这种情况并不包括亚洲的神话学文明起源研究。近年来，随着西方神话学理论的传播，以及新史学理论的普及，有不少亚洲神话学者以本土眼光来关照西方的理论，其中包括新史学的神话历史假说。韩国学者林炳僖关于韩国文明起源研究的成果便是这方面的典型。

就研究范畴而言，林炳僖的文明起源研究探寻的不是韩国的问题，而是韩国的神话问题。因为他要考察的是韩国的神话，尤其是建国神话是如何与韩国的政治、民族、权力机制发生关联的。具体说来，韩国的建国神话即王权起源神话，它主要包括檀君神话、朱蒙神话与赫居世神话，这类神话主要叙述了韩国王权、民族与文化的起源。说得明白一些就是，林炳僖的探源模式寻求的是韩国神话在不同历史时期的演变与发展，并最终经历了分化与回归的演变模式。林炳僖对此有着鲜明的立场："神话是在不断地重复和演变的。重复和演变是在分化和回归的过程中逐渐形成的。"① 所谓神话的分化和回归，指的是神话经过各种不同形式的变体与叙述后，最终回到一种固定的叙述模式，就是神圣叙述的模式。以韩国的建国神话为例，林炳僖这样阐释其发展模式："至高的天神是诸神的共同祖先。神分化后，神的功能也分化。现实中有意义的神不是至高神，而是具有具体功能的神。制造新建国者的神话都以此为原理。建国神话标举共同的祖先，有时候共同祖先是具体人物；有时候是共同记忆；有时候是类似山的自然物或自然现象；有时候是类似天命的抽象观念等。不管如何表现祖先，建国神话先说建国者是共同祖先的后代，然后建国展示建国者的业绩。这也是一直分化与回归的过程，通过回归共同的祖先获得正统性，然后经过重新分化的过程实现建国。"② 不过，林炳僖的最终目标是以建国神话为线索，探寻神话与历史之间的关系。其结论极为简洁："韩国神话不能离开历史，同时韩国历史不能离开神话。其实神话与历史的同一个存在里有两种因素。虽然韩国神话有神话历史的系统，但是韩国神话不能限制现在的领土、民族、范式等概念中去狭隘理解。那样就只看到了韩国神话的'小传统'，而忽视了神话从起源到流变的'大传统'。"③

严格说来，这种文明探源模式并没有严格马里等人倡导的神话历史理论，因为新史学的神话历史内涵强调的是历史的诗性本相，而不是神话的

① 林炳僖：《韩国神话历史》，中国社会科学院研究生院博士毕业论文，2011年，第2页。
② 同上书，第77页。
③ 同上书，第194页。

历史性本相。林炳僖关于韩国文明起源的探讨借用了从神话历史理论中作为历史的神话这种论调来审视韩国的神话。根本上说，这是对新史学的神话历史概念的本土化阐释，而不是对神话历史理论的搬用。与神话历史概念有所不同的是，林炳僖强调了神话在不同历史阶段与时代的分化与回归，是一种从神话到神话的阐释模式，而不是新史学所倡导的历史从神话到历史，再从历史到神话的演变过程。不过林炳僖最后的结论还是落在了回归神话这一话题上，这与新史学的神话历史概念的内涵是吻合的。较之于欧洲学者的神话历史模式，林炳僖关于韩国神话历史的探索以神话与历史的互动关系为根本立足点，而不是文明的构成要素。当然，这种模式同样强调了文明起源研究的情境性规约，关于这一点，林炳僖本人文中有明确的说明："神话在何时、何地，神话的解释、意义也要随之变化。当然我们还要考虑神话所表现的现实内容。意义沿历史和社会的变化流动形成。在这样的脉络上，表现和内容、能指和所指不是先验一一对应的关系。意义在历史的过程中会产生新变……神话与神话的意义也受时代、社会、范式的脉络影响。我们通过各时代的神话研究倾向可以分析出各时代的范式。神话符号与意义的演进，就反映出不同时代的脉络。这样的现象暗示神话学里的多层次。我们通过神话文本接近对象体。接近对象体时，必然受时代范式的影响。既要体认过去时代的范式，也要小心当代的时代范式，防止歪曲神话的方法是保持对时代影响的警惕性而去接近对象本体。"[①]

较之于古典模式，神话历史阐释的问题更为繁复，它探寻的不仅是共同体意义上文明诸要素的起源问题，还涉及神话在此过程中具有的各种功能以及神话属性的认识。进入 21 世纪之后，亚洲学者对新史学神话历史理论的本土化阐释使得神话历史模式走向了关于神话自身属性的探讨，以及神话自身在不同历史情境中的发展与演变过程。由此可见，神话历史模式的最后回到了神话作为历史这一论题之上，这也就表明，神话学文明探源模式回归秘索思的这一趋向。

---

① 林炳僖：《韩国神话历史》，中国社会科学院研究生院博士毕业论文，2011 年，第 196 页。

五　余论

在荷马之前的古希腊，秘索思一词与真实性相关，是希腊人真实的历史，关于这一点，笔者在前文有所阐释。[①] 就作为真实性叙述的秘索思视角而言，在过去的一个多世纪中，西方神话学文明探源，尤其是比较神话学关于文明起源的研究，走过了一条回归秘索思的道路。所谓回归秘索思，此处包括两种内涵：第一，研究者在考察文明的源头时，不得不面对史前无文字书写的文明样态，即口传时代的文明。此时，文明起源研究就与神话具有直接关联，或者可以这样说，文明探源就回到了神话之中，其中包括图像形式的神话与口头流传的神话。第二，在探究文明发生机制过程中，更多的学者发现，历史书写并不是以理性的逻各斯形式出现，毋宁可以这样说，历史是以非理性的秘索思即神话面目出现的。换言之，文明也罢，历史也罢，其根本属性为神话性。回归秘索思这一趋向下包含了研究者关于神话和历史的基本态度：就表述形式而言，神话与历史之间并无本质区别，二者的分野在于，神话以神话叙述与神话思维表述历史事件，而历史则以逻辑思维模式叙述历史事件。在人类理性思维模式尚不发达的时期，历史则以神话的面目出现，其表述模式与神话并无区别。

就神话的内涵而言，文明起源研究的多数学者达成的一种共识就是，作为文明与历史源头的神话，它并非是一种虚构的叙述，更不是一种荒诞不经的故事，而是一种具有复合性的存在形式，它能够被多种文化不加验证地接受并转换为巨大的叙述性力量，继而发挥整合文化编码的功效。在存在形式上，神话具有四种表现形式：图像、仪式、语言、文字。[②] 需要特别指出的是，回归秘索思这一趋向并非是回到古希腊人的神话观与历史观，而是意味着从事文明探源的学者在面对神话这一古老而具有多面性的存在形式时，摒弃一种以现代神话学的视角审视神话的视角，以一种情境性规约即回到神话生成的历史语境中看待神话。归根结底，神话学文明探源要解

① 关于秘索思与逻各斯之间的关系及其内涵，参见本书“真实与虚构”一节相关论述。

② 从现象学视角而言，神话的范畴包括图像、仪式、语言与文字等四种形式，具体阐释参见本书“作为图像的神话”一节相关内容。

决的不是单纯的文明源流问题，也不仅仅是一般意义上文明在时间与空间两个维度上的起源，它要探寻的是神话与文明及历史之间的关联问题，即神话如何进入文明与历史的。纵观 20 世纪以来的神话学文明起源研究，不论是古典模式还是神话历史模式，文明始于秘索思这一结论应该不算妄语。

第三节　地中海文明共同体概念的界定及其意义

一　学术谱系

从地理学视角而言，“地中海”仅为一个具体的语词，指介于亚洲、非洲与欧洲之间的一片水域。但地中海因其地理位置的特殊性而使该词语的内涵远远超出了自身的界限，更多时候，它指向了一个整体的海洋世界，其中包括“环绕北非、南欧、东南欧和西非海岸的所有各海，——换句话说，不仅有特灵海、约尼海、亚得里亚海和爱琴海，而且有那摩耳海、黑海和亚速海。”① 地中海东部地区主要包括两河流域、埃及、安那纳托利亚和叙利亚，而地中海西部地区则有巴尔干半岛、亚平宁半岛、伊比利亚半岛和北部非洲。这样看来，看似整体性水域的地中海世界包括了亚非欧三大洲的部分地区，有着更为重要的战略地位。

汤因比在其《历史研究》中将世界各地的文明划分为二十一种，当论及古代文明时，他将地中海地区划分为四种类型：古埃及文明、苏美尔文明、米诺斯文明、古印度文明。② 需要指出的是，上述地中海世界诸文明的表述极为任意，并无确凿的地理学依据。人所熟知的米诺文明是考古学者亚瑟·伊文思根据希腊神话中米诺斯王的名字而命名的，迈锡尼文明则因其发源地迈锡尼而得名。而苏美尔文明，则更多具有一种语言学意味——这种文明的创造者是说苏美尔语言的一个群体。③ 至于埃及文明与美索不达米

① ［苏］耶尔马塞夫：《地中海问题》，君达译，光华书店 1948 年版，第 1 页。

② ［英］汤因比：《历史研究》，曹未风等译，上海人民出版社 1950 年版，第 59 页。

③ Norman Yoffee. *Myths of the Archaic State*: *Evolution of the Earliest Cities*, *States and Civilizations*. New York: Cambridge University Press, 2004, p. 49.

亚文明，二者源自其古代国家的名字。不可否认，这些文明的命名具有一定的依据，反映了特定文明样态的特性，但很多时候，在探讨地中海文明的某些共同特征时，这种称呼往往难以反映其普遍存在的一些要素，因为其名字具有明显的地域特征。另外，地中海世界诸文明的命名者为西方考古学者，而这些文明发现者不可避免地带有一种欧洲中心主义的偏见。比如，他们将从埃及到中国的这些文明称为“东方文明”，而地中海是欧洲人的世界，与非欧洲人无缘。不言而喻，这种文明表述法是一种二元对立的表述模式，将欧洲文明与非欧洲文明割裂开来，在二者之间画上了一道无形的界限。一方面是多元的文明命名法，另一方面是欧洲中心主义的文明二元对立模式，二者均无法表述地中海世界诸文明的独特性与普遍性，从而使得地中海世界诸文明的探讨陷入一种悖论之中。

作为地理区域的地中海是一个流动的世界，而它周边的文明亦为多种文明样态共生体，每一种文明形态均为该文明整体的一个部分。在地中海文明起源探讨中，研究者一方面关注各文明的独特性，另一方面要探讨诸文明的共性与普遍性。当论及地中海文明的普遍性特征时，传统的一些文明类型术语，譬如，米诺文明，迈锡尼文明，苏美尔文明，等等，往往难以满足这种诉求。毕竟，探讨地中海文明共性要突破地域文明的特性而寻求一种文明比较的路径，需要一种破除地域与文明成见的视野，而上述诸文明类型则是基于地域性特征而命名的，具有欧洲中心主义色彩。此时，就需要一种新的词语来表达地中海文明及其共性，或者说，需要一种跨文明的比较视角来表述地中海诸文明。此时，“地中海文明共同体”就可以作为一种较为宽泛的概念使用，它能够比较全面而系统地表述地中海世界诸文明的起源、形成与发展。

准确地说，“地中海文明共同体”并非一个新造的词语，它有着较为系统的学术谱系，而其思考问题的基点是将地中海视为一个整体，系统考察地中海世界各个文明之间的差异与共性，以及它们之间的本质性联系。从时间上来看，首次将地中海作为一个整体性的架构进行思考的，应该是19世纪的比较神话学者麦克斯·缪勒。这位移居英国的德国学者在其论著

《比较神话学》中首次从语言学视角对“太阳神话”做了一种贯通式的考察——希腊神话中的神名与地中海沿岸各国语言中相关语词的关联及变异。尽管缪勒没有明确提出“地中海文明共同体”的概念，但他的阐释模式为后来学者提供了一种比较神话学的参照架构。不可否认，身为欧洲学者的缪勒骨子里依然是一位欧洲中心主义者，因为他固执地认为，地中海沿岸的语言表述模式源自古代的雅利安语言，而雅利安人是欧洲人的祖先。[①] 这就意味着，地中海世界是欧洲人的天下，环地中海沿岸各个国家的语言与文明也是欧洲人的专属物。尽管我们不能指责麦克斯·缪勒具有种族主义的学术取向，但至少可以断言，在早期关于地中海文明的相关表述中，多数学者都具有一种不自觉的“我族中心主义”立场，因为他们在将地中海世界作为有机整体对待的同时，不自觉间又分割为“东方”与“西方”，陷入了一种无法调和的困境之中。

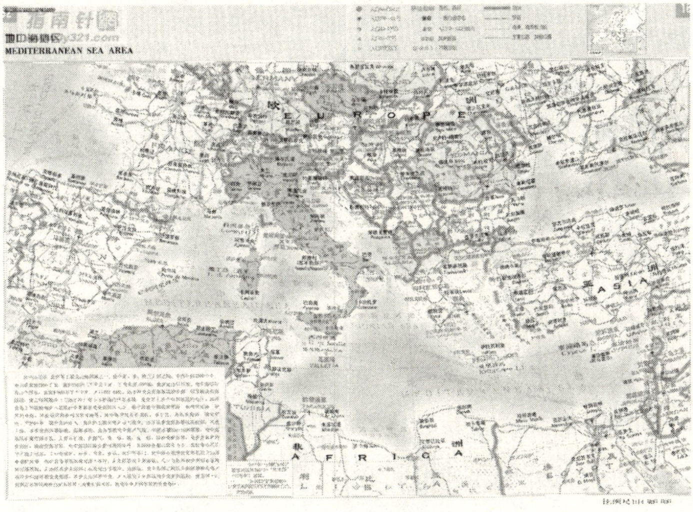

图 5—3 地中海地理区域图

20 世纪法国年鉴学派因其“整体历史观”与“长时段理论”而对史学界与思想界产生了重要影响，而其领军人物费尔南·布罗代尔（Fernand Braudel）的史学思想就集中体现在对地中海世界的界定上。布罗代尔不止

① ［英］麦克斯·缪勒：《比较神话学》，金泽译，上海文艺出版社 1989 年版，第 58 页。

一次地强调，“只有贯穿整个人类时期的历史才是真正可理解的历史”，[①]同时他又宣称“在我的意愿中，历史应该是一首能够用多种声音唱出的听得见的歌曲。但是它有这样一个明显的缺点，它的各个声音常常相互遮掩、覆盖，在所有这些声音中，没有一种声音能够永远使自己作为独唱而被人承认、接受并把它伴奏播之千里之外。”[②] 这些主张导致布罗代尔对地中海世界的阐释模式超越了欧洲中心论，将地中海视为一个多元文化与文明共存的有机整体：从时间上讲，地中海世界的上限可以上溯到公元前二百多万年前，下限则可以推至公元1世纪与公元2世纪。在布罗代尔笔下，地中海世界是一个整体，彼此不可分割：美索不达米亚在世界文明上率先启动，其文字、彩陶、农业灌溉技术、畜牧业、纺织业、航海业等均遥遥领先于世界其他地方，而埃及文明则与美索不达米亚文明几乎同步，它拥有奇异的象形文字、独特的记数法、高超的医术以及造船技术。相较之下，希腊文明则黯然失色，在前二者面前，它只是一个孩子。[③] 较之于麦克斯·缪勒，布罗代尔已经走出了马丁·伯纳尔所说的“雅利安模式”，[④]而创造了一种以地中海为架构的整体性世界概念，并且，这种概念仅仅是布罗代史学观的体现，它还进一步影响了史学工作者对待地中海的理念，使得一些具有卓见的学者进而将地中海视为一种文明共同体，沃尔特·伯克特（Walter Burkert）就是其中的代表。

较之于布罗代尔的整体地中海世界观，德国学者沃尔特·伯克特更为重视地中海世界诸文明之间的互动，尤其是古代埃及文明、古代两河流域文明对希腊古代文明的全面影响。在他看来，“在青铜时代安纳托利亚、闪族所在的东方、埃及和迈锡尼世界之间存在密切接触，我们可以发现某

---

① ［法］费尔南·布罗代尔：《地中海考古》，蒋明炜、吕华、曹青林、刘驯刚译，社会科学文献出版社2005年版，第1页。

② ［法］费尔南·布罗代尔：《菲利普二十时代的地中海和地中海世界（第二卷）》，吴模信译，商务印书馆1996年版，第976页。

③ 相关内容较为繁复，参见［法］费尔南·布罗代尔《地中海考古》，蒋明炜、吕华、曹青林、刘驯刚译，社会科学文献出版社2005年版。

④ Martin Bernal. *Black Athena*：*The Afroasiatic Roots of Classical Civilization*. Volume 1，London：Free Association Books，1987，introduction.

种‘爱琴海共同体’（Aegean Koine）成为了公元前13世纪的特征。”[①] 需要指出的是，尽管沃尔特·伯克特眼中的“爱琴海共同体”尚不能完全等同于“地中海文明共同体”，但它对地中海共同体概念的界定起到了奠基性作用。伯克特眼中的地中海世界是一个在文化与文明方面均具有密切关联的整体，地中海西部的文明源自东部，在希腊历史上曾经存在一个“东方化革命”时期，即希腊文明全面吸收埃及、美索不达米亚文明的时期。“到公元前8世纪，随着军事扩张日益增长的经济活动，一个源自近东包括文化水平在内的文化共同体已经形成，绵延整个地中海地区；该共同体包括与闪族所在的对方高等文化频繁交往的希腊人群体。东方文化曾经一度占据优势，但希腊人以其惊人的吸收能力与调试接受事物的能力，立即创造了自己的独特文化样态。很快，希腊就占据了地中海文明的主导地位。”[②] 不难看出，沃尔特·伯克特眼中的地中海文化共同体显然是一个次生的文化共同体，但它是希腊文化汲取地中海东部文化精华并加以创造的结果。尽管地中海西部文明源自地中海东部，但它后来超越了自己的母体，具有无可比拟的优越性。我们当然不难苛求伯克特放弃欧洲优越论的立场，只能说他的地中海文化共同体概念依然未摆脱传统的欧洲中心论影响，这一点连后来的学者南诺·马瑞纳托斯也未能摆脱。

从事多年希腊考古工作的南诺·马瑞纳托斯，对于地中海文化世界的架构极为不满。她极为尖锐地指出，“在爱琴研究领域，一条无形的界限将东方从西方世界割裂出来。米诺人的克里特已成为希腊文化与考古学的一个分支；近东部分则与小亚细亚西部地区尚无多大关联。近东地区地图并不包括克里特，反之，爱琴地区地图同样不包括近东地区。”[③] 当然，南诺·马瑞纳托斯并非单纯反对地中海世界的理念，她意欲在一种新的精神地图上重新界定克里特文化，“具体说来，这张地图包括安纳托利亚、叙

---

① Walter Burkert. *The Orientalization Revolution: Near Eastern Influence on Greek Culture in the Early Archaic Age*. Cambridge: Harvard University Press, 1992, p. 5.

② Ibid., p. 128.

③ Nanno Marinatos. *Minoan Kingship and the Solar Goddess: A Near Eastern Koine*. Chicago: University of Illinois Press, 2010, p. 1.

利亚，黎凡特地区与埃及。”① 尽管南诺·马瑞纳托斯将这张精神地图称为“近东文化共同体”，它实质上是地中海文化共同体，包括地中海沿岸各地区。不过，从这种地图所反映的视角来看，地中海文化共同体的中心是克里特，而不是埃及或黎凡特地区。南诺·马瑞纳托斯勾勒的地中海文化共同体是一个以克里为中心的文化整体，依然具有十足的欧洲中心主义色彩。当然，南诺·马瑞纳托斯的地中海文化共同体的时间远远没有布罗代尔的时间跨度大，它仅仅限制在新宫殿时代，即公元前1650—公元前1380年。亚瑟·伊文思（Arthur Evans）将该时期视为米诺文明的黄金时期，一个和平而繁荣的时期，即“米诺盛世”。

不难看出，尽管欧洲学者没有明确提出“地中海文明共同体”概念，只有部分提出了“爱琴共同体”、“近东文化共同体”这样一些术语，但从这些术语所表达的内涵来看，其所指范围均为地中海世界，只不过各种词语服务于不同的意图而已。从文化共同体所指向的具体内容来看，它主要指语言、艺术、宗教、建筑、手工艺，等等。这些文化要素基本上可以划归到文明要素之中，而所谓的文化共同体则实为特定时期地中海周边各地域文明的总称。因此，笔者以为，在探讨地中海文明起源的某些共同特征与普遍性时，可以根据现有学术传统与术语谱系，将地中海周边那些具有某些普遍特征的地域文明合称“地中海文明共同体”。当然，这种称呼并非是对“地中海文化共同体”一词的改造，而是突出地中海周边文明的共性。

二　作为概念与场域的地中海文明共同体

首先需要说明的是，作为一种概念与术语，地中海文明共同体并非用来表述某种具有同质性的地域文明及其特征，而是特定时期地中海沿岸具有某种共性的诸文明的总称。就该概念所涉及的范畴来看，它至少包括三个方面的内容：第一，文明的整体性，承认地中海周边地区文明样态的自足性与多样性；第二，文明的平等性，文明并无高下或优劣之分，地中海

---

① Nanno Marinatos. *Minoan Kingship and the Solar Goddess: A Near Eastern Koine*. Chicago: University of Illinois Press, 2010, p. 1.

世界的诸文明之间在起源与发展程度等各方面均处于平等地位；第三，文明的共性，考察环地中海各文明之间的普遍性，探讨其共有的整体特征。这三个层面的内容并不是孤立的，而是彼此交织在一起。之所以强调三者之间的关系，乃是基于一种地中海整体文明史观的需要。

“文明”一词为18世纪法国思想家创造，“一般指与野蛮状态所对立的状态。一方面是开化的人，另一方面是原始的野蛮人或蛮族。”[①] 此时的文明仅为单数形式，为法国人或欧洲人指称自身的名词，明显带有一种价值判断与道德判断意味。1819年之后，文明才开始作为复数形式出现，指特定时期或特定群体公共生活所共享的各种特征，但此时的文明内涵依然未摆脱欧洲中心主义立场。尽管后世的学者们承认古代多元文明的共生，诸如，苏美尔文明，古埃及文明，古代中国文明，米诺文明，赫梯文明，迦南文明，玛雅文明、印加文明，等等，但当论及环地中海文明样态时，多数学者依然采用令人二元对立传统思维模式，将地中海西部文明类型，比如，米诺文明，迈锡尼文明，称为“欧洲文明”或“希腊文明”，而将地中海东部的文明叫做“近东文明”或“东方文明”，尽管其中他们都明白这种“东方文明”条目下包括了古埃及文明、苏美尔文明、赫梯文明，等等。欧洲学者一方面承认地中海文明的多样化，另一方面却使用了二元对立的思维模式表述地中海周边文明，否认地中海文明之间的整体性。因此，尽管地中海文明共同体概念的界定并非能够立即改变学界的这种倾向，它至少能够突出环地中海文明的整体性，避免使用一种二元对立的欧洲中心主义视角表述该地域的文明样态。或许有人会反驳说，“地中海”一词本身就是一个具有某种地域中心主义色彩的词语，它表明了希腊人的种族主义偏见，因为地中海就意味着世界的中心。但我们应该明白，语言是一座牢笼，若深入考究，任何词语都陷入语言之牢的可能。地中海文明共同体概念的提出并非是强调希腊人的宇宙中心观，而是强调这样一种事实：作为一体化地域的地中海，它是一个整体性的世界，地中海文明共同体也不例外。

---

① ［法］费尔南·布罗代尔：《文明史纲》，肖昶等译，广西师范大学出版社2003年版，第24页。

尽管欧洲学者认同文明的独特性与多元性，但很多时候，他们对文明的界定却带有欧洲优越论倾向，例如，他们将文明的构成要素归结于国家、城邦、文字、纪念性建筑物，等等。这种文明的界定模式基本以欧洲工业文明为标准，而不是古人自身的认同规约。现代工业文明又建立在科学与理性的基础上，崇尚秩序与技术，将人类与自然分割开来。这种文明理念使得学者科林·伦福儒（Colin Renfrew）对文明做出了这样的定义："文明就是人类自我创造的环境，是人类塑造的使其自身隔离于原始自然环境之外的那种环境。"① 在这样一种文明观主导下，人类的文明，包括地中海周边文明便因人为环境的优劣而具有高低之分了。这就意味着，技术程度越高，文明越先进。后起的迈锡尼文明自然比苏美尔文明、古埃及文明优越。但地中海文明共同体概念的界定，将有助于打破这种欧洲优越性的思维模式，它不再以传统地域文明理念界定地中海世界的文明，而是以平等的共同体理念主导研究的模式，在共同体场域中创建一种新型的文明架构，促进环地中海文明之间的对话与交流。

在传统的文明研究中，学者们往往将文明视为一个文化实体而加以阐释，在界定文明的同时，将其与特定社会的时间与空间联系起来，以突出文明的独特性与多元性，像尼罗河文明、两河流域文明、印度河文明、黄河文明这类命名便表明了这种取向。这类表述模式强调了各文明样态的地域性，但难以描述其共同性与普遍性，尤其在面对地中海地区文明形态时。较之于上述各类文明命名，在探讨文明起源过程中，借助于地中海文明共同体这个术语，研究者就能够较为系统地考察地中海周边文明的共同性，比如，神圣王权存在的普遍性，② 城邦创建叙述的神话化，城邦正义

① Colin Renfrew. *The Emergence of Civilization: The Cyclades and the Aegean in the Third Millennium B.C.*. London: Methuen & Co, Ltd, 1972, p. 11.

② 一种普遍的认识是，古代埃及与美索不达米亚存在时神圣王权，国王作为大祭司而出现在王权仪式中的，但米诺文明与迈锡尼文明并不存在神圣王权，国王仅仅是军事与经济首领，不是宗教首领。这种论调建立在书写证据之上，并没有利用图像与仪式资料。南诺·马瑞纳托斯近期通过图像与仪式等资料的研究表明，米诺人的国王与王后均为大祭司，就像地中海其他文明形态一样，米诺文明存在神圣王权。具体参见：Nanno Marinatos. *Minoan Kingship and the Solar Goddess: A Near Eastern Koine*. Chicago: University of Illinois Press, 2010.

的神话叙述，[①] 等等。当然，这并不意味着该术语本身能够表明这些层面的内容，但通过它提供的系统性的框架，研究者可以对地中海诸文明进行整体性考察。比如，我们可以思考这样一些问题，究竟是什么原因导致了地中海地区在特定时期内存在神权政治现象？这种文明形态出现的原动力是什么？它在地中海世界是如何形成、发展并消亡的？最早出现的苏美尔城邦对地中海周边文明产生了怎样的影响？后者是如何接受、消化这种城邦理念并加以改造的？此时，地中海文明共同体就不仅是一种概念性的术语，更不是一种地域性与情感性的文明表述术语，而是一种探讨地中海文明发生史的场域，它可以纠正过去的文明观念中，以某一种文明形态为中心的表述模式及对其他文明的忽视、遮蔽与扭曲。

从地中海文明共同体三个层面所包含的内容来看，它要求研究者具备一定的视野，其中最为关键的就是比较的视野。美国学者亨利·富兰克弗特一再强调，在文明起源研究中，"抽象的文明起源问题无解，因为那毕竟是哲学问题而非历史问题。"[②] 尽管如此，研究者却可以借助于比较的视野，探讨地中海文明之间的独特性和相似性，对这些独特性和相似性的解释，可以更好地了解特定文明形成的独特原因以及社会复杂化中存在的普遍性规律。比如，古代埃及的神庙与苏美尔神庙都是宇宙中心的象征，那么是什么原因导致了这种普遍性的现象？在埃及神庙的表述中，神庙是宇宙山的象征，苏米尔神庙是宇宙中心的缩影，为何二者之间具有这种差异？通过这种比较，文明发生过程中很多普遍性特征与特殊性因素便可以得到充分的探讨，地中海文明共同体因而能够与其他文明共同体发生联系，研究者进而可以在更为开放的场域中探讨文明起源问题。

三　作为实体的地中海文明共同体

地中海文明共同体不仅仅是一个抽象的概念，它还作为一个实体而存

---

① 关于城邦与殖民地创建，以及城邦正义和伦理的神话起源，后文会有较为系统的梳理，此处不赘述。

② ［美］亨利·富兰克弗特：《近东文明的起源》，子林译，上海人民出版社 2009 年版，第 1 页。

在。具体说来就是，这个实体是一种文明的总体，其中包括古埃及文明、克里特文明、迈锡尼文明、苏美尔文明，赫梯文明、迦南文明，等等。当然，地中海文明共同体并非是这些文明的简单集合，也不是它们的集体性称呼，而是特定时期这些文明组成的一个系统。所谓特定时期，这里指的是地中海各文明样态具有共同性特征的时期。从文明构成性要素来看，主要包括文字、国家或城邦、王权机制，宗教仪式，[①] 按照这个规约，地中海文明共同体就是指地中海各文明拥有类似的神圣王权、城邦、神圣的仪式，文字系统与王权象征符号时期内各个文明所组成的一个实体。

从共同体的内涵来看，它指的是特定时期的一个整体性系统，同样，地中海文明共同体不是一个模糊的实体，它有具体的时间时段。确切地说，它大概指公元前2000年到公元前6世纪这一段时间。至于为何将公元前2000年将地中海文明共同体的时间，乃是因为这个时期，地中海已经形成了一种频繁交流的文明网络，神圣王权在地中海沿岸地域普遍存在，大型的权力机制与王宫出现在各地，象形文字与字母文字体系日趋成熟，宗教仪式也非常完善。除此之外，“美索不达米亚、克里特、安纳托利亚、叙利亚和埃及在公元前2000年分享着一些共同的建筑风格；甚至我们曾经认为是克里特人发明的陶瓷铺就的洗浴室和污水直通下水道的排水系统，也出现在马里……”。[②] 这个时期的地中海文明共同体，克里特及整个的爱琴海都是“近东”的组成部分，[③] 近东是这个时期历史舞台的主角，而克里特只不过是该时期文明网络中的一个环节，不过这并不意味着克里特在其中处于附属地位，实际上，这个时期各个文明之间是平等共处的，频繁

① 关于文明的构成性因素有各种不同的划分标准，例如，英国考古学者戈登·柴尔德曾列出早期文明的十个特征，近来被考古学家查尔斯·雷德曼分成五个主要特征和五个派生特征。五个主要特征是：城市，国家，生产专门化，剩余产品的集中和阶级社会；五个派生特征是大型公共工程、远途贸易、规范的大型艺术品、文字和知识（如数学、几何学和天文学等）。不过学者们一致认可，文字、城邦、宗教仪式与王权机制这几项共同构成了文明的主要特征。

② ［法］费尔南·布罗代尔：《地中海考古》，蒋明炜、吕华、曹青林、刘驯刚译，社会科学文献出版社2005年版，第111—112页。

③ 确切地说，“东方”、“近东”、“远东”这类词语均是从欧洲中心主义视角出发而对非洲、亚洲地区的一种称呼，明显带有一种欧洲优越论色彩。不过因这类称呼久已有之且颇具影响，此处依然沿用这种称呼，为避免误解，笔者在此将其带上引号，以示立场。

的贸易与交流使得地中海各文明组成了一个共同体。这种状态一直持续到公元前1200年，一场灾难席卷了整个地中海世界，[①] 从安纳托利亚一直延续到叙利亚和巴勒斯坦地区，地中海文明共同体遭到暂时的破坏。当然，这场灾难对地中海文明共同体造成的破坏是致命的："曾经铸就青铜时代辉煌的王国、宫殿、技术，还有书写体系，多半都已经消失了。在埃及以外的地中海东部地区，城市文明与读写能力仅残留于西里西亚—叙利亚—巴勒斯坦地区。"[②] 不过，这场灾难并没有使地中海文明共同体走向消亡，经过短暂的黑暗时代之后，地中海文明之间便恢复了交往，文明走向了另外一个方向。

历史地讲，共同体是一个历史的概念，也是一种不断变化与生成的存在物。作为文明实体的地中海文明共同体，其存在的时间下限在公元前6世纪，何以如此？就文明的样态而言，公元前6世纪之后希腊社会进入古风时代，索伦改革成功，希腊民主政治开始形成，神圣王权与集权制度开始式微，地中海文明共同体开始解体。在此之前，地中海世界普遍存在神圣王权，拥有某些普遍性风格的大型古典建筑，以及集权的城邦政治。需要指出的是，从公元前750年到公元前650年，希腊社会经历了一场"东方化"革命。此时，希腊人全面吸收并改造了近东文明，创造了一种具有本土特色的希腊文明。这个时期的地中海文明共同体的主角是希腊。另外，"能够可靠地断言，较之于青铜时代的'爱琴共同体'，此时东西方之间的联系更为密切。军事扩张从巴比伦蔓延到西里西亚与塞浦路斯，其中涉及希腊商人、希腊雇佣军及希腊诸城；腓尼基人在塞浦路斯西方世界均建立了殖民地，希腊人在叙利亚与西方同样拥有殖民地。当时不仅有大量的进口商品，尤其是金属制品传入希腊，还有手工技术也传到了希腊。"[③]

特定时间与空间之内存在的地中海文明共同体是一种历史现象，也是地中海文明之间交流的结果。作为一种历史存在与历史现象，它标明了特

---

① 根据埃及文献的记载，学术界普遍将这场浩劫归结于"海上民族"，其中尤以非利士人引起的一系列抢劫行为尤为确凿。

② Walter Burkert. *The Orientalization Revolution*：*Near Eastern Influence on Greek Culture in the Early Archaic Age*. Cambridge：Harvard University Press，1992，p. 9.

③ Ibid.，p. 128.

定时空范围内地中海各个文明形态的一些共同性特征，比如，神圣王权，大型宫殿与城邦，极权政治，等等。本质上讲，地中海文明共同体是海洋文明与农耕文明的结合体，但又同时糅合了二者的种种特征。它是埃及文明、克里特文明、苏美尔文明等在一定时期的总称，但又不是它们的简单集合；它拥有地中海世界各个文明形态的要素，但却不能代表任何一种文明，它无法表述环地中海诸文明的独特性与差异性，但却能够表述其共同性与普遍性。地中海文明共同体是环地中海文明在特定时期与空间内形成的一种实体，无法表述各个文明形态的个性，而只能描述为共性。当然，地中海文明共同体不属于任何一个国家与城市，而属于地中海世界，是地中海人们共同创造的。

四　地中海文明共同体的公共性

地中海文明共同体概念的界定不仅是基于反对文明起源研究中欧洲中心论的诉求，更为重要的是，它是为了满足文明起源的比较研究而建构的。在比较的过程中，文明个性与共性的考察就成为研究者面对的重要任务，而地中海文明的共性是考察的核心内容。毕竟，地中海跨越亚洲、欧洲与非洲三大洲，沿岸的历史、种族、语言、文化、气候各不相同，在这样一种复杂环境中生成的文明共同体，其共同性尤为值得关注。作为一种文明的整体与存在，地中海文明共同体的共同性究竟包括哪些因素？这些因素之间具有怎样的关系？这种关系又是如何生成的？所有这些问题都是地中海文明共同体的共同性研究所要涉及的，而共同性则是其中的关键性内容。

“古代政治文明的核心是王权。王权的观念以及王权的象征表现不但先于国家出现，而且是国家出现的基础和手段——在国家形成的过程中，政治领袖们以王权与霸业的观念为框架和号召来争夺和实现对领土和人民的控制。因此，对国家和文明起源的研究从对政治（王室、都城和集权）的研究扩展到对关于王权观念的发展和王权象征表现的研究。”① 对于地中

① 叶斐、李旻：《王权、城市与国家：比较考古学视野中的中国早期城市》，荆志淳、唐际根、高嶋谦一编《多维视域：商王朝与中国早期文明研究》，科学出版社 2009 年版，第 276—290 页。

海文明共同体而言，王权象征物的研究尤其重要。在此过程中，研究者要面对的一系列问题是，王权的象征物分别有哪些？各个国家的王权象征符号之间有何差异？这种象征机制是如何形成的？比如，学者南诺·马瑞纳托斯的研究表明，在公元前1650—公元前1390年，地中海世界已经形成了一套王权象征机制，表现在服饰方面就是羽冠、带流苏的长袍、刻有鳞片的上衣，这些东西成为王室成员在日常生活中彰显其尊贵身份的主要象征符号，也是其拥有显赫权力的表征。[①] 当然，研究者要面对的还不只是这些问题，在面对地中海文明共同体的这些共同性特征时，还要思考这种共性形成的普遍机制，最终探求一种具有通则性的文明发生模式。

正如文明起源研究要面对的诸多问题一样，地中海文明共同体这一概念的界定需要研究者根据现有的文明起源研究现状，对环地中海文明形态的普遍性做出一种具有前瞻性的判断与理解，城邦的发生机制为其中一个非常关键的问题。人类学、史学与考古学的研究多半侧重于从时间与空间范畴阐释城邦，但文明探源不仅要确定其形成的时间和地点，而且也要探究其形成的原因和孕育的过程。考古学给出了苏美尔城邦发生史：以神庙为中心而形成的城市，没有一个世俗的城邦出现在公元前2500年前。这里带出的问题非常重要，在此过程中，就需要探讨如下一系列问题：城邦的创建是根据什么原则而进行的？城邦的结构分别有哪些？城邦正义与伦理是怎样被确立的？城邦经济的运作是根据什么原则而进行的？城邦的结构模式在地中海世界经历了怎样的演变过程？很多学者在面对这些问题时，往往从特定文明的特性出发阐释问题，比如，学者兰尼·贝尔（Lanny Bell）指出，埃及的神庙象征着城邦中心，神庙的很多结构都是宇宙的象征，神庙因而成为埃及宇宙秩序的神圣缩影。[②] 若以地中海文明共同体的整体性视角出发，就会发现，苏美尔人神庙也是一个微型的宇宙。进一步

① Nanno Marinatos. *Minoan Kingship and the Solar Goddess*：*A Near Eastern Koine*. Chicago：University of Illinois Press，2010，pp. 14—22.

② Lanny Bell. "The New Kingdom 'Divine Temple'：The Example of Luxor"，in Byrone E. Shafer，eds，*Temples of Ancient Egypt*. New York：Cornell University Press，1997，pp. 127—184.

说，地中海文明的这种城邦机制发生的思维方式是什么？上述这些问题的探讨不仅是对地中海文明共同体的界定具有重要价值，还对整个文明起源研究具有启发性。

作为文明重要载体的文字，在文明起源研究中占有重要地位。《淮南子·本经训》曰："昔者仓颉作书而天雨粟，鬼夜哭。"在这里，文字的发明与创造惊动了鬼神，具有一种惊天动地的震撼力。在地中海文明共同体中，我们同样要面对文字与书写体系的发生机制问题。只不过，这里要解决的不单是一种文字的缘起，而是地中海世界整个文字和书写系统的起源、发展。一种公认的事实就是，古埃及文明中的文字是象形文字，苏美尔人使用的是楔形文字，而米诺人则依靠线形文字来书写历史。埃及的象形文字与苏美尔人的楔形文字本质上都是表意文字，二者属于同一种文字书写系统，但米诺人的线形文字则是意音文字，与前二者有很大的差异。那么，这种书写系统的差异是如何形成的？二者之间有无本质性的关联？倘若拘泥于米诺文明或迈锡尼文明，而没有地中海文明共同体的互动视野，这类探讨将难以进行。沃尔特·伯克特的研究告诉我们，米诺文字并非是原创性的，而是受惠于腓尼基文字，腓尼基字母则起源于闪米特文字[①]。这样看来，米诺文字的源头在地中海东部。地中海文字书写体系因而是一个整体，只不过有不同的子系统罢了。

需要指出的是，地中海文明共同体的公共性还不限于上述所列举的各个方面，文明起源研究中所面临的一些具有普遍性的问题，都有可能成为地中海文明共同体框架下的公共性话题。但地中海文明共同体框架内讨论的问题具有一定的独特性，带有鲜明的地域性特征，不过其探讨对于文明起源的研究将具有一定的推动与启发价值。当然，建构作为概念与实体的地中海文明共同体需要足够的理论依据与历史事实，还需要从语言、文字、历史、文化、艺术、宗教、建筑、经济，等等，各个方面的证据进行全面的论证与阐释。另外，为何要选用地中海文明共同体这个术语，以及该术语所涉及的相关概念，都需要进行全面的论证。本书无意于建构作为

① Walter Burkert. *Babylon*，*Memphis*，*Persepolis*：*Eastern Contexts of Greek Culture*. Cambridge：Harvard University Press，2004，Chapter 1.

概念与实体的地中海文明共同体，而是试图表明，地中海文明共同体概念的界定是基于一种反欧洲中心主义的学术诉求，也是进行地中海文明比较研究的一种有效路径。地中海文明共同体概念的界定，将有助于破除传统欧洲主义的文明表述模式，建立一种平等、互动、整体性的文明共同体框架。在此基础上，进行一种跨文明的比较研究，进而创建一种具有普适性效果的理论范式。

第六章　神话图像与地中海文明

在文明起源研究中，王权的象征符号、王权机制、城邦等这些因素与神话图像、神话之间的关系一直是学者们探讨的热点问题。围绕这些话题所展开的讨论涉及各个层面的问题，诸如，克里特文明的东方起源，迈锡尼文明的本土化，地中海文明共同体，王权象征的神话化，城邦伦理的神话叙述模式，城邦及殖民地创建的神话书写，社会经济运行模式的神话叙述类型，等等。上述这些问题在国内学界有相关的介绍与回应，但关于神话图像与王权象征，城邦伦理的神话叙述模式，城邦及殖民地创建的神话书写，这些问题在国内尚没有展开充分探讨。张光直先生在《美术、神话与祭祀》一书中曾经探讨过王权象征符号与神话图像之间的密切关系，认为古代中国权力大部分是依靠神话图像的建构而得以实现的。[①] 国内学者叶舒宪先生赞同并支持张光直先生这一主张，在相关的系列论文中将这一观点推广并实践化。[②] 除此之外，部分国外学者的相关论文也被译介到国内学界，比如，叶斐的论文《王权、城市与国家：比较考古学视野中的中国早期城市》就被译成中文并载入相关研究论著。[③] 尽管如此，关于上述话题的探讨我们了解得并不是很多，导致了很多问题的思考与阐释依然拘囿于既定的思维模式与框架中。

本章收录了国外神话学者关于神话图像与地中海地区王权象征、神话

① 张光直：《美术、神话与祭祀》，郭净译，辽宁教育出版社 2002 年版，第 43—65 页。

② 相关研究成果参见叶舒宪先生的《熊图腾》、《河西走廊》两部论著，以及在《江西社会科学》，《民族艺术》等学术期刊开设的“神话与图像”专栏。

③ 叶斐、李昊：《王权、城市与国家：比较考古学视野中的中国早期城市》，荆志淳、唐际根、高嶋谦一编《多维视角：商王朝与中国早期文明研究》，科学出版社 2009 年版，第 276—290 页。

与城邦、神话与王权、城邦与神明等相关问题探讨的译文以及笔者对外来理论的评价。这些译文与论文一方面能够体现国外学界研究的新动向与趋势，另一方面，这些译文在方法论与研究视野上颇能代表神话学的跨学科属性与优势。

第一节　阐释与重构：原型批评在当代中国

一　原型批评在当代中国扎根条件

原型批评曾被韦勒克（L. Welleck）看作与马克思主义批评、精神分析批评鼎足而立的一种文学批评，它因一度取代欧美学界的新批评而风行一时。20 世纪 80 年代，原型批评传入中国大陆并生根发芽，成为一种生机勃勃并不断发展与更新的文化思潮，大有占据未来文化研究主流之趋向。在理论的跨界旅行中，很少有哪一种批评流派具有如此蓬勃的生命力，那么，究竟是何种原因导致了原型批评在中国的这种繁荣局面？这是本节首先要探讨的一个问题，也是回顾原型批评在中国本土化过程中无法绕开的一个话题。

尽管 20 世纪早期的部分学者，诸如，鲁迅、茅盾、郑振铎、闻一多等人，进行过类似于原型批评的实践性行为，但原型批评真正被引介到中国本土并开花结果，却是在 20 世纪 80 年代，其标志性学术事件是《神话—原型批评》一书的出版①。此时正值中国学界引入西方理论与方法的高潮时期，新时期的学术界迎来了长时间固守马克思主义之后方法论更新的第一个春天。学者叶舒宪曾经指出，神话—原型批评在中国的传播，不能仅

① 叶舒宪选编：《神话—原型批评》，陕西师范大学出版社 1987 年版。《神话—原型批评》是一部首次以“神话—原型批评”为名的译文集，书中收录了 20 篇论文，分为上、下两篇。上篇为基本理论，下篇为实践批评。全书主要以加拿大学者弗莱的原型理论为中心，其中还收录了弗雷泽、赫丽生、荣格、鲍特金、威尔赖特等人的论文。除此之外，书中还有选编者叶舒宪撰写的系统介绍神话—原型理论与实践的序言，它从纵向与横向两个方面阐释神话原型批评的产生、发展、影响与成就，以及神话—原型批评的理论渊源、核心概念、批评方法的趋向，等等。除却正文之外，该书还在附录部分收录了中国台湾学者侯建运用原型理论解读中国文学文本的实践性研究成果，从而提供了原型批评与中国文学阐释相结合的范例。

仅看作是“方法论热”的产物：“民间文学理论界激活的神话研究以及相应的更具中国特色的仙话和鬼话研究、比较文学界的跨学科要求以及文化寻根思潮的需要，共同促成了神话—原型批评中国化的思想和学术基础，而不能仅仅看成是批评界新方法热的产物”①。除此之外，原型批评在中国的快速传播与发展，离不开新时期文艺学的转型，它尤其与文艺本体论的转向有着不可分割的关系。新时期文艺界关于文艺主体的探讨激发了学者们对本体与原型之间关系的思考，以及关于本体的不同理解。所有这些都不同程度地推进了原型理论在中国的传播。因对艺术本体理解的差异，研究者对原型理论的选择也有所不同。譬如，关于本体的哲学思考使得部分学者选择了荣格的心理原型理论，而基于文化视角探讨主体的研究者则推崇弗莱的文学原型批评。

任何一种外来的理论，除却其自身的包容度之外，它与引入方的文化情景有着某大的关联。从这个角度而言，原型批评在中国的深入发展，离不开中国文学自身的特性。虽然荣格的原型理论很少论及中国的文化与文学，但他将原型理解为原始意象的观点却比较适用于中国文学象征体系的阐释。学者程金城指出，以《诗经》之“兴”，以及以《易经》之“象”为传统的象征系统，它们“与原型批评的特点在某些方面具有天然的联结，也就是说，原型批评对中国文学有很强的适用性”②。另外，荣格的心理原型研究模式，侧重于对人类心灵中非理性部分与自然之间的内在关系做深入考察，这一点在精神层面非常符合中国古代文学中倡导的天人合一、回归自然的思想。当原型批评在中国找到了适合其生长的文化土壤后，便被迅速传播，形成一股强劲的潮流，在批评实践中得到了较为普遍的应用，并产生了持久的影响。

二　阐释：原型批评的本土化实践

作为一种外来的理论，原型批评并未涉及中国文学方面的内容，不论是荣格还是弗莱的理论均是如此。这种批评是否适用于中国文学研究？其

① 叶舒宪：《神话原型批评在中国的传播》，《社会科学研究》1999年第1期。

② 程金城：《西方原型美学问题研究》，黑龙江人民出版社2007年版，第135页。

应用价值究竟有多大？所有这些都是中国学者首先要关注的问题，原型理论的阐释自然就摆在了首位，毕竟，要验证一种外来理论是否具有普适性，离不开本土文学的实践。但中国学者的最终意图并非是检验原型批评的合法性，而是将其应用到对中国文学及文学现象的阐释之中，以此来反观中国文学的特性，原型批评因而就成为解读中国文学文本的一把利器。换言之，中国学者的出发点是对中国文学进行结构性的重构，而不是对原型理论的简单套用。

这种阐释模式本质上是原型批评在中国的本土化实践，其成果是丰富的，尤以叶舒宪先生的原型解读模式为典范。从叶氏原型批评的实践来看，他并非单是倡导原型在中国文学中的应用，也不只是拿中国文学文本来检验原型理论，其首要主旨是利用原型批评来探寻中国文学的发生机制，进而重构中国文学的生成语境。自然，这样的努力是借助于原型批评而进行的，其依托是中国古代的文学经典，其中包括《诗经》、《老子》、《庄子》这样的文学典籍，以及《山海经》之类的神话文本，乃至于中国的考古实物与图像。纵观叶氏的阐释实践，他早期的文学阐释实践大部分以弗莱的原型理论为基础，叶氏曾经这样表明对弗莱原型批评的理解："第一，原型是文学中可以独立交际的单位。就像语言中的交际单位——词一样；第二，原型可以是意象、象征，主题、人物，也可是结构性单位，只要它们在不同的作品中反复出现，具有约定性的语义联想。第三，原型体现着文学传统的力量，它们把孤立的作品相互联结起来，使文学成为一种社会交际的特殊形态；第四，原型的根源既是社会心理的，又是历史文化的，它把文学与生活联系起来，成为二者相互作用的媒介"[①]。基于此种对原型的理解，叶氏早期的一系列原型批评实践，譬如，前文所说的古代典籍的阐释，其实都限定在文学层面，原型的内涵也没有超越弗莱所界定的范围，它属于文学范畴。

进入 21 世纪，叶舒宪先生对原型的理解有所变化，他将其纳入了文化范畴，并以此探讨视觉符号与形象在不同文化或历史情景中的变异。

---

① 叶舒宪：《神话—原型批评的实践》，见叶舒宪选编《神话—原型批评》，陕西师范大学出版社 1987 年版，第 16 页。

在他看来，原型不单单是某一类文学或心理意象，它还指向了那些富有视觉性意味的符号或图像。这种学术范式的转变首先体现在《千面女神》一书中，它是叶氏对原型内涵理解进一步深化的结果。叶舒宪在该论著中宣称："本书尝试一种原型图像学（又可以称为比较图像学）的方法，试图找出历史上某一种形象或意象的来源，从发展演变的方式展开我们的富有知识性启蒙的视觉巡礼。对文化意涵作充分的演示和画龙点睛的解说分析"。[①] 此时，原型批评成为叶氏关照女神形象演变与变形的一种有力手段，他试图利用这种具有跨文化意味的原型展开对女神图像起源与变异的视觉性阐释。只不过，叶舒宪的原型阐释方法在解读图像时具有强调源头而忽视其物质性层面差异的不足，因而使得这种原型的图像学阐释偏重于探求中国文化与世界文化的同一性，二者之间的差异反倒被忽略了。此种原型图像上的求同性诉求在《神话意象》一书中得到了进一步彰显[②]，而《熊图腾》这部论著则将原型的图像学内涵充分展现了出来[③]。按照弗莱本人的观点，原型的范畴在文学之内，但它不排斥文化层面的内涵。叶氏在《熊图腾》一书中将弗莱的原型理论充分用在了对中国文化源头的探索上，他在该书中解释了黄帝号有熊的疑难问题，进而断言中国神话叙述中的祖先原型是被古人视为神圣象征物的动物——熊。当然，这种大胆的判断建立在对大量图像的考证之上，其中不乏对出土器物图像在结构上相同与差异之处的比较与分析。从此之后，叶氏对原型内涵的理解进一步拓展，他甚至将图像原型拿来追溯文明的起源，《河西走廊——西部神话与华夏源流》这部论著的书名就表明了这

① 叶舒宪：《千面女神》，上海社会科学院出版社 2004 年版，第 5 页。

② 叶舒宪：《神话意象》，北京大学出版社 2007 年版。在这部论著中，叶氏试图将"神话"与"意象"这两个术语结合起来，创造一种属于神话学范畴的图像原型，这些神话原型其实是一种神话形象，包括熊、猪、鹿、猫头鹰等动物图像，还有斯芬克斯、格里芬等想象性复合物图像。在这里，原型逐渐由文学范畴拓展到视觉符号，其内涵也偏向于物质性层面。

③ 叶舒宪：《熊图腾——中华祖先神话探源》，上海锦绣文章出版社 2007 年版。这部看似通俗的论著其实标志着原型批评的图像转向，也是原型向图像原型拓展的主要标志。在《熊图腾》一书中，叶舒宪的阐释模式使得原型的内涵完全脱离了文学范畴，具有一种图像原型的物质性意味，原型批评也开始转向对古代史前时代各种器物与图像结构性特征的阐释。

种趋向[①]。此处原型阐释模式是一种具有开放性的图像原型探讨，它探索文字表述之外的视觉性符号与图像之间的内在关联，具有一种文化地理学的意味。这样一来，原型批评理论在叶舒宪的学术实践中就成为破译中国本土文化密码的一把利刃。需要指出的是，叶氏关注的时段是中国古典时代，并未将中国近代以来的文学现象纳入其阐释范围。

除叶舒宪先生之外，还有多位学者都从事原型批评的研究，他们将叶氏所未虑及的部分做了比较充分的阐释，其中起步较早的是学者方克强。从对原型批评属性的定位来看，方克强基本上持一种学科方法论的立场，他将其理解为一种研究模式，认为原型批评与原始主义共同建构了文学人类学研究的两种批评方法。至于原型批评的内涵所指向的层面，方氏将其分为两个部分：神话与原型。“所谓‘神话’，既指远古人类创造的、用来解释世界万物并信以为真的荒诞故事，又泛指以超现实的想象方式和象征方式创造的一切作品。突破原有语义的后一种解释，正是神话原型批评的特色。作为‘原型’，则包涵着相关的两层意思，一是原始模式、原始意象，二是指在不同时代、不同地域的大量文学作品中反复出现的同类型主题、情节、人物、意象或象征”[②]。这种理解其实是对荣格与弗莱原型内涵的综合，而方克强本人似乎没有扩大原型范畴的意向，他将其严格限制在文学之内。方氏从文学人类学的方法论层面来探讨原型的内涵，而在实践性的阐释方面，他所关注的对象则是多样化的。除却对古典小说的原型意象做阐释之外，方克强先生还对中国新时期小说中的动物原型做了一种模式上的归纳。方氏指出，现代动物小说其实源自古代的动物神话，不论是意象还是情感均是如此。“因此，确切地说，现代动物小说是一种理性神话。这一结论以及原型溯源的方法，是可推而广之，用来审视整个远古神

---

① 叶舒宪：《河西走廊：西部神话与华夏源流》，云南教育出版社 2008 年版。叶舒宪在这部论著中探寻了对中国古代的文明源头，认为长久以来汉字所表述的中原王朝历史遮蔽了历史的真实面目，因为图像叙述提供了另外一种历史——中国地理范畴上的西部是华夏文明的发源地。这种结论是借助于神话图像原型与出土实物而进行的，此时的原型批评已经完全走出了文本阐释的模式，转向了对图像原型结构性特征的分析。

② 方克强：《文学人类学批评》，上海社会科学院出版社 1992 年版，第 11 页。

话系统与现代一些非现实主义作品之间潜在的或外显的异同”[①]。此种认知其实是在文学语境中验证原型理论的实用性，它一方面是对原型批评的本土化阐释，另一方面则是对新时期文学现象的审视。需要指出的是，方克强先生似乎没有叶舒宪先生那种扩展原型内涵的强烈意识。不同于叶氏对原型在图像层面内涵的拓展，方氏将原型视为一种媒介，试图以此为依托来追溯现代小说与古代神话之间的内在关联。

从对文学及文学现象的阐释方式来看，原型批评在中国的本土化实践是多维的，这种诠释性行为带有重构中国文学体系的意味。多数学者对原型理论的应用集中在古典文学方面，导致这种现象的原因如下：其一，中国古典文学文本中存在大量的象征性意象，这种生长在中国本土文化中的文化要素与原型有着莫大关联；其二，中国当代作家缺乏主动的原型创作意识，多数文学文本保留了古老的象征意象，使得现代文学中更多地具有传统文化的因子。当然，本土化的文学诠释工作只是原型批评在中国发展的一个层面，还有另外一部分学者对原型理论进行了批判与重构，这种行为更多地带有一种理论化改造的意味。

三　重构：原型批评的理论化改造

所谓重构，它在此处有两种内涵，其一是对原型批评的改造，这是从文艺本体论层面对原型内涵所做的拓展；其二是将原型批评应用在中国文学的阐释上，研究者以一种全新的视角反观中国文学的特质及其表现方式。这两种方式的重构几乎是同时进行的，只不过前者在原型批评发展初期规模相对要大一些，而后者直到20世纪末叶才形成一定的声势。

20世纪80年代中期，中国文艺界开始出现了本体论的转向，部分学者从本体论立场阐释并改造原型的内涵，这种对原型的改造在某种程度上具有一种功利性意图，这一点谁也不能否认。学者王一川就曾经直言不讳地宣称：“追问原型，就决不是单纯出于理论兴趣，而是有更深的意向所在——弄清艺术体验的本根，弄清人的存在的本根。原型作为体验的原

① 方克强：《现代动物小说的神话原型》，《小说评论》1989年第4期。

型，归根到底，是人的原型，存在的原型”。[①] 这种举措的本质是将原型与本体对接起来进行文学阐释——原型就是本体，原型诗学就是一种本体论诗学。不过，有些学者比较反感这种对原型内涵的挪用，他们更多地从实践层面进行批评。譬如，方克强先生就指出，因弗莱等倡导者自身学养的限制，原型批评忽略了东方文学，因而具有跨文化研究的不彻底性，因此在运用原型批评时，应该注意三点：其一，神话概念与批评对象的选择；其二，原型概念与批评方法的运用；其三，人类集体意识、集体潜意识的概念与批评目标的达成[②]。而学者叶舒宪则通过多年的批评实践，将原型从心理学与文学拓展到了文化领域。在进行文化阐释的过程中，叶氏不仅改造了原型的概念，同时还重构了中国文化的内在发生机制。尽管叶氏从来就没有打出重构这样的旗号，但他对中国古代文学经典的系列阐释[③]，还有对原型的图像学阐释，都极为有力地表明了这一点。这种对原型的重构后来就依附于文学人类学这门新兴的学科而进行，其间伴随着“三重证据法”与“四重证据法”的提出，以及多民族的民俗资料与图像证据在原型批评中价值的强调。

20 世纪末叶，随着原型批评在中国本土的深入发展，原型批评的理论化改造也形成了一定的规模，一些学者本着批判与重释的双重意图开始剖析原型的结构性意义。从理论渊源上看，原型批评既包括了荣格的理论，又包含了弗莱的理论，但中国大陆学者们的关注重点是荣格的原型理论，核心话题是原型的先天性和遗传性特征。从事这个层面研究的部分学者认为，荣格过分强调了原型的超越时空性与感觉性，而忽视了原型与历史及文化发展的关系。譬如，学者童庆炳指出，“原型不是‘生物式遗传’，而是‘社会性继承’，它不是生物遗传信息载体，而是社会文化信息载体，

① 王一川：《原型美学概览》，《当代电影》1989 年第 4 期。

② 方克强：《文学人类学批评的内容与前景》，《上海文学》1992 年第 1 期。

③ 这方面的论著分别有：叶舒宪：《英雄与太阳：中国上古史诗原型重构》，上海社会科学院出版社 1991 年版；叶舒宪：《诗经的文化阐释》，湖北人民出版社 1994 年版；叶舒宪：《〈老子〉的文化解读》（合著），湖北人民出版社 1994 年版；叶舒宪：《高唐神女与维纳斯》，中国社会科学出版社 1997 年版；叶舒宪：《〈山海经〉文化寻踪》（合著），湖北人民出版社 2004 年版。

它只有在与生活的沟通、结合中才能发生作用”[1]。童庆炳先生并没有指出原型自身具有的多维性特征，他仅仅将其视为文化的产物。而学者程金城则进一步指出，“原型的基本内涵是相同的，这一概念的逻辑起点是相同的、一元的，即原型是指事物的原始模式，原型并非是‘先在’于人的肉体物质实践活动的先天性精神，而是人在历史实践中对事物本原的追寻的抽象和心灵情感的模式化。而它的外延则是多维的，表现形态是多样的。它有哲学、神学、心理、文化等不同的维度；而其表现形态，则有接近事物本原的‘理念’，类似本能的‘行为模式’，有作为心理原型的‘领悟模式’，有神学‘上帝’原型等不同的角度”[2]。从上述这些学者对原型的本土化改造来看，大多数人局限于对荣格原型理论的探讨，并没有对弗莱的原型批评做更多的批评，表面看来这是对原型所指层面的重构，而实际上它却缩小了原型的内涵。

与这种改造原型内涵的工作同步进行的，还有利用原型理论重新建构中国文学体系的尝试。这种行为的背后潜藏着学者们急于将原型理论本土化，同时又重构中国文学结构的迫切愿望。自然，这种过程伴随着原型范畴的拓展及新术语的创造。例如，学者程金城就认为，“原型是生成的而不是现成的，也不是先在的。从认知的角度说，原型是在人类历史实践活动中产生的一种精神和文化现象，这种现象的反复重现和不断置换变形似乎成为某种模式，人们对这种模式的起源或者本原的追寻，就是原型理念的生成起源”[3]。从知识论层面而言，程金城先生是从哲学人类学角度对原型的内涵进行蠡测和论证的，他坚持原型之源始于食色，从而力图找到促使原型生成与演变的根源。此时程金城就扩大了原型的外延，将其放到了精神与文化层面，而不是荣格原来所主张的心理学领域。程金城同时根据弗莱“文学的原型”这一说法，创造了“文学原型”这一术语，用来专指文学意象、象征、母题等现象的反复、瞬间再现和文化活动的内在结构与模式。在这种理解之下，中国文学就被划分为叙事与抒情两种不同的原型

① 童庆炳：《原型经验与文学创造》，《北京师范大学学报》（社会科学版）1994年第3期。
② 程金城：《原型批判与重释》，东方出版社1998年版，第229页。
③ 程金城：《中国文学原型论》，甘肃人民美术出版社2008年版，第9页。

系统与文学原型景观，中国文学因而就具有了一种原型意义上的新架构：自古而今的中国文学原来只有两种基本的原型体系，而其表现形式，也不过是抒情与叙事。从原型本身所属的范畴来看，这种对中国文学体系的重构其实是原型批评模式的回归，只不过学者们站在阐释中国文学的立场上。如果说原型批评具有跨文化研究的不彻底性，那么，这种利用原型批评来重构中国文学体系的做法本质上是对原型内涵的补充，它弥补了原型理论中“东方文学”的缺席，在理论上将中国文学体系与欧美文学体系做了一种对接。

荣格与弗莱的原型批评本身就具有浓厚的理论意味，经过中国学者的重构之后，原型批评被再度理论化了。需要指出一点的是，这种理论化的范式背后是将原型批评进行本土化改造的惯性思维，只不过学者们以此为媒介，致力于建构一种具有中国特色的原型批评理论有机体系，以此来凸显中国文学在表现民族精神方面的特点和优势。就这个角度而言，原型批评的改造本质上是重构中国文学体系，其最终意图是重新审视中国本土文学与文化现象，探寻其发生机制与内在规律——文学发生的最终根源。

四　原型批评的误区与突破

从理论渊源来看，原型有两种类型：荣格的心理学原型与弗莱的文学原型。尽管二者同时被称为原型，但它们之间其实存在很大的差别。荣格从心理学视角关照文学，强调原型的非理性因素，其理论模式侧重于描述文学创作的心理过程及心理动力。在这个意义上，荣格的原型其实等同于原始意象。另外，荣格的原型批评主要探讨文学创造过程中心理意识的历史，更多带有一种将文学与社会联系起来的意图。就原型的内涵而言，弗莱的原型批评是一种文学的研究模式，原型因而属于文学范畴，它是一种文学的功能性单位，用来揭示文学自身的发展规律。弗莱的意向并非强调原型的独立性与创造性，而是偏向于考察原型的传统性与历史性，其原型批评的最终旨趣是探索文学自身在发展过程中的内部规律，从文学自身去描述文学之本质，该批评模式带有鲜明的整体文学史意识。

但在原型批评的中国本土化实践中，不少研究者并未意识到这两种原型批评之间的差异，他们要么将二者混淆起来使用，要么将二者组合起来进行拼接，造成了原型内涵的无限扩大，以至于原型成为一个无所不容的容器，诸如“典型”、“类型”之类的术语也被归结到原型的名下。甚至还有学者认为，“原型”与“典型”这两个术语的结合是原型批评在中国化语境中得以发展的内在逻辑之一①。此种对原型内涵理解的偏差使得原型批评脱离了“原型”一词的生成情景与原初含义，从而陷入过度阐释的误区之中。

不过，通过众多文艺工作者不懈的努力，经过近30年的发展，原型批评在中国走出了本土化与理论化的双重路径，成为建构文学人类学的一种重要研究方法。近年来，随着文学人类学学科建设的发展，部分学者将原型批评与仪式、民俗结合起来，在跨学科的研究中取得了显著成果，叶舒宪先生的尝试就比较典型。叶舒宪在提出“三重证据法”与“四重证据法”的观点后，继而将原型纳入了图像学研究领域，它成为文学人类学研究对象的主体部分。在这种视野下，原型已超越其本原含义，向着更为宽泛的物质层面扩展。在叶舒宪先生近期的系列论著与论文中②，原型批评成为解读中国上古文明之源的主要手段。换言之，叶氏试图在众多图像中找到一个最为古老的源头，探讨该图像原型在不同历史时期的变形，并探寻其背后的深层原因。在这种思维模式下，原型批评已经成为探索众多图像在结构性层面类似之处的一种工具。在术语的操作上，“原型图像学”（或称“比较图像学”）这样的说法或许会成为原型批评中的一个

① 关于“原型”与“典型”这两个术语与概念之间关系的阐释，参见王轻鸿《汉语语境中的原型阐释》，社会科学文献出版社2005年版，第220—223页。

② 这方面的研究成果见于以下部分内容：叶舒宪：《千面女神》，上海社会科学院出版社2004年版；叶舒宪：《神话意象》，北京大学出版社2007年版；叶舒宪：《熊图腾》，上海锦绣文章出版社2007年版；叶舒宪：《河西走廊》，云南教育出版社2008年版；叶舒宪：《〈容成氏〉夏禹建鼓神话通释》，《民族艺术》2009年第1期；叶舒宪：《物的叙事》，《民族艺术》2009年第2期；叶舒宪：《玄鸟神话的图像学探源》，《民族艺术》2009年第3期；叶舒宪：《红山文化“勾云形玉器”应改为“鸮形玉牌说”》，《民族艺术》2009年第4期；叶舒宪：《鹰熊、鸮熊与天熊》，《民族艺术》2010年第1期。

学术生长点，在文化研究中发挥着不可取代的作用。根据叶舒宪先生的理解，原型图像学的方法有两个主要特征：历时性研究与共性研究，“即横向比较与纵向比较。横向比较指的是不同文化的图像之间的比较，希望能够达到异中求同的‘打通’效果；或者从同中见异，更加鲜明地把握不同文化的艺术形象特色。纵向比较指的是某一个原型图像与其后代的各种变形图像之间关联的认识。这种原型与变体的关系有时是一目了然的，相似度十分明确，有时却是较为隐晦的，甚至在色彩、构图诸方面有相反的特征[①]”。在该阐释方式下，原型理论自身所具有的强调共性而忽略个性的缺陷，也会随着它在视觉性文本的应用而被克服，达到横向与纵向比较的相互结合。

此时，我们不得不面对以下两个问题：为何原型批评会走出文字的范畴进而转向图像？此种新型批评模式的价值何在？表面看来，原型批评的研究对象由文本转向具有视觉效果的图像，是由伴随文化研究的“图像转向”而出现的方法热所导致的，但实际上并非如此简单，它有着更为复杂的深层原因，其中最为关键的是后现代主义对真理观的颠覆。

后现代主义认为，历史是被人为地建构出来的，作为存在本相的历史具有多幅面孔：图像的、口传的、文字书写的，等等。后现代主义者宣称，在表述历史事件的真实性上，图像如同文本一样具有同等的阐释效力。新史学的主将之一彼得·伯克（Peter Burke）甚至这样宣称：“我们与图像面对面而立，将会使我们直面历史。在不同的时期，图像有各种用途，曾被当作膜拜的对象或宗教崇拜的手段，用来传递信息或赐予喜悦，从而使得它们得以见证过去各种形式的宗教、知识、信仰、快乐等。尽管文本也可以提供有价值的线索，但图像本身却是认识过去文化中的宗教和政治生活视觉表现之力量的最佳向导……图像如同文本和口述证词一样，也是历史证据的一种重要形式[②]。换言之，在表述历史本相上，图像与文本具有同等价值，它是历史存在的一种物质形式。与此同时，后现代主义对书写的文本话语权力的强调，使得人们认识到，传统文字的表述在某种

---

① 叶舒宪：《千面女神》，上海社会科学院出版社 2004 年版，第 5 页。

② ［英］彼得·伯克：《图像证史》，杨豫译，北京大学出版社 2008 年版，第 9 页。

程度上遮蔽并扭曲了历史真相，因为它将多样的历史形态固定为单一的形式，遗漏了历史的其他存在样态，过去与当下在表述上存在一种不可弥合的断裂。此时，作为直观表现过去的图像则可以弥补文字书写在历史认知层面的断裂，提供了被文字叙述忽略的物质性样态的历史证据。图像在时间意义与本体论意义上均先于文本，没有固定的语法表述系统与结构，具有多义性与会意性，它更加适用于不同的文化符号模式。更为重要的是，图像本身的属性使得它在文化阐释过程中具有一种实在性，能够在物质层面再现历史。

这样看来，原型批评的图像学转向，其实是对原型传统内涵的一种补充，也是对传统原型批评的一种突破。此种原型研究范式不再局限于对原型内涵的抽象思考，而是转向了原型物质性层面的考察，具有“格物致知”的效用。可以预想，在文学与文化研究中，原型的图像学转向将会带来方法论的重大突破，物质史的探讨由此会介入相关的话题中。当然，原型批评与图像学方法结合所产生的方法论革新意义，以及在阐释文艺现象上所具有的跨学科优势，还有待于学者们自身的不懈努力。

五　结语

作为一种具有国际影响力的文学理论，原型批评旅行到中国大陆之后，在中国本土形成了两种发展模式：一种是以阐释为主的本土化实践，另一种是以批评为主的理论化改造，尽管出发点有所不同，这两种路径均对原型的内涵与外延做了补充和改造。客观地讲，这种嬗变是一个历史化的过程，同时也是原型自身范畴的不断演化。尽管不少学者出于功利性目的而接受了原型批评，导致文艺界对原型理论进行有选择性的阐释——要么侧重于考察荣格的心理学原型理论，要么偏向于批判弗莱的文学原型批评。但不可否认的一点是，在此过程中，原型及原型理论得到了新的阐释，而原型的内涵与外延也在不断发生变化，从心理学与文学逐渐拓展到物质与文化范畴。虽然其间伴随着研究者对原型批评的误读与过度阐释，但学者们基于中国文学情景性的本土化努力却取得了丰硕的成果，原型批评在中国走向了一条充满生机的道路。在这个意义上，原型批评的理论旅行已经不再是对元理论的一味照搬套用，而是对其内涵与外延的补充与改造，使得它能够更加有效地阐释中国本土文学，重构中国文学的发生机制。

就学科意义而言，作为文学人类学的一种研究方法，原型批评尚具有种种局限性，它同时存在着跨文化研究的不彻底性，因此部分学者主张将其加以改造，以适应文学人类学的跨学科的研究范式。这些学者的批评与实践在某种程度上推进了原型批评在中国的发展，同时也进一步更新了原型批评研究的内容。就在这种探索中，原型批评的研究方式同时出现了重大转向，向着原型图像学拓展，突出在文字文本以外如何发现原型的存在（图像及实物）。原型的内涵也不再局限于文字书写的样态，而是转向了物质性层面。客观地讲，原型的图像学转向本质上是原型批评模式的一种突破，也是原型在新世纪跨学科研究语境中内涵的更新。在未来的文学研究中，此种方法论的革新会带动研究者转向文学物质性层面的探讨，由此带来跨学科研究模式的更新。

第二节　米诺王权与太阳女神[①]

二战之前，对于人们来说，将克里特视为近东世界的一个组成部分这种观念是非同寻常的。不过这种状态逐步得到了改善：在爱琴海研究领域，一条无形的界限将东方从西方世界割裂出来。米诺人的克里特已成为希腊文化与考古学的一个分支；另一方面，近东部分则与小亚细亚西部地区尚无多大关联。近东地区地图并不包括克里特，反之，爱琴地区地图同样不包括近东地区。我在本节中的任务就是在新的精神地图上重新定位宫殿时代的克里特，具体说来这张地图包括安纳托利亚、叙利亚，黎凡特地区与埃及。我认为这种尝试性的再创造，即公元前2000年乌迦特居住着国王的假说应该被视为理所当然的一种现实。在我看来，克里特理应被纳入近东观念性与政治地理学架构之中，这一点毋

① 译自《米诺王权与太阳女神》一书导论部分（Nanno Marinatos. *Minoan Kingship and the Solar Goddess*：*A Near Koine*. Chicago：University of Illinois Press，2010.

庸置疑。

尽管现代一些通俗作家将克里特与米诺及迷宫联系在一起，但我们关于古代近东的资料中并没有论及它们。① 对于居住在叙利亚—巴勒斯坦与埃及沿海地区的人们而言，与克里特岛名字类似的是迦斐托（Kaphtor）或迦斐塔鲁（Kaptaru），居住在这个地区的人们被称为凯弗提乌（Keftiu）。② 该岛屿被视为位于世界西方之地的一座岛屿，它位于大海中央。

与迦斐托（kptr）相关的表述保存在埃及、乌迦特与《圣经》资料中。③ 在乌迦特神话中，克里特是工艺之神科萨哈—安德·希斯（Kothar

① 多数关于米诺时代克里特的流行书籍都将科诺索斯与迷宫联系在一起。参见：Time - Life Education. *Wondrous Realms of the Aegean*：*Lost Civilization*. Alexandria，Virginia：Time - Life Education，1993；Siebenmorgn，Harald，ed. *Im Labyrinth des Minos*：*Kreta - die erste europäische Hochkultur. Ausstellung des Badischen Landsmuseums 27. 1. bis 29. 4. 2001, Karsruhe Schloss*. München：Biering & Brinkmann：Archäologische Veröffentlichungen des Badischen Landesmuseums，2000.

② 多数学者非常肯定地认为，米诺人时代的克里特人就是埃及的凯弗提乌，他们有着叙利亚人的血统，迦斐托就是克里特岛屿。不过在一些场合，叙利亚同样被冠以此名。具体参见：Wolfgang Helck. *Die Beziehungen Ägyptens und Vorderasiens zur Ägäis bis ins7. Jahrhundert v. Chr.* Darmstadt：Wissenschaftliche Buchgeschaft，1979，pp. 26—27；Effie Sakellarakis and Yannis Sakellarakis. "The Keftiu and the Minoan Thalassocracy"，in RobinHägg and Nanno Marinatos，eds. *The Minoan Thalassocracy*：*Myth and Reality*：*Proceeddings of the Third International Symposium at the Swedish Institute in Athens*，31 *May* - 5 *June* 1982. Skr Ath 4°，32. Stockholm：Paul ÄStöms，1984，pp. 199—202. 还有一部比较久远一些但富有批评性建议的一手资料，参见 Helmut T. Bossert. *Altkreta*：*Kunst und Handwerk in Griechenland Kreta und in der Ägais von den Anfangen bis zur Eisenzeit*. Berlin：Wasmyth，1937，pp. 62—72；JeanVercoutter. *l'Egypte et le monade égéen préhellénique*：*etude critique des sources égyptiennes*（*du Début de la XVIIIe á la fin del a XIXe dynastie*，*Bibliothèque d'étude* t. 22. Cairo：Impr. de l'Institut françaia d'archéologie orientale，1911，Wolfgang Helck. *Die Beziehungen Ägyptens und Vorderasiens zur Ägäis bis ins7. Jahrhundert v. Chr.* Darmstadt：Wissenschaftliche Buchgeschaft，1979，pp. 26—35.

③ 关于凯弗提乌的探讨，参见 Arthur J. Evans. PM II，p. 719；（Evans PMI - IV 的具体信息为：Volumes 1—4 of the Palace of Minos：A Comparative Account of the Successive Stages of the Early Cretan Civilization as Illustrated by the Discoveries at Knossos by A. Evans. London：Macmillan，1921—1935，下文注释只用缩略语，不用全拼——译注）亦见上文注释 2. 扩展性阅读参见 Jean Vercoutter. *l'Egypte et lemonade égéen préhellénique*：*etude critique des sources égyptiennes*（*du Début de la XVIIIe á la fin del a XIXe dynastie*，*Bibliothèque d'étude* t. 22. Cairo：Impr. de l'Institut françaia d'archéologie orientale，1911.《圣经》资料参见《圣经旧约·阿摩司书》9：7，"以色列人哪，我岂不是看你们如古实人吗？我岂不是领以色列人出埃及地，领非利士人出迦斐托，领亚兰人出吉珥吗"。这些参照皆与黑铁时代相关。

and - hasis）的国度，迦斐托（kptr）指“他居住的大海”，[①]　“夏普什（Shapsh），……将我的声音带到了克里特的科萨哈与希斯那里”，我们在乌迦特的一段祷文中读到了这些语句。[②]

这个最后信息的出现令人诧异不已：谁是那位有着双重名字的乌迦特国王？他为何与克里特相关？我们通常都会强调这位国王是一位工艺之神。一般都很少知道他还是太阳女神夏普舒［Shapsh（u）］的一位领航者，是他将太阳女神渡回了冥界。[③] 这位神明将其住所迁移到遥远之地克里特，这一信息并非毫无意义，它暗示着乌迦特人们将克里特理解为作为太阳憩落之地的遥远的西方世界。就这种效果而言，埃及纸草中一段文字“远到凯弗提乌”提供了支持。[④] 克里特就这样被视为接近西方文明世界的边缘之地，一座与神明接近的岛屿，太阳的憩落之地（参见图 6—1）。［在

① *Die Keilaphabetischen Texte aus Ugarit. Einschliesslich der Keilaphabetischen Texte Ausserhalb Ugarit. Teil 1 Transkription*, edited by M. Diereich, O. Loretz, and J. Sanmartin, with H. W. Kisker. Alter Orient und Altes Testament 24, Kevelaer and Neukirchen - Vluyn: Verlag Butzon & Bercker, 1976, 1. 3 vi 15; Nicolas Wyatt. *Religious Texts from Ugarit: The Words of Ilimiku and His Colleagues*. The Biblical Seminar 33. 2d ed. Sheffield: Sheffield Academic Press, 2002, p. 89.

② *Die Keilaphabetischen Texte aus Ugarit. Einschliesslich der Keilaphabetischen Texte Ausserhalb Ugarit. Teil 1 Transkription*, edited by M. Diereich, O. Loretz, and J. Sanmartin, with H. W. Kisker. Alter Orient und Altes Testament 24, Kevelaer and Neukirchen - Vluyn: Verlag Butzon & Bercker, 1976, 1. 3 vi 15; 将迦斐托等同于克里特并非有十足的把握，不过看上去最为真实。具体参见 Nicolas Wyatt. *Religious Texts from Ugarit: The Words of Ilimiku and His Colleagues*. The Biblical Seminar 33. 2d ed. Sheffield: Sheffield Academic Press, 2002, p. 89, n. 83. 同时参见 *Die Keilaphabetischen Texte aus Ugarit. Einschliesslich der Keilaphabetischen Texte Ausserhalb Ugarit. Teil 1 Transkription*, edited by M. Diereich, O. Loretz, and J. Sanmartin, with H. W. Kisker. Alter Orient und Altes Testament 24, Kevelaer and Neukirchen - Vluyn: Verlag Butzon & Bercker, 1976, 1. 100 v 45; Nicolas Wyatt. *Religious Texts from Ugarit: The Words of Ilimiku and His Colleagues*. The Biblical Seminar 33. 2d ed. Sheffield: Sheffield Academic Press, 2002, p. 383.

③ Nicolas Wyatt. *The Mythic Mind: Essays on Cosmology and Religion in Ugaritic and Old Testament Literature*. Bible World. Lodon: Equinox, 2005, pp. 19—20. 双重名字或许指的是神明属于这个世界与冥界的双重属性。

④ *Papyrus Leiden* I, in Helmut T. Bossert. *Altkreta: Kunst und Handwerk in Griechenland Kreta und in der Ägais von den Anfangen bis zur Eisenzeit*. Berlin: Wasmyth, 1937, p. 55; Wolfgang Helck. *Die Beziehungen Ägyptens und Vorderasiens zur Ägäis bis ins7. Jahrhundert v. Chr.* Darmstadt: Wissenschaftliche Buchgeschaft, 1979, p. 35. 克里特被视为“西方的世界”。赫尔克（Helck）将克里特视为世界西方的极地，而将潘特（Punt）看作位于东方的极地。

后期希腊人的思想中，这种类似的角色被赋予了长寿的埃塞俄比亚人（Ethiopians）以及虚构的淮阿喀亚人（Phaecians），他们同样居住在世界的边缘，与神明很亲近]。在埃及与乌迦特人的思想中，克里特的神话位置是众所周知的。

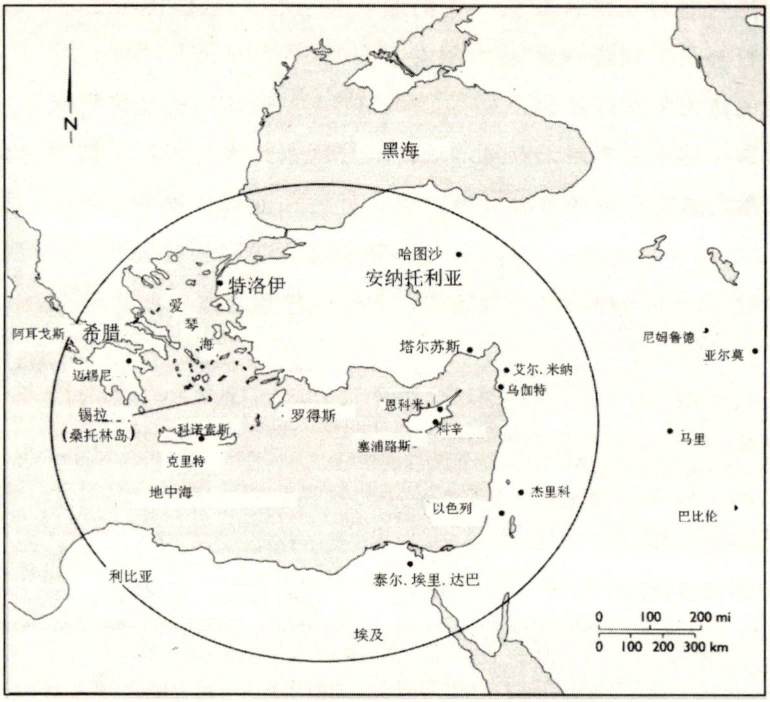

图 6—1 东部地中海 克里特位于圆周西部

一 年表

本节所涉及的时代为新宫殿时代，即公元前 1650—前 1390 年。① 该时期被亚瑟·伊文思爵士划为米诺文明的黄金时期，一个和平而繁荣的时期，被冠以“米诺盛世”（Pax Minoica）之名。它与喜克索斯王朝后期保持一致，与埃及第 18 王朝初期也符合，同时与迈锡尼的竖井墓（Shaft

① 这个时期仅为近似数，主要基于沃伦与汉基二人 1989 年论著而提出。具体参见 Peter Warren and Vrowny Hankey. *Aegean Bronze Age Chronology*. Bristol: Bristol Classical Press, 1989.

Graves）所处时代也是一致的。新宫殿时代因科诺索斯毁灭而结束，时值埃及法老阿蒙霍特普三世统治时期。[①]

不过，要对这个时期做一种绝对的划分是非常困难的，主要因为爱琴地区与埃及、近东的同步化是一件棘手而尚未解决的事情。当下很多主张都是基于自然科学之上的一种断代方法，它们注定比考古学要更为精确。根据这些方法的测定，新宫殿时代比伊文思测定的要更为精确。伊文思在被彼得·沃伦与弗鲁内·汉基（参见表 6—1）二人所订正的共时化方案中多次讲到了这个时代，但自然科学的断代方法并不能证明其自身完全精确或者完全没有争议。[②] 自然科学家与假说一起工作（人文科学领域的学者亦如此），他们的方法与工具或许与其自身是冲突的。

年表精密度的高与低并没有改变我观点的实质，因为在公元前第 17 世纪与公元前第 16 世纪时期，塑造埃及与近东王权的政治性与经济性因素是相同的，但本节中所倡导的地域之间的关系却与伊文思所倡导的年表基点保持一致。[③]

二　历史草图

如果我们采取伊文年表的基点，那么米诺文明在公元前 17 世纪与公元前 14 世纪达到巅峰（公元前 1550 年—前 1450 年为其鼎盛时期）。正如前文所述，此为埃及喜克索斯王朝晚期与第 18 王朝王朝的统治时代，该时期正值米坦尼（Mitanni）帝国与埃及帝国争夺叙利亚—巴勒斯坦地区。从公元

---

① 在 LMIIIA 上下文中发现了阿蒙霍特普三世拥有的许多圣甲虫，具体参见 Peter Warren and Vrowny Hankey. *Aegean Bronze Age Chronology*. Bristol：Bristol Classical Press，1989，p. 137.

② 关于年代学的资料汗牛充栋，除了这些论著之外，一些基本的文字资料包括：Peter Warren and Vrowny Hankey. *Aegean Bronze Age Chronology*. Bristol：Bristol Classical Press，1989；Sturt W. Manning. *A Test of Time*：*The Volcano of Thera and the Chronology and History of the Aegean and East Mediterranean in the Mid -Second Millennium B. C.* Oxford：Oxbow，1999；Manfred Bietak. "Review of Manning，W. 'A test of Time.'" *Bibliotheca Orientalis* LXI：199—221，2004；Malcolm Wiener. "Time Out：The Current Impasse in Bronze Age Archaeological Dating"，in K. Pollinger Foster and R. Laffineur，eds. *Metron*，*Measuring the Aegean Broze Age*. Aegaeum 24. Liège：Universite de. Liège，2003，pp. 363—395.

③ 比如，印章与戒指上的图像。在埃及第 18 王朝之前，LMIA/LHI 中，国王乘坐战车的情节单元并没有出现。

表 6—1　　　　米诺王国权威分期与历史时期

公元前 3650 年—前 3000 年	EM I	前宫殿时期
公元前 2900 年—前 2300 年	EM II	
公元前 2300 年—前 2160 年	EM III	
公元前 2160 年—前 1979 年	EM IA	
公元前 1979 年—前 1700/1650 年	MM IB—MM IIIA	旧宫殿时期
公元前 1650 年	MM IIIB	新宫殿时期
	LM I	火山爆发期
		公元前 1500 年
公元前 1425—前 1390 年	LM II	科诺索斯崩溃
公元前 1390—前 1370 年	LM IIIAI	

来源：近似数据源自 Peter，Vance，and Vrowny Hankey. *Aegean Bronze Age Chronology*. Bristol：Bristol Classical Press，1989.

前第 15 世纪开始，该地区主要的国际语言是以阿卡迪亚语形式出现的。威廉·莫兰（William Moran）为此论及到“楔形文化”，一种促使国王与其臣子交流的书面语言。① 除了这种公用的书面语言之外，我们也可以谈谈公共文化与意识形态。马克·范德·迈鲁普认为，统治了埃及大半王国与近东的王室家族，他们做起事来仿佛是这个大家庭的一部分，并且整个世界就是一个村落；他甚至还讲到了“极权的联合”。② 迈鲁普明白，迈锡尼人的希腊是这个家族的一部分，但他并未对此多做阐释，因为缺乏可以利用的历史性书写资料。③ 在迈鲁普的阐释中，克里特是缺席的，这一点不

① William Moran. *The Amarna Letters*. Baltimore：Johns Hopkins University Press，1992，pp. xv—xxvi；Eric Cline. “‘My Brother，My Son’：Rylership and Trade Between the Later Bronze Age Aegean，Egypt and Near East”，in Paul Rehak，eds. *The Role of the Ruler in the Prehistoric Aegean*. *Preoceedings of A Panel Discussion Presented at the Annual Metting of Aechaeological Institute of America*，*New Orleans*，*Louisiana*，28 *December* 1992. Aegaeum 11. Liège：Université de liege，1995，pp. 143—150.

② MarcVan de Mieroop. *A History of the Ancient Near East*. Oxford：Blackwell，2004，pp. 130—135. 他主要讲到了公元前 1500 年—前 1200 年这个时期。

③ MarcVan de Mieroop. *A History of the Ancient Near East*. Oxford：Blackwell，2004，pp. 121—125；Joan Aruz. “Syrian Seals and the Evidence for Cultural Interaction between the Levant abd Crete”，in Walter Müller，ed，*Sceaux Minoens et Mycèniens*. *CMS Beuheft* 5. Berlin：Gebr. Mann，1995，pp. 2—21. and Annie Caubet，l’Acrobat *au Taureau*：*Les Découvertes de Tell el-Dab’a et l’archéologie de la Méditerranée orientale*. *Acted du colloque Organisée du Louvre*，3 *Decémbre* 1994. Paris：Musée du louvre，1999.

足为奇，因为缺乏可依照的可读性文本。

不过伊文思透彻而准确地看到了克里特在这种国际性环境中的作用。他指出，克里特是一个巨大的首府，拥有8.2万左右居民。“科诺索斯的地位是无可比拟的，甚至在地中海盆地东部亦如此。当然在叙利亚海岸，不存在被城墙所围而拥有重重藩篱的城市，……它们要么拥有宽广的地域，要么拥有众多的人口。”① “此种盛况从来都不会再有了”，伊文思接着写道：“直到罗马人的首席官终止了希腊城市之间多年存在的世仇，而世仇是克里特人极为喜爱的一种独特财富……关于这一点有很多资料，它使得我们注意到在帝国盛世时期那些被罗马盛世时期（Pax Romana）所哺育的存在物。”②

从历史角度而言，伊文思关于米诺王国的洞见看上去非常有道理。③我们可以很容易地将其看作“极权联合”的一个成员，假如这样的话，它必定与这个时期共享一些宗教、意识形态，及文化共同体。克里特不得不向近东国王奉献一些他想要的东西：富有权力的海军。遗憾的是，关于凯弗提乌（米诺人）与埃及伟大国王（Grosskönige）、米坦尼国王、赫梯国王以及塞浦路斯国王与乌迦特国王之间的政治关系的特殊属性，我们尚缺乏文字证据。但可以这样尝试性地断言，海军力量的联盟是近东帝国统治者所梦寐以求的。④ 到图特摩斯三世统治时期（公元前第14世纪），米诺国王肯定是法老的臣子，这是他们为何在鲁克密利（Rek-

---

① Evans PM II，p. 564.

② Ibid.，p. 571.

③ 关于对伊文思研究方法批评的案例，参见 Louise A Hitchcock and Paul Koundounaris. “Virtual Discourse：Arthur Evans and the Reconstructions of the Minoan Palace at Knossos”，in Yiannis Hamilakis,

ed. *Labyrinth Revisited：Rethinking ‘Minoan’ Archaelogy*. Oxford：Oxbow，2002，pp. 48—58. 支持的一方参见 Stylianos Alexiou. “Minoan Palaces as Centres of Trade and Manufacture，” in Robin Hägg and Nannno Marinatos，eds. *The Function of the Minoan Palaces：Proceedings of the Fourth International Symposium at the Swedish Institute in Athens*，*26—29 June* 1986. Skath 4° 35. Stockholm：Paul Äsräms，1987，pp. 251—253.

④ Annals of Tuthmosis III，and Leidon papyrus I，344，8；Helmut T. Bossert. *Altkreta：Kunst und Handwerk in Griechenland Kreta und in der Ägais von den Anfangen bis zur Eisenzeit*. Berlin：Wasmyth，1937，p. 55.

mire)，森穆特等人的墓穴中被表述为纳贡人的原因。[①] 不过臣子并不意味着被奴役，而是具有联盟性质的一种等级关系。法老或者其他地方的统治者，诸如赫梯国王可能会作为宇宙的统治者与地域政策的制定者而为人所知，但他不一定从克里特强征赋税。因为如果没有可信赖的联盟，就无法管理帝国，其他的国王或许会遵从其政策，他会根据国际事务要求属下忠心耿耿。[②] 对于那些渴望贸易安全与掌控海域的亚洲或埃及统治者而言，克里特的海军对于任何世界而言都是无价的。近东也存在类似的王权模式，它拥有可以信赖的爱琴舰队，这一点后文还会论及。就在公元前16世纪，吕底亚的伟大之王克罗萨斯（Croesus），埃及国王阿玛希斯（Amasis），还有波斯人，为了寻求希腊海军的帮助，就与希腊国王建立了关系。[③]

与克里特文化进行互动的并非只有一些大国。一些拥有城邦而政治威望不太高的地区（比如乌迦特）对这种研究同样重要，尤其是塞浦路斯、叙利亚与黎凡特地区。特别是叙利亚，在这种探讨中一定具有典型作用，因为它是诸文明的重大交汇点。“这个地方是所有道路的交汇点，希腊的、赫梯的、

---

① Evans PM II, pp. 740—741. 相关探讨参见 Helmut T. Bossert. *Altkreta*：*Kunst und Handwerk in Griechenland Kreta und in der Ägais von den Anfangen bis zur Eisenzeit*. Berlin：Wasmyth，1937，pp. 62—72，with Pls，536—550，其中讲到了爱琴文物之间一些基本的关联原则。这方面的探讨同时参见 Wolfgang Helck. *Die Beziehungen Ägyptens und Vorderasiens zur Ägäis bis ins7. Jahrhundert v. Chr.* Darmstadt：Wissenschaftliche Buchgeschaft，1979，p. 33；Effie Sakellarakis and Yannis Sakellarakis. “The Keftiu and the Minoan Thalassocracy”，in RobinHägg and Nanno Marinatos，eds. *The Minoan Thalassocracy*：*Myth and Reality. Proceedings of the Third International Symposium at the Swedish Institute in Athens*，31 *May* - 5 *June* 1982. Skr Ath 4°，32. Stockholm：Paul Ästäms，1984.

② 在黎凡特与小亚细亚，法老与其臣子之间的关系在阿玛尔纳的信件中表现的比较明显。参见 William Moran. *The Amarna Letters*. Baltimore：Johns Hopkins University Press，1992，pp. xvi—xvii.

③ 具体阐释参见 Mark H. Munn. *The Mother of the Gods*，*Athens and the Tyranny of Asia*：*A Study of Sovereignty in Ancient Religion*. Berkeley：University of California Pess，2006，pp. 178—221。一种很大的可能就是，将克罗萨斯与梭伦（Solon）的瓜葛看作为了确保雅典人获得帮助而隐藏意图的一种行为，尽管希罗多德描述说克罗萨斯寻求斯巴达人的联盟。在希罗多德的论著中，埃及人阿玛希斯与波斯人大流士，萨摩斯人波里克勒的统治者之间的关系有很好的论述。（Hdt.，3，128）其中最富有启发性的是关于雅典人庇西特拉图家族（Peisistratids）与波斯王族之间的关系。

胡利安的、美索不达米亚人，以及埃及的”，① 马丁·韦斯特（Martin West）在阐释关公元1世纪到公元10世纪时期的叙利亚时曾经这样写道。

尽管克里特在国际事务中扮演了一个角色，但埃及阿玛尔纳档案馆的资料却缺乏源自凯弗提乌国王的信件。原因就是在埃及法老阿蒙霍特普三世统治之际，科诺索斯显然已经陷落了。② 根据伊文思的观点，这种毁灭是由本土的发展所导致，至少是本土的发展所引起的：一系列的地震。③

不过，地震并不能完全解释克里特王权的崩溃。④ 很难彻底弄清楚为何王室房屋没有在这次灾难中修复，为何科诺索斯并未被被大规模地重建。为了解这些情况，我们必须返回并将爱琴地区另外一场重要的自然灾难考虑在内：锡拉火山的喷发。火山学专家近期推断，这是地球上有史以来最为重大的火山爆发之一。⑤ 在科诺索斯最后的崩溃之前，这样的事件已经发生了几十年；但很难相信它对克里特后来的命运没有本质性的影响，这一点已被众多学者所探讨。⑥ 相反，有理由推断，火山喷发一定以

---

① Martin West. *East Face of Helicon: West Asiatic Elements in Early Poetry and Myth*. Oxford: Clarendon Press, 1997, p. 4; Joseph Wiesner. “Die Kunst Altsyriens”, in JürgenThimme et al, *Frühe Randkulturen des Mittelmerraumes: Kylkaden, Zypern, Malta, Altsyrien. Kunst* der Welt. Baden - Baden: Holley, 1968, pp. 141—173.

② Eric Cline, “AmenhotepIII and the Aegeab: A Reassessment of Egypto - Aegean Relations in the 14th Century BC”, *Orientalia* 56, 1—36, 1987, p. 20.

③ Evans PM IV, pp. 942—944.

④ 关于迈锡尼王宫的崩溃，同样有学者持怀疑态度，参见 Jonathan M. Hall. *A History of the Archaic Greek World*. Oxford: Blackwell, 2007, pp. 54—55.

⑤ 我个人与佛洛伊·麦科伊（Floy McCoy）做过交流，他的实验表明，这次火山爆发比十年前想象的要更具毁灭性。

⑥ 米诺宫殿被火山喷发所毁灭的观点由斯派雷登·马瑞纳托斯（Spyridon Marinatos. “The Volcanic Destruction of Minoan Crete, *Antiquity*, 1939, 13: 425—349）提出。该理论已经以这样的理由被探讨过了：锡拉缺乏 LMIM 时期的陶器。相关的概要参看伦福儒（C. Renfrew）的总结，具体参见 David A. Hardy, Christos G. Doumas, John A. Sakellarakis and Peter M. Warren, eds. *Thera and the Aegean World III: Proceedings of the Third International Congress, Santorini, Greece, 3—9 September* 1989. Vol 1. London: Thera Foundation, 1990, pp. 11—12；不过，事实上，在好几个地方都同时存在 LMIA 时期与 LMIB 时期风格的陶器，比如在斯卡纳拉姆珀斯（Sklavokampos），尤其在扎格罗斯（Zakros）更是非常明显。一种不可避免的结论就是它们在时间上非常接近，中间相隔不过五十年，这一点就像伊文思所做的归纳一样。这种主张在普拉同（Lefteris Platon. “To Anaglypho Rhyto tis Zakrou Kato Apo Ena Neo Semasiolokiko Prisma,” in *Argonautis: Fetschrift for Prof. Doumas*, eds. A Vlachopoulos and K. Birtaham, 2003, pp. 331—366. Athena: I Kathimerini）的论文中得到了详尽的发展。

一种重要的方式改变了社会面貌。

我们已经看到，一种短期的效果一定就是海军力量的毁灭，海军是克里特获得世界事务地位的重要保障。另外一个直接的挑战一定是这场危机的主导：在废墟中清理死者，处理有毒水井，照顾那些无家可归者与伤者，应对饥荒与恐惧。考古学中记录存在较为明显的长期的效果：该岛屿上一些主要场所的附属性宫殿已经消失了，只有科诺索斯被重建。一个更为中心化的或许是更为严密的机构取代了原来的机构。

科诺索斯存在了几十年。正如我们所料，地震再次发生："这种终结非常突然，证据再次指向了作为起因的地震，接下来是一场大火灾，毫无疑问，剩下来的就是毁灭性的掠夺。不过在这种场合，灾难是最后的结果，"伊文思这样写道。[①] 事实一定是这样：这场地震摧毁了一个早已摇摇欲坠的国家，或许对于自然灾难而言，它因其极权化而过于庞大，并且过于脆弱难以采取措施应对一个不断变化的世界。

伊文思做了几个颇为重要的论断。第一个论断就是，科诺索斯的最后一个王朝比其祖先要更加神权化，这就意味着它与近东的神权结构要更为接近："随着崇拜某种宗教符号时尚的出现，以及祭司制度的不断发展，后者是科诺索斯最晚近的宫殿时代的特征化，这些看上去大部分归结于埃及人与东方人的影响。"[②] 这种观察意味着克里特与埃及之间的密切关联，或许是严格的附属关系。伊文思的这种观点被埃及墓穴内关于米诺人的描述所证实，墓穴所在时代为图特摩斯三世统治时期，并且在泰尔·埃里·达巴（Tell el Dab'a）的关于米诺人的壁画中所证实，其时代相当于哈特谢普苏特（Hatshepsut）或早一些的图特摩斯三世统治时期。[③]

伊文思的第二个论断就是，米诺王朝比其前朝要更为穷兵黩武与富有侵略性。他断言，米诺国王征服了米诺半岛并最终将权力中心转移到了这

① Evans PM IV, p. xxiii.

② Ibid., p. 882.

③ 图特摩斯三世的统治时间为公元前 1379 年—前 1425 年；参见 Manfred Bietak, Nanno Marinatos, and Clairy Palyvoy. *Taureador Scenes in Tell el Dab'a (Avaris) and Knossos*. Vienna: Österreichische Akademie der Wissenschaften, 2007, pp. 13—43.

个地方。[1] 如果严肃对待这两条结论，我们就可能达成一种可能性的方案，即将克里特不断变动的政治境况纳入在科诺索斯最后崩溃前的几十年国际背景中考虑。考察伊文思另外一条重要的结论后，我们应当返回该方案中。

尽管伊文思知道科诺索斯的最后一个君主采用了一种新的官方语言，那就是写在泥板上的线形文字 B，不过伊文思并不知道这是希腊语言——直到 1952 年这种文字才被破译，此时伊文思已经过世了。无论如何，他并不愿意相信在米诺王权的最后一个阶段，本土部族征服了克里特。[2] 现在我们已经理所当然地认为，所有这一切都发生过：说希腊语的迈锡尼人接管了科诺索斯，确立了其语言与文化，并通过征服统治了克里特。倘若以今天的观点来看待伊文思的主张，他无疑是错误的。[3]

我要提出一种修正性的假说。我认为在科诺索斯与迈锡尼中间存在一种朝代性的联合，或许是通过婚姻进行的，它导致了一种公共性的米诺—迈锡尼官方语言的诞生、一种公共的宗教、一种公共的对外政策，时间在克里特的最后一个王朝。我同时设想了一种克里特与埃及之间的更为紧密的联合，埃及人将其视为一种臣属关系。

总之，科诺索斯最后一个统治者的民族身份与克里特王权机制的历史评判之间具有一些少许的关系。不论其文化性根源是什么，科诺索斯最后一个国王无法应对公元前 1390 年那一场由地震导致的自然灾难。科诺索斯

---

① Evans PM IV，xxiii，pp. 884—887.

② 伊文思的观点被贴上了“泛克里特主义”与“泛米诺主义”的标签，有一部分学者并不赞同其观点，但是其推论是非常可靠的。伊文思及其助手邓肯·麦肯齐（Duncan Mackenzie）同时知道，在 LMI 时期 与 LM II 时期的图像与陶器风格，以及艺术表述风格之间具有类似性。LMII 时期的陶器风格证明了克里特与希腊大陆中间存在一种类同性。这样，最富有推理性的结论就是，在米诺和平时代，这种风格标明了一种统一性的疆土，那时克里特是领袖。在这个时代与 LMII 时期之间才开始具有了断裂，时间是在科诺索斯崩溃之后。这种解释具有同质性，我们现在并不需要断定一位米诺国王统治了迈锡尼，我们亦无须断定一位迈锡尼国王统治了科诺索斯。关于克里特中心观点的探讨，参见 J. Leslie Fitton. *The Discovery of the Greek Bronze Age*. Cambridge: Harvard University Press，1996，pp. 132—134，Joseph A. MacGillivray. *Minotaur：Sir Arthur Evans and the Archaeology of the Minoan Myth*，London：Jonathan Cape，2000，pp. 272—275.

③ 较为规范的探讨参见 Sinclair Hood. *The Minoans：Crete in the Broze Age*. London：Thames and Hudson，1971.

被毁灭了，成为非法移民的居所。“在惠尔吉格时代（Whirlgig of Time），古老的祭司王的休息之所不应该被新的外来者再度占领，这一些都是命中注定，”伊文思这样写道。①

在当下，科诺索斯的崩溃的原因一定还不明晰。不过，采用一种跨越地域的宽广视角，或许可以解决这个难题。如果从爱琴地区的另外一面来出发的话，那么在不久的将来，或许可以揭开米诺王权崩溃的谜底。

三 一种视角

倘若我们将米诺人视为权力世界的一个部分，我们就必须理解王族之间交流的国际编码。我们必须努力建构一个视角，通过这个视角，我们能够破解米诺人的图像，并最终能够将其解读为这个宽泛地区视觉性共同体的一个部分。这是现在我们能够做得最好的事情，因为我们缺乏可读性文本。

什么是视觉破译？一种语言学的界定或许可以提供一种有用的分析，正如约翰·查德威克（John Chadwick）所倡导的那样：“密码学是一门演绎的科学，也是一种可以操控的实验；假说是被建构的与测验的，但时常被丢弃。”② 为了检验其假设，语言学家要依靠两种或三种语言的文本。

图像是一种带有编码的书写系统，或许可以使用密码学的方法将其破译。假如可能，那么我们就需要源自爱琴海两岸的多种文化的可视性数据；没有哪一种一种系统能够根据自身而被破译。视觉符号需要根据其形态被赋予意义，其结构亦需要观察，其序列（符号的联合）需要比较与分析。这样我们才能够提出一种假设。一个视角是被建构起来的，通过这个视角而进行的解读需要证据来检验。

传统的视角就是希腊神话。我们想当然地认为，米诺文化反映了希腊神话。但这个假设（就像其他假说一样）或许需要进行再验证。希腊神话的假说并不需要解释，这也颇有道理；为了解读米诺宗教，此处我们需要

① Evans PM IV, p. 1018.

② John Chadwick. *The Decipherment of Linear B*. Cambridge: Cambridge University Press, 1970, p. 67.

对伊文思视角中最为薄弱的地方进行考察。当我们在艺术品中看到它们时（参见第十二章到十四章），将希腊神话置于过去这种做法并不能令人满意地解释米诺的神明。我的假设是，如果借助于源自埃及、叙利亚，黎凡特与安纳托利亚资料的帮助，少许程度上借助于美索不达米亚米亚的资料，或许可以更好地理解米诺社会与宗教。当然，上述这些文化皆有其鲜明特征，但其中有些相同的部分可以被冠以“共同体”之名。① 这种更为宽泛的地域性共同体就是我们的视角，通过它我可以破译王权图像与米诺时代克里特的诸神图像。

历史时期的希腊与近东存在一种宗教性与文化性的共同体，这种观点已被证实，但沃尔特·伯克特（Walter Burkert）与马丁·韦斯特二人对此尚存合理的质疑。② 伯克特甚至断言，如果忽略了揭示爱琴海两岸文化的交流的因素，我们就无法正确理解希腊文化：“让我们努力去看看，在希腊精神出现之前还有什么，这不是仅仅庆祝单个的成就，而是在持续的东部地中海共同体之内阐释这种互动与对话的结果。”③

四　物质嗜好：米诺与迈锡尼金戒指

在这部论著中，我所使用的主要资料之一就是黄金戒指，但这绝非唯一资料。这些金戒代表了下文推论的一种具富有偏爱性色彩的物质。

在公元前 2000 年，有权使用黄金并非易事。从阿玛尔纳发现的王室信件中可以明确推断出这一结论，阿玛尔纳是公元前第 14 世纪埃及帝国的首府。在埃及法老与其“兄弟”（盟友或臣子）来往的信件中，探讨的话题

---

① 方法论方面的汇编资料参见 Othmar Keel. *The Symbolism of the Biblical World*: *Ancient Near Iconography and the Books of Psalms*. Transl T. J. Hallett. New York: Seabury Press, 1978.

② Martin West. *East Face of Helicon*: *West Asiatic Elements in Early Poetry and Myth*. Oxford: Clarendon Press, 1997; Walter Burkert. *Babylon Memphis*, *Persepolis*: *Eastern Contexts of Greek Culture*. Cambridge: Harvard University Press, 2004.

③ Walter Burkert. *Babylon Memphis*, *Persepolis*: *Eastern Contexts of Greek Culture*. Cambridge: Harvard University Press, 2004, p. 124, Vassos Karageorghis and Nikolaos Stambolidis, eds. *Easter Mediterranean*: *Cyrus*, *Dodecanese*, *Crete* 16th—6th *cent*, *BC. Proceedings of the International Symposium*, *Rethymnon*, 13—16 *May* 1997. Athens: University of Vrete, A. G. Leventis Foundation, 1998; Alexandraa Karetsou, eds. *Crete and Egypt*: *Three Thousand Years of Cultural Links* (*Herakleion Archaeological Museum*). Athens: Greek Ministry of Culture, 2000.

经常是黄金。实际上这些信件的书写者是如此渴慕黄金，以至于不惜采用各种阿谀手段提出请求以达到其目的。譬如，米坦尼的统治者图什塔拉（Tushratta）就央求其“兄弟”给予自己比父亲更多的黄金。[①] 他甚至给阿蒙霍特普三世的妻子写信，也就是阿蒙霍特普四世的母亲忒基（Teje），请求她为此做担保。[②]

统治者都非常明确地知道自己为何需要黄金：他们想用黄金来装饰自己的宫殿或陵墓，以此提高自己的威信。亚述的国王阿述尔—乌巴列（Assur - uballit）这样写道：“黄金在你国度就是烂泥；垂手可得。为何你还这般吝啬？我正建造一座新宫殿。给我足够多的金子来装饰宫殿。”[③]

在法老收到的信件中，因黄金的质量而发牢骚的信件比比皆是。“你给我的黄金就像我给你的祝福礼一样多。六年里唯一发生的事情就是，三十磅的黄金看上去就像银子一样。”[④] 以上是巴比伦国王向其埃及“兄弟”发出的牢骚。[⑤] 另外一位国王伯尔—伯利亚什（Burr - Buriash）向埃及法老写道：“至于派遣给我的信使，他带来的三十锭黄金不知去向。当金子倒入窖中时，看上去都不到五锭。”[⑥]

有这么多国王这么表述了他们从埃及得到的金子的数量与质量，这就使得范德·迈鲁普断言，黄金这种自然物质是埃及在公元前两千年后半叶的垄断产品。因为在公元前一千年，我们拥有《圣经》文本：所罗门王向泰尔（Tyre）王请求黄金（《圣经·列王纪上 11：14》，《圣经·历代志下》8：18.）。

对黄金这种珍稀金属的有限拥有与需要有助于我们如何理解米诺戒指上的图像。如果克里特国王因黄金而依赖埃及，他们当然不会那么轻易地

---

① William Moran. *The Amarna Letters*. Baltimore: Johns Hopkins University Press, 1992, p. 44; EA no. 19.

② Ibid., pp. 84—86; EA no. 26.

③ Ibid., p. 39; EA no. 16.

④ Ibid., p. 43; EA nos. 1, 24, etc.

⑤ Ibid., p. 19; EA no. 3; Donald B. Redford. *Akhenaten: The Heretic King*. Princeton: Princeton University Press, 1984, p. 41; MarcVan de Mieroop, *A History of the Ancient East*. Oxford: Blackwell, 2004, p. 133.

⑥ Ibid., p. 19; EA no. 10.

放弃黄金。米诺百官要依赖王室去获得象征个人荣耀的黄金。因此，我们可以推论，国王只向那些值得信赖与重视的臣子颁发黄金戒指。倘若如此，戒指上的图像就受控于王室。这就导致了更为深远的思想，即图像反映了王族希望提升自身地位并加强与诸神关系的愿望。因为这个原因，米诺戒指是令人痴迷的东西。

尼古拉斯·怀亚特（Nicolas Wyatt）写道："历史编撰已经成为一种公共与集体的书写类型，它表达了一个集团内部一种凝聚性与公共性传统的立场；传统上它服务于统治阶层的利益，该统治阶层有权力压制一些集团过去的非正统的故事，因此它首先在王室舆论上扎根……其目的是意识形态的。"① 我们可以就米诺时代的克里特戒指做出同样的结论：它们是王室意识形态的档案，并非是当地富庶的中产阶级的个人档案与艺术实验品。②

推测米诺人时代克里特戒指持有者的角色是一件富有诱惑性的事情。③我将他们设想为王宫中服务的高层官员。我将这些戒指视为这些官员身份的符号象征。这些戒指上的图像则不能反映戒指持有者的特殊身份，却反映了戒指持有者所渴慕去结交的国王与王后的身份。这种观点与近东专家所说的圆筒印章所具有的角色是一致的。④ 我们通常会发现，国王与神明

---

① Nicolas Wyatt. "Ilimiku's Ideological Programme: Ugaritic Royal Propaganda, and A Biblical Postscript", *Ugarit - Forchungen, Internationales Jahrbuch für die Altertumskunde Syrien - Palästinas* 29: 775—796, 1997, p. 775.

② Christos Doumas. *Museum of Prehistoric Thera*. Athens: Ministry of Culture, 2000, p. 34，该论著宣称，锡拉人（Therans）拥有本土的官僚系统，它并不依赖克里特。根据该论著的观点，米诺印章在锡拉岛的出现意味着这些货物是从克里特进口的。这种理论并不能解释这种一种事实，即戒指并不仅仅盖在货物上还盖在资料上。如果是这样，那么这些印章就是米诺统治者在锡拉岛屿统治的有力证据。

③ 埃里克·哈拉格尔（Eric Hallager. *The Minoan Roundel and Other Sealed Doucuments in the Neopalatial Linear A Administration*. Aegaeum 14. 2 vols. Liège: Université de Liège, 1996）相信，戒指被政府所拥有。关于戒指的特殊价值的探讨，参见 Pini, in CMS II. 6 XXI—XXIX；皮尼并没有将自己陷于任何一种关于戒指持有者身份的理论之中。

④ Irene Winter. "Le Palais Imaginaire: Scale and Meaning in the Iconography of Neo - Assyrian Cylinder Seals", in Christoph Uehlinger, ed. *Images as Media. Sources for the Cultural History of the Ancient Near East and Eastern Mediterrance* (1st *Millennium BCE*). *Proceedings of An Internatioanal Symposium Held in Fribourg*, 25--29 *November* 1997. Orbis Biblicus et Orientalis 175. Fribourg: Academic Press. Fribourg and Göttingen: Vandenhoeck and Ruprecht, 2000, pp. 51—87.

是圆筒印章上的主角，印章的持有者是神明的奴仆，国王也一样。[①]

我认为迈锡尼戒指的持有者与米诺戒指的持有者具有类似的角色，二者皆为国王的使者。迈锡尼文化时期的珠宝与米诺文化时期的珠宝具有同样的图像，许多迈锡尼时代戒指一定是米诺人创造的，其中有些是传家宝。并没有真正的图像学标准将米诺戒指与迈锡尼戒指区分开来；因此，我认为在分析王权方面，源自克里特岛屿与希腊半岛的戒指标本具有同等作用。

就像我在前文中所说的那样，尽管民族起源不同，米诺人和迈锡尼人看上去已经在王权意识形态层面合为一体了，甚至在王权意识形态出现之前就已经融合了。在今天看来，米诺人—迈锡尼人这个术语含糊不清，但它依然极为有用，只不过需要重新将其复原。米诺人—迈锡尼人这个语词能够很好地解释米诺图像与迈锡尼图像在王权意识形态层面的统一。[②]

五　如何理解神话

在很多方面，《米诺王权与太阳女神》与我在1993年出版的《米诺宗教》一书存在重大差异，在那部论著中，其主导研究方法是将图像系统分类为一系列类型并创造一些社会范畴（譬如通过仪式）。我后来才想到，我们本该通过人类学来理解米诺宗教。我的分类标准证明它们的确具有一定的作用，但其功效非常有限。我后来认为女神是自然哺育者的化身，她们与自然相关，而男性神明表达了与动物相关的力量与好战精神。我现在的研究巩固了早期的这种思想，但又远远超出了这一切，因为我增添了一种叙述性的内容。只有采纳近东共同体这种观点才能够取得这种进展。在《米诺宗教》一书中，我看到了这种模式，但尚找不到合适的视角去阅读这

① 普鲁塔克写到，阿尔塔薛西斯将其戒指给了一个朋友，以此作为辨别朋友的记号（Plutarch，Artaxerxes）。我们知道这些戒指上的形象：舞蹈的卡亚替德斯。这个故事表明，这个现象与戒指的持有者之间原本不具任何关系，这种关系是任意的，是由文化建构的。我非常感谢卡拉塔塔斯提供了这种参照。

② 在约翰·G. 杨格（John G. Younger）的主题汇编中，米诺戒指与迈锡尼戒指之间尚无图像差异（John G. Younger. *The Iconography of Late Minoann and Mycebaean Sealstones and Figer Rings*. Bristol：Bristol Classical Press，1988），皮尼已经讲到，在寻找米诺与迈锡尼戒指的图像标准差异方面，他遇到了重重困难。

种叙述。我同时改变了自己关于一些问题的看法，譬如，“大祭司”这个术语的使用，该语词（就像我现在所知道的那样）在神权政治中很少具有社会意味。同样，我最终采用了“神显”（epiphany，与迷狂相关）这个语词来表述观点，这一点与马茨（Fr. Matz）一样，不过我在此提供了一种新的视角，“神显”一词具有一种社会学视角，并将国王与王后置于体验中心。[①]

采用近东视角的最大成功之处就在于，它破译了米诺宗教的核心符号双面斧。我在1993年写道：“我们并不知道，对于米诺人而言，双面斧具有何种意义。令人感到似是而非的是，它一般由女神而不是天气男神所持有。双面斧显然表示权力，但还有更多的东西我们无法论及。”[②] 当将双面斧符号视为与近东相关的图像时，进而将近东视角应用于米诺图像，就确立了一种释读米诺图像序列的新范式。我已经意识到，这些符号表述了一种与王权机制密切相关的宇宙论体系，传统上王权机制在世界版图层面会投入很多。

六 书写资料与王室书库

在尚未破译的以线形文字A写就的手稿中，米诺人或许有其文字性书写材料。事实上，现存下来的唯一记载就是书写在泥板上或刻在石制器物上的一些书面材料，这些都是历史的机缘巧合，因为皮皮革与纸草都无法保存下来。我们千万不要断言，泥板是唯一的或者甚至是主要的文字载体。实际上这种假设根本就不可能成立。极有可能，在米诺时代的克里特与迈锡尼时代的希腊社会，文字书写的主要载体是皮或纸草，因为它们尤其适合书写线形文字手稿（与楔形文字相对立）。[③] 因为这些物质不复存在，这就很可能意味着我们永远无法复原米诺的文字资料。

那么，书写形式的米诺文献存在的概率是多少？我想概率还是很高

---

① Friedrich Matz. *Göttererscheinung und Kultbild im minoischen Kreta*. Abhandlungen der Geistes und Sozialwissenschaftlichen Klass，Akademie der Wissenschaften und der Literatur，1958.

② Nanno Marinatos. *Minoan Religion：Ritual，Image and Symbol*. Columbia：University of South Carolina Press，1993，p. 5.

③ Walter Burkert. *Babylon Memphis，Persepolis：Eastern Contexts of Greek Culture*. Cambridge：Harvard University Press，2004.

的。几乎克里特沿岸的所有王国（或大或小）均有其书库。为什么克里特就是例外呢？较之于科诺索斯，乌迦特的书库是最为质朴的，但它却异常丰富并且是多种语言的文库：甚至在书库内中发现了以乌迦特语、阿卡迪亚语、塞浦路斯—米诺语等形式书写的泥板，还有以其他语言形式写成的泥板。[①] 因此我们可以做出一种具有历史性的合情合理的推论（实际上是一种不可避免的推论），即米诺王宫拥有文书库与文献。倘若如此，就很容易理解神话为何传播并且是怎样传播的：文字资料通过爱琴海而被交换，这极有可能大大促进并传播了关于神话和符号的观念性共同体与宗教性共同体。

当然，从未被发现的米诺书库不大可能出土。幸运的是，正如前文所言，图像同时也讲述了一个故事。在以下的章节中，我们将通过可视性数据解读米诺文化。

第三节　作为大祭司的国王与王后[②]

> 看来很确定的是，我们必须承认米诺斯这种神性绰号……但根据与安纳托利亚地区相关的地理学大中心所提供的相似性看来，米诺斯身上的神圣性具有一种特殊的意味。
>
> ——亚瑟·伊文思

米诺人的国王同时是大祭司，克里特王权机制类似于近东高级辉煌文明中的伟大中心的“神权政治”，关于这一点，伊文思无疑是对的。在这些情境中，国王是人类社会与神界之间唯一合法的中介，因此将世俗人员

① Nicolas Wyatt. *Religious Texts from Ugarit*: *The Words of Ilimiku and His Colleagues*. The Biblical Seminar 33. 2d ed. Sheffield: Sheffield Academic Press, 2002, pp. 11—24; Martin West. *East Face of Helicon*: *West Asiatic Elements in Early Poetry and Myth*. Oxford: Clarendon Press, 1997, p. 84.

② 译自《米诺王权与太阳女神》一书（Nanno Marinatos. *Minoan Kingship and the Solar Goddess*: *A Near Koine*. Chicago: University of Illinois Press, 2010）第三章。

与宗教人员分离是毫无意义的。这条注释同样适用于王后：作为神权政治的强者，王后的地位要更为尊贵，因为她不仅是国王的妻子，还是王位继承者的母亲。不过伊文思并没有沿着其推理走下去。尽管伊文思讲到了一些祭司形象，但我们后面会看到，并不能在图像中将高级祭司制度从王权中分辨出来。

这并不能够否认克里特存在祭司群体，就像近东与埃及一样。在迈锡尼时代的希腊，线形文字B表明，i-je-re-u这样的人员就是祭司。[①] 同样也不能否认祭司拥有一定的权力（在特定历史时期，祭司甚至可以操控国王）。[②] 任何祭祀机构里的祭司都应该被表述为国王的替身，关于这一点，我们现在要进行质疑。我们要质疑的是这样一种观点，米诺社会并不存在国王的图像，但却有很多神职人员形象。这一点与近东乌迦特、赫梯祭祀文本之间的差异是何其大啊，后者强调只有国王才是祭礼的主持者。[③]

我们现在要转向前文已经讲到的那些印章上的肖像头像，这些图像表明它们是统治者而不是祭司的头像。带胡须的肖像同样与动物头部相关。这就很有意思了：倘若国王为大祭司，他在视觉上理当与献祭的动物相关（图6—2）。[④]

王室大祭司机制的一个重要因素就是经济：在所有重大公开的祭祀庆典中，国王是牺牲的主要提供者。艺术品与文本都表明，宴席是王族想传

---

① Emily Vermeule. *Greece in the Bronze Age*. Chicago：University of Chicago Press，1964，p. V69—70.

② 埃及的记载表明，祭司人员是世袭的，大祭司制度是祭祀制度的顶峰。譬如，在拉姆西斯二世时期，祭司人员为一种叫做巴克昂斯（Bakekhons）的职业（Kenneth A. Kitchen. *Pharaoh Triuphant*：*The Life and Time of Ramesses II*. Cairo：Benben，1982，pp. 170—171）。不过我们并不能就此认为，这种职位遮蔽了国王作为高级祭司这种身份。相反，这种职位承担了这种监督性的建构工作，我们已经从巴克昂斯的自夸中明白了这一点。关于迈锡尼线形文字B文本中祭司的相关探讨，参见 Monique Gerard - Rousseau. *Les Mentions Religieuses dans les Tablettess Mycéniennes*. Incunabula Graeca 29. Rome：Edizioni Dell'Ateneo，1968，pp. 108—111.

③ Dennis Pardee. *Ritual and Cult at Ugarit*. Writings from the Ancient World 10. Society of Biblical literature. Atlanta：Brill，2002，p. 2.

④ 关于将这些头像作为祭司的阐释，参见 John H. Betts. "The Seal from Shaft Grave Gamma：A 'Mycenaean Chieftain'?" *TUAS* 6：2—8，pp. 74—83，CMS II3. 13，196，VIII，110a-c；IX，6D；X，p. 278. 我务必要纠先前将其视为祭司的观点（Nanno Marinatos. *Minoan Religion*：*Ritual*，*Image and Symbol*. Columbia：Univeesity of South Carolina Press，1993，pp. 127—133）。

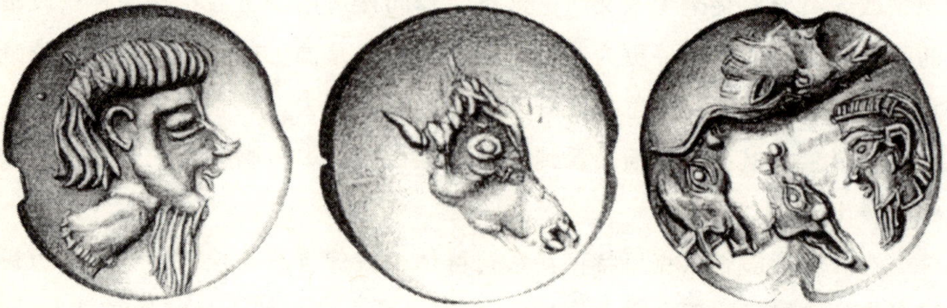

（a）作为大祭司的国王　（b）伴有献祭动物的头部　（c）科诺索斯出土双面印章和动物头部连在一起的国王头像克里特出土印章

图 6—2

达的自我表述信息的一个部分：伟大的国王，气派的场面。在公元前 2000 年埃及文本与图像中，我们得到了国家祭礼的生动描述。在这场仪式中，歌者、舞者，特技演员均参与其中。甚至航行在尼罗河的一整条舰队都加入了祭奠队列。[1] 祭品种类的多样性是展演的另外一种途径。在拉姆西斯二世统治时期，碑铭里最为壮观的记载就是寺庙的供应：11400 条面包与饼子，358 桶啤酒；各种各样无数的肉类与熏香。[2] 出自公元前 13 世纪到前 11 世纪的一块乌迦特泥板提供了很多关于公羊贡品及其他动物的证据。[3] 假如国王能够表明，他可以向神明提供丰盛的祭品，那么他同样能够养活大量的子民，他能够向本地人和异邦发送信息，就像他拥有一个富裕的国度。看看下面的一个乌迦特文本：

献给山神（Sapunu）萨普努的祭品

给伊鲁或埃尔（Ilu 或 El）一头公牛与公羊

给达甘一头公牛与公羊

---

① Kenneth A. Kitchen. *Pharaoh Triuphant*: *The Life and Time of Ramesses II*. Cairo:. Benben, 1982, p. 168.

② Ibid., p. 169.

③ Dennis Pardee. *Ritual and Cult at Ugarit*. Writings from the Ancient World 10. Seceity of Biblical Literature. Atlanta: Brill, 2002.

给萨普努的巴鲁（Balu）一头公牛与公羊

给巴鲁一头公牛与公羊

给阿瓦萨努玛（Ar wa Sanuma）一头公羊

给克塔鲁（Kotaru）一头公羊

给亚塔鲁（Yataru）一头公羊

给阿塔里（Attary）一头公羊

给众神的集会一头公羊

给亚姆（Yamu）一头公羊

给基玛里（Kimmary）一头公羊，两头公牛，两只鸟

一头母牛：用来焚烧（RS 24.643）[①]

在这份乌迦特名录中，神灵众多，祭品异常丰富。王宫通过取悦神明而确保其国土安全及在宽广疆域中的祭祀地位。当论及每一种献祭动物的数量与种类时，就有很多复杂的详述，其中包括每一位神明要接受的素祭，每一种奠酒要倾倒的场所。祭仪相当复杂，统治者要严格遵循各种程序。祭司的任务就是观察细节；国王是仪式唯一的准备者与履行者。

派罗斯迈锡尼宫殿出土的线形文字B中有非常有趣的记载，在这份文件中，国王瓦那科斯（wanax）提供了一份献给男神与女神的黄金器皿名单。[②] 出自黑铁时代的一份《圣经》文本同时也表明了该时期依然留有对神圣王权的偏爱。当所罗门在耶路撒冷给耶和华建造圣殿时，他奉献了“不计其数的牛和羊”（《圣经·历代志上》5：7）。

在源自科诺索斯壁画的一幅图像上（图6—3），一位祭司长驾驭着战

① Dennis Pardee. *Ritual and Cult at Ugarit*. Writings from the Ancient World 10. Soceity of Biblical Literature. Atlanta：Brill，2002，p. 47，no. 12.

② Monique Gerard - Rousseau. *Les Mentions Religieuses dans les Tablettess Mycéniennes*. Incunabula Graeca 29. Rome：Edizioni Dell'Ateneo，1968，pp. 22—23；Michael Ventris andJohn Chadwick. *Documents in Mycenaean Greek*. 2d ed. Cambridge：Cambridge University Press，1973，pp. 462—465. 尤其需要注意的是，有一份单独的祭品要献给全能的神明（pasiteoi），这一点与乌迦特文本的表述是一样的。

车，身后跟着一头用来祭司的公牛。派罗斯宫殿中也能发现类似的场景，它们均出现在宫殿的前厅与神殿中。①

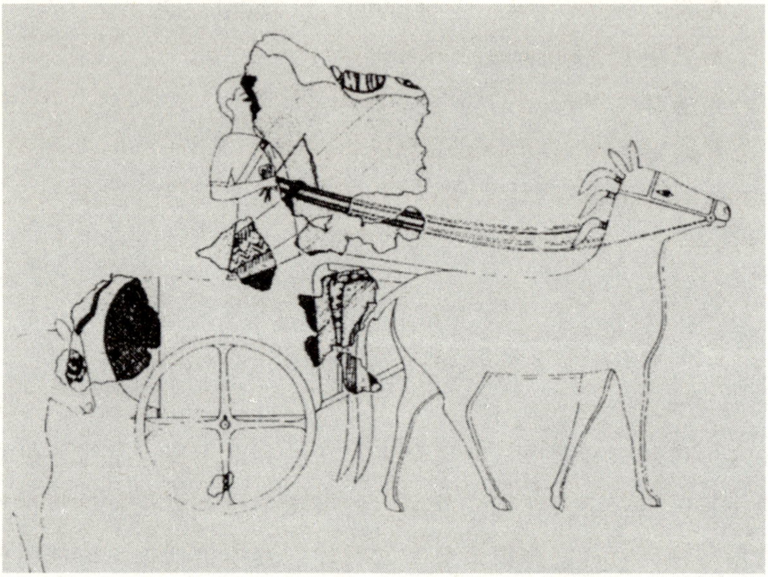

图 6—3　国王在战车上引导公牛献祭队列繁的场景科诺索斯出土王宫壁画

需要指出的是，克里特新宫殿时代的考古学证据完全支持国王作为大祭司这种假说。米诺宫殿已经提供了许多宴席的证据；这方面最为醒目的就是新近发掘的加拉塔斯（Galatas）宫殿。② 出自派罗斯迈锡尼宫殿中的线形文字 B 泥板同样也提供了相关的信息，在这些泥板中，有很多经过王

① Mabel L. Lang. *The Frescoes*. Vol 3 of *The Palace of Nestor at Pylos in Western Messenia*. Princeton：Princeton University Press，1969. pl. 119.

② George Rethemiotakis. "The Hearths of the Minoan Palace at Galatas", in Philip Betancourt et al eds. *Meletemata：studies in Aegean Archaeology Presented to Malcolm H. Wiener as He Entters His 65th Year*. Aegaeum20. 3 vols. Liège：Université de Liège，1999，pp. 721—728；George Rethemiotakis. "Evidence of Society and Economic Changes at Galatas and Pediadda in the New Palace Period，" in Jan Driessen，Ilse Schoep，and Robert Laffineur，eds. *Monument of Minos：Rethinking the Minoan Palaces：Proceedings of the International Workshop "Crete of the Hunadred Palaces?"，Université Catholique de Louvain - la - Neuve*，14—15 *December* 2001. Aegaeun23. Liége：Université de. Liége，2002，pp. 55—69.

室许可而确定下来的献祭动物及其他祭品。[①]

一　进入与退出圣礼

毫无疑问，国王是其子民福祉的中心，他作为神界与人类社会的中介而行事。现在要补充的是国王另外一种不同的属性。神圣性是如何被表达的？它是一种实体性的存在抑或一种单纯的规律，一种像是其他人一样的义务？这里需要指出的是，神圣性实际上是一种存在状态；国王与王后仪式性地进入并退出圣礼。

最好的一种方式是以公元前2000年的概念化的方式，而不是我们这个时代的方式来开始阐释。为此，我要看看乌迦特文本中一个真实的仪式。尼古拉斯·怀亚特与戴尼斯·帕迪（Dennis Pardee）关于这个文本的翻译略有不同，不过二者关于事件大概过程的翻译是一致的。[②]

仪式的开头是在新月之日敬献一份葡萄。这个任务就落到了国王身上，在仪式的过程中，国王要履行一系列复杂的义务。国王要从一个圣殿到另外一个圣殿，向各个神明献祭：巴力（Baal），阿那特（Anat）、埃尔、亚舍拉、拉什普，等等。国王要献上各种各样的动物：公羊、鸟类、小母牛、公牛。要向洞中或凹处倾倒奠酒。还要使用各种各样的容器：罐子、高脚杯子，杯子。[③] 国王有时还要向一些宏伟建筑物的屋顶倾倒奠酒。[④] 这些过程必须被想象为仪式的一个部分，因为国王（或许是整个的王族）要在宫殿与各个圣殿中间奔走。所有这些都超越了考古学家离奇的想象，它

---

① Thomas Palaima. "The Nature of the Mycemaean Wanax: Non - Indo - European Prigins and Priestly Functions", in Paul Rehak, *The Role of the Ruler in the Prehistoric Aegean: Proceedings of a Panel Discussion presented at the Annual Meeting of the Archaeological Institute of America, New Orleans, Louisiana 28 December* 1992. Aegaeum11. Liége: Université de. Liége, 1995, pp. 119—198.

② Nicolas Wyatt. *Religious Texts from Ugarit: The Words of Ilimilku and His Colleagues*. The Biblical Seminar 33 2d ed. Sheffield: Sheffield Academic Press, 2002; KTU 1. 41, 348—355; Dennis Pardee. *Ritual and Cult at Ugarit*. Writings from the Ancient World 10. Soceity of Biblical Literature. Atlanta: Brill, 2002, no. 15, pp. 63—65.

③ Ibid., p. 352, n. 35.

④ Ibid., p. 354; Dennis Pardee, *Ritual and Cult at Ugarit*. Writings from the Ancient World 10. Soceity of Biblical Literature. Atlanta: Brill, no. 15, 65, 2002.

们很容易被指控因为在发掘现场发现了过多的崇拜证据。

文本的结尾是这样一个约定："日落之际，国王将会还俗。"[①] 这是怀亚特的译文。帕迪同样的赋予这个术语以如下译文："国王就被解放了(进一步说是崇拜义务)"。[②] 这两种不同的译文表明，将概念及其译文翻译到英文中尚有很大困难。我们现在还不知道采用哪一种译法：为何国王要被解放或还俗？这就表明，国王处于一种特殊的状态中，在返回正常生活状况之前，他必须要退出。

接踵而来的一个问题就是，是什么使得神圣性继承下去？我接受怀亚特的观点，认为这是一种本体性的状态。怀亚特指出，净化被过分地重复了，"国王要彻底净身，"接下来的阶段里，"国王还俗或被解放。"[③] 他断言，在国王进入仪式净化状态的每一个项目都重申了其就职的本体性转换。[④]

我在此要补充的是，物质性的转换确保了了神圣性的状态，使得它对每一个人都是可视性的，这种转换的标志可以在米诺艺术中找到。但在我们考察艺术之前，我们来看看另外一份文件，时间在公元前第13世纪的赫梯王国时代。

这个文本记载了祭奠暴风之神期间王权仪式的一些细节。仪式开始，国王与王后带领众人列队，队列中包括各级官吏，还有一些艺人，这些人

---

① Nicolas Wyatt. *Religious Texts from Ugarit*: *The Words of Ilimilku and His Colleagues*. The Biblical Seminar 33 2d ed. Sheffield: Sheffield Academic Press, 2002, pp. 354—355; Nicolas Wyatt. "The Religious Role of the kings: the Ritual Tradition", in *Ugaritat* 75: *Its Environs and the Bible*. *Mid - West Metting of AOS/SBL/ASOR*, 18—20 *February* 2005, Chicago, 2006, pp. 16—17.

② Dennis Pardee. *Ritual and Cult at Ugarit*. Writings from the Ancient World 10. Soceity of Biblical Literature. Atlanta: Brill, 2002, p. 65.

③ "国王彻底净身"的表述形式为"yrhs mlk brr"。怀亚特拥有（Nicolas Wyatt. "The Religious Role of the kings: the Ritual Tradition", in *Ugaritat* 75: *Its Environs and the Bible*. *Mid - West Metting of AOS/SBL/ASOR*, 18—20 *February* 2005, Chicago, 2006, pp. 16—17）一份术语清单，其中出现了"国王还俗或被解放"这样的语句。帕迪（Dennis Pardee. *Ritual and Cult at Ugarit*. Writings from the Ancient World 10. Soceity of Biblical Literature. Atlanta: Brill, 2002, p. 3）指出，国王参与仪式前进行净身，但其退出仪式的时间并未有进一步表述。

④ Nicolas Wyatt. "The Religious Role of the kings: The Ritual Tradition", in *Ugaritat* 75: *Its Environs and the Bible*. *Mid - West Metting of AOS/SBL/ASOR*, 18—20 *February* 2005, Chicago, 2006, p. 17.

使得仪式显得非常壮观。正如前文所述，国王越伟大，仪式越壮观。“艺人们双手高举，站成一圈；他们同时也颂唱圣歌。”[①] 在某些时候，国王与王后要在一个叫做“哈棱图瓦之屋（Halentuwa House）”的地方更衣：“国王与王后在哈棱图瓦之屋穿上仪式服装。”[②] 不太清楚这个地方在哪里，不过很有可能是宫殿中的圣殿，关于这一点，霍特（Theovan den Hout）早就有所论述。[③] 更衣完毕，国王与王后进入风暴之神的神庙。文本接着描述了国王与王后到达门口之际的事件，艺人们以一种特殊的表演将其仪式化：“国王到了门口，周围的舞者们立即翩翩起舞。”[④] 然后，国王与王后达到神庙内部，里面有祭拜的雕像。二人随即拜倒在神像面前。文本屡次讲到了净化仪式，譬如，“两名宫中侍从从盆中取水给国王和王后洗手。”[⑤] 我们会在后面的文本中读到这样的话语：“两名宫中侍从金盆中取水给国王和王后洗手。”[⑥]

赫梯人的描述是对怀亚特观点的一种补充，即借助于保持清洁，反复洗手是对王室神圣性状态的一种确认。文本同时补充了另外一个信息，加强了我们关于王权更替的假设，换言之，国王夫妇穿着一套衣服进入仪式，但当他们进入神庙时，穿的是另外一套衣服。在视觉上这种变化是可以论证的。

我们在埃及发现了支持这种观点的现象：法老身着一套仪式性服装向神明献祭，在庆典开始之际，他要主持整个仪式。[⑦] 或许范根·纳普的通

---

① ANET，pp. 358—239.

② KBo iv，p. 9；ANET，pp. 358—361；i. 25.

③ Hans G. Güterboock，and Theo P. J. van den Hout. *The Hittite Instruction for the Royal Bodyguard*. Oriental Institute of Chicago Assyriological Studies 24. Chicago：David Brown Book，1991，pp. 59—60.

④ KBo，iii，p. 5.

⑤ Ibid.，ii，p. 42.

⑥ Ibid.，vi，p. 20.

⑦ 关于衣服上面的 hb－sd 以麦地尼特·及哈布（Medinet Habu）的苏卡里斯（Sokaris）仪式中法老的探讨，可以参见 Class J. Bleeker. *Egyptian Festivals*：*Enactments of Religious Renewal*. Leidn：Brill，1967，pp. 51—86；Richard H. Wilkinson. *Reading Egyptian Art*：*A Hierolyphic Guide to Ancient Egyptian Painting and Scupture*. London：Thames and Hudson，1992，p. 80，fig. 1

过仪式模式在此有些功效，在这里，更衣是转换的标志。①

二　神圣性能否在米诺时代的克里特图像中体现

研究米诺人的形象有助于研究王权的神化问题，因为国王与王后身着三到四种类型不同的衣服（图 6—4）。② 第一种服饰类型是带接缝的流苏长袍（图 6—4b），在第二章中我们已将其视为王族身份的标志。第二种服饰类型为特里亚达丰收瓶上的国王所穿的金属鳞纹长袍（图 6—4a），第三种是国王与王后在特殊仪式场合所穿的兽皮裙子（图 6—4c）。第四种类型为米诺人的典型服饰：男性所穿的褶裥短裙，以及女性所穿的荷叶边裙子。最后一种类型的衣服并不是王室人员独有的服饰。

我们从第一种服装类型中观察到的就是，带有流苏与接缝的长袍（图 6—4b）是一种尊贵而厚重的衣着，类似于伊莉莎白王室成员的着装，国王穿着它在一些比较正规的场合出现，以此强调其高贵身份。另外两种类型的衣服则具有一种特殊性，表明其主人并非高贵华美，而是具有一种原始性。我们已经看到，丰收队列中身着鳞纹衣服的国王是值得强调的。伊文思对这种特殊性具有一种敏锐的直觉，将这位首领称为“庄稼汉”。③ 或许原始性就是这种神圣性所要表达的概念。兽皮裙子并不能表达王族的高贵，只能表明其作为庄稼汉的质朴性（就像伊文思所说的那样）。饶有兴趣的是，埃及的法老穿着带有公牛尾巴的崇拜衣服，这也是一种原始性，但也是一种圣礼，因为公牛尾巴服装是神明服装的典范（图 6—5）。

---

① 范根·纳普（Arnold Van Gennep. *The Rite of Passage*. Translated from the French，1913 by M. B Vizedom and G. L. Caffe，London：Routledge & Keegan Paul，1960，pp. 83，105，106—107.）援引了各种各样的例子。他描述了埃及法老的神圣性，但因过于普通而难以利用。相关的阐释参见 Victor Turner. *The Forest of Symbols：Aspects of Ndembu Ritual*. Ithaca：Cornell University Press，1967，pp. 93—111.

② 马丁·P. 尼尔森（Martin P. Nilsson. *The Minoan -Mycenaean Religion and Its Survival in Greek Religion*. 2d ed. Lund：Kungl. Humanistiska Vetenskapssamfundet，1950，pp. 155—164）对此有透彻的阐释，但他认为这种衣服属于神明，这就使得其观点比较含糊。关于叙利亚的探讨，参见 Daniel Fleming. *The Installation of Baal's Hign Priestess at Emar：A Window on Ancient Syrian Religion*. Harvard Semitic Studies 42. Harvard：Harvard Semitic Museum，1992.

③ Evans PM IV，p. 219.

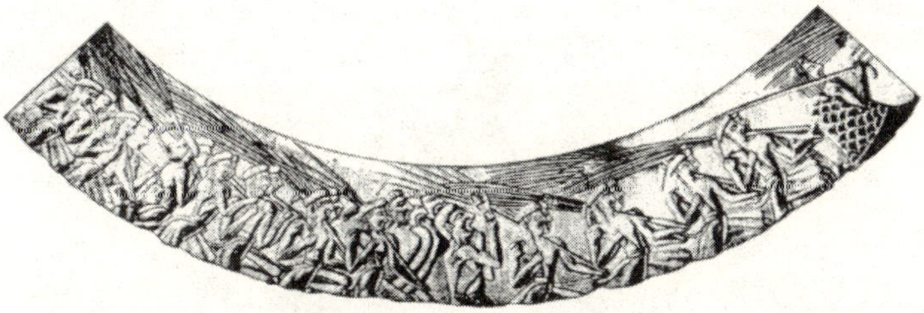

（a）带有金属纹理的衣服　特里亚达出土石制“丰收”器皿

（b）带有接缝与流苏的斗篷
科诺索斯出土戒指印章

（c）兽皮裙子　特里亚达石棺

图 6—4　国王的圣服

塞姆葬礼上的祭司穿着一件黑豹皮衣服，我们在图特卡蒙（Tutankhamun）墓葬中已看到，国王在一些场合偶尔也穿着这种衣服。[①] 这种特殊的动物衣服使得国王更为接近自然而远离文化；或许穿上这些衣服就意味着国王摆脱了这个世界，从而进入一种与神明亲近的有限空间。某些人或许会就此列举出源自人类学领域之内的类似于王室阈限性的例子，但我们必须要有大量的古代文物才能够充分说明道理。[②] 在美索不达米亚，有一种裸体至少是裸露脚部的传统。[③] 近东也不缺乏这种类型的视觉资料：苏美尔祭司及其兽皮裙子表明了这一点。我认为，借助于兽皮裙子与金属

① Nicholas Reeves. *The Complete Tutankhamun*: *The King*, *the Tomb*, *the Royal Treasure*. London: Thames and Hudson, 1990, p. 73.

② Victor Turner. *The Forest of Symbols*: *Aspects of Ndembu Ritual*. Ithaca: Cornell University Press, 1967.

③ Bruno Meissner. *Babylonien und Assyrien I—II*. Heideberg: Carl Winters Universitätsbuchandlung, 1920—1925, p. 55.

图 6—5 法老塞特一世（公元前 13 世纪）身穿带有
公牛尾巴的衣服（此处以黑色标明）

圣衣，国王与王后表标明了其身体上的转换。

米诺图像同时强调了神圣化过程中另外一个重要的时刻：国王与王后到达神庙大门的瞬间。我们已探讨过赫梯文本中这个时刻的重要性，我们在赫梯文本中获悉，在祭奠风暴之神的过程中，当国王与王后抵达神庙的大门时，很多艺人围绕国王而站立。[①] 图 6—6 中米诺或迈锡尼戒指中的图像表明了这一点，二者都描绘了女性队列达到神庙大门门口的情景。在图 6—6b 中，中间的一位女性显然比其他女性形象的尺寸都要大，她的姿势表明，她正在问候神明。这位女性一定是王后，在这里，王后的衣着与其

① Othmar Keel. *The Symbolism of the Biblical World: Ancient Near Eastern Iconography and the Books of Psalms*. Transl. T. J. Hallett. New York: Seabury Press, 1978, pp. 278—279.

他人没有什么差异，仅仅在尺寸与握拳姿势上表明其身份。

（a）迈锡尼大陆出土金戒指

（b）队列达到圣殿大门

图 6—6

赫梯与乌迦特文本中支持这种仪式的表述乍看很枯燥但非常有用：要献祭有多少种类型的动物，要倾倒多少奠酒，国王净手花了多少时间，等等。另一方面，图像是概略性的，能够将几个过程压缩到一个关键性的冗长序列事件中。米诺图像反映了什么是重要的，什么是被忽略的。这样，这些图像有助于引导大家了解米诺宗教的精神内涵。在米诺或迈锡尼图像中，国王与王后到达神庙大门的仪式过程成为一些戒指的一个表现主题，这就表明，国王与王后的到来是仪式中一个非常重要的时刻。它实际上标明了时间，就像标明人神之间交流的地点那样。

图像还有另外一种优势：它们或许有意将一些意义表现的模糊不清。在图 6—7 中，一位坐在御座上的形象（男性或女性?）有可能是神明或人类。无论是哪一个例子，这种描绘都使人想起了盛大的国王登基仪式。[①] 在这个意义上，图像既反映了崇拜行为，又反映了国王的神话。这些精选的图像是对近东那些既定的祭祀文本的一种有用补充。倘若米诺时代的克里特属于我们所说的古代近东的那种文化延续的宽泛层面，那么出自戒指的米诺证据有望助于指导那些近东研究的专家。

图 6—7　未知性别的形象坐在御座上，或许是穿着接缝斗篷的国王。迈锡尼出土金戒指

三　特里亚达石棺上献祭的国王与王后

现在，我们要将先前业已确立的标准应用在特里亚达墓葬中发现的泥棺上描绘的相互关联的一些场景上，特里亚达位于克里特南部，时间为公元前 1400 年左右。[②] 棺木四壁描绘了 6 种不同的场景，我深信这些画面组成了关于仪式的一种叙述。关于石棺已经探讨了很多，因为它向我们提供

① Nanno Marinatos. *Minoan Kingship and the Solar Goddess*：*A Near Eastern Koine*。Urbana，Chicago，and Springfield，University of Illinois，2010，Chapter 6，note 24.

② Roberto Paribeni. "Il sarcophago dipinto di Hagia Triada，" *Monumenti Antichi* 19：1908，pp. 19—87，Spyridon Marinatos and Max Hirmer. *Kreta*，*Tjera and das Mykenische Hallas*，München：Hirmer，1976，pls. XXX—XXXIII；Charlotte L. Long. *The Ayia Triadha Sarcophagus*：*A Study of Late Minoan and Mycenaean Funerary Practices and Beliefs*. SIMA XLI. Göteborg：Paul Äsräms，1974.

了米诺时代最为完整的视觉性祭祀记录。[①] 此处对石棺座作充分描述已显冗余，相反，我的注意力仅仅集中在国王与王后的祭司制度方面，对其中的一些问题进行质疑，不过这或许有些走远了。我们发现国王夫妇能够胜任大祭司吗？有证据表明他们进入了一种神圣的状态吗？他们向谁献祭？令人诧异的是，特里亚达石棺从未被看作向王权祭司制度提供档案的一种资料。这些石棺上的场景被列举乃是为了创造一种关于主要仪式事件的一些概略性表述。

场景 1：献上公牛或母牛。队列的领头人是一名身穿长衣的女性。这名女性的头部画面未能保存下来。她胳膊下垂放在牺牲上，这种姿势或许表明她在祈祷（图 6—8a）。

场景 2：在神明居所大门的外面（有时神庙的大门被描述为一个祭坛，但这是错误的），祭坛上在举行一场素祭。这里同样是一种仪式，双面斧表明了这一点。主祭司是一位身穿皮裙子的女性。她下垂的胳膊放在一个大酒杯上，可能在祈祷（图 6—8c）。

场景 3：一名身着皮裙子的女性在两个双面斧中间在举行一场奠酒仪式。她的身后是一名身穿长袍头戴羽冠的女性，肩挑两个大桶。一名身穿长袍的男性七弦琴手跟随其后（图 6—8b）。

场景 4：向站在墓穴前类似于木乃伊（死者）形象祭奠的仪式正在举行。仪式的带队者是一名身穿皮裙子的男性（图 6—8d）。

概括：棺木左、右挡板上描绘的四个场景表达了各种各样的献祭

---

① 最初的探讨参见 Roberto Paribeni. "Ricerche nel Sepolcreto di Haghia presso Phaestos," *Monumenti Antichi*：1904，14：677—755；Martin P. Nilsson. *The Minoan - Mycenaean Religion and Its Survival in Greek Religion*，2d ed. Lund：Kungl. Hunmanistiska Vetenskapssamfundet，1950，pp. 426—440；Friedrich Matz. *Göttererscheinung und Kultbild im minoischen Kreta*. Abhandlungen der Geistes und Sozialwissenschaftlichen Klass，Akademie der Wissenschaften und der Literatur，1958，pp. 398—407。更为深入的探讨参见 Charlotte L. Long. *The Ayia Triadha Sarcophagus：A Study of Late Minoan and Mycenaean Funerary Practices and Beliefs*. SIMA XLI. Göteborg：Paul Äsräms，1974；Walter Pötscher. *Aspekte und Probleme der Minoichen Religion：Ein Versuch*. Religionswissenschaftiche Texte und Studien 4. Hildesheim，Zurich and New York：Olms，1990，pp. 171—179. 关于仪式的理论探讨参见 Colin Refrew. *The Archaeology of Cult：The Sanctury at Phylakopi*. BSA Suppl. 18. London：Thames & HUndon，1985，pp. 24—25.

仪式，这些仪式可以分为血祭与素祭。仪式要么在双面斧面前举行，要么在死者面前举行。仪式的过程在图6—8a—d中分别得以视觉形式展现。石棺左右挡板上描绘的这些场景可划分为两种垂直的专栏。

（a）公牛献祭

（b）向双面斧与容器之间的器皿奠酒

（c）向两个双面斧之间的神明居所奠酒

（d）祭奠死者

图6—8　特里亚达石棺侧挡献祭仪式概略图

现在我们要转向祭祀的大祭司。上述四个场景中的女性，有三位身着庄严的长袍，头戴羽冠，或者有的穿着皮裙子。男性则仅穿着皮裙子。那么我们从中能够推断出什么结论？第一种结论就是，在男女祭司之间一定存在某种相似之处：如果其中一位系王室成员，那么其他人一定也是，反之亦然。

接下来我们要判断一下，这些献祭的女祭司是否为王后。这一点比较好办，因为我们在第二章中已经讲到，王后是唯一能够佩戴羽冠的人类；除此之外，只有神明与斯芬克斯才佩戴这种帽子。传统上一般将石棺上所绘那些佩戴羽冠的女性形象视为女祭司，但我们已经看到，女祭司这种称呼不够充分，因为根据职责，王后是高级女祭司。[①] 这就引出了另外一个问题。倘若她是王后，那么穿着动物皮裙子的女性是谁？很难相信还有一位与王后看上去极为相像的女性大祭司，她的高等职责胜过了其行为。用一种类似于电影叙述的话语来说，可以将其视为行为两个阶段的描绘的同一个人物，这种主张倒是有些道理。这些女性看上去很像一个人，她们在时间与空间的序列是由不同的次生场景中不同的背景颜色所表明的。在近东艺术中，这种叙述技巧早已有之。最贴切的一个例子源自公元前第 1000 年：在普拉恩斯特（Praeneste）的一个墓葬中发现的一个腓尼基碗表明，国王被屡次刻画在碗边的历险场景中。[②] 一个更为的恰当的例子源自亚述王图库尔提·尼努尔塔（Tukulti Ninurta）时代（公元前 1243 年—前 1207 年）的一个崇拜模型（图 6—9）。国王在同一个场景中出现了两次。在第一个场景中，国王是站着的，在第二个场景中，国王跪在他崇拜神明的象征物前。[③] 还有一个妥当的例子就是阿舒巴尼巴尔（Ashubanibal）国王的狩猎雕塑，该雕塑位于国王的宫殿尼尼微（Nineveh）（公元前 645 年），在狩猎不同阶段的几个毗邻的场景中，国王连续出现了很多次。[④]

现在我们要考察一下卢克索、麦地尼特·哈布（Medinet Habu），以及阿拜多斯（Abydos）仪式中的埃及崇拜叙事，它与这个时代较为接近，时间在埃及第 18 王朝到第 19 王朝时期。在一系列场景中，国王穿着不同

---

① 关于女祭司的装束，参见 Martin P. Nilsson. *The Minoan - Mycenaean Religion and Its Survival in Greek Religion*. 2d ed. Lund：Kungl. Humanistiska Vetenskapssamfundet，1950，pp. 426—440；Charlotte Long. *The Ayia Triadha Sarcophagus：A Study of Late Minoan and Mycenaean Funerary Practices and Beliefs*. SIMA XLI. Göteborg：Paul Äsräms，1974，p. 35.

② Glenn Markoe. *Phoenician Bronze and Silver Bowls from Cyprus and the Mediterranean*. Classical Studies 26. Berkeley：University of California Publication，1985，pp. 278—283；Joseph Wiesner. "Die Kunst Altsyriens"，in JürgenThimme et al. *Frühe Randkulturen des Mittelmerraumes：Kylkaden，Zypern，Malta，Altsyrien.* Kunst der Welt. Baden - Baden；Holley，1968，pp. 197—200；Martin West. *East Face of Helicon：West Asiatic Elements in Early Poetry and Myth*. Oxford：Clarendon Press，1997，pp. 99—100.

③ Liane Jakob - Rost et al. *Das Vorderasiatische Museum*. Berlin：Staatliche Museen zu Berlin und Preusischer Ku lturbesitz：Philipp von Zabern，1992，pp. 160—161.

④ Julian Reade. *Assyrian Scupture*. British Museum. British Museum Publication，1983，p. 58. figs. 85—86.

图 6—9　亚述国王图库尔提·尼努尔塔一世（Tukulti Ninurta I，公元前第 1243 年—前 1207 年）被描绘在仪式两个阶段的行为　仪式模型基座

的衣服出现了好几次。① 在米诺艺术中，瓦菲奥杯子上刻画的一些行为引起了学者们的普遍争议。②

我们再来看看特里亚达石棺，这里有争议的地方就是王后出现了两次：一次是身着庄严的长袍，一次是穿着圣服兽皮裙子。如果这样，那么石棺侧挡上的男性形象也应该与此类似，他应该是男性队列中带队的国王，站立在墓中死者或木乃伊的面前。国王在队列中十分醒目，因为他的头部比其他随从要大得多。③

王后的兽皮裙子表明了王后的神圣性，这是她加入祭司队列的一种等

① G. A. Gaballa. *Narrative in Epgyptian Art*. Mainz：Philipp von Zabern，1976，p. 89. 该书的作者指出，国王是主要活动的行动者（卢克索奥佩特仪式中），他看上去比在其他事件中更为积极。参见 Class J. Bleeker. *Egyptian Fsetivals*：*Enactment of Religious Renewal*. Leiden：Brill，1967，fig. 3.

② Evans PM III，pp. 182—189.

③ 如果说这个形象是国王，可能会遭到反对。为何他的穿着与那些随从一致？这种反对性意见很容易回答：两名紧随其后的侍从可能是与王族关系密切的人。在近东，整个的王室家族都要参加庆典，或者国王在特定的仪式中是作为队列的带头人出现的。

级标志。在图 6—10 中，兽皮裙子尤其醒目，只有身着兽皮衣服的人才与圣所具有密切的关联。当大祭司们走进队列时，他们身着庄严的长上衣。这样，衣着就成为参加仪式的一种标志性符号。

图 6—10　身穿皮裙子的国王与王后并在履行献祭仪式

特里亚达石棺（公元前第 14 世纪）

我们还记得赫梯风暴神的献祭仪式，只有国王与王后穿上“仪式性服装”时，他们才能够进入圣殿。[①] 随着衣服的变化，国王与王后就变成了大祭司。如果仔细解读特里亚达石棺图像上的队列，我们或许就会发现下面描述的事件序列：

1. 米诺王后（就如我判断的那样）带领的一支队列率先到达了圣所。一头公牛抑或母牛已被献祭，两头山羊尚待献祭。王后将其双手按在汩汩流血的动物头部将其献给神明，有可能她全然在祈祷。这种行为表明王后是献祭的主持者。此时王后身着盛装（图 6—8a）。

2. 王后进入神明的居所，开始奠酒，其他祭品摆在门外。[②] 王后

① ANET，p. 358.

② 我个人并不十分赞同瓦尔特·波奇的观点（Walter Pötscher. *Aspekte und Probleme der Minoichen Religion*：*Ein Versuch*. Religionswissenschaftiche Texte und Studien 4. Hildesheim，Zurich and New York：Olms，1990，pp. 171—191），即石棺上的底色是白天与黑夜的标志。不过我确信，在辨识时间与空间方面，他是对的。

身穿兽皮裙子，因为她站在神明居所旁边。王后光脚而立（图6—8b）。参照乌迦特文本可知，在献祭之后，国王穿上了鞋子。[①]

3. 在行为的第一阶段，王后身着长袍，此时她要手持奠酒。在第二阶段，王后身穿兽皮裙子主持奠酒仪式（图6—8c）。

4. 国王身着兽皮裙子祭奠死者（图6—8d）。

这种仪式结构大体对应于赫梯文本叙述中的风暴神仪式事件。因此，服装的变化标志着国王与王后进入神圣状态的关键时刻。在米诺石棺上，服装对行为神圣性的标明具为具有极为重要的价值。难怪这种服装在米诺语言中有一个特殊的名字。在乌迦特语言中，一种神圣服装是以"ipd"这个术语来指明的，这与希伯来圣经中的"以弗得"（ephod）在词源学上具有一定的关联。[②]

前文所讲的介于米诺、埃及、乌迦特、赫梯证据之间的类似性并不意味着我将特定的近东仪式应用到了米诺壁画中，反之亦然。相反，它意味着，这些仪式在结构与性质方面存在类同性，当源自同一历史与地理视角的文本和图像放在一起解读时，它们的意义就彰显出来了。实际上，当这些东西被并置在一起时，它们很有可能是相互排斥的。

或许源自赫梯的另外一种证据会有所帮助。这是一个刻画在拳头形状银制器皿上的场景，时间为公元前14世纪（大概和石棺属于同一个时期）（参见图6—11a/b）。图像上刻画了赫梯国王正向风暴神的祭坛上奠酒。[③]祭坛被有很多圆形花瓣围绕。[④]需要指出的是，米诺石棺的顶部与下部由

① Dennis Pardee. *Ritual and Cult at Ugarit*. Writings from the Ancient World 10. Soceity of Biblical Literature. Atlanta：Brill，2002，p. 75.

② Ibid.，p. 121

③ 拳状杯有可能是仪式姿态的反映。Hans G. Güterbock and Timothy Kendall. "A Hittite Silver Vessel in the Form of a Fist"，in Jane B Carter and Sarach P. Morris，eds. *The Ages of Homer：A Tribute to Emily Townsend Vermeule*. Austin：University of Texas Press，1995，pp. 45—60.

④ 汉斯·古特伯克与蒂穆赛·肯德尔（Hans G. Güterbock and Timothy Kendall. "A Hittite Silver Vessel in the Form of a Fist"，in Jane B Carter and Sarach P. Morris，eds. *The Ages of Homer：A Tribute to Emily Townsend Vermeule*. Austin：University of Texas Press，1995，pp. 45—60.）认为，圆形花饰象征着鲜花盛开的牧场，但我个人对这种阐释持质疑态度，认为圆形花饰是太阳的表意性象征符号。

圆形花饰所围绕。倘若我们对照一下米诺石棺上奠酒的女性形象，以及赫梯器皿上奠酒的国王形象，就会发现二者在场景情节单元的排列上存在明显的类同之处。图像的序列分析支持了这样一种假设，即身穿皮裙子的米诺女性实际上就是王后，因为这两个形象在两幅图像中的位置是对等的。在赫梯与米诺的图像中，王后身后都站着琴手。这种图像使得我们记起了赫梯风暴神仪式中讲到的关于表演者护送国王与王后的场景。关于这一点可参见图 6—11，这样，我们就很容易理解米诺观察者的这种视角，他们的精神期待更接近于赫梯人，而不是我们。

（a）赫梯银杯

（b）特里亚达石棺

图 6—11　公元前第 14 世纪的赫梯与米诺场景

四　国王及其祖先

这里尚有一个问题尚未回答。特里亚达石棺上刻画的木乃伊或死者究竟是谁？通常他被视为死去男子的亡灵或立于其墓前的英雄的魂灵。[①] 墓前的祭坛与圣树表明，后者具有我们在一座圣殿中神庙中能够发现的一些特征。我采纳了马丁·尼尔森的观点，认为这个死者是神圣国王的形象，因为这种假设在乌迦特与赫梯文本中得到了有力的支持，不过埃及的文本中并无证据出现。

让我们再次考察赫梯人的风暴神明的献祭仪式。当国王与王后进入神殿后，一名叫作“伙头”的官员向着已逝国王的雕像倾倒奠酒：“同时也向哈图西利斯（Hattusilis）的雕像倾倒奠酒。国王拜倒在地；雕像膜拜者颂唱一种叫做卡塔施（kutash）的赞歌。”[②] 我们可以从中推测，神格化国王的雕像与神明的雕像在同一座神庙中共存，赫梯国王向其祖先与神明致敬。

乌迦特文本中有更为详尽的关于拉帕姆（rpum）仪式即神格化国王崇拜的仪式表述。[③] 他们向神明祈求保护，并将神明称为“救世主”。之所以

---

① 至于他究竟是植物神明还是死者，观点并不统一，马茨认为他是一位死者（Friedrich Matz. *Göttererscheinung und Kultbild im minoischen Kreta*. Abhandlungen der Geistes und Sozialwissenschaftlichen Klass，Akademie der Wissenschaften und der Literatur，1958，p. 400），帕里贝尼认为他是个木乃伊（Roberto Paribeni. “Il sarcophago dipinto di Hagia Triada，” *Monumenti Antichi*：1908，pp. 19—87）；尼尔森认为他是一位神格化的死者（Martin P. Nilsson. *The Minoan - Mycenaean Religion and Its Survial in Greek Religion*. 2d ed. Lund：Kungl. Humanistiska Vetenskapssamfundet，1950，pp. 428—443.）；朗认为他是死者的亡灵（Charlotte L. Long. *The Ayia Triadha Sarcophagus：A Study of Late Minoan and Mycenaean Funerary Practices and Beliefs*. SIMA XII. Göteborg：Paul Ästräms. 1974，p. 40.）；瓦尔特·波奇断言他是拥有再生权力的年神，类似于希腊神话中的雅辛托斯（Walter Pötscher. *Aspekte und Probleme der Minoischen Religion：Ein Versuch*. Religionswissenschaftliche Texte und Studien 4. Hildescheim，Zurich and New York：Olms，1990，pp. 183—187）；朗则主张，葬礼是图像的主题（Charlotte L. Long. *The Ayia Triadha Sarcophagus：A Study of Late Minoan and Mycenaean Funerary Practices and Beliefs*. SIMA XII. Göteborg：Paul Ästräms. 1974，p. 40.）；伊文思较为明智的一种猜测是，他是一位水手，因为船是他的祭品（Evans，PM I，pp. 438—439）。

② Kbo，iv，p. 9；ANET，p. 359.

③ Nicolas Wyatt. *Religious Texts from Ugarit：The Words of Ilimilku and His Colleagues*. The Biblical Seminar 33 2d ed. Sheffield：Sheffield Academic Press，2002；KTU 1. 20—1. 22；Dennis Pardee. *Ritual and Cult at Ugarit*. Writings from the Ancient World 10. Soceity of Biblical Literature. Atlanta：Brill，2002，pp. 123—125. 相关评论参见：Nicolas Wyatt. “Religion of Ugarit：An Overview”，in Wilfred G. E. Watson，and Nicolas Wyatt，eds. *Handbook of Ugaritic Studies*. Handbook of Oriental Studies，Part One：The Near and Middle East 39. Leiden：Brill，1999，pp. 529—585，562；Nicolas Wyatt. “Just how ‘Divine’ Were the Kings of Ugarit?” in *Arbor Scientiae：Estudios del Proximo Oriente Antiguo Dedicados a Gregorio del Olmo Lete con Ocasion de su* 65 *Aniversario*，edited by M. Molina，I. Marquez Rowe，and J. Sanmartin. *Aula Orientalis*，1999—2000，17—18：133—141，p. 139；Nicolas Wyatt. “The Religious Role of the King：The Ritual Tradition”，in *Ugarit at* 75：*Its Environs and the Bible*：*Mid - West Meeting of AOS/SBL/ASOR*，18—20 *Februart* 2005，Chicago，2006.

如此，或许国王想得到神明的佑护。这就使我们想起了希腊晚期仪式中英雄（希腊晚期的女英雄亦如此）的功能以及一种叫作拉帕姆的仪式，在这个仪式中，人们进行一种向新国王供奉祭品的旅行。[①] 饶有趣味的是，冥界中王族祖先的保护神是太阳神和冥界女神；我们应该回到第十二章关于这位女神的表述中。[②]

那么，米诺国王是否被神格化了呢？从这种视角来看，证据无疑非常确凿。科诺索斯有一座王室的“神庙墓葬”，伊索普塔（Isopota）同样也有一座这样的墓葬，二者都非常有力地表明了王室仪式的存在。上述这些均被伊文思中肯地所言中，他为这些墓葬的存在发现了很多确凿的考古学证据。[③]

米诺石棺上神格化国王身份的确认将有助于解释前文所说的王室庆典。国王一定要向其列祖献祭：在神权社会这是不言而喻的。[④] 不过我们尚需考察近东的王后的仪式职责，看看她们祭拜的是哪位神祇。

---

① KTU 1.20—1.22；Nicolas Wyatt. “Religion of Ugarit：An Overview”, in Wilfred G. E. Watson, and Nicolas Wyatt, eds. Handbook *of Ugaritic Studies*. Handbook of Oriental Studies, Part One：The Near and Middle East 39. Leiden：Brrill, 1999, p. 562；Nicolas Wyatt. “Just How ‘Divine’ Were the Kings of Ugarit?” in *Arbor Scientiae：Estudios del Proximo Oriente Antiguo Dedicados a Gregorio del Olmo Lete con Ocasion de su* 65 *Aniversario*, edited by M. Molina, I. Marquez Rowe, and J. Sanmartin. *Aula Orientalis*, 1999—2000, 17—18：133—141, p, 139；Nicolas Wyatt. *Religious Texts from Ugarit：The Words of Ilimilku and His Colleagues*. The Biblical Seminar 33 2d ed. Sheffield：Sheffield Academic Press, 2002, pp. 314—323；Nicolas Wyatt. “There's Such Divinity Doth Hedge a King”, *Selected Essays of Nicolas Wyatt in Toyal Ideology in Ugaritic and Old Testament Literature*. Society for Old Testament Study Monograpghs. Aldershot and Burlington：Ashgate, 2005, pp. 202—205；Nicolas Wyatt. “The Religious Role of the King：The Ritual Tradition”, in *Ugarit at* 75：*Its Environs and the Bible. Mid-West Meeting of AOS/SBL/ASOR*, 18—20 *Februart* 2005, Chicago, 2006.

② Nicolas Wyatt. “There's Such Divinity Doth Hedge a King”, *Selected Essays of Nicolas Wyatt in Toyal Ideology in Ugaritic and Old Testament Literature*. Society for Old Testament Study Monograpghs. Aldershot and Burlington：Ashgate, 2005, pp. 191—220, 203；Dennis Pardee. *Ritual and Cult at Ugarit*. Writings from the Ancient World 10. Society of Biblical Literature. Atlanta：Brill, 2002, pp. 195—201.

③ Evans PM II, pp. 278—279；PM IV, pp. 988—1018.

④ 甚至在古典希腊也不存在神权政体，神格化的国王通常与神明的崇拜相关。一个最为贴切的例子就是关于珀罗普斯的崇拜与奥林波斯宙斯的崇拜紧密联系在一起。

五　近东和埃及的王后及其祭祀功能

王后不仅是国王的妻子，她本人还是一位富有权威的形象。王后同时也是王室的母亲，她在埃及、赫梯以及乌迦特王国享有极高的地位，这些国家实际上是神权政治。在赫梯帝国的旧王国与新王国时期（公元前第16世纪至前13世纪），王后拥有一种叫作塔万那那（tawannana）的仪式。[①]王后拥有一定的独立于国王的权力，甚至可以与国王的权力媲美。[②]一旦进入仪式与使用经济手段，塔万那那就是一种力量，它会测算甚至接受王后死后的仪式。[③]较为特殊的王后是哈图士利（Hattushili）王的继母，她通过日蚀解释继子哈图士利统治的垮台，并以其女先知的身份操纵了证据。[④]为达到我们的意图，需要阐释一下塔万那那，这是为新王宫时期的圣城阿瑞纳（Arinna）的太阳女神服务的女祭司，时间上与米诺石棺的时代相吻合。[⑤]

在乌迦特，太后是亚舍拉女神的大祭司，亚舍拉可以说是太阳女神。根据怀亚特的观点，太后的地位非常重要，因为未来国王通过她的宗谱而得以确立。虚构的现实反映了社会现状，我们或许可以推断说，神话般的母权继承权反映了太后的社会地位。[⑥]在乌迦特，孀居的太后被称为

---

① Shoshana Bin - Nun. *The Tawannanna in the Hittite Kingdom*. Texte der Hethiter 5. Heidelberg：Carl Winter，1975，p. 198. 近期的探讨参见：Theo. P. J. van den Hout，*Purity of Kingship*：*An Edition of Cht* 569 *and Related Hittite Oracle Inquiries of Tuthaliya IV*. Leiden：Brill，1998，41ff，

② 这种例子发生在公元前13世纪的穆里斯利（Mursili）王哈图士利王身上（Shoshana Bin - Nun. *The Tawannanna in the Hittite Kingdom*. Texte der Hethiter 5. Heidelberg：Carl Winter，1975，pp. 184—189；van den Hout，Theo. P. J. *Purity of Kingship*：*An Edition of Cht* 569 *and Related Hittite Oracle Inquiries of Tuthaliya IV*. Leiden：Brill，1998，pp. 44—46.）。

③ Theo. P. J. van den Hout，*Purity of Kingship*：*An Edition of Cht* 569 *and Related Hittite Oracle Inquiries of Tuthaliya IV*. Leiden：Brill，1998，p. 53.

④ Ibid.，p. 46.

⑤ Shoshana Bin - Nun. *The Tawannanna in the Hittite Kingdom*. Texte der Hethiter 5. Heidelberg：Carl Winter，1975，pp. 196—198.

⑥ Nicolas Wyatt. "Religion of Ugarit：An Overview"，in Wilfred G. E. Watson，and Nicolas Wyatt，eds. *Handbook of Ugaritic Studies*. Handbook of Oriental Studies，Part One：The Near and Middle East 39. Leiden：Brill，1999，pp. 544—545；Niels - Erik Andreason. "The Role of the Queen Mother in Isrealite Society." *Catholic Biblical Quarterly* 45：179—194.

“rbt”，意思是“伟大女性”。[①]

我们现在要考察一下《圣经》证据。可以给出的一个有力的例子就是以色列的王后是亚舍拉女神的大祭司，亚舍拉女神是太阳女神，棕榈树是其圣树。[②]《圣经》的一段经文讲到了一位叫作阿撒（Asa）的国王，他是耶和华的后代，曾经贬黜了王后的地位：“亚撒行了耶和华眼中看为正直的事，……贬了他祖母玛迦（Maachah）太后的位，因她造了可恶的偶像亚舍拉。”（《圣经·列王纪》上15：13）这里的含义就是，孀居的太后拥有建造新的亚舍拉女神偶像的权力。同样，亚哈（Ahab）的妻子耶洗别（Jezebel）也一定是亚舍拉女神的大祭司，可资判断的事实就是，她在自己的餐桌上供养了四百名亚舍拉女神的先知（《圣经·列王纪》上18：19）。怀亚特提供的更为确凿的证据表明，这两位王后以及第三位王后，即所罗门的母亲拔示巴，皆拥有官方的吉比拉（gebira）地位。吉比拉这个词语的意思是“伟大的人”，它有可能对应着迈锡尼的语词po－ti－ni－ja（女主人）。上述这些语词都是一些称号，王后与女神皆可共享。

埃及的王后与太后一定是哈索尔（Hathor）女神的大祭司，哈索尔与太阳女神有着某些关联。[③] 哈索尔是太阳盘的持有者，也是太阳与国王的哺育者。哈索尔的绰号是“荷露斯之殿”，此处绰号所指的并不是她作为母亲的子宫，而是作为国王宫殿保护者的一种能力。[④]

一言以蔽之，在埃及、叙利亚，以及公元前2000年后半期的安纳托利亚，王后是太阳女神的大祭司。这种模式尚未被关注，或许因为在后期希

---

① Nicolas Wyatt. *Religious Texts from Ugarit：The Words of Ilimilku and His Colleagues*. The Biblical Seminar 33 2d ed. Sheffield：Sheffield Academic Press，2002，p，168.

② 关于棕榈圣树的表述，参见 Beatrice Teissier. *Egyptian Topography on Syro－Palestinian Cylinder Seals of the Middle Bronze Age*. Orbis Biblicus et Orientalis Series Archaeologica 11. Fribourg：Academic Press Fribourg，1996，p. 69，fig. 94；87，fig. 163，fig. 187 and p. 121. fig. 268；Nicolas Wyatt. “There's Such Divinity Doth Hedge a King.” *Selected Essays of Nicolas on Royal Ideology in Ugaritic and Old Testament Literature*. Society for Old Testament Study Monographs. Aldershot and Burlington：Ashgate，2005，p. 127.

③ Lana Troy. *Patterns of Queenship in Ancient Egyptian Myth and History*. Boreas，Uppsala Studies in Ancient Mediterranean and Near Eastern Civilizations 14. Uppsala：Acta Universitatis Upsaliensis，1986，pp. 56—58，72—77，86—87. see note 64.

④ Ibid.，p. 55.

腊神话的影响下，太阳神总是被视为男性。[①] 倘若太阳女神的大祭司被视为王后制度不可缺少的一部分，那么米诺王后为其大祭司的假设一定令人非常开心；倘若如此，双面斧就应当是其崇拜的工具。现在我们必须解答一个问题。为何与国王与王后而不是与其他王室成员相关的场景被雕刻在象征着财富与地位的石棺上？

这种场景的表述指的是一种个人的葬礼，墓穴前死者的灵魂属于葬在石棺中的逝者，[②] 我认为这种观点不可能成立。石棺中这种传记式的信息与古代世界的信息截然不同；对比一下罗马与基督教石棺的神话图像便可明白这一点。因此，特里亚达石棺侧挡上刻画的场景一定是公开的仪式，并非是葬礼。这也是献给太阳女神的庆典（她是天空与冥界之神）。[③] 葬在石棺中的死者会从这种仪式中获益，那是因为他（她）会间接参与（通过图像）这种具有公共重要性的王室仪式，这就类似于埃及第18王朝时期的贵族参加王家仪式，在其墓穴的图像上可以看到这一点。在阿玛纳统治时期，许多官员包括国王在内，都是其墓葬壁画的主角。

六　国王的职责与烦恼

神圣王权究竟意味着什么？我们已经看到，神圣王权实际上意味着两件事情：首先，国王（实际上是国王与王后）是大祭司，并且他是人神之间沟通的合法媒介。其次，国王死后被神格化。上述这些范畴应该被明确区分，因为它们意味着神圣性的不同层面。大部分是死后被神格化的国王而不是活着的国王接受献祭。[④]

祭司王与其他的人有所不同，因为当他与神明接触时，就进入了一种

---

① 较为典范的例子，具体参见 Lucy Goodson. *Death, Women and the Sun: Symbolism of Regeneration in Early Aegean Religion*. BICS Suppl. 53. Lodon: Institute of Classical Studies, 1989.

② Charlotte L. Long. *The Ayia Triadha Sarcophagus: A Study of Late Minoan and Mycenaean Funerary Practices and Beliefs*. SIMA XLI. Göteborg: Paul Äsräms, 1974, p. 50.

③ 关于双面斧的太阳象征意义，参见本书第九章的相关内容。伊文思在 PM I, p. 447 有类似的表述："死者崇拜与米诺祭司王谱系的英雄化，二者皆与科诺索斯宫殿式圣所中的女神有关。"

④ 阿卡德的萨尔贡与那拉姆·辛在世期间就已经得到了崇拜（参见 van de Mierroop. *A History of the Ancient Near East*. Oxford: Blackwell, 2004, pp. 64—65.）在这个场景中，埃及法老的地位同样也发生了变化。

特殊的神圣状态。显然，国王与王后并不是总是这个样子，他们在日落时分不得不退出这种神圣状态，我们可以从前文表述的乌迦特文本中明显看到这些。

乍一看来，国王的生活看上去并不是那么显赫。赫梯与乌迦特文本在论及王族管理的内容时，揭示了一些与王室仪式相关的细节。这无疑就解释了，为何源自这些国度的一些规范性的祭祀文本是在官方的各个档案馆中被发现的，尽管其中很多部分是在遗址的其他地方被发现的。[①] 正如那些前文所讲的那些律法，这些记录具有一定的功能。我们获悉（从赫梯文本中）了很多神谕，其中规定要献给神明多少山羊，以何种秩序献祭，何时献祭，等等。倘若这些仪式的任何部分没有被严格执行，那么就会招致神明发怒。如果一个仪式被忽略了，那么就会直接导致祸患的出现。[②] 此时国王就必须从被诅咒中的状态中被净化出来，重新确立其神圣性。现在我们考察一下赫梯国王图达利亚（Tudhaliya）四世献给太阳女神阿瑞纳（Arinna）的祷词："我的女神啊，我是有罪的（朝向太阳女神阿瑞纳），女神啊，我冒犯了太阳女神阿瑞纳，当我向您祈求神谕指导时，我忽略了献给您的仪式。我的女神啊，如果您迁怒于我……然后阻止我图谋击败我的敌人……"[③] 国王因此要承诺改正自己的罪过并且举行前面举行的仪式。

王室管理者的不安心理集中反映在关于细节的一些例子上。现在要重新考察特里亚达石棺上刻画的仪式，这些曾经被一度忽略的仪式一定是非常准确的：关于仪式的相关解释本来应该视为不安的结果。王族不得不屈从于仪式的管理部门，这一点对其私人生活与自由而言是一种束缚。一旦灾难降临（瘟疫、饥荒，或者是军事失败），国王就被视为是亵渎了神灵，

---

① Dennis Pardee. *Ritual and Cult at Ugarit*. Writings from the Ancient World 10. Soceity of Biblical Literature. Atlanta: Brill, 2002, p. 2.

② Houwink den Cate in Hoffner, Harry A., and Gary M. Beckman, eds. *Kanissuwar: A Tribute to Hans G. Güterbock on his Seventy-fifth Birthday, May* 27, 1983. Assyriological Studies No. 23. Chicago: The Oriental Institute of the University of Chicago, 1986, pp. 95—110.

③ Ibid., p. 110.

他不得不采取措施从这种可能的诅咒中净化出来。[①] 我们可以通过索福克勒斯的悲剧《俄狄浦斯王》明白这一点。国王为了禳灾，不得不借助于德尔斐神谕探求结果：他是否忽略了什么？事实证明国王是非常虔敬的，那么究竟是谁来控制与监督国王呢？我们并不打算在这里回答这个问题，不过我们可以猜测，祭司或者先知是这些国王的奴仆，他们有可能挑起事端并能够（的确）摆脱控制。大臣与先知都有权力去影响大众的思想，尤其是当他们联合那些不顺从的一些王室成员时。正如前文所述，当塔万那那（赫梯的女王后祭司）背叛国王时，就有可能发生这种事情。[②] 这种情况一般不会发生，但也不是没有可能，当王后祭司的宗教权威与国王的权威发生冲突时，就会出现这种情景。国王是不可亵渎的。

国王与王后奔走于各种仪式之间，穿梭在各个神殿之中，忙于奠酒与诵读咒语，他们的日子并不轻松。我们在乌迦特文本中已经看到，太阳下山，国王与王后的各种烦琐仪式义务便宣告结束，他们终于可以放松一下了。

---

① Theo. P. J. van den Hout. *Purity of Kingship: An Edition of Cht* 569 *and Related Hittite Oracle Inquiries of Tuthaliya IV*. Leiden: Brill, 1998, pp. 73—78.

② Shoshana R Bin - Nun. *The Rawananna in the Hittite Kingdom*. Texte der Hethiter 5. Heidelberg: Carl Winter, 1975, pp. 130—131, 168—172; Theo. P. J. van den Hout. *Purity of Kingship: An Edition of Cht* 569 *and related Hittite Oracle Inquiries of Tuthaliya IV*. Leiden: Brill, 1998, pp. 46—53.

参考文献

一　中文专著

1.（战国）尸佼：《尸子（下）·二十二子》，浙江书局辑录，上海古籍出版社 1986 年版。

2.（战国）庄子著，（清）郭庆藩辑《庄子·外篇·达生第十九》，中华书局 1961 年版。

3. 陈珂：《戏剧形态发生论》，中国戏剧出版社 2009 年版。

4. 陈中梅：《柏拉图诗学和艺术思想研究》，商务印书馆 1999 年版。

5. 陈中梅：《神圣的荷马——荷马诗史研究》，北京大学出版社 2008 年版。

6. 陈中梅：《言诗》，北京大学出版社 2008 年版。

7. 方克强：《文学人类学批评》，上海社会科学院出版社 1992 年版。

8. 高宣扬：《布迪厄的社会理论》，同济大学出版社 2004 年版。

9. 孙柏：《丑角的复活》，学林出版社 2002 年版。

10. 顾准：《希腊城邦制度——读希腊史笔记》，中国社会科学出版社 1982 年版。

11. 吴国胜：《希腊空间概念》，中国人民大学出版社 2010 年版。

12. 杨利慧：《女娲的神话与信仰》，中国社会科学出版社 1997 年版。

13. 杨义主编：《中国社会科学院文学研究所学刊（2008）》，中国社会科学出版社 2008 年版。

14. 叶舒宪：《千面女神》，上海社会科学院出版社 2004 年版。

15. 叶舒宪：《文学人类学教程》，中国社会科学出版社 2010 年版。

16. 叶舒宪：《现代性危机与文化寻根》，山东教育出版社 2009 年版。
17. 叶舒宪：《中国神话哲学》，中国社会科学出版社 1992 年版。
18. 俞建章、叶舒宪：《符号：语言与艺术》，上海人民出版社 1988 年版。
19. 郑元者：《美学观礼》，中国发展出版社 2000 年版。
20. 郑元者：《艺术之根》，湖南教育出版社 1998 年版。
21. 朱狄：《艺术的起源》，中国社会科学出版社 1982 年版。

二 中文译著

1. [波兰] 安妮·麦克拉纳、[美] 杰弗里·约翰逊：《取消图像》，赵泉泉、张建涌、杨贤宗译，江苏美术出版社 2009 年版。
2. [德] 埃利希·诺伊曼：《大母神》，李以洪译，东方出版社 1998 年版.
3. [德] 恩斯特·卡西尔：《神话思维》，黄龙保、周振选译，中国社会科学出版社 1992 年版。
4. [德] 汉斯·利希特：《古希腊人的性与情》，刘岩、王琼、许勉君、詹俊锋、栗萍、李承译，广西师范大学出版社 2008 年版。
5. [德] 伊曼努尔·康德：《纯粹理性批判》，李秋零译，中国人民大学出版社 2004 年版。
6. [法] 埃马努埃尔·阿纳蒂：《艺术的起源》，刘建译，中国人民大学出版社 2007 年版。
7. [法] 安德烈·勒鲁瓦—古昂：《史前宗教》，俞灏敏译，上海文艺出版社 1990 年版。
8. [法] 菲斯泰尔·德·古朗士：古代城市：《希腊罗马宗教、法律及制度研究》，吴晓群译，上海人民出版社 2006 年版。
9. [法] 费尔南·布罗代尔：《地中海考古》，蒋明炜、吕华、曹青林、刘驯刚译，社会科学文献出版社 2005 年版。
10. [法] 居代·德拉孔波等编：《赫西俄德·神话之艺》，吴雅凌等译，华夏出版社 2005 年版。
11. [法] 罗兰·巴特：《神话—大众文化诠释》，许蔷蔷、许绮玲译，上海人民出版社 1999 年版。

12. [法] 米歇尔·福柯:《知识考古学》,谢强、马月译,生活·读书·新知三联书店 1998 年版。

13. [法] 裘利亚·西萨、马塞尔·德蒂安:《古希腊众神的生活》,郑元华译,上海世纪出版集团、上海人民出版社 2008 年版。

14. [法] 让—皮埃尔·韦尔南:《希腊思想的起源》,秦海鹰译,生活·读书·新知三联书店 1997 年版。

15. [法] 让—皮埃尔·韦尔南:《神话与政治之间》,余中先译,生活·读书·新知三联书店 2005 年版。

16. [古希腊] 柏拉图:《理想国》,郭斌和等译,商务印书馆 2002 年版。

17. [古希腊] 柏拉图:《蒂迈欧篇》,谢文郁译,上海世纪出版集团、上海人民出版社 2003 年版。

18. [古希腊] 柏拉图:《文艺对话集》,朱光潜译,人民文学出版社 1963 年版。

19. [古希腊] 亚里士多德:《物理学》,张竹明译,商务印书馆 1982 年版。

20. [古希腊] 亚里士多德:《亚里士多德全集(第九卷)政治学》,苗力田译,中国人民大学出版社 1993 年版。

21. [加] 布鲁斯·崔格尔:《考古学思想史》,徐坚译,岳麓书社 2008 年版。

22. [罗马尼亚] 米尔恰·伊利亚德:《神圣与世俗》,王建光译,华夏出版社 2003 年版。

23. [美] 阿兰·邓迪斯:《西方神话学读本》,朝戈金等译,广西师范大学出版社 2006 年版。

24. [美] 戴维·斯沃茨:《文化与权力》,陶东风译,上海译文出版社 2006 年版。

25. [美] 亨利·富兰克弗特:《古代埃及宗教》,郭子林、李凤伟译,上海三联书店 2005 年版。

26. [美] 亨利·富兰克弗特:《王权与神祇(上)》,郭子林、李岩、李凤伟译,上海三联书店 2007 年版。

27. [美] 亨利·富兰克弗特:《王权与神祇(下)》,郭子林、李岩、李凤伟译，上海三联书店 2007 年版。

28. [美] 海登·怀特：元史学：《19 世纪欧洲的历史想象》，陈新译，译林出版社 2004 年版。

29. [美] 简·布洛克：《原始艺术哲学》，沈波、张安平译，上海人民出版社 1991 年版。

30. [美] 雷蒙德·范·奥弗：《太阳之歌：世界各地创世神话》，毛天祜译，中国人民大学出版社 1989 年版。

31. [美] 罗杰·菲德勒：《媒介形态变化：认识新媒介》，明安香译，华夏出版社 2000 年版。

32. [美] 马丽加·金芭塔丝：《活着的女神》，叶舒宪等译，广西师范大学出版社 2008 年版。

33. [美] 苏珊·朗格：《情感与形式》，刘大基、傅志强、周发祥译，中国社会科学出版社 1986 年版。

34. [美] 唐纳德·R. 凯利：《多面的历史：从希罗多德到赫尔德的历史探寻》，李霞译，生活·读书·新知三联书店 2003 年版。

35. [美] 巫鸿：《中国古代艺术与建筑物中的纪念碑性》，李清泉、郑岩译，上海人民出版社 2009 年版。

36. [美] 伊恩·霍德、司各特·哈特森：《阅读过去》，徐坚译，岳麓书社 2005 年版。

37. [美] 张光直：《美术、神话与祭祀》，郭净、陈星译，辽宁教育出版社 2002 年版。

38. [美] 张光直：《古代中国考古学》，印群译，辽宁教育出版社 2002 年版。

39. [美] 张光直：《商文明》，张良红、岳红彬、丁晓雷译，辽宁教育出版社 2002 年版。

40. [美] 张光直：《青铜挥麈》，上海文艺出版社 2000 年版。

41. [美] 张光直：《中国青铜时代（二集）》，生活·读书·新知三联书店 1990 年版。

42. [美] 张光直：《中国青铜时代》，生活·读书·新知三联书店 1983

年版。
43. [挪威] 托利弗·伯曼：《希伯来与希腊思想比较》，吴勇立译，上海世纪出版股份有限公司，上海书店出版社 2007 年版。
44. [前苏联] 安德列耶夫等：《古代世界的城邦》，张竹明等译，华东师范大学出版社 2011 年版。
45. [意] 克罗齐：《美学原理·美学纲要》，韩邦凯、罗芃译，外国文学出版社 1983 年版。
46. [意] 克罗齐：《美学原理》，朱光潜译，上海世纪出版集团 2007 年版。
47. [英] E. E. 埃文斯—普理查德：《原始宗教理论》，孙尚扬译，商务印书馆 2001 年版。
48. [法] 路易·加迪等：《文化与时间》，郑乐平、胡建平等译，浙江人民出版社 1988 年版。
49. [英] 肯·达柯：《理论考古学》，刘文锁、卓文静译，岳麓书社 2005 年版。
50. [英] 彼得·伯克：《图像证史》，杨豫译，北京大学出版社 2008 年版。
51. [英] 菲奥纳·鲍伊：《宗教人类学导论》，金泽、何其敏译，中国人民大学出版社 2004 年版。
52. [英] 戈登·柴尔德：《历史的重建》，方辉、方堃杨译，上海三联书店 2008 年版。
53. [英] 科林·伦福儒、保罗·巴恩：《考古学：理论、方法与实践》，中国社会科学院考古研究所译，文物出版社 2004 年版。
54. [英] 苏姗·伍德福德：《古代艺术品的神话形象》，贾磊译，山东画报出版社 2006 年版。
55. [古希腊] 希罗多德：《历史》，王以铸译，商务印书馆 1959 年版。
56. 中国美国史研究会：《现代史学的挑战：美国历史协会主席演说集》，王建华等译，上海人民出版社 1990 年版。

三　英文专著

1. Alan，Dundes，eds. *Sacred Narrative*：*Reading in the Theory of Myth*.

Berkeley: University California Press, 1984.

2. Armstrong, Karen. *A short History of Myth*. New York: Canongate, 2005.

3. AtaÇ Mehmet - Ali. *The Mythology of Kingship in Neo - Assyrian Art*. Cambridge: Cambridge University Press, 2010.

4. Baring, Anne and Jules Cashford. *The Myth of the Goddess: Evolution of an Image*. London; New York: Arkana, 1991.

5. Bernal Martin. *Black Athena: The Afroasiatic Roots of Classical Civilization*. Volume 1, The Fabrication of Ancient Greece 1785—1985. London: Free Association Books, 1987.

6. Barrtt, John C. and Paul Halstead, eds. *The Emergence of Civilisation Revisited*. Oxford: Lalden Press, 2004.

7. Black, Jeremy and Anthony Green. *Gods, Demons, and Symbols of Ancient Mesopotamia: An Iillustrated Dictionary*. London: Published by British Museum Press for the Trustees of the British Museum, 1992.

8. Boardman, John. *The Archaeology of Nostalgia: How the Greek Recreated Their Mythical Past*. London: Themes & Hudson, 2002.

9. Bonnefoy, Yves. *Greek and Egyptian Mythology*. Chicago: The University of Chicago Press, 1992.

10. Bouvrie, Synnøve des, ed. *Myth and Symbol I: Symbolic Phenomena in ancient Greek Culture*. Bergen: Norwegian Institute at Athens, 2002.

11. Bowden Hugn. *Classical Athens and the Delphic Oracle: Divination and Democracy*. Cambridge: Cambridge University Press, 2005.

12. Bremmer, Jan, ed. *Interpretations of Greek Mythology*. London: Routledge, 1988.

13. Brisch, Nicole, ed. *Religion and Power: Divine Kingship in the Ancient World and Beyond*. Chicago: Oriental Institute of the Univeristy of Chicago, 2008.

14. Brisso, Luc, translated by Catherine Tihanyi. *How Philosophers Saved Myths: Allegorical Interpretation and Classical Mythology*. Chicago: Uni-

versity of Chicago Press, 2004.

15. Burkert, Walter. *Homo Necans: The Anthropology of Ancient Greek Sacrificial Ritual and Myth*. California: University of California Press, 1983.
16. Burkert, Walter. *Structure and History in Greek Mythology and Ritual*. Berkeley: University of California Press, 1979.
17. Calame, Claude. *Myth and History in Ancient Greece: The Symbolic Creation of a Colony*. Princeton: Princeton University Press, 2003.
18. Cameron, Dorothy. *Symbols of Birth and of Death in the Neolithic Era*. London: Kenyon - Deane, 1981.
19. Carpenter, Thomas H. *Art and Myth in Ancient Greece: A Handbook*. London: Thames and Hudson, 1991.
20. Castleden, Rodney. *The Knossos Labyrinth*. London: Routledge, 1990.
21. Clark, R. T. Rundle. *Myth and Symbol in Ancient Egypt*. London: Thames and Hudson, 1978.
22. Clarke, D. V., T. G. Cowie and A. Foxon. *Symbols of Power at the Stonehenge*. Edinburgh: National Museum of Antiquities of Scotland, 1985.
23. Cornelius, Izak. *The Many Faces of the Goddess*. Fribourg, Switzerland: Academic Press, 2004.
24. Crawford, O. G. S. *The Eye Goddess*. London: Phoenix House Ltd, 1957.
25. Csapo, Eric *Theories of Mythology*. Malden: Blackwell Pub., 2005.
26. Detienne, Marcel. *The Creation of Mythology*. Chicago: The University of Chicago Press, 1986.
27. Detienne, Marcel. *The Gardens of Adonis: Spices in Greek Mythology*. Princeton: Princeton University Press, 1994.
28. Dowden, Ken. *The Uses of Greek Mythology*. London: Routledge, 1992.
29. Dumézil, George, translated by Alf Hiltebeitel. *The Destiny of a*

King. Chicago: Univesity of Chicago Press, 1973.

30. Edmunds, Lowell. *Approaches to Greek Myth*. Baltimore: Johns Hopkins University Press, 1990.

31. Eliade, Mircea. *The Myth of the Eternal Return: Cosmos and History*. Princeton: Princeton University Press, 1971.

32. Feinman, Gary M. and Joyce Marcus, Santa Fe, eds. *Archaic States*. New Mexico: School of American Research Press, 1998.

33. Fontenrose, Joseph. *The Ritual Theory of Myth*. Berkeley: University of California Press, 1966.

34. Fontenrose, Joseph. *The Delphic Oracle: Its Responses and Operations*. Berkeley: University of California Press, 1978.

35. Fordyke, John. *Greece Before Homer: Ancient Chronology and Mythology*. London: Max Parrish, 1956.

36. Frankfort, Henri. *Kingship and the Gods: A Study of Ancient Near Eastern Religion as the Integration of Society*. Chicago: University of Chicago Press, 1978.

37. Frankfort, H. A, J. A. Wison and T. Jacobson. *Before Philosophy*. Penguin: Harmondsworth, 1949.

38. Frazer. J. G. *The Golden Bough*. v. 4 Lodon: Macmillan and Co., Limited, 1925—1930.

39. Gerald, A. Larue. *Ancient Myth and Modern Life*. Long Beach, California: Centerline Press, 1988.

40. Gimbutas, Marija. *The Language of the Goddess*. London: Thames and Hudson, 1989.

41. Gimbutas, Marija. *The Civilization of the Goddess: The World of Old Europe*. San Francisco: Harper & Row, 1991.

42. Gimbutas, Marija. *The Goddesses and Gods of Old Europe*, 6500—3500 *BC: Myths and Cult Images*. Berkeley: University of California Press, 1982.

43. Gimbutas，Marija. *The Living Goddesses*. Berkeley：University of California Press，1999.

44. Girard，René. *Violence and the Sacred*. Baltimore：The Johns Hopkins University Press，1979.

45. Golan，Ariel. *Prehistoric Religion*：*Mythology*，*Symbolism*. Jerusalem：A. Golan，2003.

46. Goodison，Lucy and Christine Morris. *Ancient Goddesses*：*The Myths and the Evidence*. Edited by London：British Museum Press，1998.

47. Graf，Fritz，translated by Thomas Marier. *Greek Mythology*：*An Introduction*. Baltimore and London：The Johns University press，1993.

48. Green，Mirand. *The Sun－Gods of Ancient Europe*. London：B. T. Batsford Ltd，1991.

49. Hägg，Robin. *The Role of Religion in the Early Greek Polis*. Stockholm：Åström，1996.

50. Hesiod，M. L. West，ed. *Theogony*. Oxford：Oxford University Press，1966.

51. Hesiod，M. L. West，ed. *Works and Days*. Oxford：Oxford University Press，1980.

52. Hinks，Roger. *Myth and Allegory in Ancient Art*. London：The Warburg Institute，1939.

53. Hofstadter，A. and R. Kuhns，eds. *Philosophies of Art and Beauty*：*Selected Readings in Aesthetics from Plat to Heidegger*. Chicago：The University of Chicago Press，1976.

54. Homer，with English translated by A. T. Murray，revised by William F. Wyatt. *Iliad*. London：Harvard University Press，1999.

55. Hooke，S. H.，ed. *Myth and Ritual*. London：Oxford University Press，1933.

56. Hooke，S. H. ed. *Myth*，*Ritual*，*and Kingship*. Oxford：Oxford University Press，1958.

57. Kemp，Barry J. *Ancient Egypt*：*Anatomy of a Civilization*. London：

Routledge, 2006.

58. Leeming, David Adams. *A Dictionary of Creation Myths*. New York: Oxford University Press, 1994.

59. Leick, Gwendolyn, ed. *The Babylonian World*. London: Routledge, 2007.

60. Lincoln, Bruce. *Theorizing Myth: Narrative, Ideology, and Scholarship*. Chicago & London: The University of Chicago Press, 1999.

61. Loraux, Nicole. *Born of the Earth: Myth and Politics in Athens*. Ithaca and London: Cornell University Press, 2000.

62. Losev, Aleksei Fyodorovich, translated by Vladimir Marchenkov. *The Dialectics of Myth*. London; New York: Routledge, 2003.

63. Malkin, Irad. *Religion and Colonization in Ancient Greece*. Leiden: E. J. Brill, 1987.

64. Marinatos, Nanno. *Minoan Religion: Ritual, Image, and Symbol*. South Carolina: University of South Carolina Press, 1993.

65. Marinatos, Nanno. *Minoan Kingship and the Solar Goddess: A Near Eastern Koine*. Urbana: University of Illinois Press, 2010.

66. Marinatos, Nanno. *The Goddess and the Warrior: The Naked Goddess and Mistress of Animals in Early Greek Religion*. London: New York: Routledge, 2000.

67. Mali, Joseph. *Mythistory: The Making of a Modern Historiography*. Chicago: The University of Chicago Press, 2003.

68. Marler, Joan. *From the Realm of the Ancestors: An Anthology in Honor of Marija Gimbutas*. Manchester: Knowledge, Ideas & Trends, 1997.

69. McKeon, Carolyn Hessenbruch. *Iconology of the Gorgon Medusa in Roman Mosaic*. Michigan: Michigan University, 1983.

70. McNeill, William H. *Mythistory and Other Essays*. Chicago and London: The University of Chicago Press, 1986.

71. Mellaart, James. *Çatal Hüyük: A Neolithic Town in Anatolia*. London: Thames and Hudson, 1967.

72. Mills, Sophle. *Theseus, Tragedy and the Athena Empire*. Oxford: Clarendon Press, 1997.

73. Moses I. Finley. *The World of Odysseus*. New York: Viking Press, 1954.

74. Morgan, Kathryn A. *Myth and Philosophy from the Presocratics to Plato*. Cambridge: Cambridge University Press, 2000.

75. Morris, Sarah P. *Daidalos and the Origins of Greek Art*. Princeton: Princeton University Press, 1992.

76. Muller, Friedrich Max. *Comparative Mythology*. New York: Arno Press, 1977.

77. Newman, Harold and Jon O. Newman. *A Genealogical Chart of Greek Mythology*. Chapel Hill: The University of North Carolina Press, 2003.

78. Nilsson, Martin P. *Cults, Myths, Oracles, and Politics in Ancient Greece*. New York: Cooper Square Publishers, 1972.

79. Nilsson, Martin P. *The Mycenaean Origin of Greek Mythology*. Berkeley: University of California Press, 1932.

80. O'Connor, David and Stephen Quirke. *Mysterious Land*. London: University College London and Press, 2003.

81. O'Connor, David and David P. Silverman. *Ancient Egyptian Kingship*. Leiden: E. J. Brill, 1995.

82. Oakley, Francis. *Kingship: The Politics of Enchantment*. Malden: Blackwell Pub., 2006.

83. Ogden, Daniel, ed. *Companion to Greek Religion*. Oxford: Blackwell Publishing Ltd, 2007.

84. Ornan, E Tallay. *The Triumph of the Symbol: Pictorial Representation of Deities in Mesopotamia and the Biblical Image Ban*. Fribourg: Academic Press Fribourg, 2005.

85. Padgett, J. Michael. *The Centaur's Smile: the Human Animal in early Greek Art*. Princeton: Princeton University Art Museum; New Haven, Conn: Distributed by Yale University Press, 2003.

86. Parke Herbert William and Donald Ernest Wilson Wormell. *The Dephic Oracle*. Oxford: Basil Blackwell, 1956.

87. Parke Herbert William. *Greek Oracles*. London: Huchinson University Lubrary, 1967.

88. Pausanias, with an English translation by W. H. S. Jones and Henry Arderne Ormerod. *Description of Greece*. New York: G. P. Putnam's Sons, 1918—1935.

89. Plutarch, translated by Dryden, edited and revised by Arthur Hugh Clough. *Plutarch's Lives*. New York: Modern Library, 1992.

90. Pozzi, Dora C. and John M. Wickersham. *Myth and the Polis*. Ithaca and London: Cornell University Press, 1991.

91. Quigley, Declan, ed. *The Character of Kingship*. Berg Publishers, 2005.

92. Reis, Patricia. *Through the Goddess: A Woman's Way of Healing*. New York: Continuum Publishing Co, 1991.

93. Remond, E. A. E. *The Mythical Origion of the Egyptian Temple*. New York: Manchester University Press, 1969.

94. Renfrew, Colin. *The Emergence of Civilisation: The Cyclades and the Aegean in the Third Millennium B. C.* London: Methuen & Co, Ltd, 1972.

95. Richards, Janet and Mary Van Buren ed. *Order, Legitimacy and Wealth in Ancient States*. Cambridge: Cambridge University Press, 2000.

96. Ruether, Rosemary Radford. *Goddesses and the Divine Feminine: A Western Religious History*. Berkeley, Calif. : University of California Press, 2005.

97. Sasson, J. M. , with J. Baines, G. Beckman and K. Robinson. *Civilizations of the Ancient Near East*. Vol. 1 New York: Charles Scribner's Sons, 1995.

98. Schefold, Karl. *Gods and Heroes in Later Archaic Greek Art*. Cambridge: Cambridge University Press, 1992.

99. Schrempp, Gregory and William Hansen, eds. *Myth: A New Symposium*. Bloomington & Indianapolis: Indiana University Press, 2002.

100. Scully, Stephen. *Homer and the Sacred City*. London: Cornell University Press, 1990.

101. Shapiro, H. A. *Myth into Art: Poet and Painter in Classical Greece*. London and New York: Routledge, 1994.

102. Shear, Ione Mylonas. *Kingship in the Mycenaean World and Its Reflections in the Oral Tradition*. Philadelphia, PA: Instap Academic Press, 2004.

103. Sissa, Guilia and Marcel Detienne, translated by Janet Lloyd. *The Daily Life of the Greek Gods*. Stanford: Stanford University Press, 2000.

104. Sourvinou - Inwood, Christiane. *Theseus as Son and Stepson*. London: University of London, 1979.

105. Sourvinou - Inwood, Christiane. *Reading Greek Culture: Texts and Images, Rituals and Myths*. Oxford England: Clarendon Press, 1991.

106. Spretnak, Charlene. *Lost Goddesses of Early Greece*. Boston: Beacon Press, 1984.

107. Synnøve, Bouvrie, ed. *Myth and Symbol I*. Bergen: Norwegian Institute at Athens, 2002.

108. Central Theme of the VIII International Congress for the History of Religions. *The Sacral Kingship*. Leiden: E. J. Brill, 1959.

109. Troy, Lana. *Patterns of Queenship in Ancient Egyptian Myth and History*. Uppsala: Acta Universitatis Upsaliensis, 1986.

100. Ucko, Peter J. *Anthropomorphic Figurines of Predynastic Egypt and Neolithic Crete*. London, Andrew Szmidla, 1968.

102. Vernant, Jean - Pierre. *Myth and Society in Ancient Greece*. London: Methuen &Co, Ltd, 1982.

103. Walde, D. & N. D. Willows, ed. *The Archaeology of Gender*. Cal-

gary: University of Calgary, 1991.

104. Washburn, D, ed. *Structure and Cognition in Art*. Cambridge: Cambridge University Press, 1983.

105. Wilkinson, Toby. *The Egyptian World*. London: Routledge, 2007.

106. Woodard, Roger D. *A Cambridge Company to Greek Mythology*. Cambridge: Cambridge Press, 2007.

四　英文论文

1. Burkert, Walter. "Lydia between East and West or How to Date the Troy War: A Study in Herodotus", *Ages of Homer: A Tribute to Emily Townsend Vermeule*. Edited by J. Carter and S. P. Morris, Austin: University of Texas Press, 1995.

2. Bahrani, Zainab. "Race and Ethnicity in Mesopotamian Antiquity", *World Archaeology*. 2006, Vol. 38 (1).

3. Cohen, Percy. S. "Theories of Myth", *Man*. New Series, Vol. 4, No. 3 (Sep., 1969).

4. Evans, Arthur J. "The Minoan and Mycenaean Element in Hellenic Life", *The Journal of Hellenic Studies*. Vol. 32. (1912).

5. Isaac, Benjamin. "Proto-racism in Graeco-Roman antiquity", *World Archaeology*. Vol 38 (1).

6. Jacobsen, Thorkild. "Primitive Democracy in Ancient Mesopotamia", *Journal of Near Eastern Studies*. 1943, 2.

7. Kelley, Donald R. "Mythistory in the Ages of Ranke", in *Leopold von Ranke and the Shape of the Historical Discipline*. ed. G. G. Iggers and J. M. Powell. Syracuse, New York: Syracuse University Press, 1990.

8. Lincoln, Bruce. "Competing Discourses: Rethinking the Prehistory of Mythos and Logos", *Erethusa*. 30 (1997).

9. Lynn, Meskell. "Goddesses, Gimbutas and 'New Age' Archaeology", *Antiquity*. 69, 1995.

10. W. G. Runciman. "Origins of States：The Case of Archaic Greece", *Comparative Studies in Society and History*. 24 (1982) .

11. J. V. Luce. "The Polis in Homer and Hesiod", *Proceedings of the Royal Irish Academy*. 78，1978：1—15.

致　谢

论文的选题与构思均受益于中国社会科学院文学研究所叶舒宪先生，写作期间得到恩师在物质与学术上的帮助，在此谨致谢忱。自2005年夏师从叶先生学习神话学，幸蒙先生厚爱，收获颇丰。从兰州到成都，再从上海到西安，尽管辗转漂泊，先生的鼓励与批评始终与我同在。曾经因小小的进步而得恩师万水千山送来的鼓励，也因屡犯错误挨过恩师狠狠批评。桃李不言，下自成蹊，我祈愿自己走出师门后，像恩师那样，成为一株开花的树，站成一道风景。

进入陕西师范大学，我的合作导师李西建先生给了我特别的关注与指导。李先生对我的写作持一种极为开放的学术自由态度，一度由任我写下去，但在看似自由的放任中给予了严格的指导。在论文成型之后，他对整个论文的结构与观点提出了关键性建议，并就相关问题做出了非常有力的批评，这种高屋建瓴式的指导令我受益匪浅。感谢李先生在两年期间为我提供的丰厚而宽松的科研环境，使得我有足够的条件从事写作，而先生在生活与学术上周到的关注令我感动不已。

幸运的是，我不仅仅有李先生的指导，还得到和各位学者的悉心帮助。华东师范大学中文系的方克强先生对本书的每一章均悉心指导，尤其是他关于第一章的建议促成了现在的架构。我依然记得，2009年春节期间，方先生冒着严寒，约我在华东师大的茶社里见面，用了整整一个下午探讨我论文第一章的写作。方先生高尚的人格魅力深深打动了我，虽然无缘成为先生名正言顺的门下弟子，但有缘屡屡受教于先生的指导与启发，足矣！华东师范大学的田兆元教授、朱国华教授，同时对我的写作提出了许多宝贵的意见，而复旦大学中文系郑元者教授对本书第一章的批评，令我受益匪浅。

特别要感谢南开大学历史学院的王以欣教授，他允许我从他那里复印了大批英文图书并推荐了一些论著，同时将个人翻译的一些资料毫无保留地送给了我。我将牢记 2010 年 1 月 13 日至 16 日在南开大学与王以欣教授所作四天富有成效的谈话，文中许多观点直接受益于王先生的启发。写作过程中与王以欣教授的切磋同时开阔了我的视野，而在遇到困难时，他的屡屡帮助令我走出了困境。陕西师范大学历史文化学院的张文安副教授提供了论文所需的大量英文书籍，并就相关问题与我交流。向已去美国的二位同人致以深深的谢意，我深信，在不久的将来，中国学者的努力会让中国神话学这块荆棘地成为神话的伊甸园，芳芳满园。

还要感谢中国社会科学院的尹虎彬教授，《中国佛教文化》的副主编桑吉扎西先生，他们冒着严冬大雪，于 2010 年 1 月 12 日在中国社会科学院参加我的开题报告，并提出了许多宝贵的意见，使我少走了不少弯路。

本书写作中，我得到了不少编辑老师的帮助，正是他们的认可与热心，使我看到了自己的课题研究的学术价值与前景。《外国文学评论》杂志的冯季庆老师，《文理理论研究》杂志的方克强老师，《世界民族》的刘真编辑，《文化中国》的子夜主编，以及《民族文学研究》的高荷红老师。他们的帮助曾经一度鼓励了我，本书的写作也因此多了一些动力。

多年漂泊，家人的支持给了我无比的温暖与依靠。父母的叮嘱，手足的关注，这一切都成为我求学路上的动力。令我愧疚的是，我一直无法给予家人应有的回报。十年前的选择，让家人跟着我一路走来，经历了世间的风风雨雨……学术本身就是一种付出，我直到现在才明白。

桃李春风一杯酒，江湖夜雨十年灯。也许最好的感谢方式不是白纸黑字，而是更多的学术成就，我会继续努力。

作者

2011 年 9 月于西安